Felix Spremberg

Sozialdemokratie in Japan

BUNKA WENHUA

Tübinger Ostasiatische Forschungen
Tuebingen East Asian Studies

herausgegeben von/edited by

Klaus Antoni, Viktoria Eschbach-Szabo,
Robert Horres, Achim Mittag,
Monika Schrimpf, Gunter Schubert,
Hans Ulrich Vogel

Band/Volume 28

LIT

Felix Spremberg

Sozialdemokratie in Japan

Eine Analyse relevanter Akteure

LIT

Umschlagbild: Dr. Yōko Koyama-Siebert

Dissertation der Ludwig-Maximilians-Universität München
Mündliche Prüfung: 2018

Bibliografische Information der Deutschen Nationalbibliothek
Die Deutsche Nationalbibliothek verzeichnet diese Publikation in der Deutschen Nationalbibliografie; detaillierte bibliografische Daten sind im Internet über http://dnb.dnb.de abrufbar.

ISBN 978-3-643-14449-2 (br.)
ISBN 978-3-643-34449-6 (PDF)
Zugl.: München, Ludwig-Maximilians-Universität, Diss., 2017

© LIT VERLAG Dr. W. Hopf Berlin 2020
Verlagskontakt:
Fresnostr. 2 D-48159 Münster
Tel. +49 (0) 2 51-62 03 20
E-Mail: lit@lit-verlag.de   http://www.lit-verlag.de

Auslieferung:
Deutschland: LIT Verlag, Fresnostr. 2, D-48159 Münster
Tel. +49 (0) 2 51-620 32 22, E-Mail: vertrieb@lit-verlag.de
E-Books sind erhältlich unter www.litwebshop.de

Inhaltsverzeichnis

Verzeichnis der Abkürzungen..III
Vorbemerkung..V
1 Einleitung: Sozialdemokratie in Japan – What's Left?......................7
2 Theorie der Sozialdemokratie...25
   2.1 Sozialdemokratie als wohlfahrtsstaatliches Modell..................27
   2.2 Sozialdemokratie als demokratietheoretisches Modell nach
       Meyer..33
   2.3 Klassische Theorien der Sozialdemokratie I: Eduard Bernstein. 37
   2.4 Klassische Theorien der Sozialdemokratie II: Hermann Heller..41
   2.5 Norberto Bobbio: Sozialdemokratie als Liberalsozialismus.......49
   2.6 Ein Dritter Weg?...52
   2.7 Zusammenfassung und Anmerkung zur japanischen
       Terminologie..66
3 Geschichte der Sozialdemokratie in Japan..69
   3.1 Die Sozialdemokratische Partei von 1901...................................70
   3.2 Die Sozialistische Volkspartei (1926-1932)................................78
   3.3 Die Sozialistische Partei Japans (1945-1996).............................85
   3.4 Die Demokratisch-Sozialistische Partei......................................97
   3.5 Die Umbrüche der 1990er-Jahre – Untergang der Sozialdemo-
       kratie?..101
   3.6 Fazit: Entwicklung und Traditionen..106
4 Die Demokratische Partei Japans...111
   4.1 Theoretische Vorüberlegungen..113
   4.2 Entwicklung der Demokratischen Partei Japans.......................119
   4.2.1 Die Gründungsphase (1996-2001)...119
   4.2.2 Die Ära Koizumi (2001-2006)..129
   4.2.3 Die Ozawa-DPJ (2006-2009)..136
   4.2.4 Die DPJ-Regierungen (2009-2012)..139
   4.2.5 Erneute Opposition (seit 2012)..150
   4.2.6 Analyse: Eigenschaften der DPJ...156
   4.3 Ideologie der Demokratischen Partei Japans.............................163
   4.3.1 Das Grundsatzprogramm der DPJ von 1998.........................166
   4.3.2 Die DPJ als liberale Reformpartei (1996-2005)....................173
   4.3.3 Der Kurswechsel 2005–2006..179
   4.3.4 Sozialdemokratische Phase I (2006-2009).............................185
   4.3.5 Die Regierungsphase (2010-2012)...191

4.3.6 Sozialdemokratische Phase II (seit 2013)...............195
4.3.7 Ergebnisse und Diskussion: Sozialdemokratie oder
     Opportunismus?...............200
4.4 Struktur der Demokratischen Partei...............206
   4.4.1 Die Yokomichi-Gruppe...............212
      4.4.1.1 Sozialstruktur der Yokomichi-Gruppe...............214
      4.4.1.2 Ideologie der Yokomichi-Gruppe...............218
      4.4.1.3 Die Lage der Yokomichi-Gruppe...............234
   4.4.2 Die Minshakyōkai...............238
      4.4.2.1 Sozialstruktur der Minshakyōkai-Gruppe...............239
      4.4.2.2 Ideologie der Minshakyōkai...............244
      4.4.2.3 Lage der Minshakyōkai...............250
   4.4.3 Kan-Gruppe...............252
      4.4.3.1 Sozialstruktur der Kan-Gruppe...............254
      4.4.3.2 Ideologie der Kan-Gruppe...............256
      4.4.3.3 Lage der Kan-Gruppe...............259
   4.4.4 Ergebnisse...............261
4.5 Das sozialdemokratische Lager und das Rikken Forum...............263
5 Diskussion...............271
6 Literaturverzeichnis...............289
   Monografien...............289
   Zeitungsartikel...............327
   Quellen...............335
7 Anhang...............339
   Anhang 1: „Zur Gründung der Diskussionsgruppe für eine neue
     politische Situation"...............341
   Anhang 2: Dialog Yokomichi Takahiro und Jinno Naohiko...............342
   Anhang 3: Blogeintrag Esaki Takashi...............352
   Anhang 4: Homepage Ōsaka Minshakyōkai...............354
   Anhang 5: Blogeintrag Eda Satsuki...............355
   Anhang 6: Blogeinträge Kan Naoto...............356
   Anhang 7: Homepage Rikken Forum...............358
   Anhang 8: Glossar japanischer Termini...............359
   Anhang 9: Personenverzeichnis...............367

Verzeichnis der Abkürzungen

DPJ	Demokratische Partei (Japans)
DSP	Demokratisch-Sozialistische Partei
LDP	Liberaldemokratische Partei
LGBT	Lesbian, Gay, Bi, Transgender
LP	Liberale Partei
NGO	Non-governmental organization
NPO	Nonprofit organisation
SPJ	Sozialistische Partei Japans
SDP	Sozialdemokratische Partei
SEALDs	Students Emergency Action for Liberal Democracy -s
SPJ	Sozialistische Partei Japans
SVP	Sozialistische Volkspartei

Tabellenverzeichnis

Tabelle 1: Parteienmodelle nach Krouwel..116
Tabelle 2: Wahl zum DPJ-Parteivorsitz September 1999......................129
Tabelle 3: Wahl zum DPJ-Parteivorsitz September 2002......................132
Tabelle 4: Wahl zum DPJ-Parteivorsitz August 2011............................146
Tabelle 5: Wahl zum DPJ-Parteivorsitz September 2012......................149
Tabelle 6: Tomodaore – Ergebnis des Wahlkreises Aichi 3..................151
Tabelle 7: Wahl zum DPJ-Parteivorsitz Januar 2015............................154
Tabelle 8: Skandale der DPJ...161
Tabelle 9: Wahlprogramme 1996 und 1998...174
Tabelle 10: Tabelle 10: Wahlprogramme 2004 und 2005.......................180
Tabelle 11: Wahlprogramme 2007 und 2009...186
Tabelle 12: Wahlprogramm 2010..192
Tabelle 13: Wahlprogramme 2014 und 2016...196
Tabelle 14: Vergleich der Wahlprogramme 2016 zwischen
 DPJ und SDP..202
Tabelle 15: Mitglieder der Yokomichi-Gruppe..214
Tabelle 16: Größe der Yokomichi-Gruppe..236
Tabelle 17: Größe der DPJ-Gruppen...236
Tabelle 18: Mitglieder der Minshakyōkai...240
Tabelle 19: Größe der Minshakyōkai..251
Tabelle 20: Mitglieder der Kan-Gruppe..254
Tabelle 21: Größe der Kan-Gruppe (2004-2009)......................................260
Tabelle 22: Mitglieder des Rikken Forum..266

Vorbemerkung

Dieses Buch basiert auf meiner Dissertation, die ich Ende 2017 an der Ludwig-Maximilians-Universität München eingereicht habe. Die Demokratische Partei (DPJ), das Hauptuntersuchungsobjekt der vorliegenden Arbeit, hat sich seitdem in zwei Teile gespalten: In die Konstitutionell-Demokratische Partei (KDP) und die Demokratische Volkspartei (DVP). Sind die Ergebnisse dieser Untersuchung somit obsolet? Glücklicherweise ist das Gegenteil der Fall: Erstens verlief die Spaltung der DPJ fast exakt entlang der von mir angedeuteten „Sollbruchstelle" zwischen den linken und rechten parteiinternen Akteuren. Dabei ist die KDP weitgehend identisch mit den von mir untersuchten Kan-Gruppe und der Yokomichi-Gruppe, sodass die erarbeiteten Ergebnisse auch zum Verständnis dieser noch sehr jungen Partei beitragen können. Zweitens ist die DPJ und ihre zwanzigjährige Geschichte noch immer unzureichend erforscht, sodass ich hoffe, mit diesem Buch auch hier einen Beitrag leisten zu können.

Angesichts der Vertiefung sozialer Ungleichheiten in den postdemokratischen Industrienationen, die einhergeht mit einem Rückfall der politischen Rechten in den inhumanen Extremismus der Vergangenheit, hat die Frage nach der Sozialdemokratie – ja der Demokratie und ihrer ökonomischen und rechtlichen Grundlagen selbst – nichts von ihrer Aktualität verloren. Dies trifft auch auf Japan zu. Der Anstieg der sog. „irregulären Beschäftigung" auf nunmehr 40 Prozent und die reaktionären Pläne der gegenwärtigen Regierung lassen hieran keinen Zweifel.

An dieser Stelle möchte ich mich herzlich bei denjenigen bedanken, die zur Fertigstellung dieser Arbeit beigetragen haben. Besonderer Dank gebührt meinem Doktorvater Prof. Dr. Klaus Vollmer (München), meinen Eltern, Dr. Sven Saaler (Tokyo) und Prof. Dr. Robert Horres (Tübingen) für ihre vielfältige Unterstützung. Zu großem Dank bin ich auch dem Deutschen Institut für Japanstudien (DIJ) in Tokyo verpflichtet, das meine Arbeit durch ein einjähriges Stipendium unterstützte, sowie der Friedrich-Ebert-Stiftung (FES), die mich nach meiner Rückkehr aus Japan in ihre Promotionsförderung aufnahm.

Viele Anregungen habe ich durch Gespräche und das gemeinsame Arbeiten mit Freunden und Kollegen erhalten. Ich möchte mich herzlich in alphabetischer Reihenfolge bedanken bei: Prof. Dr. Klaus Antoni (Tübingen), Joske Buchmeier, M. A. (Kawasaki), Martina Drijkoningen, M. A. (Tübingen), Prof. Dr. Viktoria Eschbach-Szabo (Tübingen), Carolin Fleischer, M. A. (München), Heike Glantz-Schückle, M. A. (Tübingen), Dr. Barbara Holthus (Tokyo), Dr. Carola Hommerich (Sapporo), Horikoshi Yōko (Tokyo), Susi Lawati (Tokyo), Prof. Dr. Sébastien Lechevalier (Paris), Dr. Julian Plenefisch (Berlin), Prof. em. Dr. Peter Pörtner (München), Prof. Dr. Hans Pongratz (München), Stanislav Reichert, M. A. (Tübingen), Dr. Rainer Schulzer (Tokyo), Julia Swoboda, M. A. (Tübingen), Prof. Dr. Uekami Takayoshi (Okayama), Prof. Dr. Gabriele Vogt (München), David Weiß, M. A. (Tokyo), Dr. Chris Winkler (Fukuoka), Dr. Holger Wöhlbier (München), Prof. Dr. Urs Zachmann (Berlin).

Für die schöne Umschlagillustration danke ich herzlich Frau Dr. Yōko Koyama-Siebert. Besten Dank auch an Toni Förster für unersetzliche Hilfe bei Layout und Formatierung. Für psychosoziale Betreuung im Vorfeld der Publikation danke ich Iris Schledermann, M. A. von der Universitätsbibliothek München.

Tübingen, im Juli 2019

1 Einleitung: Sozialdemokratie in Japan – What's Left?

Seit Ralf Dahrendorfs These[1] vom „Ende des Sozialdemokratischen Jahrhunderts" aus den 1980er-Jahren ist immer wieder der Untergang der Sozialdemokratie behauptet worden.[2] Oberflächlich betrachtet erscheint Japan als exzellenter Beleg hierfür, der steile Niedergang der Sozialistischen Partei Japans[3] 日本社会党 (Nihon Shakaitō, im Folgenden: SPJ) in den 1990er-Jahren scheint diese Behauptung zu bestätigen. Versteht man unter der Sozialdemokratie die großen nominell sozialdemokratischen oder sozialistischen Volksparteien, die sich zusammen mit der Arbeiterbewegung entwickelt haben, so lässt sich eine weltweite krisenhafte Entwicklung nicht leugnen. Auch wenn das Bild nicht ganz einheitlich ist und politische Schwankungen allgemein zuzunehmen scheinen, finden sich viele Beispiele für diese Krise. In der letzten Zeit etwa die vernichtende Niederlage der niederländischen Arbeiterpartei (PvdA) bei der Parlamentswahl 2017 und die kaum beachtete Nebenrolle des sozialdemokratischen Kandidaten bei den jüngsten Präsidentschaftswahlen in Österreich 2016.[4]

Beide Wahlen verdeutlichen jedoch noch etwas Anderes: Während die etablierten sozialdemokratischen „Volksparteien" ein desolates Bild abgaben, entstammten die großen Sieger oft aus demselben gemäßigt-linken

---

[1] Dahrendorf, Ralf 1983, *Die Chancen der Krise: über die Zukunft des Liberalismus*. Stuttgart: Dt. Verlag-Anst., S. 16 f.
[2] Siehe bspw. Lavelle, Ashley 2008, *The Death of Social Democracy: Political Consequences in the 21st Century*. Aldershot (u. a.): Ashgate.
[3] Die Partei nannte sich 1996 in Sozialdemokratische Partei (im Folgenden: SDP) um.
[4] Die niederländische Partij van de Arbeid verlor bei der Parlamentswahl im Vergleich zu 2012 über 19 Prozentpunkte und erhielt nur 5,7 Prozent der Wahlstimmen. Der Kandidat der österreichischen SPÖ schaffte mit 11,3 % immerhin knapp ein zweistelliges Ergebnis.

1 Einleitung: Sozialdemokratie in Japan – What's Left?

Spektrum: Die Österreicher[5] wählten den Kandidaten der Grünen zum Präsidenten; in den Niederlanden war GrünLinks die Partei mit dem größten Stimmenzuwachs.[6]

In vielen Ländern haben sich neben den traditionsreichen nominell sozialdemokratischen oder sozialistischen Parteien längst neue linksökologische, linksliberale und – etwas weiter im linken Spektrum – sog. „Linksparteien" gegründet.[7] Viele von ihnen unterscheiden sich bezüglich ihrer übergeordneten Ziele nicht grundlegend von denen der Sozialdemokraten. Dass die Sozialdemokratie weder als Idee noch als Bewegung tot ist, zeigte in jüngster Zeit auch die junge Bewegung um den US-Senator Bernie Sanders, der die skandinavischen Länder als Vorbild für die USA ansieht und sich selbst als „demokratischen Sozialisten" bezeichnet.

Auch in Japan ist die These vom Untergang der Sozialdemokratie bei näherer Betrachtung unzutreffend. Zwar hat die SPJ, über Jahrzehnte die größte Oppositionspartei des Landes, seit den 1990er-Jahren fast vollständig an Einfluss verloren. Ein Teil der Partei spaltete sich jedoch 1996 ab und beteiligte sich an der Gründung der Demokratischen Partei 民主党 (Minshutō, im Folgenden: DPJ)[8], die links von der konservativen Liberaldemokratischen Partei 自由民主党 (Jiyūminshutō, im Folgenden: LDP) als Pfeiler eines neuen Zweiparteiensystems konstruiert wurde.

---

[5] Aus Gründen der besseren Lesbarkeit verzichte ich in dieser Arbeit auf die gleichzeitige Verwendung männlicher und weiblicher Sprachformen.

[6] Die linksökologische Partei erzielte mit einem Stimmenzuwachs von 6,8 Prozent auf nun 9,1 Prozent den höchsten Zugewinn aller Parteien. Zur Ausrichtung der LinksGrünen s. Die Tageszeitung 18.3.2017; Zur Situation der PvdA und ihrer gemäßigt-linken Mitbewerber s. Becker, Frans, Voerman, Gerrit (u. a.): „Netherlands". In: De Waele, Jean-Michel, Escalona, Fabien (u. a.) (Hg.) 2013, *The Palgrave Handbook of Social Democracy in the European Union*. London (u. a.): Palgrave Macmillan.

[7] Hierbei kommt auch dem Wahlsystem eine große Rolle zu. Ein reines Mehrheitswahlsystem benachteiligt kleinere Parteien entscheidend, wodurch Anreize für Neugründungen und Abspaltungen verringert werden. Wohl aus diesem Grund erlitt die britische Labour Party im Gegensatz etwa zur SPD trotz krisenhafter Entwicklungen und interner Streitigkeiten bislang keine Spaltung (Kondō, Yasushi 2016, *Shakaiminshushugi ha ikinokoreru no ka*. Tokyo: Keisō Shobō, S. 182 ff.).

[8] Der Abkürzung DPJ wird meist ein „J" für „Japan" beigefügt.

Einleitung: Sozialdemokratie in Japan – What's Left?

Da die DPJ aus einer Fusion sozialdemokratischer, liberaler und konservativer Kräfte hervorgegangen ist, kann sie jedoch nicht ohne Weiteres als sozialdemokratische Partei bezeichnet werden, auch wenn sie die japanischen Gewerkschaften repräsentiert und programmatisch seit einiger Zeit eine „sozialdemokratische Färbung" aufweist.[9]

Taktik und Ideologie dieser sehr heterogenen Partei scheinen von opportunistischen Wendungen und einem innerparteilichen Richtungsstreit geprägt. Ursprünglich eine Reformpartei des „demokratischen Mittelwegs" 民主中道 (*minshu chūdō*) schwenkte die DPJ 2007 unter dem Vorsitz des berüchtigten Machtpolitikers Ozawa Ichirō 小沢 一郎 (*1942) unvermittelt auf eine sozialdemokratisch anmutende Agenda unter dem Slogan „Das Leben der Bürger zuerst!" 国民の生活が第一 (*kokumin no seikatsu ga daiichi*) um.

Unter diesem Kurs erreichte die DPJ zwei Jahre später einen fulminanten Wahlsieg und löste die konservative Dauerregierungspartei LDP durch eine Koalition mit dem kleinen Überrest der SPJ, der Sozialdemokratischen Partei 社会民主党 (Shakai Minshutō, im Folgenden: SDP), und einer konservativen Kleinpartei in der Regierung ab. Ihre von Krisen geprägte dreijährige Regierungszeit gilt als wenig erfolgreich; im ersten Jahr gelang jedoch durchaus die Realisierung einiger weitreichender sozialer Reformen.[10] In Anspielung auf diese ambivalente Situation hat Sven Saaler die Frage „Sozialdemokratie ohne Sozialdemokraten?" aufgeworfen.[11]

Hypothese dieser Arbeit ist, dass auch in Japan die These vom Untergang der Sozialdemokratie unzutreffend ist und die DPJ partiell als Nachfolgerin der mittlerweile bedeutungslosen SDP wirkt oder zumindest relevante innerparteiliche Gruppen beherbergt, die als Sozialdemokraten gelten können.

---

[9] Saaler, Sven 2010, *Regierungswechsel in Japan: Sozialdemokratie ohne Sozialdemokraten?* Berlin: Friedrich-Ebert-Stiftung, S, 1 f.
[10] Ebd.
[11] Ebd.

1 Einleitung: Sozialdemokratie in Japan – What's Left?

Aufgabe der vorliegenden Untersuchung ist es, durch eine Analyse der Parteientwicklung, der Ideologie und Programmatik sowie der relevanten innerparteilichen Akteure die Frage nach dem sozialdemokratischen Charakter der DPJ zu klären und entsprechende innerparteiliche Akteure zu identifizieren. Darüber hinaus soll beantwortet werden, ob das gegenwärtige sozialdemokratische Profil der Partei nur eine kurzfristige programmatische „Aufstellung" ist, oder ob die Partei auf Dauer als sozialdemokratische Kraft wirken wird. Darüber hinaus sollen die strukturellen und ideologischen Eigenschaften der sozialdemokratischen innerparteilichen Gruppen sowie ihre allgemeine Lage und Perspektive erläutert werden. Nicht zuletzt dient diese Arbeit auch dem besseren Verständnis der DPJ insgesamt, die noch immer unzureichend erforscht ist.

Nicht einbezogen in die Untersuchung werden die Kommunistische Partei Japans (KPJ) und die Kōmeitō 公明党 („Gerechtigkeitspartei", im Folgenden: Kōmeitō). Zwar sind die japanischen Kommunisten heute nicht weit von sozialdemokratischen Standpunkten entfernt. Sie entstammen jedoch einer völlig anderen politischen Tradition, sodass eine Einbeziehung zum aktuellen Zeitpunkt verfrüht erscheint. Die Kōmeitō präsentiert sich ebenfalls als soziale und pazifistische Partei, dient jedoch der konservativen LDP bereits seit den 1990er-Jahren als Mehrheitsbeschafferin und hat in der jüngsten Zeit die zunehmend autoritäre Agenda der LDP trotz partieller Kritik mitgetragen. Zudem vertritt sie als politischer Arm der buddhistischen Neureligion Sōka Gakkai 創価学会 („Werteschaffende Gesellschaft") primär religiöse Sonderinteressen. Die Politiker dieser Partei kommen daher als sozialdemokratische Akteure ebenfalls nicht in Betracht.

Einleitung: Sozialdemokratie in Japan – What's Left?

Forschungsstand

Die Sozialdemokratie in Japan im Sinne politischer Akteure in den westlichen Sprachen ist ein kaum erforschter Bereich: Die letzte Monografie zum Thema in einer westlichen Sprache stammt aus den 1960er-Jahren.[12] Es gibt zahlreiche japanischen Beiträge, die sich jedoch fast ausschließlich der immer gleichen Frage widmen, warum die SPJ sich nicht in eine sozialdemokratische Volkspartei nach westeuropäischem Muster wandeln konnte. Beispiele hierfür sind die beiden Monografien von Shinkawa Toshimitsu *Genshi no naka no shakaiminshushugi* („Die Illusion der Sozialdemokratie") und *Sengo Nihon seiji to Shakaiminshushugi – Shakaitō-Sōhyō burokku no kōbō* („Die Politik im Nachkriegsjapan und die Sozialdemokratie – Der Niedergang des SPJ-Sōhyō-Blocks") sowie zuletzt die japanische Fallstudie im Band *Shakaiminshushugi ha ikinokoreru no ka* („Kann die Sozialdemokratie überleben?").[13]

Breiter gefasst ist die historische Untersuchung *Nihon seiji shippai no kenkyū* („Erforschung der Fehler der japanischen Politik")[14], von Bannō Junji, die sich vor allem mit den Sozialdemokraten der Vorkriegszeit befasst. Er legt dar, dass die Sozialdemokratie in Japan durchaus eine lange Tradition aufweist. Sie habe jedoch bis 2009 ihre historische Aufgabe nicht erfüllen können, die darin liege, ein sozialdemokratisches Gegengewicht zur konservativen LDP in einem Zweiparteiensystem zu bilden. Eine wesentliche Ursache hierfür sei, dass ihre zentralen Akteure es stets

---

[12] Cole, Allan B. (u. a.) 1966, *Socialist Parties in Postwar Japan*. New Haven: Yale Univ. Press (= Studies on Japan's Social Democratic Parties, Bd. 2).

[13] Shinkawa Toshimitsu 1999, *Sengo Nihon seiji to shakaiminshushugi. Shakaitō-Sōhyō Burokku no kōbō*. Kyōto: Hōritsu bunkasha; (ders.) 2007, *Genshi no naka no shakai minshushugi*. Kyōto: Hōritsu Bunkasha; Kondō, Yasushi 2016, *Shakaiminshushugi ha ikinokoreru no ka*. Tokyo: Keisō Shobō.

[14] Bannō Junji 2010, *Nihon seiji „shippai" no kenkyū*. Tokyo: Kōdansha (= Kōdansha Gakkujutsu Bunko, Band 1987).

1 Einleitung: Sozialdemokratie in Japan – What's Left?

versäumt hätten, sich die vorhandenen Traditionslinien bewusst zu machen und diese nach außen darzustellen.[15]

Die DPJ ist nur unzureichend erforscht. Als Standardwerk kann der von Uekami Takayoshi und Tsutsumi Hidenori herausgegebene Band *Minshutō – Sono soshiki to seisaku* („Die Demokratische Partei – Ihre Struktur und Politik") aus dem Jahr 2011 gelten.[16] Er enthält die – mit Ausnahme der vorliegenden Arbeit – einzige systematische Untersuchung von Ideologie und Programmatik der DPJ, wobei jedoch nur der Zeitraum von 2003 bis 2009 beleuchtet wird.[17] Von besonderem Interesse ist auch der Beitrag von Hamamoto Shinsuke in diesem Band, der bis zum Erscheinen der vorliegenden Arbeit die einzige verlässliche und halbwegs aktuelle Auflistung[18] der Gruppenzugehörigkeit der DPJ-Abgeordneten enthält. Ausschließlich mit den drei Regierungsjahren beschäftigt sich hingegen die Aufsatzsammlung *Minshutō seiken no chōsen to zasetsu. Sono keiken kara nani wo manabu ka* („Die Herausforderungen der DPJ-Regierung und ihr Scheitern – Was lernen wir aus ihrem Scheitern?")[19] von Itō Mitsutoshi und Miyamoto Tarō (Hg.).[20]

In westlicher Sprache liegt noch immer keine umfassende Monografie zur DPJ vor. Ebenfalls nur mit ihrer Regierungszeit beschäftigen sich Karol Zakowskis *„Decision-Making Reform in Japan: The DPJ's Failed At-*

---

[15] Ebd. S, 13-44.
[16] Uekami Takayoshi und Tsutsumi Hidenori (Hg.) 2011a, *Minshutō no soshiki to seisaku. Kettō kara seiken kōtai made*. Tokyo: Tōyō Keizai Shinpōsha.
[17] Tsutsumi Hidenori und Uekami Takayoshi 2011b, „Minshutō no seisaku – keizokusei to henka". In: dies. (Hg.) *Minshutō no soshiki to seisaku. Kettō kara seiken kōtai made*. Tokyo: Tōyō Keizai Shinpōsha, S. 225–252.
[18] Hamamoto Shinsuke 2011, „Minshutō ni okeru yakushoku haibun no seido-ka". In: Uekami Takayoshi und Tsutsumi Hidenori (Hg.), *Minshutō no soshiki to seisaku. Kettō kara seiken kōtai made*. Tokyo: Tōyō Keizai Shinpōsha, S. 66–68.
[19] Itō Mitsutoshi und Miyamoto Tarō (Hg.) 2014, *Minshutō seiken no chōsen to zasetsu. Sono keiken kara nani wo manabuka*. Tokyo: Nihon keizai hyōron-sha.
[20] Itō Mitsutoshi 2014, „Minshutō no manifesuto to seiken unei". In: ders. und Miyamoto Tarō (Hg.), *Minshutō seiken no chōsen to zasetsu. Sono keiken kara nani wo manabuka*. Tokyo: Nihon keizai hyōron-sha, S. 1–46.

Einleitung: Sozialdemokratie in Japan – What's Left?

tempt at a Politician-led Government"²¹ (2015) und die beiden Sammelbände „*The Democratic Party of Japan in Power: Challenges and Failures*"²² (2017) und „*Japan Under the DPJ*"²³ (2013). Obgleich aufschlussreich widmen sich diese Texte der Regierungsführung der DPJ sowie einzelnen Politikbereichen, ohne dass sich durch eine Synthese ein Gesamtbild ergibt. Dies führt zu der paradoxen Situation, dass im englischen Sprachraum mehr Erkenntnisse bspw. zur Energiepolitik der DPJ vorliegen, als zum gesamtpolitischen Charakter der Partei.

Angesichts des Mangels an wissenschaftlicher Literatur stellen journalistische Texte einen relevanten Beitrag dar. Eine herausragende Rolle nimmt hier die Monografie *Minshutō – Yabō to yagō no mekanizumu*²⁴ („Die Demokratische Partei – Die Mechanismen großer Ambitionen und unerlaubter Verbindungen") ein, die von dem ehemaligen Parteifunktionär Itō Atsuo verfasst wurde. Itō gibt einen analytischen Überblick über Parteigeschichte, innerparteiliche Gruppen und die Programmatik der Partei im Zeitraum von 1998 bis 2007. Des Weiteren sind aus dieser Kategorie die beiden Bände des Journalisten Shiota Ushio *Minshutō no kenkyū* („Forschungen zur Demokratischen Partei") und *Minshutō seiken no shinjitsu* („Die ganze Wahrheit über die Regierung der Demokratischen Partei") sowie die Monografie *Minshutō – Habatsu kōsō-shi* („Die Demokratische Partei – Geschichte des Faktionenstreits") von Itagaki Eiken aus dem Jahr 2008 zu nennen.²⁵ Auch die politischen Redaktionen der

---

[21] Zakowski, Karol 2015, *Decision-Making Reform in Japan: The DPJ's Failed Tttempt at a Politician-led Government*. London (u. a.): Routledge.
[22] Funabashi, Yōichi und Nakano, Kōichi 2017 (Hg.), *The Democratic Party of Japan in Power. Challenges and Failures*. New York: Routledge.
[23] Kushida, Kenji und Pipscy, Phillip (Hg.) 2013, *Japan under the DPJ. The Politics of Transition and Governance*. Stanford: The Walter Shorenstein Asia-Pacific Research Center.
[24] Itō Atsuo 2008, *Minshutō – yabō to yagō no mekanizumu*. Tokyo: Shinchōsha.
[25] Shiota Ushio 2009, *Minshutō no kenkyū*. Tokyo: Heibonsha; ders. 2010, *Minshutō seiken no shinjitsu*. Tokyo: Mainichi Shinbunsha; Itagaki Eiken 2008, *Minshutō – Habatsu kōsō-shi*. Tokyo: Kyōei Shobo.

1 Einleitung: Sozialdemokratie in Japan – What's Left?

großen Tageszeitungen haben Chroniken der DPJ-Regierungen angefertigt, die sehr detaillierte Darstellungen enthalten.[26] Vor diesem Hintergrund stellt eine ausführliche Analyse von Entwicklung, Struktur und Programmatik der DPJ über den Gesamtzeitraum ihrer Existenz eine relevante Forschungslücke dar. Vollständig fehlen zudem ausführlichere Darstellungen, die die Entwicklungen der Partei seit ihrer Abwahl 2012 behandeln.[27] Insbesondere die Struktur der Partei – die sich aus mehreren innerparteilichen Gruppen zusammensetzt – ist bislang nicht ausreichend erforscht. Neben der bereits erwähnten Publikation von Hamamoto existieren hier wichtige Vorarbeiten von Schmidt und Köllner.[28] Insbesondere in den Medien herrscht noch immer die Ansicht vor, der Faktionalismus der DPJ sei weniger stark ausgeprägt als derjenige der LDP („lockere Gruppen").[29] Die vorliegende Arbeit leistet hier einen Beitrag, beschränkt sich aber im Hinblick auf die Fragestellung auf die Gruppen, die begründet der Parteilinken zugeordnet werden können.

---

[26] Asahi Shinbun Seiken Shuzai Sentā 2010, *Minshutō seiken 100-nichi no shinsō*. Tokyo: Asahi Shinbun Shuppan; Yomiuri Shimbunsha Seijibu 2011, *Bōkoku no saishō: kantei kinō teishi no 180 nichi*. O.O.: Shinchōsha; Mainichi Shinbun Seijibu 2009, *Kanzen dokyumento Minshutō seiken*. Tokyo: Mainichi Shinbunsha.

[27] Hier liegen lediglich die jährlich im VSJF-Jahrbuch veröffentlichen Kapitel zur japanischen Innenpolitik von Manfred Pohl und Chris Winkler vor, sowie einige kurze Beiträge wie: Weiner, Robert J. 2013, „The Remains of the DPJ." In: Pekkanen, Robert und Reed, Steven R. (u. a.) (Hg.) 2013, *Japan Decides. The Japanese General Election*. New York: Palgrave Macmillan, S. 65–71.

[28] Schmidt, Carmen 2011, „The DPJ and its Factions: Benefit or Threat?" In: *Hitotsubashi Journal of Social Studies*, Bd. 43, S. 1–21; Köllner, Patrick 2004b, „Factionalism in Japanese Political Parties Revisited or How Do Factions in the LDP and DPJ Differ?" In: *Japan Forum*, Bd. 16, Nr. 1, S. 87–109.

[29] S. bspw. Köllner, Patrick 2011, „The Democratic Party of Japan: Development, Organization and Programmatic Profile". In: Gaunder, Alisa (Hg.), *The Routledge Handbook of Japanese Politics*. London (u. a.): Routledge, S. 31).

Vorgehensweise

Neben der eingangs gestellten Frage nach dem „What's Left?" im Sinne einer analytischen Bestandsaufnahme politischer Akteure muss, gemäß dem zweiten Wortsinn, auch der Frage nachgegangen werden, was Sozialdemokratie (in Japan) eigentlich ist.

Hieraus ergibt sich wiederum die Frage, wie sich die Sozialdemokratie in Zeiten des Umbruchs und der Selbstreformierung sinnvoll definieren lässt. Wie ich in Kapitel 2 erläutern werde, haben sich Strategien und Methoden der Sozialdemokratie im Lauf der Zeit verändert. Zudem werde ich darlegen, dass eine Verengung auf ökonomische Fragen, wie sie in der öffentlichen Diskussion erkennbar ist, der Komplexität dieser politischen Strömung nicht gerecht wird. Vor diesem Hintergrund erscheint es angebracht, eine weiter gefasste Definition zu wählen, die über die üblicherweise diskutierte Frage des Wohlfahrtsstaats bzw. des ‚großen Staats' hinaus, auch alternative Strategien der Sozialdemokratie einbezieht. Zur Erarbeitung einer weiten, aber angemessenen Definition nehme ich vor allem die ursprünglichen Ziele und ideologischen Grundlagen der Sozialdemokratie in den Blick.

Dabei ist der Wohlfahrtsstaat der Ausgangspunkt meiner Bemühungen um eine Definition. Anhand der einflussreichen Theorie Esping-Andersens zu den verschiedenen wohlfahrtsstaatlichen Modellen[30] zeige ich, dass keineswegs nur die Sozialdemokratie im 20. Jahrhundert den Staat ins Zentrum ihrer Überlegungen gerückt hat, erläutere weiter die Grundzüge des sozialdemokratischen Modells und grenze es gegen die beiden wichtigsten konkurrierenden Modelle ab (Kap. 2.1).

In einem zweiten Schritt setze ich mich kritisch mit der aktuell einflussreichsten theoretischen Schrift zur Sozialdemokratie, der „Theorie

---

[30] Esping-Andersen, Gøsta 1990, *The Three Worlds of Welfare Capitalism*. Cambridge: Polity Press.

der sozialen Demokratie"[31] des deutschen Politikwissenschaftlers Thomas Meyer (Kap. 2.2) auseinander.

Wie mit Esping-Andersen gezeigt, unterscheiden sich die wohlfahrtsstaatlichen Modelle hinsichtlich ihres Gesellschaftsbildes. Welche Vorstellungen und Werte stehen hinter dem sozialdemokratischen Modell? Zur Beantwortung dieser Frage greife ich in einem nächsten Schritt auf die klassischen Theorien von Eduard Bernstein und Hermann Heller (Kap. 2.3 und 2.4) zurück, wobei ich insbesondere das Verhältnis des Sozialismus zu Demokratie und Liberalismus aber auch zum Nationalismus verdeutliche.

In einem letzten Schritt zeige ich mit dem italienischen Philosophen Norberto Bobbio den Zusammenhang zwischen dem Konzept der politischen Linken und der Sozialdemokratie und definiere die Sozialdemokratie als *Liberalsozialismus*, der links der politischen Mitte verortet ist und die Ideen der Demokratie, des Liberalismus und des Sozialismus vereint (Kap. 2.5).

In einem nächsten Schritt gehe ich auf die sozialdemokratische Selbstreformierung ein, die seit den 1990er-Jahren unter dem Schlagwort des „Dritten Wegs" vorgenommen wurde. Auch die Gründung der DPJ 1996 fällt in diese Zeit. Anhand der beiden Schriften „Jenseits von Links und Rechts"[32] und „Der dritte Weg"[33] des einflussreichen Soziologen Anthony Giddens erläutere ich die Grundgedanken dieser Strömung und verdeutliche anhand des sog. ‚Schröder-Blair-Papiers'[34] aus dem Jahr 1999 ihre Methoden. Durch Abgleich dieser Ideen mit den erarbeiteten definitorischen Anforderungen an Sozialdemokratie komme ich hier zu dem

---

[31] Meyer, Thomas 2011, *Theorie der Sozialen Demokratie*. 2. Aufl. Wiesbaden: VS Verlag für Sozialwissenschaften.
[32] Giddens, Anthony 1997, *Jenseits von Links und Rechts. Die Zukunft radikaler Demokratie*. Frankfurt a. M.: Suhrkamp.
[33] Giddens, Anthony 2008 [1998], *The Third Way. The Renewal of Social Democracy*. Cambridge (u. a.): Polity Press.
[34] Schröder, Gerhard und Blair, Tony 1999, *Der Weg nach vorne für Europas Sozialdemokraten*.

Schluss, dass Akteure, die diese Methoden anwenden, nicht als Sozialdemokraten bezeichnet werden können.

Weiter stellt sich die Frage nach der Sozialdemokratie in der japanischen ‚Kultur', die den Vorwurf eines Eurozentrismus enthält und mir in Kolloquien und anderen wissenschaftlichen Diskussionen gestellt wurde. Ist es überhaupt legitim, eine vermeintlich so europäische Kategorie auf ein ostasiatisches Land zu übertragen? Hier lässt sich mit einem abgewandelten Zitat des Historikers Dirk Böttcher antworten, dass gerade die Erwartungshaltung, dass die Sozialdemokratie Japans dieselbe Erscheinungsform haben müsse wie in Europa als eurozentristisch zurückgewiesen werden muss.[35]

Zur weiteren Beantwortung dieser Frage und der Ermittlung der Traditionen der japanischen Sozialdemokratie dient der historische Teil dieser Arbeit (Kap. 3). Hier zeige ich durch eine Analyse der Vorgänger der heutigen Sozialdemokraten, dass diese Strömung in Japan eine mehr als 115-jährige Geschichte aufweist und identifiziere strukturelle und ideologische Merkmale, die im Sinne eines politischen Erbes bis heute einflussreich sind. Bei der Analyse ihrer Ideologie bringe ich die in Kapitel 2 erarbeiteten Theorien zur Anwendung.

Nach einer Analyse der einschlägigen Akteure der Vorkriegszeit (Kap. 3.1 und 3.2) sowie der Nachkriegszeit (Kap. 3.3 und 3.4) komme ich auf die für das Verständnis der heutigen politischen Akteure wichtigen Umbrüche der 1990er-Jahre zu sprechen, die zum Niedergang der SDP und zur Gründung der DPJ 1996 führten. Dabei gehe ich auch auf die Rolle des reformierten Wahlsystems ein, welches durch die starke Betonung des Mehrheitswahlrechts die Logik der heutigen japanischen Politik maßgeblich bestimmt.

---

[35] Boettcher, Dirk 1989, „Faschismus, Begriffe und historische Entwicklung". In: Menzel, Ulrich (Hg.), *Im Schatten des Siegers*, Bd. 2: *Staat und Gesellschaft*, S. 77–99. Frankfurt: Suhrkamp, S. 77.

In Kapitel 4 folgt die Analyse der DPJ. Parteien verfolgen zweifellos nicht nur programmatisch-ideologische Ziele, sondern müssen mehrere sich zum Teil widersprechende Zielsetzungen miteinander in Einklang bringen. Auch strukturelle und organisatorische Eigenschaften spielen eine Rolle. Um diese Zusammenhänge bei einer Analyse der DPJ berücksichtigen zu können, komme ich zunächst auf einige Erkenntnisse der Parteienforschung zu sprechen (Kapitel 4.1), insbesondere die Parteimodelle nach Krouwel.[36]

Die Untersuchung der Partei beginnt dann in einem ersten Schritt mit der Analyse ihrer 20-jährigen Entwicklung von der Gründung 1996 bis zu ihrer Fusion und Umbenennung[37] im Jahr 2016 (Kap. 4.2). Dabei gehe ich auf die Intentionen der Gründer ein, verdeutliche die sich aus der Gründung und Entwicklung der Partei ergebende Heterogenität und erläutere das Umfeld der Partei. Es werden dabei auch erste Erkenntnisse über die Ideologie und Struktur der DPJ sichtbar. Die für das Verständnis der Partei zentralen Konfliktlinien, versuche ich durch eine Analyse der parteiinternen Wahlen anschaulich zu machen. Anhand der Veränderungen der Partei durch externe und interne Faktoren nehme ich weiter eine Periodisierung der Parteientwicklung vor und halte in einem letzten Schritt die Entwicklungsmuster und allgemeinen Eigenschaften der Partei fest.

Anschließend untersuche ich die ideologisch-programmatischen Positionen der Partei (Kap. 4.3) durch eine qualitative Inhaltsanalyse des 1998 erschienenen Grundsatzprogramms und der verschiedenen Wahlprogramme im Zeitraum von 1996 bis 2016. Dabei identifiziere ich die Elemente ihrer Ideologie und untersuche gleichzeitig die ideologische Veränderung der Partei vor dem Hintergrund ihrer zuvor untersuchten Entwicklung. Durch den direkten Vergleich der wichtigsten Programme werden

---

[36] Krouwel, André 2006, „Party Models". In: Katz, Richard D. und Crotty, William (Hg.), *Handbook of Party Politics*. London (u. a.): Sage, S. 249–270.
[37] Die Partei nannte sich nach der Fusion mit einem Teil der Erneuerungspartei in Demokratische Fortschrittspartei 民進党 (Minshintō) um. Der englische Parteiname blieb unverändert Democratic Party, sodass ich durchgängig die Abkürzung DPJ verwende.

die Zeitpunkte ideologischer Veränderungen sichtbar gemacht. Hier werde ich ermitteln, wann die Partei welche Elemente einer sozialdemokratischen Agenda vertreten hat und das Zustandekommen dieser Politiken beleuchten.

Abschließend diskutiere ich die Frage, ob es sich bei dem Wechsel zu einer sozialdemokratisch geprägten Agenda vor der Regierungsübernahme der DPJ eher um den Ausdruck einer tatsächlichen ideologischen Veränderung handelt, oder um eine opportunistische Strategie, wie es der Partei von Kritikern vorgeworfen wird.

Die ideologische Ausrichtung einer Partei ist immer ein Kompromiss ihrer parteiinternen Akteure. Dies trifft in besonderem Maß auf die sehr heterogene DPJ zu. Für die Frage nach der Sozialdemokratie in Japan muss daher auch die innerparteiliche Ebene in die Analyse miteinbezogen werden. Die Struktur der Partei auf der Mesoebene besteht aus mehreren innerparteilichen Gruppen, deren Abgeordnete ähnliche Interessen repräsentieren und oft derselben Vorgängerpartei entstammen. Zur Beantwortung der Frage, wer die sozialdemokratischen Akteure innerhalb der DPJ sind, untersuche ich folgende Gruppen, die der Parteilinken zugerechnet werden:

- Die Yokomichi-Gruppe 横路グループ um Yokomichi Takahiro und Akamatsu Hirotaka, die enge Verbindungen zu den Gewerkschaften des öffentlichen Sektors aufweist und auf die SPJ zurückgeht (4.4.1).
- Die Minshakyōkai 民社協会[38], die der Demokratisch-Sozialistischen Partei 民主社会党 (im Folgenden: DSP) entstammt (4.4.2).
- Die Kan-Gruppe 菅グループ um die Politiker Kan Naoto und Eda Satsuki, die beide fast zwanzig Jahre lang der Kleinpartei Sozialdemokratischer Bund angehörten (4.4.3).

---

[38] Wörtlich: Demokratisch-Sozialistische Gesellschaft.

1 Einleitung: Sozialdemokratie in Japan – What's Left?

Zunächst analysiere ich dabei die Sozialstruktur der Gruppen, wobei ich die von mir identifizierten Mitglieder beider Parlamentskammern hinsichtlich Geschlecht, Alter sowie geografischer und gewerkschaftlicher Repräsentation untersuche. Dies ermöglicht verschiedene Rückschlüsse auf Charakter, Abhängigkeiten sowie politisches und ökonomisches Kapital der jeweiligen Gruppe. Da die Daten aus der von Hamamoto 2011 erstellten Auflistung der Gruppenmitglieder insbesondere durch die Abwahl zahlreicher DPJ-Abgeordneter 2012 inzwischen veraltet sind, aktualisiere ich diese. Dabei greife ich unter anderem auf die vom japanischen Innenministerium online bereitgestellten „Geschäftsberichte politischer Fonds" 政治資金収支報告書 (*seiji shikin shūshi hōkoku-sho*) zurück und ziehe diese Unterlagen erstmals zur Untersuchung der parteiinternen Gruppen der DPJ heran.

In einem zweiten Schritt analysiere ich parallel zum Vorgehen in Kapitel 4.3 die Gruppen hinsichtlich ihres ideologisch-programmatischen Standpunkts und ihrer Übereinstimmung mit sozialdemokratischen Positionen. Dabei gehe ich auch auf die Veränderungen ihrer ideologischen Position im zwanzigjährigen Untersuchungszeitraum ein. Da nur in begrenztem Maß offizielle Publikationen der Gruppen vorliegen, greife ich zur Analyse auf Interviews, Artikel und Blog-Einträge führender Gruppenmitglieder zurück.

Abschließend überprüfe ich die aus der Analyse der innerparteilichen Gruppen gezogenen Ergebnisse anhand der parteiübergreifenden Parlamentariervereinigung Rikken Forum und erläutere abschließend das in Kapitel 4.4 identifizierte sozialdemokratische Lager innerhalb der DPJ.

Stellungnahme zu Fragestellung und Methodologie

An dieser Stelle möchte ich kurz auf Einwände eingehen, die gegenüber der Fragestellung und dem methodologischem Hintergrund dieser Untersuchung vorgebracht wurden. Ein anonymer Gutachter kritisierte, die im folgenden Kapitel verwendeten normativen Theorien zur Sozialdemokratie seien „analytisch wenig ergiebig", die Unterscheidung zwischen „echter und behaupteter Sozialdemokratie enge die Perspektive unnötig ein". Ein zweiter Gutachter schreibt in einem ähnlichen Zusammenhang, dass die Arbeit nicht diejenigen „Fragen [adressiere], die sich aus politikwissenschaftlicher Sicht stellen würden".

Diese Kritikpunkte berühren eine inzwischen sehr umfangreich gewordene Methodendebatte, die ich hier nur in groben Zügen wiedergeben kann. Dominiert wird sie von einer positivistischen Mehrheit, die die Politikwissenschaft als eigenständige, streng von Philosophie, Geschichte und Kultur abgegrenzte Disziplin ansieht. Ihr Erkenntnisinteresse zielt auf Institutionen und politische Akteure, die als atomisierte Einheiten festen Regeln oder Eigeninteressen folgen (müssen). Nach dieser den Naturwissenschaften entlehnten Sichtweise spielen Ideologien nur als oberflächliche Strategien eine Rolle, die auf dem „Wählermarkt" angewendet werden. Dem möchte ich hier entgegnen, dass ein solches Forschungsprogramm selbst durchaus ideologisch ist und ein spezifisches (nämlich US-amerikanisches) Politikverständnis zur allgemeingültigen Norm erhebt.[39] Überdies widerspricht die vermeintliche Bedeutungslosigkeit von ideologischen Traditionen auch unseren empirischen Alltagserfahrungen. Hierzu der Parteienforscher Detterbeck:

> Auch wenn sich die Parteien im Wettbewerb bewegen und ihre inhaltlichen Positionen über die Zeit entsprechend anpassen, erscheint eine Annahme einer völlig gesichtslosen Programmatik wenig plausibel. So wird sich eine christliche Partei nicht für die Abtreibung aussprechen, eine liberale Partei nicht die Todesstrafe einführen wollen und eine grüne Partei nicht die Atomkraft befürwor-

---

[39] Zum konkreten historischen Hintergrund dieses Forschungsprogramms s. Gunnell, John G. 2013, „Social Science and Ideology: The Case of Behaviouralism in American Political Science". In: Freeden, Michael, Lyman T. Sargent (u. a.): *The Oxford Handbook of Political Ideologies*. Oxford: Univ. Press, S. 73–90.

ten, weil es jeweils weder nach außen (Wähler) noch nach innen (Mitglieder) zu vermitteln wäre.[40]

Eine wachsende antipositivistische Minderheit plädiert daher dafür, den politisch-historischen Kontext, Diskurse und die Bedeutung von philosophisch-ideologischen Traditionen bei der Analyse von Institutionen und Akteuren zu berücksichtigen.[41] Politische Akteure folgen nach dieser Sicht nicht schematisch nutzenmaximierenden Prinzipien, sondern werden ebenso durch Traditionen (bewusst und unbewusst) beeinflusst (aber nicht determiniert), wobei sie selbst wiederum Traditionen durch ihr Handeln verstärken oder modifizieren.[42] Dem Vorwurf, die vorliegende Arbeit beantworte nicht diejenigen Fragen, die sich aus politikwissenschaftlicher Sicht vermeintlich stellen, geht demnach fehl. Es besteht keineswegs Einigkeit darüber, welche Fragen sich die Politikwissenschaft zu stellen hat und welche nicht.

Die Fragestellung dieser Arbeit entspringt der Perspektive, dass politische Ideen relevant sind. Aus diesem Grund definiere ich im folgenden zweiten Kapitel Sozialdemokraten als diejenigen politischen Akteure, die eine Umsetzung von Maßnahmen anstreben, die sozialdemokratischen Prinzipien entsprechen. Diese Prinzipien wiederum leite ich aus den klassischen Theorien der Sozialdemokratie ab. Wie ich unten darlege, kann sich die von diesen Prinzipien abgeleitete Agenda je nach zeitlichem und geografischem Kontext im konkreten Fall unterscheiden. Realistischer-

---

[40] Detterbeck, Klaus 2011, *Parteien und Parteiensystem*. Konstanz: UVK, S. 119.
[41] Vassallo, Francesca und Wilcox, Clyde 2006, „Party as a Carrier of Ideas". In: Katz, Richard S. und Crotty, William (Hg.), *Handbook of Party Politics*. London (u. a.): Sage, S. 416; White, John K. 2006, „What is a Political Party?" In: Katz, Richard S. und Crotty, William (Hg.), S. 9 f.; Cramme, Olaf und Diamond, Patrick (Hg.) 2012, *After the Third Way. The Future of Social Democracy in Europe*. London (u. a.): I.B. Tauris, S. xiii; Niedermayer, Oskar 2013b, „Die Analyse einzelner Parteien". In: ders. (Hg.), *Handbuch Parteienforschung*. Wiesbaden: Springer VS, S. 63 f.
[42] Dowding, Keith, Finlayson, Alan (u. a.) 2004, "The Interpretive Approach in Political Science: a Symposium." In: *The British Journal of Politics and International Relations*, Band 6, Nr. 2, S. 129.

weise weisen alle politischen Akteure Widersprüche hinsichtlich ihrer Werte auf und weichen in einigen Punkten von ideologischen Prinzipien ab. Sie müssen aber einen ideologischen Kern beibehalten, um noch sinnvollerweise als Sozialdemokraten eingeordnet werden zu können. Ich behaupte allerdings keinesfalls, dass für die Analyse konkreter Akteure rationale, nutzenmaximierende Erwägungen keine Rolle spielen. Ich bemühe mich daher, Geschichte, Traditionen und Ideologie der untersuchten Akteure ebenso zu erfassen wie strukturelle Faktoren.

Kommen wir zur Kritik, die Unterscheidung zwischen echter und behaupteter Sozialdemokratie „enge die Perspektive unnötig ein". Natürlich kann man aus soziologisch-konstruktivistischer Sicht behaupten, dass Sozialdemokratie nichts Anderes als das sei, was „Sozialdemokraten" eben tun. Diese tautologische Spitzfindigkeit erlaubt es zwar, die Suche nach einer Definition zu umgehen. Für wissenschaftlich ergiebig halte ich diese Perspektive nicht.

2 Theorie der Sozialdemokratie

Sozialdemokratie ist ein mehrschichtiger Begriff: Er kann sowohl eine bestimmte Ausprägung der Demokratie in Theorie und Praxis bezeichnen (Soziale Demokratie) als auch – mit stärkerem Fokus auf die Ökonomie – ein wohlfahrtsstaatliches Modell (sozialdemokratischer Wohlfahrtsstaat) sowie die Gesamtheit von Parteien und anderen politischen Akteuren in einem politischen Raum, die eine Soziale Demokratie verwirklichen wollen. Zur Definition sozialdemokratischer *Akteure* ist es am besten, alle drei Perspektiven zu berücksichtigen. Die bloße Zugehörigkeit einer Partei zur Sozialistischen Internationalen oder eine entsprechende Eigenbezeichnung ist auf jeden Fall als Kriterium unzureichend.[1]

Bei der Wahl einer Definition sozialdemokratischer Akteure für die vorliegende Untersuchung ergeben sich zwei Schwierigkeiten: Zum einen sind die unten stehenden Theorien der Sozialdemokratie vor dem Hintergrund der historischen Entwicklung Europas entstanden. Hier wird sich im folgenden historischen Kapitel zeigen, inwiefern eine Übertragbarkeit auf Japan gegeben ist. Zum anderen stammen die Theorien der Sozialdemokratie zeitlich aus der ersten Hälfte des 20. Jahrhunderts. Wir befinden uns aber ohne Zweifel seit den 1970er-Jahren in einem neuen, von Unsicherheiten geprägten Zeitalter. Eine enge Definition der Sozialdemokratie, die erstens außereuropäische Kontexte prinzipiell ausschließt und zweitens lediglich auf die Anwendung traditioneller Strategien des 20. Jahrhunderts abzielt, muss daher zur Analyse heutiger Akteure vermieden werden.

In der öffentlichen Diskussion wird die Sozialdemokratie vor dem Hintergrund des neoliberalen Paradigmas meist verkürzt mit einer be-

---

[1] So ist bspw. die nominal sozialdemokratische Partido da Social Democracia Brasileira eine zentristische Partei mit Beobachterstatus in der Christlich Demokratischen Internationalen.

2 Theorie der Sozialdemokratie

stimmten Wirtschaftspolitik (keynesianische Nachfragesteuerung) und dem Wohlfahrtsstaat des 20. Jahrhunderts in Verbindung gebracht und auf diese Merkmale reduziert. War aber das ursprüngliche, grundlegende Ziel der Sozialdemokratie der Aufbau eines Wohlfahrtsstaats? Tatsächlich umfasste diese politische Ideologie immer eine viel breitere Agenda. Diese beschrieb der Historiker Gerd Koenen kürzlich in einem Interview mit folgenden Worten:

> Die Sozialdemokratie des 19. Jahrhunderts war nicht nur eine Arbeiterbewegung, sondern eine Emanzipationsbewegung im umfassenden Sinne [...] Es ging um „alles": um eine gerechte Weltordnung, um Gleichstellung der Frauen, Kampf gegen Diskriminierung, Chauvinismus, Militarismus.[2]

Zur Erreichung dieser Ziele hat sich die Sozialdemokratie nicht mehr auf den Staat gestützt als Liberale und Konservative. Vergleiche zeigen, dass die sozialdemokratisch geprägten Staaten Skandinaviens keineswegs über einen besonders großen Staatssektor verfügen.[3]

Ein Blick auf die Grundgedanken der Sozialdemokratie zeigt, dass die verkürzte Definition über den Wohlfahrtsstaat unzulässig ist – nicht zuletzt deshalb, weil die Sozialdemokratie älter ist als die modernen Wohlfahrtsstaaten. Wie der Soziologe Esping-Andersen in den 1990er-Jahren erkannt hat, kann ein Wohlfahrtsstaat auch nicht lediglich anhand der Höhe der Sozialausgaben charakterisiert werden.[4] Das heißt, nicht jede

---

[2] Süddeutsche Zeitung 8./9. Juli 2017.

[3] Hobsbawm, Eric 2007, *Das Zeitalter der Extreme. Weltgeschichte des 20. Jahrhunderts.* 8. Aufl. München: dtv, S. 344; Przeworski, Adam 2001, „How Many Ways Can Be Third?". In: Glyn, Andrew (Hg.), *Social Democracy in Neoliberal Times. The Left and Economic Policy since 1980.* Oxford: Univ. Press, S. 326.

[4] Esping-Andersen, Gøsta 1990, S. 3, 19; ders. 1998, „Die drei Welten des Wohlfahrtskapitalismus. Zur politischen Ökonomie des Wohlfahrtsstaates". In: Lessenich, Stephan und Oster, Ilona (Hg.) 1998, *Welten des Wohlfahrtskapitalismus. Der Sozialstaat in vergleichender Perspektive.* Frankfurt a. M. (u. a.): Campus, S. 32–35.

Demokratie, die in einer gewissen Art und Weise als *sozial* bezeichnet werden kann, ist eine Soziale Demokratie.

2.1 Sozialdemokratie als wohlfahrtsstaatliches Modell

Der erste Irrtum derjenigen, die die Sozialdemokratie auf den Wohlfahrtsstaat verkürzen, besteht darin, dass sie die Sozialdemokratie und die mit ihr verbundenen Gewerkschaften als Erfinder und treibende Kraft hinter den im Laufe des 20. Jahrhunderts ausgebauten Wohlfahrtsstaat sehen. Wie dessen Geschichte zeigt, ist dieser keineswegs eine Erfindung der Sozialdemokratie: Vielmehr wurde der Grundstein staatlicher Sozialpolitik im wirtschaftsliberalen England des 19. Jahrhunderts und im autoritären Deutschen Kaiserreich gelegt.[5] Die Liberalen Großbritanniens führten die Armenfürsorge ein, als sie fürchteten, die kapitalistische Ausbeutung könne die Arbeitskraft und Gesundheit der Arbeiter so sehr schädigen, dass die militärische Stärke des englischen Imperiums untergraben werden könnte.[6] Im Falle Bismarcks kam die Erwägung hinzu, die Loyalität der Untertanen zu Staat, Monarchie und Nation zu stärken und der sozialistischen Bewegung durch die Etablierung sozialer Sicherungssysteme den Wind aus den Segeln zu nehmen.[7] Lediglich in Skandinavien war es die Sozialdemokratie, die als dominante politische Kraft einen Wohlfahrtsstaat nach ihrer Vorstellung aufbauen konnte. Dieser historische Hintergrund legt bereits nahe, dass sich Wohlfahrtsstaaten nicht nur quantitativ, sondern, je nach Gründungsabsicht, auch erheblich hinsichtlich ihrer *Funktion* unterscheiden. Kommen wir zu den unterschiedlichen Funktionen des Wohlfahrtsstaats nach Esping-Andersen und der Frage, wodurch sich ein sozialdemokratischer Wohlfahrtsstaat von anderen Ausprägungen unterscheidet.

---

[5] Przeworski 2001, S. 318.
[6] Esping-Andersen 1990, S. 63.
[7] Ebd., S. 38.

2 Theorie der Sozialdemokratie

Esping-Andersen unterscheidet in seiner bahnbrechenden Arbeit „Die drei Welten des Wohlfahrtskapitalismus"[8] drei Wirkungen der Wohlfahrtsstaaten: die sog. *Dekommodifikation*, die *Stratifizierung* der jeweiligen Gesellschaft und den *Universalismus* der Leistungen. *Dekommodifikation* bezeichnet dabei das Ausmaß, inwiefern der Status eines Menschen von der Verwertung seiner Arbeitskraft auf dem Arbeitsmarkt unabhängig ist.[9] Erhält bspw. eine Arbeiterin im Falle einer Arbeitsunfähigkeit keinerlei Unterstützung von Arbeitgeber oder Staat, so ist sie vollkommen kommodifiziert; ihre Arbeitskraft ist nichts anderes als eine Ware. Erhält sie aber eine Lohnfortzahlung oder andere wohlfahrtsstaatliche Leistungen, unabhängig vom Marktwert ihrer Arbeit, so wirken diese „dekommodifizierend" – machen ihre Arbeit also weniger zu einer Ware.

Wohlfahrtsstaaten wirken auch *stratifizierend* auf die Gesellschaft, denn nicht alle Menschen erhalten Leistungen und nicht alle Empfänger in gleicher Höhe. Der Wohlfahrtsstaat dient nicht per se dazu, soziale Ungleichheit abzumildern, sondern schafft oftmals selbst eine Stratifizierung.[10]

Eine weitere Dimension des Wohlfahrtsstaats ist der *Universalismus*. Sind Sozialleistungen universell, so stehen sie unabhängig von der Bedürftigkeit des Empfängers allen Bürgern (eventuell sogar ansässigen Ausländern) zu. Dies ermöglicht zwar keine zielgenaue Stützung bestimmter Gruppen, bindet aber alle Menschen an den Wohlfahrtsstaat, erhöht dadurch dessen Akzeptanz und stellt ein Element gesamtgesellschaftlicher Solidarität dar. So lässt sich auch das Problem vermeiden, dass Berechtigte Leistungen aus der Furcht, stigmatisiert zu werden, nicht in Anspruch nehmen. Bei geringer Universalität kommt hinzu, dass Versicherungssysteme und Sozialleistungen, an denen die Mehrheit der Bevöl-

---

[8] Esping-Andersen, Gøsta 1990, *The Three Worlds of Welfare Capitalism*. Cambridge: Polity Press.
[9] Esping-Andersen 1990, S. 39; ders. 1998, S. 36 f.
[10] Esping-Andersen 1990, S. 55–78; ders. 1998, S. 39–43.

kerung nicht teilnimmt, leichter ihre gesellschaftliche Akzeptanz verlieren können.

Schließlich unterscheiden sich die drei Modelle hinsichtlich des Ausmaßes an materieller *Umverteilung*.

Das liberale Modell[11]

Im liberalen Wohlfahrtsstaat sieht es der Staat im sozialen Bereich lediglich als seine Aufgabe an, die größten sozialen Missstände zu beseitigen. Dafür bietet er streng bedarfsgeprüfte Leistungen, oft mit zeitlicher Befristung. Problematisch ist, dass dies eine stigmatisierende Wirkung haben kann. Viele Berechtigte nehmen Sozialleistungen aus Scham oder Unwissenheit nicht in Anspruch, was zu verdeckter Armut führen kann.[12] Soziale Risiken werden im liberalen Modell durch private Versicherungen – eventuell staatlich bezuschusst – oder Vereinbarungen zwischen Arbeitnehmern und Arbeitgebern (betriebliche Sozialleistungen) abgedeckt.

Die *stratifizierende* Wirkung des Systems besteht in folgendem Dualismus: Während die Ober- und Mittelschichten ihre soziale Sicherung größtenteils auf dem freien Markt kaufen können, sind die unteren Schichten auf niedrige staatliche Leistungen angewiesen. Diese sind dabei für alle Empfänger gleich hoch, sodass hier eine gewisse ‚Gleichheit in Armut' herrscht. Durch diese Ausgestaltung ist die *Dekommodifizierung* in diesem Modell sehr niedrig – der sozialökonomische Status einer Person ist in hohem Maße vom Markt abhängig. Die gesamtgesellschaftliche Solidarität bleibt beschränkt. Die vergleichsweise geringe Zahl der Bezieher staatlicher Leistungen im liberalen Wohlfahrtsstaat ist verantwortlich dafür, dass Sozialleistungen leicht zum Gegenstand von Refor-

---

[11] Die folgende Zusammenfassung bezieht sich auf Esping-Andersen 1998, S. 43 f.
[12] Geißler, Rainer 2014, *Die Sozialstruktur Deutschlands*. 7. Aufl. Wiesbaden: Springer VS, S. 233; Für den japanischen Fall s. Japan Times 22.2.2003.

men werden.[13] Der liberale Wohlfahrtsstaat hat einen geringen Umfang und weist eine minimale *Umverteilung* auf.

Der konservative Wohlfahrtsstaat[14]

Wie bereits erwähnt, entstand der konservative Wohlfahrtsstaat als Mittel, um die sozialistische Bewegung durch sozialpolitische Maßnahmen zu entschärfen. Ihm geht es nicht nur um die Lösung sozialer Missstände; es sollen auch eine gesamtgesellschaftliche Solidarisierung vermieden und die bestehende hierarchische Sozialstruktur erhalten bleiben. Daher existiert eine Vielzahl unterschiedlicher Sozialversicherungen für unterschiedliche Status- und Berufsgruppen. Diese sind als „Kassen" gestaltet: Die Höhe der Leistungen richtet sich nach den bisherigen Beiträgen. Dies führt zu einer *Stratifizierung* der Gesellschaft, denn ältere Männer, die bereits Beiträge geleistet haben, werden gegenüber Jüngeren und Frauen, deren Beschäftigungsmöglichkeiten begrenzt werden, bevorzugt. Durch die steuerliche Diskriminierung der Erwerbsarbeit von Frauen werden den Geschlechtern unterschiedliche Rollen zugewiesen: Männer gehen der Erwerbsarbeit nach, Frauen leisten Familienarbeit. Dies führt zu einer hohen Abhängigkeit der Frauen von ihren Ehemännern, denn Frauen haben meist nur geringe Beitragszahlungen geleistet. Sozialleistungen können zudem oft nur dann bezogen werden, wenn eine Unterstützung durch die Familie nicht (mehr) möglich ist. Eine besondere Stellung wird Beamten eingeräumt, die durch verschiedene Privilegien an den Staat gebunden werden. Hat ein Mensch erst einmal einen gewissen Status erreicht, soll dieser erhalten werden – etwa durch ein großzügiges unbefris-

---

[13] Esping-Andersen verweist hier auf die paradoxe Tatsache, dass eine Demontage des Sozialstaats nicht dort stattfindet, wo er vergleichsweise umfangreich ist, sondern da, wo er wenig entwickelt ist. Dies kann darauf zurückgeführt werden, dass die Mehrheit der Bevölkerung in Sozialstaaten mit geringem Umfang von diesen Leistungen nicht profitiert und somit an deren Erhalt weniger interessiert ist (Esping-Andersen 1990, S. 69).

[14] Die folgende Zusammenfassung bezieht sich auf Esping-Andersen 1998, S. 44.

tetes Arbeitslosengeld. Das konservative Modell bedeutet für die Menschen unterschiedlicher Statusgruppen also eine unterschiedlich starke *Dekommodifizierung*. Durch die Existenz vieler Versicherungen ist der Universalismus wenig ausgeprägt, wobei im Unterschied zum liberalen Modell meist eine Versicherungspflicht besteht.

Der sozialdemokratische Wohlfahrtsstaat[15]

Kommen wir nun zum sozialdemokratischen Modell. Historisch konnte sich dieses entwickeln, da sich in Skandinavien Arbeiter und Bauern solidarisierten, während die Bauern in den konservativen Staaten eine Klassenkoalition mit den alten Eliten der Monarchie eingingen. Im sozialdemokratischen Modell ist die *Dekommodifikation* am stärksten ausgeprägt. Der Mensch soll möglichst wenig abhängig sein von der Verwertbarkeit seiner Arbeit auf dem Arbeitsmarkt; Mindestlöhne korrigieren gegebenenfalls das Marktergebnis. Verschiedene Leistungen und Institutionen wie bspw. Elternzeit, die Anrechnung von Erziehungsleistungen bei der Rente usw. ermöglichen den Menschen, in vergleichsweise hohem Maße anderen Aktivitäten nachzugehen: Familienarbeit, Aus- und Weiterbildung, Streiks, Sport, Freizeit und zivilgesellschaftliche Arbeit.[16]

Der sozialdemokratische Wohlfahrtsstaat zielt darauf, eine *Stratifizierung* der Bevölkerung zu vermeiden und bestehende Ungleichheiten durch *Umverteilung* abzubauen. Ferner sind die Leistungen im sozialdemokratischen Modell als *soziale Rechte* verankert und *universell*. Sie sind dabei so hoch, dass sie nicht nur die bloße Existenz sichern, sondern gesellschaftliche Inklusion und Teilhabe ermöglichen. Dadurch werden auch die höheren Ansprüche der Mittelschichten befriedigt; für sie besteht kein Anreiz, sich zusätzlich über private Versicherungen abzusichern. Im Gegensatz zum konservativen Modell sind die Leistungen nur in gerin-

---

[15] Die folgende Zusammenfassung bezieht sich auf Esping-Andersen 1998, S. 44 ff.
[16] Esping-Andersen 1990, S. 46.

gem Maße abhängig von vorherigen Beiträgen; sie sind daher nicht als „Kasse" organisiert, sondern stammen aus Steuermitteln. Anders als im konservativen Modell muss die Familie keine sozialpolitischen Aufgaben übernehmen. Das sozialdemokratische Modell betrachtet die Menschen als *Individuen*, die über soziale Rechte verfügen. So sichert der sozialdemokratische Wohlfahrtsstaat die Unabhängigkeit der Individuen gegenüber ihren Familien und Ehepartnern.

Der sozialdemokratische Wohlfahrtsstaat ist vergleichsweise teuer und auf hohe Steuereinnahmen angewiesen, die sich wiederum nur durch eine niedrige Arbeitslosigkeit realisieren lassen. Hierin besteht eine Gemeinsamkeit zum konservativen Modell, das ebenfalls durch Beschäftigungskrisen leicht in eine finanzielle Schieflage geraten kann. Am unempfindlichsten gegen Arbeitslosigkeit ist der liberale Wohlfahrtsstaat.

Kommen wir zur Frage der Definition von Sozialdemokratie bzw. sozialdemokratischen Akteuren zurück. Wir haben gesehen, dass nicht die Sozialdemokraten, sondern andere politische Kräfte den Wohlfahrtsstaat erfunden und vorangetrieben haben. Ebenso wie das von den Sozialdemokraten präferierte Modell kann auch der konservative Wohlfahrtsstaat einen großen Umfang haben. Es ist demnach zu einfach, die Sozialdemokratie lediglich auf die Vorstellung zu reduzieren, dass sie einen „großen Staat" bzw. großen Wohlfahrtsstaat realisieren will. Es ist vielmehr erkennbar geworden, dass die unterschiedlichen Modelle sich hinsichtlich ihres Gesellschaftsbilds unterscheiden. Da das sozialdemokratische Modell zu sozialer Gleichheit führt, lässt sich der *Egalitarismus* als Grundwert des Modells festhalten. Es wurde im Übrigen auch sichtbar, dass der politische „Konservatismus" keineswegs lediglich auf Traditionen und Gefühlen basiert,[17] wie oft behauptet wird, sondern durchaus einer klaren Logik der Ungleichheit folgt.

---

[17] Giddens 1997, S. 47.

Betrachten wir als Nächstes wie dieser Egalitarismus – über den Rahmen des Wohlfahrtsstaats hinaus – im Rahmen der Gesamtheit einer „Sozialen Demokratie" umgesetzt wird.

2.2 Sozialdemokratie als demokratietheoretisches Modell nach Meyer

Die heute bedeutendste theoretische Darlegung der Sozialen Demokratie stammt von dem deutschen Politikwissenschaftler Thomas Meyer. In seiner umfangreichen Monografie „Die Theorie der Sozialen Demokratie"[18] liefert er eine breite Diskussion zur Sozialen Demokratie und geht neben unterschiedlichen normativen Begründungen auf eine Vielzahl empirischer Implikationen und Herausforderungen ein, allerdings ohne eine wirklich neue Definition zu bieten.[19] Diese übernimmt er von dem sozialistischen Juristen und Politikwissenschaftler Hermann Heller (1891-1933):

> Soziale Demokratie ist spätestens seit dem Theorieentwurf von Hermann Heller begrifflich und konzeptionell immer als eine Variante liberaler Demokratie verstanden worden, nämlich als eine gesellschaftliche „Gesamtverfassung", die zur Staatsverfassung der liberalen Demokratie die Dimensionen der gesellschaftlichen Demokratisierung und der sozialen Gerechtigkeit in der *Gesellschafts- und Wirtschaftsverfassung* hinzufügt. Bei Heller finden die zur liberalen Demokratie hinzutretenden Dimensionen der Sozialen Demokratie in letzter Instanz ihre Rechtfertigung darin, dass sie al-

---

[18] Meyer, Thomas 2011, *Theorie der Sozialen Demokratie*. 2. Aufl. Wiesbaden: VS Verlag.
[19] S. a. Sandbrook, Richard 2008, o.T. Rezension von Meyer, Thomas und Hinchman, Lew 2007, The Theory of Social Democracy. Cambridge: Polity. In: *Perspectives of Politics*, Bd. 6, Nr. 4 (Dezember 2008), S. 848–849.

lein die Gewähr dafür bieten, die Grundlagen liberaler Demokratie stabil und nachhaltig erfüllen zu können.[20]

An anderer Stelle heißt es:

> Während die *Formalgeltung* der Grundrechte sich auf die legale Konstituierung eines vor den Eingriffen Dritter geschützten Rechtsraumes als notwendige Bedingung der individuellen Freiheit überhaupt beschränkt, bezieht sich ihre *Realwirkung* auf die Verfügung über diejenigen privaten und sozialen Güter, die als hinreichende Bedingung hinzutreten müssen, damit das rechtlich ermöglichte freie Handeln nach autonomen Lebensplänen in angemessenem Maße auch aktualisiert werden kann.[21]

Nach diesem Verständnis der Sozialen Demokratie kann eine stabile und gerechte Demokratie nur durch eine Demokratisierung der Wirtschaft erreicht werden. Grundrechte und Gesetze sollen nicht nur formal gelten („Formalgeltung"), der Staat muss eingreifen, um sicherzustellen, dass diese auch in der Lebenswirklichkeit eine „Realwirkung" entfalten. Demnach könnte der Staat bspw. einen Mindestlohn durchsetzen, wenn zu befürchten ist, dass ohne diesen kein „freies Handeln nach autonomen Lebensplänen" möglich ist. Dies ist der Unterschied zur „sich in den formalen Entscheidungsprozeduren erschöpfenden libertären Demokratie".[22] Meyer ergänzt die Theorie Hellers noch durch Aspekte der Stabilität und Effektivität:

> Demokratie hat auf die Dauer keinen unangefochtenen Bestand, wenn sie sich in einem formalen politischen Institutionen-System erschöpft [...]. Eine bloß *delegative* Demokratie mit ohnmächtiger Passivbürgerschaft für die Vielen ist eine Form *defekter Demokra-*

---

[20] Meyer 2011, S. 28 f.
[21] Ebd., S. 36.
[22] Ebd., S. 13.

tie, die gleichermaßen die Effektivität und Legitimität demokratischer Gemeinwesen in Frage stellt.[23]

Der Schlüsselbegriff Meyers ist dabei die soziale und politische *Inklusion* der Bürger, die für ihn Gradmesser der Legitimität, Stabilität und Effektivität von Demokratie ist. Eine Theorie der Sozialen Demokratie müsse eine „empirisch gestützte Erklärung dafür [sein], welche sozialen, ökonomischen und gesellschaftlichen Institutionen und Handlungsprogramme im Lichte historischer und komparativer Erfahrungen das größtmöglich erreichbare Maß sozialer und politischer Inklusion wahrscheinlich machen."[24] Zusammen mit dem von Meyer herausgegebenen zweiten Band „Praxis der Sozialen Demokratie"[25] lassen sich mehrere „Teildimensionen" für eine solche Inklusion identifizieren[26]:

- Politisches System (ggf. institutionelle Hürden sozialer Demokratisierung)
- Öffentlich-rechtliche Medien (inklusive Beratungskultur)
- Zivilgesellschaft
- Mitbestimmung in Unternehmen
- Grundrechtsgestützter, universeller Sozialstaat
- Koordinierte Marktwirtschaft
- Chancenumverteilendes Bildungssystem
- Effektive Institutionalisierung der Grundrechte
- Faire transnationale Kooperation
- Egalitär-solidarische politische Kultur
- Einkommensgleichheit

---

[23] Meyer, Thomas 2007, *Die Theorie der sozialen Demokratie*. Bonn: Friedrich-Ebert-Stiftung, 2 f.
[24] Ebd., S. 3.
[25] Meyer, Thomas 2006a, *Praxis der Sozialen Demokratie*. Wiesbaden: VS.
[26] Ebd., S. 32; Meyer 2011, S. 554 f.

2 Theorie der Sozialdemokratie

Nach dieser Theorie lassen sich sozialdemokratische *Akteure* daran erkennen, dass sie die verschiedenen Teilbereiche sozialer Demokratisierung, die zu einer starken Inklusion führen, umsetzen wollen. Meyer stellt hier wenig überraschend fest, dass das „Konzept Sozialer Demokratie in seiner Gesamtheit [...] regelmäßig vor allem von sozialdemokratischen Parteien verfolgt"[27] wird. Je nach Ländertradition sieht er aber auch „Sozialistische Links-Parteien, Christdemokratische Sozialstaatsparteien, Populistische Parteien, Bauernparteien oder sogar, wie in Japan, liberale Staatsparteien" als Akteure der Sozialen Demokratie, da sie das Programm der Sozialen Demokratie teilweise unterstützten.[28]

Ist es aber sinnvoll, politische Akteure der Sozialen Demokratie zuzuordnen, wenn sie deren Agenda nur *teilweise* unterstützen, in anderen Punkten ihren Zielen aber entgegenstehen, wie man es bei christdemokratischen Parteien etwa im Hinblick auf die Geschlechter- und Familienpolitik unterstellen kann? Meyer spricht sogar im Zusammenhang mit der Bismarck'schen Sozialpolitik von „wichtigen sozialstaatlichen Elemente[n] sozialer Demokratisierung".[29] Er grenzt die Soziale Demokratie somit lediglich gegen die „libertäre Demokratie" ab, nicht gegen das, was man allgemein mit der politischen Rechten verbindet. Haben aber nicht die „marktkonforme Demokratie" des Neoliberalismus und die Soziale Demokratie trotz aller Unterschiede den demokratischen Gedanken und den Liberalismus als gemeinsame Basis?

Meyers Theorie leidet an dieser Reduktion auf das Entweder-oder von sozialer und libertärer Demokratie. Immer wieder wird das geregelte, koordinierte Element, das sowohl „konservative" wie sozialdemokratische Politik prägt, dem freien, marktbestimmten Wesen des Liberalismus entgegengestellt. Aus diesem Irrtum heraus findet sich Japan in den Analysen des Bandes „Praxis der Sozialen Demokratie" teilweise in seltsamer

---

[27] Meyer 2006a, S. 20.
[28] Ebd.
[29] Ebd., S. 38.

Nähe zu den skandinavischen Staaten und wird schließlich als „Mittel inklusive [sic] Soziale Demokratie"[30] eingeordnet. Hierbei handelt es sich um eine klare Fehleinschätzung. An dieser Stelle mögen die sehr deutlichen Ungleichheiten und Lebenschancen der Geschlechter als Argument ausreichen.[31]

Dies verdeutlicht die Notwendigkeit einer Definition der Sozialdemokratie, die dem angedeuteten, komplexen Verhältnis von Liberalismus und Sozialdemokratie gerecht wird. Hierbei können uns die klassischen Theoretiker der Sozialdemokratie, der bereits erwähnte Hermann Heller sowie Eduard Bernstein (1850-1932), der als ‚Erfinder' der sozialdemokratischen Theorie gelten kann,[32] weiterhelfen.

2.3 Klassische Theorien der Sozialdemokratie I: Eduard Bernstein

Vor einer sozialdemokratischen Theorie entstand zunächst eine sozialdemokratische Praxis. Sie etablierte sich in der zweiten Hälfte des 19. Jahrhunderts, als sozialistische Politiker erstmals in die Parlamente Westeuropas gewählt wurden. Noch herrschte in der sozialistischen Bewegung die marxistische Vorstellung des Klassenkampfs vor. Die Arbeiter verlangten jedoch bald konkrete Verbesserungen ihrer Lebensumstände seitens ihrer

---

[30] Meyer, Thomas 2006b, „Libertäre und Soziale Demokratie: Ein empirischer Indikator." In: ders. (Hg.), *Praxis der Sozialen Demokratie*. Wiesbaden: VS, S. 493.

[31] Eun-Jeung Lee räumt in ihrer Fallstudie in Meyers Band selbst Probleme bezüglich der Gleichstellung der Geschlechter, des Nationalismus, der ethnischen Minderheiten und sozialökonomisch Benachteiligten ein. Dass Lee dennoch zu dem Schluss kommt, Japan sei eine soziale Demokratie, ist ein Hinweis darauf, dass die Theorie Meyers Defekte aufweist (Lee 2006, S. 431, 433 f.); Zur Ungleichheit der Geschlechter in Japan s. bspw. Schoppa Leonard J. 2006b, *Race for the Exits. The Unraveling of Japan's System of Social Protection*. Ithaca: Cornell Univ. Press.

[32] Berman, Sheri 2007, *The Primacy of Politics. Social Democracy and the Making of Europe's Twentieth Century*. New York: Cambridge Univ. Press, S. 14–16.

politischen Repräsentanten. Dafür bot der Marxismus keine Anleitung.[33] So begannen erste Bemühungen, die Interessen der Arbeiterklasse durch parlamentarische Kompromisse mit den Parteien des Bürgertums zu erreichen. Etwa um die Jahrhundertwende kamen erste Texte auf, die eine Revision des Marxismus forderten. Es entstanden Theorien der extremen Linken (Lenin), der extremen Rechten (Sorel) und durch sozialdemokratische Theoretiker.[34]

Wichtigste Schrift dieses sozialdemokratischen Revisionismus ist der 1899 verfasste Band „Die Voraussetzungen des Sozialismus und die Aufgaben der Sozialdemokratie"[35] von Eduard Bernstein. Er wendet sich zunächst gegen die (vulgär-)marxistische „Zusammenbruchstheorie", den marxistischen Geschichtsdeterminismus und die Vorstellung, dass eine Revolution zur Erreichung des Sozialismus notwendig sei. Die Marx'sche „Diktatur des Proletariats" lehnt er entschieden ab:

> Die Klassendiktatur aber gehört einer tieferen Kultur an, und abgesehen von der Zweckmäßigkeit und Durchführbarkeit der Sache, ist es nur als ein Rückfall, als politischer Atavismus zu betrachten [...].[36]

Anstelle des Klassenkampfs und der Ablösung des Bürgertums als herrschende Klasse[37] durch das Proletariat spricht er sich dafür aus, „den Arbeiter aus der sozialen Stellung eines Proletariers zu der eines Bürgers zu erheben und so das Bürgertum oder Bürgersein zu verallgemeinern".[38]

---

[33] Berman 2007, S. 27.
[34] Ebd., S. 14.
[35] Bernstein, Eduard 1920 [1899], *Die Voraussetzungen des Sozialismus und die Aufgaben der Sozialdemokratie*. Stuttgart u. a.: Dietz.
[36] Bernstein, Eduard 1920, S. 182.
[37] Er schränkt den Klassenbegriff dabei folgendermaßen ein: „Das, was man Bürgertum nennt, ist eine sehr zusammengesetzte Klasse, aus allerhand Schichten mit sehr verschiedenen, beziehungsweise unterschiedenen Interessen bestehend." (Ebd., S. 196).
[38] Ebd., S. 183.

Dazu sei ein *politischer* Kampf der Arbeiter im Rahmen von Recht und Gesetz in der sich entwickelnden Demokratie nötig. Der Sozialdemokratie komme daher die Aufgabe zu, die Arbeiter „politisch zu organisieren und zur Demokratie auszubilden, und für alle Reformen im Staate zu kämpfen, welche geeignet sind, die Arbeiterklasse zu heben und das Staatswesen im Sinne der Demokratie umzugestalten".[39]

Bernstein setzt anstelle eines utopischen Endziels des Sozialismus schließlich die Demokratie selbst: „Die Demokratie ist Mittel und Zweck zugleich. Sie ist das Mittel der Erkämpfung des Sozialismus und sie ist die Form der Verwirklichung des Sozialismus."[40] In ihr sieht er „prinzipiell die Aufhebung der Klassenherrschaft, wenn sie auch noch nicht die faktische Aufhebung der Klassen ist."[41]

Selbstorganisation statt Staat

Bei der Suche nach einer Definition sozialdemokratischer Akteure haben wir oben über die vermeintliche Vorliebe der Sozialdemokratie für den Wohlfahrtsstaat gesprochen. Diese war den ursprünglichen Theorien der Sozialdemokratie fremd. Die Vergesellschaftung der Produktionsmittel bzw. die Demokratisierung der Wirtschaft sollte nicht nur durch den Staat, sondern durch freie Arbeiterorganisationen wie Gewerkschaften und Genossenschaften in Form einer „allmähliche[n] Ablösung durch Organisation und Gesetz"[42] erfolgen. Eine besondere Rolle sieht Bernstein bei den Genossenschaften:

> Hier ist eine Handhabe, mittels deren die Arbeiterklasse ohne unmittelbare Vernichtung von Existenzen, ohne Zufluchtnahme zur Gewalt, die ja [...] keine gar so einfache Sache ist, einen erhebli-

---

[39] Bernstein 1920., S. 8.
[40] Ebd., S. 178.
[41] Ebd., S. 180.
[42] Ebd., S. 197.

chen Teil des gesellschaftlichen Reichtums, der sonst dazu dienen würde, die Klasse der Besitzenden zu vermehren und dadurch auch zu stärken, für sich zu beschlagnahmen.[43]

Zusammenfassend lässt sich sagen, dass Bernstein die theoretische und strategische Grundlage der Sozialdemokratie etabliert, indem er das Streben nach Gleichberechtigung der Arbeiter an die Stelle einer Diktatur des Proletariats setzt und ein Bekenntnis zur Demokratie als „Mittel und Zweck" des Sozialismus ablegt. In seiner Bejahung des Rechtsstaatsgedankens entwirft er für die Sozialdemokratie einen versöhnlichen Kurs gegenüber dem Bürgertum und betont die Kontinuität von Sozialismus bzw. Sozialdemokratie und Liberalismus:

> Was aber den Liberalismus als weltgeschichtliche Bewegung anbetrifft, so ist der Sozialismus nicht nur der Zeitfolge, sondern auch dem geistigen Gehalt nach sein legitimer Erbe [...]. Die Sicherung der staatsbürgerlichen Freiheit hat [der Sozialdemokratie] stets höher gestanden als die Erfüllung irgendeines wirtschaftlichen Postulats.[44]

Bernstein wendet sich gegen eine Ausweitung des Staates, ganz besonders gegen eine Verstaatlichung der Wirtschaft. An zahlreichen Stellen äußert er sich skeptisch über die Effizienz staatlichen Handelns und spricht in diesem Zusammenhang von „ertötende[r] Bureaukratie".[45] Er sieht im Staat nur einen notwendigen Garanten für die grundlegende Organisierung der Gesellschaft.[46] Die Arbeiter sollten sich durch Gewerkschaften und Konsumvereine gegenseitig helfen und eigene Versiche-

---

[43] Bernstein 1920., S. 155.
[44] Ebd., S. 184 f.
[45] Ebd., S. 187.
[46] Schmidt, Manfred G. 2010, *Demokratietheorien. Eine Einführung*. Bonn: Bundeszentrale für politische Bildung (= Schriftenreihe der Bundeszentrale für politische Bildung, Band 1059), S. 228.

rungssysteme aufbauen. Nach Bernstein müssen die Sozialisten also den demokratischen Rechtsstaat als Mittel und Zweck des Sozialismus anerkennen und die Demokratisierung der Wirtschaft innerhalb dieses Rahmens verwirklichen.

2.4 Klassische Theorien der Sozialdemokratie II: Hermann Heller

Mit Hermann Heller lassen sich noch drei Elemente der Sozialdemokratie verdeutlichen: *erstens* die bereits von Bernstein erwähnte Beziehung von Sozialismus und Liberalismus, *zweitens* die Beziehung der Sozialdemokratie zur Nation im 20. Jahrhundert und *drittens* den Wandel der sozialdemokratischen Parteien von Klassen- zu Volksparteien.

Ich beziehe mich hierbei vor allem auf die 1926 erschienene Schrift „Die politischen Ideenkreise der Gegenwart"[47], die die wichtigsten Elemente seiner Staats- und Demokratietheorie enthält. Heller erläutert hier Legitimation und Anspruch der Sozialen Demokratie im empirisch-historischen Kontext Europas und klärt die Zusammenhänge zwischen sozialistischem, demokratischem, liberalem und nationalem Denken vor dem Hintergrund der politischen Geistesgeschichte seit der Französischen Revolution.

Sozialismus und Liberalismus

Heller beginnt die Darstellung seiner idealtypischen „Ideenkreise" der Politik mit dem *monarchischen* Denken, welches Herrschaft transzendental, also durch Gottesgnadentum, legitimiere. Die Monarchie stehe im Gegensatz zum demokratischen Ideenkreis, dessen Legitimation weltlich-

---

[47] Heller, Hermann 1992 [1926], „Die politischen Ideenkreise der Gegenwart". In: ders., *Gesammelte Schriften*. Hrsg. von Müller, Christoph (u. a.), Band I: *Orientierung und Entscheidung*, 2. Aufl. Tübingen: J.C.B. Mohr, S. 267–412.

immanent sei. Das monarchische Denken könne, wie auch die Demokratie, der Legitimation der Nation dienen.[48]

Der *demokratische* Ideenkreis legitimiere die politische Herrschaft hingegen immanent und naturrechtlich. Die Demokratie sei daher prinzipiell eine Herrschaft von unten, bei der die Beherrschten selbst der Regierung Legitimität verliehen und diese grundsätzlich keine vom Volkswillen unabhängige Rechtsgewalt kenne. Während der Französischen Revolution hätten die Bürger zwar die liberalen Werte der Freiheit, Gleichheit und Brüderlichkeit propagiert, dieser Egalitarismus habe aber nicht die Gesamtbevölkerung eingeschlossen, sodass die Revolution unvollständig geblieben sei. Es sei lediglich eine Ablösung der Ständegesellschaft durch eine Demokratie von Besitz und Bildung vollzogen worden: „Wie die alten Stände den Anspruch erhoben hatten, das ganze Volk zu repräsentieren, so wurde jetzt dem durch Besitz und Bildung gehobenen Bürgertum ein Repräsentationsrecht der Gesamtbürgerschaft zugesprochen."[49] Durch die bloße Setzung einer *formalen* Rechtsgleichheit für alle sei das Proletariat von der Herrschaft ausgeschlossen geblieben. Ohne die Berücksichtigung der realen Lebensverhältnisse des Großteils der Bevölkerung sei die Demokratie unvollständig geblieben.[50]

Den *Liberalismus*, wie auch den Sozialismus, sieht Heller als besondere Ausformung der Demokratie in der Geschichte. Die ideengeschichtlichen Wurzeln beider Ideenkreise seien identisch. Im Einklang mit dem demokratischen Gedanken setze der Liberalismus die Naturrechte als Grundlage politischer Herrschaft. Der Liberalismus fordere, dass jedes staatliche Handeln auf Gesetzen basieren müsse, und verlange eine Beseitigung jeder staatlichen Willkür. Allen Menschen müsse als Trägern der gleichen Naturrechte die Gleichheit vor dem Gesetz gewährt werden. Heller verweist darauf, dass in der Tradition des Liberalismus neben der

---

[48] Heller, Hermann 1992 [1926], S. 283–309.
[49] Ebd., S. 326.
[50] Ebd., S. 309–333.

individuellen Freiheit vor allem auch der persönliche Besitz als unveräußerliches Recht angesehen werde. Hieraus habe sich eine liberale Wirtschaftstheorie entwickelt, in deren Zentrum sich die auf Calvin zurückgehende Vorstellung des wirtschaftlichen Egoismus als Umsetzung eines göttlichen Plans (*invisible hand*) befinde. Unter dem Druck der Reaktion habe sich der deutsche Liberalismus nur auf die Wirtschaft konzentriert und so den Anspruch der demokratischen Mitgestaltung des Staates aufgegeben. Er habe die Monarchie als geschichtlich legitimierte Tradition anerkannt und sich mit der autoritären Staatsmacht arrangiert:

> „Man braucht nun die Staatsgewalt auf liberaler Seite einerseits nach außen zu wirtschaftsimperialistischen Zwecken, andererseits nach innen gegen die beängstigend sich ausbreitende sozialistische Bewegung."[51]

Heller sieht daher im Liberalismus die Emanzipation des Bürgertums, im Sozialismus hingegen die Emanzipation des Proletariats.[52]

Der *sozialistische* Ideenkreis als höchstentwickelte Idee schließlich überschneide sich mit Ausnahme der Monarchie mit allen anderen Ideenkreisen. Heller sieht im Sozialismus die zweite historische Ausformung der Demokratie neben dem Liberalismus, dessen *Weiterentwicklung* dieser darstelle. Mit dem demokratischen und liberalen Denken teile er die naturrechtliche Legitimierung der Herrschaft und die Volkssouveränität. Zum Liberalismus habe der Sozialismus allerdings ein ambivalentes Verhältnis: Er baue einerseits auf dem Fundament der Institutionen des Liberalismus auf, kritisiere aber andererseits die bloße Gleichheit vor dem Gesetz als Widerspruch zum naturrechtlichen Gleichheitsideal. Im liberalen Gesellschaftsmodell sieht Heller eine „Herrschaft durch den ‚besseren Teil des Volkes', nämlich durch ‚Bildung und Besitz'".[53] Dieser habe

---

[51] Heller 1992 [1926], S. 348.
[52] Ebd., S. 333–350.
[53] Ebd., S. 375.

durch die uneingeschränkte Vertragsfreiheit und das freie Erbrecht eine Klassenherrschaft errichtet. Demgegenüber beziehe sich die sozialistische Rechtfertigung für politische Herrschaft auf das solidarische Gesamtvolk. Eine „Formaldemokratie", die die Menschen lediglich als gleiche Rechtssubjekte auffasst, den Wirtschaftsbereich aber unangetastet lässt, lehnt Heller ab. Er fordert, den Menschen als Ganzes in den Blick zu nehmen und den Wirtschaftsbereich einzubeziehen:

> Während für die liberale Demokratie das Wirtschaftssubjekt außer Betracht und Organisation bleibt, legt die Wirklichkeitswendung der sozialen Demokratie gerade auf die gerechte Organisation der sozial-ökonomischen Beziehungen den größten Nachdruck."[54]

Mit dem *nationalen* Ideenkreis teile der Sozialismus schließlich die Idee der nationalen Kulturgemeinschaft.

Sozialismus und Staat

Im frühen 20. Jahrhundert wurde der Einfluss des Nationalstaats immer stärker. Auch die Sozialdemokratie arrangierte sich mit dem Staat, der nun nicht mehr als Werkzeug einer Klasse, sondern als natürliche Ordnung verstanden wurde. Dieser Übergang schlug sich auch in der Theorie der Sozialdemokratie nieder: Der Sozialismus sollte nun nicht gegen den Staat, sondern durch den Staat verwirklicht werden.

So sieht Heller im *nationalen* Gedanken die staatliche Herrschaft, die durch das kulturgemeinschaftlich individualisierte Volk legitimiert sei. Der Nationalgedanke weise durch seine kulturelle Wendung einen Bezug zur demokratischen Idee auf, da sowohl kulturelle Bildung als auch politische Teilhabe dafür erforderlich seien, dass sich die Bevölkerung der Nation zugehörig fühlen könne. Historisch sei der Nationalgedanke auch mit der liberalen Idee verknüpft, da die Liberalen durch die Errichtung ei-

[54] Heller 1992 [1926], S. 375.

ner Nation nicht zuletzt die kleinstaatliche Fürstenherrschaft abschaffen wollten. Seine Betrachtungen der europäischen Geschichte bringen ihn schließlich zu dem Urteil, dass die Nation, nicht etwa die ökonomische Klasse die „weitaus stärkste politisch-vergesellschaftende Kraft"[55] sei. Die nationale Idee könne daher auch die Klassengegensätze überwinden.[56]

Wie Heller in seiner späteren Schrift „Politische Demokratie und soziale Homogenität"[57] näher ausführt, führe die gemeinsame kulturelle Grundlage zu einer sozialen Homogenität, etwa in Form von kulturellen Normen und Sprache. Diese sei für eine funktionierende Demokratie notwendig. Dennoch geht Heller, im Unterschied zur faschistischen Idee der Volksgemeinschaft, von natürlichen Antagonismen in jeder Gesellschaft aus.[58] Diese gelte es, in der Demokratie durch parlamentarische Praxis zu vermitteln. Kultur dürfe daher keine Angelegenheit der Elite sein. Durch Bildung müsse der Arbeiter gleichberechtigtes Mitglied der Kulturgemeinschaft werden. Konsequenterweise beschäftigt sich ein Teil von Hellers Schriften mit der demokratischen Bildung und der Bewegung der Volkshochschulen.

Die meisten Sozialisten seit Marx glaubten an ein ‚Absterben' des Staats oder sogar an die Notwendigkeit seiner Zerstörung. Wie zuvor gezeigt, hat bereits Bernstein den Nationalstaat anerkannt. Hellers Analyse der abendländischen Geschichte kommt zu dem Schluss, dass der Nationalstaat ein unüberwindbares Faktum sei, das der Sozialismus anerkennen müsse. Er setzt diesen Staat, als Kulturgemeinschaft verstanden, ins Zentrum seiner Überlegungen zur Realisierung des Sozialismus. In Anlehnung an den sozialdemokratischen Politiker und Theoretiker Otto Bauer

---

[55] Heller 1992 [1926], S. 372.
[56] Ebd., S. 350–375.
[57] Heller, Hermann 1992 [1931], „Demokratie und soziale Homogenität". In: ders. *Gesammelte Schriften* Hrsg. von Müller, Christoph (u. a.), Band I: *Orientierung und Entscheidung*, 2. Aufl. Tübingen: J.C.B. Mohr, S. 421–435.
[58] Heller 1992 [1931], S. 428.

(1881-1938) definiert Heller daher „[...] die wahre Nationalidee [...] als die kulturgemeinschaftlich individualisierte soziale Demokratie". Sie könne neben einer Demokratisierung und Verrechtlichung der Wirtschaft nur durch eine Aufnahme der Arbeiter in die nationalstaatlich organisierte Kulturgemeinschaft verwirklicht werden. In diesem Sinn müsse der Klassenkampf „nicht gegen, sondern er muß um Staat und Nation gekämpft werden"[59].

Möchte Hellers Idee der staatlichen Kulturgemeinschaft nicht in Widerspruch zu den naturrechtlichen Grundlagen der Demokratie und des Liberalismus geraten, darf sie natürlich nicht zu einer Überhöhung des Nationalismus entarten. So steht Hellers Idee der nationalen Kulturgemeinschaft weder mit der europäischen Idee in Konflikt, noch rechtfertige sie eine chauvinistische Außenpolitik:

> [M]achtpolitisch aber sind wir der Meinung, daß bei der gegebenen Weltmachtlage weder unsere nationalen Interessen noch die der anderen Völker anders zu behaupten sind, als durch internationale Zusammenarbeit. [...] Andererseits sehen wir, daß auch im Frieden heute keine nationale Regierung allein im Stande ist, mit ihren nationalen Aufgaben fertig zu werden, z. B. das Kapital zu entsprechenden Leistungen heranzuziehen. [...] Wir wollen die sozialistische Internationale, weil wir die Nation wollen![60]

Ethischer Sozialismus

Um aber den Staat nach den Vorstellungen der Sozialdemokratie umzubauen, war es nötig, über den Arbeiter hinaus Unterstützer zu finden und Bündnisse einzugehen. Daraus ergibt sich die noch immer relevante Frage, wie die lange Zeit auf die Industriearbeiter fixierte Sozialdemokratie

---

[59] Heller, Hermann 1992 [1925], „Staat, Nation und Sozialdemokratie". In: ders. *Gesammelte Schriften*. Hrsg. von Müller, Christoph (u. a.), Band I: *Orientierung und Entscheidung*, 2. Aufl. Tübingen: J.C.B. Mohr, S. 538.
[60] Heller 1992 [1925], S. 417.

die Mehrheit der Bevölkerung für ihre Ziele gewinnen kann. Hier betont Heller die Rolle der geistigen Haltung der Menschen und negiert den marxistischen Determinismus der Klassenlage:

> Sicherlich ist es richtig, daß das gesellschaftliche Dasein der Menschen ihr Bewusstsein durchschnittlich stärker bestimmt als umgekehrt. Selbst wenn man aber dieses Verhältnis von Sein und Bewußtsein zugibt, so muß man sich gerade an den Persönlichkeiten eines Marx, Engels oder Lassalle die gewaltige Bedeutung eines sittlich gestaltenden Bewusstseins für die Entstehung neuer Gesellschaftsordnungen klarmachen. Sind doch diese Söhne der Bourgeoisie der lebendige Beweis dafür, daß der Sozialismus nicht nur eine Magen- und Massenfrage ist [...]. Sittliche Überzeugungen sind gewaltige Mächte![61]

Die bloße Reduktion der Gesellschaft auf ihre jeweilige Wirtschaftsform weist er als „geistlos" zurück und betont die Bedeutung sittlicher Ideale. Der Soziologe Wolfgang Schluchter bezeichnet Hellers politische Option daher als „ethischen Sozialismus".[62] Die Verwirklichung einer Sozialen Demokratie ist bei Heller nicht mehr ausschließlich auf die Arbeiterklasse bezogen: Sozialist kann man auch durch sittliche Erwägungen werden, nicht nur zwangsläufig durch die eigene Klassenzugehörigkeit. Da sich die Gesellschaft mehrheitlich dafür entscheiden muss, ihre antagonistischen Positionen in einer Sozialen Demokratie zum Ausgleich zu bringen, löst Heller die enge Bindung der Sozialdemokratie an die Arbeiterschaft theoretisch ab.[63] Hier zeigt sich die in der Praxis damals bereits begonnene Erweiterung des Sozialismus von der Arbeiterschaft hin zu einer

---

[61] Heller 1992 [1925], S. 440 f.
[62] Schluchter, Wolfgang 1968, *Entscheidung für den sozialen Rechtsstaat: Hermann Heller und die staatstheoretische Diskussion in der Weimarer Republik*. Köln: Kiepenheuer & Witsch, S. 134.
[63] Ebd., 1968, S. 121.

größeren Klassenkoalition, wie sie bereits in Skandinavien erfolgt war. Sie bedeutete vor allem eine Inklusion der neuen Mittelschichten.[64]

Nachdem wir uns mit den Zielen und unterschiedlichen Strategien der Sozialdemokratie beschäftigt haben, kommen wir auf die bislang nur kurz erwähnten Konzepte links und rechts zurück. Ich werde mit dem Rechtsphilosophen Norberto Bobbio zeigen, dass diese Kategorien noch immer relevante Kategorien zur Analyse politischer Akteure sind und für eine Definition und Verortung der Sozialdemokratie dienen können.

---

[64] Schluchter 1968, S. 122.

2.5 Norberto Bobbio: Sozialdemokratie als Liberalsozialismus

Das Begriffspaar links und rechts ist seit seinem Ursprung in der Französischen Revolution mit unterschiedlichen Bedeutungen belegt und insbesondere in den letzten Jahrzehnten als überholt kritisiert worden.[65] Da die Diskussion darüber anhält, ob diese Begriffe sinnvoll sind und was sie beinhalten, muss eine unreflektierte Verwendung dieser Begriffe vermieden werden.

Die meist verbreitete Vorstellung vom Unterschied zwischen links und rechts besteht darin, dass die *konservative* Rechte die Bewahrung des Status quo anstrebt und Traditionen bzw. bewährte Verfahrensweisen zu verteidigen sucht, wohingegen die *progressive* Linke nach Veränderungen im Namen des Fortschritts strebt.[66]

Sie stellt sich nach näherer Betrachtung als unbrauchbar heraus: Obwohl egalitäre Sozialleistungen seit Jahrzehnten in den Industrienationen etabliert sind, setzen sich vor allem die „konservativen" Parteien unter dem neoliberalen Paradigma seit den 1970er-Jahren nicht etwa für deren *Bewahrung* ein, sondern fordern im Gegenteil Einschnitte in diesem Bereich, während die Linke im Großen und Ganzen den Sozialstaat verteidigt. Giddens bringt diese vermeintlich paradoxe Situation auf den Punkt:

---

[65] Symptomatisch hierfür ist die Tatasche, dass sich im anerkannten *Wörterbuch Staat und Politik* von Dieter Nohlen (Ausgabe 1996) lediglich die Begriffe Links- und Rechtsextremismus, nicht jedoch die Linke und die Rechte an sich finden (Nohlen, Dieter (Hg.) 1996, *Wörterbuch Staat und Politik*. München: Piper).
[66] Nohlen, Dieter und Schultze, Rainer-Olaf 2010, *Lexikon der Politikwissenschaft*. 4. Aufl. München: C. H. Beck, S. 886.

Wo hört man denn heute Äußerungen, die von der Vergangenheit ererbten Fossilien sollten abgeschafft werden? Nicht von der Linken, sondern von der Rechten. Der radikal gewordene Konservatismus steht nun dem konservativ gewordenen Sozialismus gegenüber.[67]

Warum aber führte dieser Kurswechsel der „konservativen" Parteien hin zu radikalen Reformen nicht zu einer Entfremdung zwischen ihnen und ihren Anhängern? Ein Hinweis darauf gibt die Tatsache, dass sie in der öffentlichen Wahrnehmung gar nicht als Bruch mit den bisherigen Werten empfunden wurden. Ganz anders bei den sozialdemokratischen Parteien: Als diese in den späten 1990er-Jahren ebenfalls mit neoliberalen Reformen experimentierten, gerieten diese vermeintlich reformerisch-„progressiven" Kräfte in eine heftige Identitätskrise. Wie lässt sich dieses Paradox erklären? Ich möchte im Folgenden mit Norberto Bobbio zeigen, dass die Linke gar nicht per se reformorientiert und die Rechte nicht per se konservativ ist – es handelt sich also gar nicht um ein Paradox. Was aber ist der Unterschied zwischen links und rechts?

Zunächst stellt Bobbio in *Rechts und Links* fest, dass diese Kategorien nicht eindeutig definiert sind, sondern im politischen Raum einen relativen Charakter haben: „Was links ist, ist es im Verhältnis zu dem, was rechts ist. Die Tatsache, dass rechts und links einen Gegensatz darstellen, bedeutet lediglich, dass man nicht gleichzeitig links und rechts sein kann."[68] Bobbio greift weiter die vom italienischen Soziologen Marco Revelli beschriebenen Unterscheidungen (Fortschritt – Konservation, Gleichheit – Ungleichheit, niedere Klasse – höhere Klasse sowie Rationalismus – Irrationalismus) auf und kommt zu dem Schluss, dass das einzige Unterscheidungsmerkmal zwischen links und rechts, das unabhängig

---

[67] Giddens 1997, S. 20.
[68] Bobbio, Norberto 1994, *Rechts und Links. Gründe und Bedeutungen einer politischen Unterscheidung*. Berlin: Wagenbach, S. 71.

von Situation und Zeit Bestand hat, die *unterschiedliche Haltung zum Gleichheitsideal* ist, wobei die Linke sich am Egalitarismus orientiert, die Rechte am Nicht-Egalitarismus.[69]

Diese Einordnung erklärt, wieso die Rechte einen Abbau egalitärer Elemente des Sozialstaats betreibt, ohne dadurch in eine Identitätskrise zu geraten. Wie bereits bei Esping-Andersen gesehen, hat die Rechte schon bei der Ausgestaltung des Wohlfahrtsstaats egalitäre Mechanismen vermieden und versucht, die traditionelle Stratifikation der Gesellschaft zu erhalten. Ein Kennzeichen der „Konservativen" ist also weniger ihr bewahrender Konservatismus, sondern ihr hierarchisches Gesellschaftsbild, das auf Ungleichheiten basiert. Diese werden durch eine Deutung von Traditionen, Kultur und der Geschichte gerechtfertigt und beinhalten etwa die Ungleichheiten der Geschlechter, Ethnien sowie Ungleichheiten, die sich aus der Leistungsfähigkeit von Individuen („Leistungsträger") oder ihrer gesellschaftlichen Stellung bzw. ihrer Nähe zur politischen oder religiösen Autorität (Adel) ergeben.

Neben der unterschiedlichen Haltung zum Ideal der Gleichheit muss nach Bobbio weiter zwischen freiheitlichen und autoritären politischen Kräften unterschieden werden. Diese fänden sich sowohl innerhalb der Linken als auch der Rechten.[70] Auch diese zweite Unterscheidung ist für die Definition der Sozialdemokratie von Bedeutung. Bobbio ordnet sie als gewaltfreie Bewegung der linken Mitte des politischen Spektrums zu, in dem „egalitäre und zugleich freiheitliche Doktrinen und Bewegungen [stehen], für die wir heute den Ausdruck *„Liberalsozialismus"* verwenden können, um darin alle *Sozialdemokratischen Parteien* zusammenzufassen, trotz ihrer unterschiedlichen Praktiken [...]."[71]

Bobbios Darlegungen erlauben uns einerseits, von der Sozialdemokratie als *linker* politischer Kraft zu sprechen. Sie dienen darüber hinaus als

---

[69] Bobbio 1994, S. 78.
[70] Ebd., S. 83.
[71] Ebd., S. 84, Hervorhebungen F. S.

Grundlage einer breiten, zeitunabhängigen Definition von Sozialdemokratie, die über den Horizont der derzeitigen von wirtschaftlichen Argumenten dominierten Diskussion um den Wohlfahrtsstaat hinausgeht und die aus dem Liberalismus hervorgegangenen Gleichheitsvorstellungen einschließt. Eine so verstandene Sozialdemokratie erlaubt eine Vielzahl von gewaltfreien Methoden zur Verwirklichung ihrer Politik.

2.6 Ein Dritter Weg?

Tatsächlich haben die Sozialdemokraten in den 1990er-Jahre, dem Zeitraum, in den auch die Gründung der DPJ fällt, eine Reihe neuer Methoden unter dem Schlagwort „Dritter Weg" entwickelt. An dieser Stelle gehe ich auf die Grundgedanken und wichtigsten Methoden dieses „Dritten Wegs" ein, um weiter zu untersuchen, ob Akteure eines solchen „Dritten Wegs" im Sinne der erarbeiteten Definition als Sozialdemokraten gelten können oder nicht.

Das Ende von rechts und links?

Als Ausgangspunkt des „Dritten Wegs" ist die seit den 1990er-Jahren geführte Debatte um ein Ende von rechts und links zu sehen. Warum genau wird die Sinnhaftigkeit der Unterscheidung in linke und rechte politische Kräfte bestritten?[72]

Erstens hatte in den 1990er-Jahren nach dem Zusammenbruch des Ostblocks die These von einem „Ende der Geschichte"[73] großen Einfluss. So konstatiert der Soziologe Anthony Giddens 1997: „Heute scheint jedoch alles und jedes sich in seinem Endstadium zu befinden."[74] Dies be-

---

[72] Für eine ausführliche Diskussion s. Bobbio 1994, S. 12–30.
[73] Francis Fukuyama 1992, *The End of History and the Last Man*. New York (u. a.): Free Press.
[74] Giddens 1997, S. 10.

traf insbesondere die politische Linke, denn die Überlegenheit des US-amerikanischen ‚Systems' schien manchen zu groß, als dass es dazu eine Alternative hätte geben können. Der paradigmatische Neoliberalismus konnte sich vor diesem Hintergrund als vermeintlich unideologisches Programm dem Links-rechts-Schema entziehen, obwohl er durch die bewusste Herbeiführung oder Inkaufnahme massiver sozialökonomischer Ungleichheit der politischen Rechten zugeordnet werden kann. Tatsächlich ist das Schlagwort der Alternativlosigkeit von rechten Politikern wie Thatcher oder Reagan immer wieder aufgegriffen worden.[75]

Zweitens wird der Standpunkt vertreten, dass unsere „postmoderne" oder „reflexive"[76] Gesellschaft vor neuartigen Risiken stünde, auf die die Konzepte links und rechts nicht angewendet werden können. Die Überwindung dieser vermeintlich überkommenen Kategorien „eröffne Gesprächszusammenhänge"[77], etwa im Hinblick auf ökologische Probleme.

Giddens spricht von drei „Revolutionen unserer Zeit: Globalisierung, Transformationen des persönlichen Lebens und unsere Beziehung zur Natur,[78] an anderer Stelle von einem „Ende der Tradition" und einem „Ende der Natur".[79] Diese Revolutionen bzw. „Enden" seien Folgen der menschlichen Eingriffe in die Bedingungen des sozialen Lebens und in die Natur, die sich in einer Krise sämtlicher Institutionen der Moderne äußerten. So führten bspw. die Mechanismen des Arbeitsmarkts zu Veränderungen in der Familienstruktur und die Industrialisierung zur Zerstörung der Natur. Für das Individuum ergäben sich vermeintlich neuartige, von den Menschen selbst hergestellte Unsicherheiten – von der Ehescheidung über Arbeitslosigkeit bis zur Gefährdung der Gesundheit durch neue Technologien.

---

[75] Man spricht dabei vom TINA-Pinzip (**There Is No Alternative**).
[76] Das Konzept einer reflexiven Moderne wird vor allem von Ulrich Beck (auch: Zweite Moderne) und Anthony Giddens vertreten.
[77] Giddens 1997, S. 16.
[78] Ebd., S. 10.
[79] Ebd., S. 11.

Diese Veränderungen spiegelten sich in neuen „postmaterialistischen Wertvorstellungen" in der Bevölkerung wider. Das Interesse an Themen wie „Ökologie, Tierrechte, Sexualität, Verbraucherrechte usw."[80] nehme zu, wohingegen Wertvorstellungen, die in Bezug zu links und rechts stehen, an Bedeutung verlören.[81] Da die traditionelle Politik auf den Nationalstaat fokussiert sei, sei sie untauglich für die Lösung dieser grenzüberschreitenden Probleme und habe ihre Gestaltungskraft eingebüßt: „Die Politiker tun so, als könnten sie für uns eine entscheidende Wende zum Besseren herbeiführen, und wir tun so, als glaubten wir ihnen dies – obwohl ein immer größerer Teil der Wähler es ablehnt, in diesem Maskenaufzug mitzuspielen."[82]

Giddens spricht daher auch von einem „Ende der Politik"[83] und im Besonderen von einer Erschöpfung der politischen Ideologien. Die *Linke* sei sowohl in Form des Sowjetkommunismus als auch in Gestalt des „keynesianischen ‚Wohlfahrtskompromisses'"[84] (Sozialdemokratie) daran gescheitert, dass sie auf dem Konzept der „kybernetischen Intelligenz" beruhe. Dieses basiere auf dem Glauben, je mehr Informationen an zentraler Stelle gesammelt und analysiert werden könnten, desto besser sei man in der Lage, Entwicklungen abzuschätzen und politische Entscheidungen zu treffen. Dies sei in der komplexen, globalisierten Welt nicht möglich (sofern es jemals funktioniert habe).[85]

Anthony Giddens ‚Erneuerung der Sozialdemokratie'

An ein wirkliches „Ende der Politik" glaubte Giddens jedoch nicht, denn angesichts der Krise der Linken erarbeitete er auf der Grundlage seiner

---

[80] Giddens 1997, S. 20 f, S. 48.
[81] Ebd, S. 21.
[82] Ebd., S. 15.
[83] Ebd.
[84] Ebd., 27.
[85] Ebd.

Ein Dritter Weg?

oben stehenden Analyse Ideen für eine „Erneuerung der Sozialdemokratie"[86]. Dieser ‚Dritte Weg' sollte der Linken eine Perspektive zwischen dem marktzentrierten Neoliberalismus und der ‚klassischen' Sozialdemokratie mit ihrer Betonung von wohlfahrtsstaatlicher Sozialpolitik bieten.

Es scheint, als wäre Giddens dabei von älteren Ideen des Kommunitarismus, einer Strömung US-amerikanischer Soziologen um Amitai Etzioni (*1929), beeinflusst gewesen.[87] Diese popularisierten seit den 1970er-Jahren die Vorstellung, dass den Rechten des Individuums im Verhältnis zu denen des Gemeinwesens mittlerweile ein zu großer Platz eingeräumt werde; es sei nun geboten, den gesellschaftlichen Institutionen, denen bei der Vermittlung von Werten eine zentrale Rolle zukomme, einen größeren Stellenwert einzuräumen und die Pflichten der Individuen gegenüber ihnen einzufordern.[88]

Giddens teilte diese Analyse insofern, als er den Wohlfahrtsstaat als schädlich für die Eigeninitiative der Bürger erachtete. Zentraler Grundsatz seiner Darlegungen ist daher die Formulierung: „No rights without responsibilities."[89] Er schlägt entsprechend vor, soziale Leistungen an Bedingungen zu knüpfen, bspw. an die Bereitschaft, an Weiterbildungen teilzunehmen.

Zudem solle der Staat diese Leistungen weitgehend an zivilgesellschaftliche Akteure delegieren; eine solche „new mixed economy" sei flexibler und effizienter.[90] Hierzu heißt es: „Expenditure on welfare, understood as positive welfare, will be generated and distributed not wholly

---

[86] Der Untertitel seines vielbeachteten Werks „The Third Way" lautet: „The Renewal of Social Democracy" (Giddens, Anthony 2008 [1998], *The Third Way. The Renewal of Social Democracy*. Cambridge (u. a.): Polity Press.).

[87] Zum Einfluss dieser Strömung auf die US-Demokraten und New Labour s. Bevir, Mark 2005, *New Labour. A Critique*. New York: Routledge, S. 72–82.

[88] Ebd., S 73.

[89] Giddens 2008 [1998], S. 65.

[90] Ebd. S. 69, 78–86.

through the state, but by the state working in combination with other agencies including business".[91]

Ferner solle der neuen Pluralität der Lebensstile durch Wahlmöglichkeiten Rechnung getragen werden. So schlägt Giddens bezüglich der Rentenversicherung vor:

> It makes no sense to lock up pension funds against reaching „pension age". People should be able to use such funds as they wish – not only to leave the labour force at any age, but to finance education, or reducing work hours, when bringing up children.[92]

Arbeitslosigkeit solle durch staatliche Investitionen in „Humankapital" ermöglicht werden. Beispiele hierfür sind Anreize für lebenslanges Lernen, sowie staatliches *venture capital*, um neue Beschäftigung zu schaffen.[93]

Der „Dritte Weg" in der Praxis

Politisch wurde ein ‚Dritter Weg' zuerst in den USA beschritten, wo die US-Demokraten in den 1980er-Jahren fürchteten, die Unterstützung der (weißen) Mittelschicht durch ihren Einsatz für Minderheiten dauerhaft an die Republikaner zu verlieren.[94] Ausgehend von diesem Verständnis etablierten einige Demokraten das Democratic Leadership Council (DLC) als Faktion innerhalb der Partei. Es kritisierte den vermeintlichen „liberalen Fundamentalismus"[95] der Partei und entwarf eine „Neue Demokratische Agenda". Diese kombinierte die Forderung nach mehr ‚Eigenverantwortung' von Empfängern wohlfahrtsstaatlicher Leistungen mit einer ak-

---

[91] Giddens 2008 [1998], S. 128.
[92] Ebd., S. 120.
[93] Ebd., S. 124 ff.
[94] Hale, Jon F. 1995, „The Making of the New Democrats." In: *Political Science Quarterly*, Bd. 110, Nr. 2.1995, S. 212.
[95] Hale 1995, S. 222.

tiven Arbeitsmarktpolitik.[96] Der charismatische DLC-Vorsitzende Bill Clinton umschrieb seine Agenda mit den Worten: „The change I seek [...] isn't liberal or conservative. It's different and it's both".[97] Dies traf in der Wirtschaft auf Zustimmung; das DLC wurde fortan großzügig durch Spenden gefördert.[98] Nach Clintons Wahl zum Präsidenten 1992 wurde diese Neuorientierung hin zur (vermeintlichen) politischen Mitte zum Vorbild für Europas Sozialdemokraten.

Dort waren es Tony Blair („New Labour") und Gerhard Schröder („Neue Mitte"), die nach dem Vorbild der US-Demokraten und unter dem Einfluss Giddens einen „Dritten Weg" vorantrieben.[99] Zum Verständnis dieses „Dritten Wegs" in der Politik betrachten wir kurz einige Kernaussagen des von ihnen 1999 verfassten „Schröder-Blair-Papiers"[100], das als Grundlage der ‚sozialdemokratischen' Politik dieser Zeit angesehen werden kann.

Zunächst betonen die beiden Autoren die vermeintliche Kontinuität ihrer Agenda zur bisherigen Sozialdemokratie: „Fairneß, soziale Gerechtigkeit, Freiheit und Chancengleichheit, Solidarität und Verantwortung für andere: diese Werte sind zeitlos. Die Sozialdemokratie wird sie nie preisgeben".[101] Zugleich fordern sie jedoch, eine pragmatische „Modernisierung der Politik" im Sinne einer Anpassung an „objektiv veränderte Bedingungen"[102] im 21. Jahrhundert, womit sie den Konkurrenzdruck der globalisierten Wirtschaft meinen. Vorbedingung für diese Modernisierung

---

[96] Hale, S. 223.
[97] Ebd., S. 226.
[98] Ebd., S. 220.
[99] Auch in Frankreich (Lionel Jospin), den Niederlanden (Wim Kok) und Italien (Romano Prodi) gelangten in den frühen 1990er-Jahren Regierungen der linken Mitte an die Macht.
[100] Schröder, Gerhard und Blair, Tony 1999, *Der Weg nach vorne für Europas Sozialdemokraten*.
[101] Schröder und Blair 1999, S. 1.
[102] Ebd.

sei es, vom „Dogma von Links und Rechts"[103] Abstand zu nehmen, denn obwohl die Autoren am Begriff der Linken festhalten, fordern sie gleichzeitig: „Das Verständnis dessen, was ‚links' ist, darf nicht ideologisch einengen."[104]

Kritik äußern die beiden sowohl am bisherigen Gerechtigkeitsverständnis als auch an den Methoden der Sozialdemokratie. Zur Gerechtigkeit heißt es in der holprig übersetzten deutschsprachigen Version:

> In der Vergangenheit wurde die Förderung der sozialen Gerechtigkeit manchmal mit der Forderung nach Gleichheit im Ergebnis verwechselt. Letztlich wurde damit die Bedeutung von eigener Anstrengung und Verantwortung ignoriert und nicht belohnt und die soziale Demokratie mit Konformität und Mittelmäßigkeit verbunden statt mit Kreativität, Diversität und herausragender Leistung.[105]

Zu den Methoden schreiben sie: „Der Weg zur sozialen Gerechtigkeit war mit immer höheren öffentlichen Ausgaben gepflastert, ohne Rücksicht auf Ergebnisse oder die Wirkung der hohen Steuerlast auf Wettbewerbsfähigkeit."[106]

Vor diesem Hintergrund schlagen sie eine „Kürzung der staatlichen Ausgaben"[107] vor. Zur Einsparung öffentlicher Mittel und der Erreichung des neuen Ideals der „Chancengleichheit" schreiben die Autoren: „Allzu oft wurden Rechte höher bewertet als Pflichten. Aber die Verantwortung des einzelnen in Familie, Nachbarschaft und Gesellschaft kann nicht an den Staat delegiert werden."[108] Weiter heißt es:

---

[103] Schröder und Blair 1999, S. 1.
[104] Ebd., S. 2.
[105] Ebd.
[106] Ebd., S. 2.
[107] Ebd., S. 3.
[108] Ebd., S. 2.

Ein Dritter Weg?

Die Menschen verlangen zu Recht nach hochwertigen Dienstleistungen und Solidarität für alle, die Hilfe brauchen - aber auch nach Fairneß gegenüber denen, die das bezahlen. Alle sozialpolitischen Instrumente müssen Lebenschancen verbessern, Selbsthilfe anregen, Eigenverantwortung fördern.

Auf die naheliegende Frage, welche Sanktionen gegen Personen, die ihren Pflichten nicht gerecht werden, vorgenommen werden sollen, gehen die Autoren nicht ein.

Ohnehin soll Arbeitslosigkeit präventiv bekämpft werden. Hier setzt der ‚Dritte Weg' Schröders und Blairs vor allem auf eine Belebung der Wirtschaft und die Ermöglichung des „einwandfreien Spiel[s] der Marktkräfte"[109], denn bislang habe die Sozialdemokratie „Die Schwächen der Märkte [...] über-, ihre Stärken unterschätzt."[110] Dabei sei das „Laisserfaire"[111] (sic!) des Neoliberalismus zurückzuweisen, denn der Staat müsse die Wirtschaftsunternehmen aktiv fördern: „Wir müssen unsere Politik in einem neuen, auf den heutigen Stand gebrachten wirtschaftlichen Rahmen betreiben, innerhalb dessen der Staat die Wirtschaft nach Kräften fördert, sich aber nie als Ersatz für die Wirtschaft betrachtet."[112]

Kern dieser „Angebotsorientierten Agenda für Europas Linke"[113] ist eine Verbilligung der Lohnkosten, wobei der Staat die Lohnausfälle durch eine Senkung der Einkommenssteuer auffangen soll:

> Moderne Wirtschaftspolitik strebt an, die Nettoeinkommen der Beschäftigten zu erhöhen und zugleich die Kosten der Arbeit für Arbeitgeber zu senken [...] Um sicherzustellen, daß Arbeit sich lohnt, sollten Familien und Arbeitnehmer [steuerlich] entlastet werden.[114]

[109] Schröder und Blair 1999, S. 5.
[110] Ebd., S. 2.
[111] Ebd., S. 5.
[112] Ebd., S. 1.
[113] Ebd., S. 5.
[114] Ebd., S. 7.

Die Aufgabe der Unternehmen, die Arbeitnehmer an den Profiten zu beteiligen, soll weiter reduziert werden durch staatliche Mittel für „Subventionen für geringfügige Beschäftigung"[115]. Dieser Sektor des Arbeitsmarkts müsse ausgebaut werden, denn „Teilzeitarbeit und geringfügige Arbeit sind besser als gar keine Arbeit, denn sie erleichtern den Übergang von Arbeitslosigkeit in Beschäftigung".[116]
Die Belebung der Wirtschaft durch Steuersenkungen, die Schaffung eines Niedriglohnsektors, einer Flexibilisierung der Märkte („Flexible Märkte sind ein modernes sozialdemokratisches Ziel"[117]) und Deregulierung soll ein positiver Kreislauf in Gang gesetzt werden, der soziale Politik erst ermöglicht:

> Moderne Sozialdemokraten erkennen an, daß Steuerreformen und Steuersenkungen unter den richtigen Umständen wesentlich dazu beitragen können, ihre übergeordneten gesellschaftlichen Ziele zu verwirklichen So stärken Körperschaftssteuersenkungen die Rentabilität und schaffen Investitionsanreize. Höhere Investitionen wiederum erweitern die Wirtschaftstätigkeit und verstärken das Produktivpotential Dies trägt zu einem positiven Dominoeffekt bei, durch den Wachstum die Ressourcen vermehrt, die für öffentliche Ausgaben für soziale Zwecke zur Verfügung stehen.[118]

Neben der Belebung der Wirtschaft betonen die Autoren auch die Notwendigkeit der Investitionen in „Humankapital",[119] um Arbeitslosigkeit zu vermeiden, bzw. Arbeitslosen den Weg in die Lohnarbeit oder insbesondere die berufliche Selbständigkeit zu ermöglichen. Damit „Unternehmergeist und Geschäftsgründungen"[120] aus der Arbeitslosigkeit führen

---

[115] Schröder und Blair 1999, S. 11.
[116] Ebd., S. 10.
[117] Ebd., S. 7.
[118] Ebd., S. 6.
[119] Ebd., S. 3.
[120] Ebd., S. 11.

können, sollen diese Menschen in besonderem Maße unterstützt werden. Die Notwendigkeit des lebenslangen Lernens wird hervorgehoben und von einer Verbesserung der Ausbildungsqualität gesprochen.[121] Anstelle von staatlichen Investitionen sollen die Bürger jedoch selbst für die entsprechenden Kosten aufkommen: „Dem Staat kommt die besondere Aufgabe zu, Anreize zur Bildung von Sparkapital zu setzen, um die Kosten des lebenslangen Lernens bestreiten zu können".[122]

„Dritter Weg" und Sozialdemokratie

An dieser Stelle geht es nicht darum, die Vorstellungen des ‚Dritten Wegs' dahingehend zu bewerten, ob sie praktikabel sind oder angemessene Lösungen für politische und wirtschaftliche Fragestellungen darstellen. Es soll hier allerdings gezeigt werden, dass die Grundannahmen dieser politischen Strömung unzutreffend sind und die vorgeschlagenen Methoden den Zielen der Sozialdemokratie entgegenlaufen. Politische Akteure, die einen solchen ‚Dritten Weg' verfolgen, können nach der bislang erarbeiteten Definition keinesfalls als sozialdemokratisch bezeichnet werden.

Giddens These vom Ende von links und rechts ist (aus heutiger Sicht) nicht überzeugend. Zwar trifft zu, dass die Probleme der reflexiven Moderne nicht von einer politischen Kraft, die sich auf „links" oder „rechts" bezieht, *ausschließlich* in Anspruch genommen werden können. Die Relevanz der Probleme im Bereich der Umwelt und der neuen Technologien zeigt sich deutlich am Aufstieg von NGOs wie Greenpeace, die sich mehr oder weniger einer Rechts-links-Einordnung entziehen.

Es lässt sich aber einwenden, dass die Aufmerksamkeit gegenüber diesen Herausforderungen nicht bedeuten muss, dass die Frage nach einer gerechten Verteilung von Wohlstand in einer Gesellschaft obsolet gewor-

---

[121] Schröder und Blair 1999, S.8.
[122] Ebd., S. 8.

den ist. Es ist außerdem bekannt, dass vor allem sozialökonomisch schwächere Personen und wirtschaftlich weniger entwickelte Nationen im Süden der Erde von ökologischen Katastrophen betroffen sind. Auch die Wirtschafts- und Finanzkrise 2008 und ihre bis heute andauernden Auswirkungen haben die soziale Ungleichheit und den Konflikt von Kapital und Arbeit auch im Zeitalter der „reflexiven Moderne" wieder auf die Tagesordnung gebracht. Mit Blick auf die Entwicklungen in Südeuropa kann man dem Historiker Tony Judt nur zustimmen, wenn er in diesem Zusammenhang von einer „Rückkehr der ‚Sozialen Frage'"[123] spricht. Die Vorstellung von einer Vorherrschaft „postmaterialistischer Wertvorstellungen" muss vor diesem Hintergrund relativiert werden.

Aus heutiger Sicht erscheint der Standpunkt, dass „neuartige globale Herausforderungen" wie etwa der Klimawandel die Wohlstandsfrage als dringlichstes Problem abgelöst hätten, als optimistischer Fehlschluss. Überspitzt kann man sagen: Während die Menschheit auf eine ökologische Katastrophe zusteuert, muss sie *gleichzeitig* die Frage nach einer gerechten Verteilung von Wohlstand klären und die Folgen sozialer Ungleichheit begrenzen. Dem Einwand, dass der Nationalstaat, den sowohl die Linke wie die Rechte traditionell als Ausgangspunkt nimmt, hierfür ungeeignet sei, entgegnet Judt zutreffend:

> When banks fail, when unemployment rises dramatically, when large-scale corrective action is called for, there [...] is just the state as we have known it since the 18th century. That is all we have.[124]

Wir haben im Obenstehenden die besondere Rolle der Gleichheit für die Sozialdemokratie festgehalten. Kommen wir bei der Frage, ob die konkreten Methoden des ‚Dritten Wegs' als sozialdemokratisch bezeichnet werden können, zunächst auf das vage Konzept der „Chancengleichheit",

---

[123] Judt, Tony 2010, *Ill Fares the Land. A Treatise on our Present Discontents*. New York: Penguin Press, S. 174 f.
[124] Judt 2010, S. 195.

das wiederum logisch verknüpft ist mit dem Grundsatz „No rights without responsibilities." Nach diesem Gerechtigkeitsverständnis soll jeder eine Chance im Leben erhalten – das Individuum ist aber verantwortlich, diese Chance zu ergreifen. Parallel zum Individuum sollen auch zivilgesellschaftliche Akteure und Unternehmen (im Sinne einer ‚corporate social responsibility') Verantwortung übernehmen.

Die naheliegende Frage: „Was passiert, wenn eine Verantwortung oder Chance nicht wahrgenommen wird?", wird nicht beantwortet. Natürlich erscheint die Forderung angemessen, dass sich bspw. Arbeitslose um eine (adäquate) Stelle bemühen müssen. In der Praxis haben sich jedoch Sanktionen – etwa eine Reduzierung des Arbeitslosengelds – als problematisch erwiesen, da oft auch abhängige Familienmitglieder (Kinder) indirekt davon betroffen sind. Vor dem Hintergrund, dass deren Bildungserfolg vom sozialökonomischen Hintergrund der Eltern abhängig ist,[125] erscheint die Vorstellung einer von den tatsächlichen sozialökonomischen Umständen unabhängigen „Chancengleichheit" unrealistisch.

Bereits bei der Erläuterung des liberalen Wohlfahrtsstaatsmodells haben wir gesehen, dass die Bedarfsprüfung von Sozialleistungen dazu führt, dass Menschen aus Scham oder Unkenntnis ihre sozialen Rechte nicht wahrnehmen. Dies sind bspw. in Deutschland wohl mehr als ein Drittel der Berechtigten![126] Auch die Erwerbstätigkeit im Niedriglohnsektor und die Strategie, Arbeitslose zu Selbständigen zu machen, sind hinsichtlich der sozialen Gleichheit äußerst problematisch. Beide Wege erhöhen das Armutsrisiko und führen langfristig zu Altersarmut, da die Beiträge dieser Erwerbstätigen in Rentenversicherungen nur unzureichend sind.[127]

---

[125] Solga, Heike und Dombrowski, Rosine 2009, *Soziale Ungleichheiten in schulischer und außerschulischer Bildung. Stand der Forschung und Forschungsbedarf*. Düsseldorf: Hans-Böckler-Stiftung, S. 13–16.
[126] Geißler 2014, S. 233f.
[127] Ebd., S. 236 f.

Auch die These von der „new mixed economy", in welcher zivilgesellschaftliche Akteure, einschließlich Unternehmen, staatliche Aufgaben wahrnehmen, ist hinsichtlich der Gleichheit problematisch. Hier ist zunächst auf den grundlegenden Interessenkonflikt zwischen dem Profitstreben der Unternehmen und dem Bedürfnis des Staats nach hochwertigen Leistungen hinzuweisen. Bei zivilgesellschaftlichen Akteuren besteht weiter das Problem, dass diese keine gleichwertigen Leistungen garantieren können. Es ist davon auszugehen, dass bspw. auf dem Land zivilgesellschaftliche Akteure nicht in dem Maß vorhanden oder so leistungsfähig sind wie in Ballungsgebieten.

In Bezug auf die durch die Globalisierung veränderten Bedingungen von Politik und Wirtschaft lässt sich eine Vielzahl egalitärer Maßnahmen vorstellen, wie Maßnahmen gegen Steueroasen, Bemühungen um internationale Arbeitsstandards und eine globale Besteuerung von Kapitaltransaktionen. Hermann Heller sprach in diesem Zusammenhang schon in der Mitte der 1920er-Jahre von der Notwendigkeit, Kapitalflüsse auf übernationaler Ebene zu kontrollieren:

> [Wir] sehen [...], daß [...] heute keine nationale Regierung allein im Stande ist, mit ihren nationalen Aufgaben fertig zu werden, z. B. das Kapital zu entsprechenden Leistungen heranzuziehen.[128]

Auffällig am ‚Schröder-Blair-Papier' ist das völlige Fehlen einer solchen Politik, die den unerwünschten Mechanismen der Globalisierung entgegenwirkt – stattdessen ist davon die Rede, „sich an objektiv veränderte Bedingungen anzupassen".[129]

Letztlich bleibt unklar, ob die Befürworter des „Dritten Wegs" die Folgen des „einwandfreie[n] Spiels der Märkte" falsch einschätzten oder eine Zunahme der Ungleichheit bewusst in Kauf nahmen. Auf jeden Fall stellt die Ansicht, dass die „Schwächen der Märkte [..] über-, ihre Stärken

---

[128] Heller 1992 [1925], S. 417.
[129] Schröder und Blair 1999, S. 1.

unterschätzt" wurden, eine grundsätzliche Abkehr von linkem Denken dar. So schreibt der Wirtschaftswissenschaftler Arne Heise über die Politik der Schröder-SPD:

> Gehörte es für Sozialdemokraten [...] zu den Axiomen ihres Ökonomie- und Gesellschaftsverständnisses, dass der kapitalistische Markt höchst fehlerhaft funktioniert [...] und zu intolerablen Einkommens- und Vermögensverteilungsergebnissen führt, so wurden fortan die Leistungen des Marktes als Motor der Entwicklung und des Wohlstandes deutlich höher gewichtet und stattdessen die Fehlerhaftigkeiten und beschränkten Fähigkeiten staatlicher Einflussnahme thematisiert.[130]

Einzig die Ideen zur Förderung der Bildung im Sinne eines lebenslangen Lernens stellen eine potenziell egalitäre Maßnahme dar, wenn auch keine neue, wie das Engagement Hermann Hellers und anderer Sozialisten für die Volkshochschulen in den 1920er-Jahren zeigt. Ob hierdurch tatsächlich eine „Hebung" der unteren Schichten bzw. eine Integration von Ausländern in die „Kulturgemeinschaft" erreicht werden kann, hängt aber von der Zugänglichkeit solcher Angebote an.

Insgesamt ergibt sich das Bild, dass die Agenda des ‚Dritten Wegs' keine linke Alternative zum Neoliberalismus darstellt, sondern im Gegenteil zu größerer sozialer Ungleichheit führt. Politische Akteure, die eine solche Agenda verfolgen, sind demnach nicht als Sozialdemokraten zu bewerten.

---

[130] Heise, Arne 2005, „Konzentration auf das Kerngeschäft: Anforderungen an eine erneuerte sozialdemokratische Wirtschaftspolitik" (Arbeitspapiere für Staatswissenschaft Nr. 17).

2.7 Zusammenfassung und Anmerkung zur japanischen Terminologie

Zusammenfassend lässt sich aus dem Obenstehenden folgende Definition der Sozialdemokratie festhalten. Wir haben gesehen, dass die Sozialdemokratie mit Bobbio als *Liberalsozialismus* bezeichnet werden kann. Wie auch die Darlegungen Bernsteins und Hellers zeigten, steht der Sozialismus der Sozialdemokratie in der Tradition des *Liberalismus* – beide sind Ausformungen der *Demokratie*. Liberale wie sozialdemokratische Akteure fordern den demokratischen Rechtsstaat und teilen einen *Egalitarismus* bezüglich der Geschlechter, der Minderheiten und der Ethnien. Lediglich in der Frage der Wirtschaft vertreten sie unterschiedliche Ansichten: Während Liberale prinzipiell der Gleichheit zustimmen, setzen sie auf die *unsichtbare Hand* der freien Märkte und eine nur formalrechtliche Gleichheit. Sozialdemokraten sehen darin einen Widerspruch und weisen den Liberalismus nicht ideell, aber als politische Kraft zurück. Sie fordern demokratisch legitimierte Eingriffe (Parlamentarismus) in die materielle Ordnung, um eine weitgehende soziale Gleichheit in der Lebenswirklichkeit zu realisieren. Aufgrund ihres Strebens nach sozialer Gleichheit sind Sozialdemokraten nach Bobbio stets *links der Mitte* zu finden.

Die Methoden und Strategien der Sozialdemokratie sind nicht unveränderlich. In der Vergangenheit hatten die Veränderungen sozialdemokratischer Strategien insbesondere mit Verhältnis zum Staat zu tun. Vor dem Aufstieg des modernen Nationalstaats haben sich Sozialdemokraten angesichts staatlicher Repressionen primär für eine Selbstorganisation in Form von Genossenschaften und Gewerkschaften entschieden. Seit dem frühen 20. Jahrhundert setzen Sozialdemokraten – ebenso wie liberale und „konservative" Politiker – auf den Staat, den sie als „Kulturgemeinschaft" anerkannt haben. Sie haben dabei eine Hebung der unteren Schichten durch materielle Umverteilung, Bildung und eine Demokratisierung der Wirtschaft zu erreichen versucht.

Vieles spricht dafür, dass die Sozialdemokratie in der Zeit der „reflexiven Moderne" neue Strategien in Ergänzung zum nationalen Wohlfahrtsstaat anwenden muss. Die im Rahmen der Diskussion um einen „Dritten Weg" vorgeschlagenen Methoden der 1990er-Jahre haben sich diesbezüglich jedoch als unbrauchbar herausgestellt. In Ansätzen wird erkennbar, dass künftig das Genossenschaftswesen wieder eine größere Rolle spielen könnte.[131]

Japanische Terminologie

Politische Begriffe können je nach Ländertradition unterschiedliche Nuancen und Bedeutungen haben. Im japanischen Fall muss insbesondere berücksichtigt werden, dass der ohnehin mehrdeutige Begriff „liberal" リベラル der US-amerikanischen Verwendungsweise folgend „links" bedeutet, insbesondere im Zusammenhang mit gesellschaftspolitischen Themen. Dies hängt auch damit zusammen, dass der Begriff „sozialdemokratisch" – ohnehin seit dem Zusammenbruch der SPJ aus der Mode – im japanischen Kontext auf die SDP bezogen wird. Politiker der DPJ meiden vor diesem Hintergrund den Begriff ‚sozialdemokratisch' meist ebenso, wie dies in Deutschland etwa ein Politiker der Grünen oder der Linkspartei tun würde. Analog zum Begriffspaar links 左翼 ‐ rechts 右翼 werden in Japan auch oft „konservativ" 保守 und „progressiv" 革新 verwendet.

---

[131] Altvater, Elmar, „Genossenschaften und gutes Leben. Der Sozialismus des 21. Jahrhunderts".In: *Blätter für deutsche und internationale Politik*, 4 (2012), S. 53.

3 GESCHICHTE DER SOZIALDEMOKRATIE IN JAPAN

Die Sozialdemokratie ist in Theorie und Praxis ein ursprünglich europäisches Phänomen. Inwiefern spielen die oben stehenden theoretischen Gedanken überhaupt eine Rolle in der oft als ‚harmonisch' und ‚kollektivistisch' bezeichneten Gesellschaft Japans? Wird nicht nach gängiger Vorstellung in den Ländern Ostasiens der „Harmonie" ein größeres Gewicht zugemessen als im Westen, wo Konflikte eine größere Rolle spielen? In diesem Sinne schrieb ein japanischer Beamter zur Zeit der Russischen Revolution 1917: „What makes us proudest is that we have no labor problems on the order of the Western nations. This condition results from the tranquility and peace of our society."[1]

Dem historischen Kapitel dieser Untersuchung kommen folgende Aufgaben zu: *Erstens* zeigt es, dass die Geschichte der japanischen Modernisierung eine dem Westen nicht grundsätzlich verschiedene Arbeiterbewegung hervorbrachte – ganz im Gegensatz zu (selbst-) exotisierenden und idealisierenden Vorstellungen. Dadurch wird ersichtlich, dass in Japan prinzipiell die kulturellen Voraussetzungen zur Sozialdemokratie gegeben sind. *Zweitens* geht es der Frage nach Ursprung und Bedeutung der sozialdemokratischen Parteien in Japan nach und identifiziert *drittens* die spezifischen Merkmale dieser Parteien und ermittelt die politischen Traditionen der japanischen Sozialdemokratie.

Zur Lösung dieser Aufgaben werde ich die Ideologie der historischen Akteure der japanischen Arbeiterbewegung anhand der oben stehenden Theorien analysieren sowie auf strukturelle Merkmale eingehen. Ich beschränke mich hierbei auf die drei bedeutendsten historischen Parteien der japanischen Sozialdemokratie: die Sozialdemokratische Partei 社会民主党 (Shakai Minshutō 1901), die Sozialistische Volkspartei 社会民衆党 (Shakai Minshūtō 1925–1932, im Folgenden: SVP) und die Sozialistische

---

[1] Zit. n. Garon, Sheldon 1987, *The State and Labor in Modern Japan*. Berkeley: University of California Press, S. 38

Partei Japans 日本社会党 (Nihon Shakaitō 1945–1996, im Folgenden: SPJ).

Abschließend erläutere ich dann in Kapitel 3.5 die politischen Umbrüche der 1990er-Jahre, die zur Gründung der DPJ geführt haben und für die Logik und Funktionsweise der heutigen Politik in Japan maßgeblich sind.

3.1 Die Sozialdemokratische Partei von 1901

Die Geschichte der japanischen Sozialdemokratie beginnt etwa 30 Jahre nach der Meiji-Restauration 1868, die die Weichen zur Wandlung Japans in einen modernen Nationalstaat stellte. Wie in Europa war der *ideelle* Ausgangspunkt der sozialdemokratischen Bewegung Japans der *Liberalismus*. Dieser kam in den 1870er-Jahren mit einem „‚ungeordnete[n]' Wirbelsturm neuer Ideen"[2] ins Land, den die neuen Machthaber, eine Oligarchie aus Staatsmännern der ehemaligen peripheren Lehensgebiete und Beamten 藩閥 (*hanbatsu*), zur Modernisierung des Landes bewusst anregten.[3] Unter dem Motto „Zivilisation und Aufklärung" 文明開化 (*bunmei kaika*) wurden liberale Ideen in einer Synthese mit autochthonen ostasiatischen Ideen vom großen „Aufklärer" Japans, Fukuzawa Yukichi 福澤 諭吉 (1835-1901) und anderen Intellektuellen verbreitet.[4] Liberale Ideen wurden der neuen Elite zunächst aktiv gefördert, um die alte Ständegesellschaft zu überwinden und die Japaner zu modernen Staatsbürgern

---

[2] Maruyama, Masao 1988b, „Denken in Japan". In: ders.: *Denken in Japan*. Frankfurt a. M.: Suhrkamp (= edition suhrkamp Neue Folge Band 398), S. 28.

[3] Zum Einfluss westlichen politischen Denkens in der japanischen Geistesgeschichte s. Seifert, Wolfgang 1999, „Westliches Menschenrechtsdenken in Japan". In: Schubert, Gunter (Hg.), *Menschenrechte in Ostasien. Zum Streit um die Universalität einer Idee II*. Tübingen: Mohr Siebeck, S. 304–316; 337–343.

[4] Für eine zusammenfassende Übersicht der *bunmei kaika*-Bewegung s. Pyle, Kenneth B. 1998, „Meiji Conservatism". In: Wakabayashi, Bob T. (Hg.), *Modern Japanese Thought*. Cambridge: Univ. Press, S. 100–104.

zu machen.⁵ Vor allem der niedrige Schwertadel sowie die gesellschaftlich geächtete Kaste der *burakumin* 部落民 sollten ihre Sonderstellung verlieren und zu ‚Gemeinen' 平民 werden.⁶

Japans Modernisierung erfuhr einen entscheidenden Schub durch die Bedrohung der westlichen Imperialmächte.⁷ Zwar blieb das Land von einer Kolonisation verschont; durch die sog. Ungleichen Verträge wurde es jedoch in einen halb-kolonialen Zustand gezwungen.⁸ Diesen wollten die neuen Machthaber durch die Modernisierungsstrategie „Reiches Land, starke Armee" 富国強兵 (*fukoku kyōhei*) abschütteln und zu den westlichen Nationen aufschließen.⁹ Teil dieser Strategie war die Errichtung einer konstitutionellen Monarchie. Es wurde eine Verfassung erlassen; ab 1890 verfügte Japan über ein Parlament. Während der Tennō als lebender Gott 生き神 (*ikigami*) *formal* absoluter Herrscher und symbolischer Führer wurde, verblieb die tatsächliche Macht bei einer Oligarchie aus Staatsmännern, Bürokraten und Industriellen.¹⁰ Unter diesem Herrschaftssystem entwickelte sich Japan selbst zur imperialistischen Macht und annektierte Taiwan (1895), Korea (ab 1905) und Gebiete auf dem chinesischen Festland.¹¹

---

⁵ Seifert 1999, S. 306 ff; 316.
⁶ Zu den Samurai im Übergang von der Frühmoderne in den modernen Meiji-Staat s. Krebs, Gerhard 2009, *Das moderne Japan 1868–1952. Von der Meiji-Restauration bis zum Friedensvertrag von San Francisco*. München: Oldenbourg (= Oldenbourg Grundriss der Geschichte, Band 36), S. 2, 9; Zu den *burakumin* in der Meiji-Zeit s. McCormack, Noah Y. 2013, *Japan's Outcaste Abolition: The Struggle for National Inclusion and the Making of the Modern State*. London (u. a.): Routledge.
⁷ Siehe hierzu Krebs 2009, S, 4 f.
⁸ Tōyama Shigeki 1962, *Meiji Ishin*. Tokyo: Iwanami Shoten, S. 43.
⁹ Gordon, Andrew 2014, *A Modern History of Japan. From Tokugawa Times to the Present*. Oxford: Univ. Press, S. 70.
¹⁰ Für das ‚Machtsystem' der Meiji Zeit siehe Gordon, Andrew 1991, *Labor and Imperial Democracy in Prewar Japan*. Berkeley (u. a.): University of California Press, S.13; Stockwin, James A. 2008, *Governing Japan. Divided Politics in a Resurgent Economy*. 4. Aufl., Oxford (u. a.): Blackwell Publishers, S. 24.
¹¹ Für einen Überblick über die imperialistische Außenpolitik Japans in der Meiji-Zeit s. Krebs 2009, S.25–34.

3 Geschichte der Sozialdemokratie in Japan

Sozialökonomischer Ausgangspunkt der japanischen Sozialdemokratie war die Ablösung des Feudalsystems durch den privaten Bodenbesitz und die kapitalistische Industrialisierung. Beide Prozesse brachten große Unsicherheiten für die Masse der Bauern und die kleine, aber wachsende Schicht der Arbeiter.[12] Von besonderer Bedeutung für die Entstehung der sozialdemokratischen Bewegung der Meiji-Zeit war der Zustrom verarmter Bauern in die Städte,[13] wo sich die alten Viertel der *burakumin* in moderne Slums wandelten.[14] Berichte über die dortigen Zustände führten im Bürgertum und innerhalb der Elite zu dem Bewusstsein, dass auch in Japan sozialpolitische Maßnahmen nach westlichem Muster nötig sein würden.[15] Aus diesem Grund begannen Intellektuelle und Beamte, sich mit westlicher Sozialpolitik auseinanderzusetzen.[16]

Auf diese Weise wurden sozialistische Ideen rezipiert, zunächst vor allem die Werke von Frühsozialisten wie Fourier, Saint-Simon, Proudhon aber auch die Texte von Ferdinand Lassalle und anderen Sozialdemokraten Europas.[17] Dabei spielten Intellektuelle, die im Westen studiert und von dort sozialistische Ideen und Überzeugungen mitbrachten, eine Schlüsselrolle.

Unter diesen Intellektuellen waren die Gründer der Sozialdemokratischen Partei: Abe Isoo 安部 磯雄 (1865–1949), Professor an der heutigen

---

[12] Wie im Folgenden erläutert wird, bestand der Großteil der Arbeiterschaft bis in die 1920er-Jahre aus Frauen und Kindern.
[13] Hierfür war vor allem eine Kombination hoher Bodensteuern und die sog. Matsukata-Deflation der 1880er-Jahre verantwortlich.
[14] Gordon 2014, S. 100.
[15] Garon, Sheldon 1987, S. 24; Ishida, Takeshi 2008, *Die Entdeckung der Gesellschaft. Zur Entwicklung der Sozialwissenschaften in Japan*. Frankfurt a. M.: Suhrkamp, S. 74.
[16] Ōta Hideaki 2013, *Nihon Shakaiminshushugi no keisei. Katayama sen to sono jidai*. Tokyo: Nihon Hyōronsha, S. 156–194.
[17] Hartmann, Rudolf 1996, *Geschichte des modernen Japan. Von Meiji bis Heisei*. Berlin: Akademie Verlag. 1996, S. 92; Hartmann, Rudolf 1972, „Entstehung und Entwicklung der sozialistischen Bewegung Japans bis 1905 und der Einfluß der Sozialdemokratischen Partei Deutschlands." In: *Mitteilungen des Instituts für Orientforschung*, 3/1972 (Teil I), S. 446–452.

Waseda-Universität, Katayama Sen 片山 潜 (1859–1933), der in den USA ein Interesse für die Gewerkschaftsbewegung entwickelt hatte und Kōtoku Shūsui 幸徳 秋水 (1871–1911), der dem linken Flügel der liberalen „Bewegung für Freiheit und Bürgerrechte" 自由民権運動 (*jiyūminken undō*) der 1870er-Jahre entstammte.[18] Sie sahen im *Sozialismus* der europäischen Sozialdemokratie den Weg zur Lösung der durch die Modernisierung entstandenen sozialen Missstände. Der Einfluss der deutschen Sozialdemokratie zeigt sich darin, dass mit Katayama und Kōtoku zwei der Parteigründer Biografien über Lassalle verfassten.[19] Sie gründeten mit einigen Mitstreitern im Jahr 1901 die erste Sozialdemokratische Partei Japans.[20] Betrachten wir das Parteiprogramm der ersten linken Partei Japans:

---

[18] „Shakai Minshutō hyakunen" shiryō kankō-kai (Hg.) 2001, *Shakaishugi no tanjō. Shakai Minshutō 100 nen*. Tokyo: Ronsōsha, S. 37ff.; Zur „Bewegung für Freiheit und Bürgerrechte" s. Gordon 2014, S. 79–84; Krebs 2009, S. 12.
[19] Katayama Sen 1897, *Rōdōsha no ryōryū – Rasaru-den*. Tokyo: Kingusurei Kan; Kōtoku Shūsui 1904, *Shakaminshutō kensetsusha Lasāru*. Tokyo: Heimin Bunko.
[20] Vorgänger der Partei war die „Gesellschaft zum Studium des Sozialismus" 社会主義研究会 (Shakaishugi kenkyūkai) 1897, 1900 Umbenennung in „Sozialistischer Verband" 社会主義協会 (Shakaishugi kyōkai).

3 Geschichte der Sozialdemokratie in Japan

Das Programm der Sozialdemokratischen Partei[21]

1. Vertretung des Standpunkts, dass alle Rassen Geschwister sind, und dass an der diskriminierenden Rassenpolitik nicht festgehalten werden darf.
2. Abschaffung der Bewaffnung, um den Frieden aller Länder der Welt herbeizuführen.
3. Abschaffung des Klassensystems.
4. Überführung des für die Produktion notwendigen Bodens und Kapitals in öffentlichen Besitz.
5. Überführung von sämtlichen Verkehrseinrichtungen wie Eisenbahn, Schiffe, Kanäle und Brücken in öffentlichen Besitz.
6. Gerechte Verteilung des Wohlstands.
7. Erlangung gleicher politischer Rechte für alle Bürger.
8. übernahme sämtlicher Kosten für Bildung durch den Staat, um den Bürgern in gleicher Weise Bildung zukommen zu lassen.

Ergänzt werden diese Ideale durch allgemeine Reformen sowie konkrete arbeitsrechtliche Maßnahmen. Erstere beinhalten:

- Reformen der Beziehung von Privateigentum und Staat (Verstaatlichung der Eisenbahn, Kommunalisierung von Land)
- Maßnahmen zur Korrektur von Ungleichheit (staatliches Bildungssystem, Steuergerechtigkeit)

---

[21] Eigene Übersetzung. n. „Shakai Minshutō hyakunen" shiryō kankō-kai (Hg.) 2001, S. 268–287.

Die Sozialdemokratische Partei von 1901

- Demokratieforderungen (Abschaffung des Adelshauses, Erlass des allgemeinen und geheimen Wahlrechts, die Einführung von direkter demokratischer Abstimmung bei „wichtigen Fragen")
- Forderungen nach der Beschränkung staatlicher Gewalt (Kürzung der Rüstung, Abschaffung der Todesstrafe, des Polizeigesetzes und der Pressezensur)

Die Maßnahmen im Arbeirsrecht umfassen u.a. das Verbot der Nachtarbeit von Jugendlichen, der Sonntagsarbeit, der Prostitution („Beschäftigung von Frauen in Unternehmungen, die Moral und Gesundheit schaden") sowie die Gewährung der Koalitionsfreiheit (Gewerkschaften), und des Achtstundentags.

Der sozialdemokratische Charakter des Programms ist unverkennbar: Zunächst stellt es mit dem allgemeinen Wahlrecht (auch für Frauen), Plebisziten und der Abschaffung des undemokratischen Adelshauses Forderungen der *Demokratie*. Zwar geht es dabei nicht so weit, explizit eine Volksherrschaft und Abschaffung der Monarchie zu fordern, dies war aber der Aussicht auf ein sofortiges Verbot geschuldet.

Das Programm umfasst weiter die Freiheitsrechte des *Liberalismus*: die Presse- und Koalitionsfreiheit sowie die Gleichheit der Ethnien („Alle Rassen sind Geschwister"). Diese Aussage ist als implizite Ablehnung des Nationalismus zu interpretieren, denn der Begriff *kokumin* 国民 für (Staats-) bürger wird bewusst ersetzt durch das weiter gefasste *jinmin* 人民.[22] Dieser Ausdruck beinhaltet keine Exklusivität durch Staatsbürgerschaft und Ethnie und impliziert zudem eine Anerkennung der Kolonialbevölkerung als Gleichberechtigte.

Der *Sozialismus* des Programms besteht in der Forderung nach einer „Abschaffung der Klassen" durch materielle Umverteilung und kostenfreie Bildung. Auch die Maßnahmen zur Verbesserung der Lebenswirklichkeit der Arbeiter fallen in diese Kategorie. Da diese Ziele nicht durch

---

[22] Hierbei handelt es sich um dieselbe Zeichenkombination, die später für „Volk" im Begriff „Volksrepublik" 人民共和国 (*jinmin kyōwa koku*) verwendet wurde.

eine Revolution, sondern durch Parlamentarismus und Reformen gewaltfrei realisiert werden sollen, ist hier der „Liberalsozialismus" der Sozialdemokratie erkennbar. Die Sozialdemokratische Partei verstand sich zudem nicht als Klassenpartei, sondern propagierte einen „ethischen Sozialismus" (Heller). Dies trug auch der Tatsache Rechnung, dass Arbeiter ohnehin aufgrund des Zensuswahlrechts nicht wählen konnten, und man auf Stimmen aus dem Bürgertum hoffte. Eine Abweichung von der Sozialdemokratie stellt die Forderung nach einer Verstaatlichung „des für die Produktion notwendigen Bodens und Kapitals" dar. Dies hängt jedoch von Umfang und Art der Umsetzung dieses Vorhabens ab. Dass es sich tatsächlich um ein sozialdemokratisches Programm handelt, verdeutlicht auch die Aussage Kōtokus: „The purpose of socialism is simply to create a middle class out of all society",[23] die mit Bernsteins Ziel einer „Verallgemeinerung des Bürgertums" übereinstimmt.[24]

Als Besonderheit des Programms ist der *Pazifismus* („Abschaffung der Bewaffnung, um den Frieden aller Länder der Welt herbeizuführen.") zu nennen, der in deutlichem Kontrast zum imperialistischen Streben der Oligarchie stand. Dieser lässt sich dadurch erklären, dass alle Parteigrün-

---

[23] Duus und Scheiner 1988, S. 662.
[24] Duus und Scheiner interpretieren die Parteiideologie aus mangelhaftem Verständnis der sozialdemokratischen Theorie als missverstandenen Marxismus: „The Meiji socialists [...] were curiously ambivalent about the historical role of the European bourgeoisie, whom they often referred to as the 'middle class'. The Japanese socialists understood the bourgeoisie normatively, abstractly rather than historically, and never structurally. Nothing better expressed their view than Kōtoku's statement: "The purpose of socialism is simply to create a middle class out of all society." (Duus und Scheiner 1988, S. 662). Diese vermeintliche Ambivalenz, die einerseits die ökonomische Vorherrschaft des Bürgertums bekämpfen, andererseits das Bürgersein verallgemeinern möchte, hat jedoch wenig mit einem mangelhaften Verständnis des Marxismus zu tun, sondern ist schlicht der sozialdemokratische Standpunkt zu dieser Frage, den die Partei – ihrem Namen folgend – einnahm.

der – bis auf Kōtoku – Christen waren.²⁵ Ihr Sozialismus speiste sich nicht zuletzt aus einem christlichen Humanismus.

Das Scheitern der Sozialdemokratischen Partei

Für das Scheitern der Partei waren zwei Gründe wesentlich. *Erstens* fehlte der Partei aufgrund der verspäteten und spezifischen Entwicklung der japanischen Industrie noch die Massenbasis; es gab noch keine größeren Gewerkschaften.²⁶ Außerdem dominierte noch die Textilindustrie, in der vor allem unmündige Frauen und Kinder arbeiteten.²⁷ Die Arbeiterschaft der kleinen Schwerindustrie setzte sich vor allem aus *burakumin* und Arbeitern der koreanischen Kolonie zusammen, die unter strenger Aufsicht standen und geografisch (entlegene Bergwerke) wie gesellschaftlich isoliert waren.²⁸ Bei den städtischen Facharbeitern waren die Arbeitsbeziehungen noch nicht gefestigt genug, um Anreize zur gewerkschaftlichen Organisierung hervorzubringen.

Zweitens war der unmittelbare Grund für das Scheitern der Sozialdemokratischen Partei die politische Repression durch die Oligarchie. Für diese war die Partei aus mehreren Gründen inakzeptabel: Die Forderung

---

[25] „Shakai Minshutō hyakunen" shiryō kankō-kai (Hg.) 2001, S. 51 f.; Scalapino, Robert A. 1983, *The Early Japanese Labor Movement. Labor and Politics in a Developing Society*. Berkeley: University of California (=Japan Research Monograph 5), S. 18; Duus, Peter und Scheiner, Irwin 1988, „Socialism, Liberalism and Marxism, 1901-1931". In: Duus, Peter (Hg.), *The Cambridge History of Japan*. Band 6: *The Twentieth Century*. Cambridge: Univ. Press, S. 665; Die weiteren drei Gründungsmitglieder waren die Journalisten Kinoshita Naoe 木下 尚江 (1968–1937), Kawakami Kiyoshi 河上清 (1873–1949) sowie der Gewerkschaftsaktivist Nishikawa Kōjirō 西川光二郎 (1876-1940) (Hartmann, S. 91 f.).

[26] Für einen Überblick über die soziale Struktur der Arbeiterschaft und die Arbeitsbedingungen s. Gordon 2014, S. 98–103.

[27] Um die Jahrhundertwende waren unter etwa einer halben Million Arbeiter rund 313 000 Frauen (Garon 1987, S. 13).

[28] Gordon, Andrew 2014, S. 153; Zu den koreanischen Arbeitern s. Weiner, Michael 1989, *The Origins of the Korean Community in Japan 1910-1923*. Atlantic Highlands: Humanities Press International, S.106 ff.

nach Demokratie war eine Bedrohung der Monarchie. Auch die Darstellung der japanischen Gesellschaft als Klassengesellschaft war für die Obrigkeit inakzeptabel, denn die offizielle Vorstellung von Staat und Gesellschaft Japans war die eines harmonischen „Staatskörpers" 国体 (*kokutai*)[29], in dem Konflikte keine Legitimität hatten und als ‚unjapanisch' galten. Daher wurde die Partei auf der Grundlage des kurz zuvor erlassenen Polizeigesetzes 治安警察法 verboten.[30]

3.2 Die Sozialistische Volkspartei (1926-1932)

Eine größere Massenbasis für die sozialdemokratische Bewegung entstand in Japan nach dem Ersten Weltkrieg, der einen großen Aufschwung der Schwerindustrie mit sich brachte. Dieser führte zu einem Anwachsen der männlichen Arbeiterschaft und einer größeren Stabilität der Arbeitsbeziehungen. Dies mehrte den Anreiz, sich gewerkschaftlich zu organisieren. Bereits in den 1910er-Jahren war mit der Yūaikai 友愛会 („Brüderliche Gesellschaft") eine erste große Arbeitervereinigung entstanden.[31] Sie verstand sich zunächst als patriotische Selbsthilfeorganisation,[32] wandelte sich aber in den 1920er-Jahren zu einem sozialistischen Gewerkschaftsbund (Sōdōmei 総同盟).[33]

---

[29] Zum Konzept des *kokutai* siehe: Antoni, Klaus 2016, *Kokutai – Political Shintô from Early-Modern to Contemporary Japan*. Tübingen: Tobias-lib; Gluck, Carol 1985, *Japan's Modern Myths: Ideology in the Late Meiji Period*. Princeton: Univ. Press, S. 138–146; Irokawa Daikichi 1985, *The Culture of the Meiji Period*. Princeton: Univ. Press, S. 247–259; Maruyama 1988b, S. 47–51.
[30] Hartmann 1996, S. 93.
[31] Zur 1912 gegründeten Yūaikai s. Large, Stephen 1972, *The Rise of Labor in Japan. The Yūaikai 1912-19*. Tokyo: Sophia University; Gordon 2014, S. 123; Scalapino 1983, S. 40–50.
[32] Scalapino 1983, S. 54.
[33] Zunächst Dainihon Rōdō Sōdōmei Yūaikai 大日本労働総同盟友愛会 (Hartmann 1996, S. 133); Krebs 2009, S. 49.

Hintergrund dieser Entwicklung war eine Zunahme der sozialen Spannungen, vor allem aufgrund der krisenhaften Wirtschaftsentwicklung und der Unzufriedenheit über die geringen politischen Beteiligungsrechte der Bürger. Im Abschluss an den Russisch-Japanischen Krieg 1904/05 kam es in Tokyo zu nationalistischen Protesten gegen die Friedensbedingungen, die sich mit sozialen Forderungen mischten.[34] 1907 kam es in den Kupferminen von Ashio und Besshi zu gewaltsamen Arbeiteraufständen.[35] Die Proteste gipfelten schließlich 1918 mit den landesweiten „Reisunruhen" 米騒動 (*kome sōdō*).[36] Die Machthaber reagierten auf diese Legitimationskrise des Machtsystems mit demokratischen Zugeständnissen: 1919 wurde das strenge Zensuswahlrecht gelockert;[37] den politischen Parteien wurde erstmals eine relevante Rolle im politischen System zugestanden.[38] 1925 schließlich wurde das Wahlrecht auf alle Männer über 25 Jahre ausgeweitet und eine größere Rede- und Pressefreiheit gewährt.[39]

Damit brach die als „Taishō-Demokratie" (1905-1932 bzw. 1918–1932) oder „imperiale Demokratie" (1878-1933) bezeichnete Periode an, die auch zu einer Belebung der sozialistischen Bewegung führte. Es entstanden die leninistische Arbeiter- und Bauernpartei 労働農民党 (Rōdō Nōmintō, 1926–1928; im Folgenden: Rōnōtō), die von Abe gegründete sozialdemokratische SVP und die marxistische Japanische Arbeiter- und Bauernpartei 日本労働農民党 (Nihon Rōdō Nōmintō 1926–1928; im Folgenden: Nichirō), die ideologisch eine Mittelstellung einnahm.[40]

Nicht nur ideologische Positionen spielten für diese Konstellation eine Rolle: Die Parteien repräsentierten jeweils verschiedene Gewerkschafts-

---

[34] Für eine Übersicht der größten Proteste in diesem Zeitraum siehe: Gordon 2014, S. 130; Krebs 2009, S. 47 f.
[35] Scalapino 1983, S. 21.
[36] Krebs 2009, S. 48.
[37] Ebd.
[38] Ebd., S. 47–53.
[39] Ebd., S. 49 ff.
[40] Ebd:, S. 52; Für eine tabellarische Übersicht s. Hartmann 1996, S. 156.

und Bauernverbände, aus deren Reihen sich auch ihre Abgeordneten rekrutierten. Die SVP wurde dabei vom größtem Gewerkschaftsverband, dem bereits erwähnten Sōdōmei, gestützt.

Neben Abe gehörte auch der Jurist Yoshino Sakuzō 吉野 作造 (1878-1933), einer der führenden Demokratietheoretiker der Taishō-Demokratie zu den führenden Persönlichkeiten der Sozialistischen Volkspartei. Von ihm stammt auch das Demokratiekonzept *minponshugi*[41] 民本主義, das für das Verständnis der SVP unentbehrlich ist.[42] Dieses Konzept stellte den Versuch dar, innerhalb des absolutistischen Tennō-Systems eine demokratische *Praxis* zu etablieren. Statt das Allgemeine Wahlrecht und den Parlamentarismus mit *normativen* Argumenten zu fordern, begründete Yoshino die Notwendigkeit demokratischer Verfahren *funktional*: Nur ein Parlament als Ort der öffentlichen Diskussion von Vertretern aller Schichten ermögliche es dem Tennō, die Lage und Bedürfnisse der Bevölkerung zu erfassen und bei seiner ‚Herrschaft' zu berücksichtigen. Ferner versuchte Yoshino darzulegen, dass in der Geschichte Japans stets das Volkswohl oberstes Ziel der politischen Herrschaft gewesen sei.[43]

So forderte Yoshino die Demokratie, ohne die Souveränität des Tennō formal anzutasten, oder wie der Historiker Bannō schreibt, den Tennō anzuerkennen und ihn doch abzulehnen.[44] Über den Zusammenhang von *minponshugi* und Sozialismus schrieb Yoshino 1916:

---

[41] *Minponshugi* lässt sich als „Prinzip der Verwurzelung im Volk" übersetzen und impliziert eine Politik *für* das Volk, nicht jedoch eine Volksherrschaft wie das japanische Wort für Demokratie *minshushugi* (民主主義), durch die Zeichen *Minshu* (民主) ausdrückt.

[42] Die unten stehende Erklärung folgt im Wesentlichen: Najita Tetsuo 1974, „Some Reflections on Idealism in the Political Thought of Yoshino Sakuzō". In: Harootunian, Harry D. und Silberman, Bernard S. (Hg.), *Japan in Crisis. Essays on Taishō Democracy*. Princeton: Univ. Press sowie Silberman, Bernard 1959, „The Political Theory and Programm of Yoshino Sakuzō". In: *The Journal of Modern History* 31, S. 312 f.

[43] S.a. Gordon 2014, S. 169.

[44] Bannō 2010, S. 65–70.

Die Sozialistische Volkspartei (1926-1932)

Das grundlegende Motiv, warum der Sozialismus mit den Kapitalisten streitet, basiert auf dessen Geist, dass der gesellschaftliche Wohlstand in der allgemeinen Bevölkerung breit verteilt werden soll. In diesem Punkt bestehen mit *minponshugi* nicht wenige Übereinstimmungen [...] [W]eil die Tendenz, dass in der Wirtschaft überlegene und unterlegene Klassen entstehen und so der wirtschaftliche Profit in monopolistischer Weise einer Klasse zufällt, auch dem Sinn des *minponshugi* entgegengeht, ist es notwendig, gegenwärtig Maßnahmen bezüglich dieser wirtschaftlich privilegierten Klasse zu ergreifen [...].[45]

Betrachten wir vor diesem Hintergrund das Programm der Sozialistischen Volkspartei:

Das Programm der Sozialistischen Volkspartei[46]

- Wir sind der Überzeugung, dass durch die Errichtung eines politisch-wirtschaftlichen Systems basierend auf den arbeitenden Klassen 勤労階級 ein gesundes Leben des Volkes geschaffen werden kann und streben nach der Realisierung eines solchen.

- Wir stimmen darin überein, dass die kapitalistische Produktion und Verteilungsmethode dem Leben des Volkes schadet und streben danach, diese durch gesetzliche Mittel zu reformieren.

- Wir lehnen die etablierten Parteien, die die privilegierten Klassen repräsentieren, ab, sowie radikale Parteien, die den Prozess der gesellschaftlichen Entwicklung ignorieren.

---

[45] Zit. n. Bannō 2010, S. 27; Zu *minponshugi* als soziale Demokratie s a. ebd., S. 45–49.
[46] Eigene Übersetzung n. Abe 2008 [1925], *Shakaiminshūtō kōryō kaisetsu*. In: *Abe Isoo chosakushū*. Band 5: *Tsugi no jidai*. Tokyo: Gakujutsu shuppankai, S. 400.

3 Geschichte der Sozialdemokratie in Japan

Schon der Parteiname spiegelt deutlich den Gedanken des *minponshugi*. Um nicht dasselbe Schicksal zu ereilen wie die Sozialdemokratische Partei der Meiji-Zeit, wird hier das Wort „Demokratie" (民主 *minshu*) durch das fast gleichklingende „Volksmasse" (民衆 *minshū*) ersetzt und bringt so die zumindest vordergründige Akzeptanz der Souveränität des Tennō zum Ausdruck.

Gleichzeitig grenzt sich das Programm in subtiler Weise vom Marxismus ab: Der Begriff „Arbeiterklasse" 労働階級 (*rōdō kaikyū*) wird durch die Wortschöpfung „arbeitende Klasse" 勤労階級 (*kinrō kaikyū*) ersetzt. Wie Abe an anderer Stelle erläutert, umfasst dieser Klassenbegriff neben den Industriearbeitern auch Angestellte, Selbständige und sogar Kleinunternehmer.[47] Auf diese Weise wird die SVP nach sozialdemokratischem Muster als Volkspartei entworfen, nicht als Klassenpartei. Aus diesem Grund hatte die Parteiführung auch den von den Gewerkschaften vorgeschlagenen Name „Japanische Arbeiterpartei" 日本労働党 (Nihon Rōdōtō) abgelehnt.[48] Auch die Formulierung „radikale Parteien, die den Prozess der gesellschaftlichen Entwicklung ignorieren" ist als implizite Ablehnung des Marxismus zu sehen. Zugleich äußert das Programm unverhohlen Kritik am Kapitalismus und spricht sich für den sozialdemokratischen Reformismus aus.

Dieser Charakter durchzieht auch den zweiten, ausführlichen Teil des Programms, der weitere Maßnahmen auflistet.[49] Zu den *demokratischen* und *liberalen* Forderungen nach einer Stärkung des Parlamentarismus und der Gewährung von Freiheitsrechten, inklusive des Frauenwahlrechts, kommen hier *sozialistische* Forderungen nach einem Recht auf kostenlose Bildung, bessere Löhne und Arbeitsbedingungen sowie die Vergesellschaftung der Schlüsselindustrien und eine „Demokratisierung des Finanzsystems".

---

[47] Abe Isoo 2008 [1925], S. 404 f.
[48] Sumiya Etsuji 1967, *Shōwa no hantaisei shisō*. Tokyo: Haga Shoten, S. 158.
[49] Abe Isoo 2008 [1925], S. 406 ff.

Zusammenfassend lässt sich sagen, dass auch das Programm der SVP als sozialdemokratisch gelten kann, trotz zwei wichtiger Abweichungen. *Erstens* der Verzicht auf die Volkssouveränität, der wie erläutert dem Kalkül von Yoshinos *minponshugi* folgt, zunächst eine demokratische Praxis zu etablieren.

Zweitens fällt der Verzicht auf ein Bekenntnis zum Pazifismus und zur Gleichheit aller Völker auf; die Frage der Kolonien bzw. des japanischen Imperialismus bleiben im Programm unberührt. Auch dies verdeutlicht wohl die Sorge der Parteigründer vor einem Parteiverbot. Später haben sich die Politiker der SVP durchaus kritisch zum japanischen Imperialismus geäußert und die Notwendigkeit einer sozialistischen Außenpolitik betont.[50]

Das Scheitern der SVP

Wie ihre Vorgängerin hatte auch die SVP ein ungünstiges Umfeld. Die Gründe für ihr Scheitern waren allerdings komplexer. Hauptursache war die staatliche Repression, denn paradoxerweise waren neben größeren politischen Freiheiten auch die Möglichkeiten staatlicher Unterdrückung verstärkt worden. Die Gewerkschaftsbewegung war geduldet aber nicht legal.[51] Angesichts dieser staatlichen Unterdrückung und angespornt von der erfolgreichen Revolution im benachbarten Russland bevorzugten viele Sozialisten dieser Zeit radikale Wege zum Sozialismus;[52] auch der Mar-

---

[50] So z. B. in der von der SVP herausgegebenen Schrift „Theorie der Volksaußenpolitik" (Kamei Kan'ichirō und Yoshikawa Suejirō 1929, *Minshū gaikō-ron*. Takadachō: Kurarasha).

[51] Es wurde eine politische Spezialpolizei gegründet und ein strenges Sicherheitsgesetz 治安維持法 (*chian iji hō*) erlassen (Krebs 2009, S. 52).

[52] Scalapino, Robert A. 1983, *The Early Japanese Labor Movement. Labor and Politics in a Developing Society*. Berkeley: University of California (=Japan Research Monograph 5), S. 19 f; Totten, George O. (u. a.) 1966, *The Social Democratic Movement in Prewar Japan*. New York (u. a.): Yale University Press.

3 Geschichte der Sozialdemokratie in Japan

xismus wurde nun intensiv rezipiert und fand viele Anhänger.[53] Durch die Stimmensplitterung zwischen den sozialistischen Parteien schwächten sich diese aufgrund des Mehrheitswahlrechts gegenseitig.

In den frühen 1930er-Jahren erfolgte dann ein Zusammenschluss der drei sozialistischen Parteien zur Sozialistischen Massenpartei 社会大衆党 (Shakaitaishūtō; im Folgenden: SMP).[54] Man einigte sich zunächst auf einen „antifaschistischen Kurs"; Im Zuge des Faschisierungsprozesses[55] der 1930er-Jahre setzten sich jedoch auch innerhalb der SMP immer mehr militaristische und nationalistische Standpunkte durch. Bei den letzten freien Wahlen konnte die Partei ihre Sitze von 18 auf 37 verdoppeln. Später wurden Abe und andere, die sich der Faschisierung Kurs widersetzten, aus der Partei gedrängt.[56] 1940 wurde die SMP wie alle politischen Parteien in der „Gesellschaft zur Stützung der kaiserlichen Herrschaft" 翼賛会 (Yokusankai) gleichgeschaltet.

---

[53] Katō Shūichi 1974, „Taishō Democracy as the Pre-Stage for Japanese Militarism". In: Harootunian, Harry D. und Silberman, Bernard S. (Hg.), *Japan in Crisis. Essays on Taishō Democracy*. Princeton: Univ. Press, S. S. 222 f.

[54] Totten 1966, S. 89.

[55] Zur Diskussion um die Verwendung des Faschismusbegriffs auf Japan s. Krebs 2009, S. 125–128; Boettcher, Dirk 1989, „Faschismus, Begriffe und historische Entwicklung". In: Menzel, Ulrich (Hg.), *Im Schatten des Siegers*, Bd. 2: *Staat und Gesellschaft*. Frankfurt: Suhrkamp, S. 77–99. Schölz, Tino 2006, „Faschismuskonzepte in der japanischen Zeitgeschichtsforschung". In: Hans Martin Krämer, Tino Schölz (u. a.) (Hg.), Geschichtswissenschaft in Japan. Themen, Ansätze und Theorien. Göttingen: Vandenhoeck & Ruprecht, S. 107–134.

[56] Totten 1966, S. 14 f.

3.3 Die Sozialistische Partei Japans (1945-1996)

Unmittelbar nach dem Ende des Zweiten Weltkriegs formierte sich die Sozialistische Partei Japans 日本社会党 (Nihon Shakaitō; im Folgenden: SPJ) als erste politische Partei der Nachkriegszeit. Initiator war der Gewerkschafter Nishio Suehiro 西尾 末広 (1891-1981)[57], der zuvor der SVP angehört hatte. Um eine Zersplitterung der sozialistischen Kräfte wie in den 1920er-Jahren zu vermeiden, konzipierte er die Partei als Nachfolgerin der SMP: Alle nichtkommunistischen linken Gruppen sollten der SPJ angehören. Dabei machte man selbst vor den ehemaligen Wortführern des nationalistischen Sozialismus der 1930er-Jahre nicht halt.[58]

Wie vor dem Krieg basierte die Macht der Sozialisten auf den Gewerkschaften, die aufgrund der schlechten sozialökonomischen Lage nach dem Krieg einen großen Zulauf verzeichneten. Bald erreichte die Organisierungsrate, die vor dem Krieg nie höher als acht Prozent betrug, mehr als die Hälfte der Arbeiterschaft.[59]

Vor diesem Hintergrund konnte die SPJ an den Wahlerfolg ihrer Vorgängerin aus dem Jahr 1937 anknüpfen. Sie wurde bei der ersten Wahl

---

[57] Für eine Biographie s. Large, Stephen 1976, „Nishio Suehiro and the Japanese Social Democratic Movement, 1920-1940". In: *The Journal for Asian Studies*, Band 36, Nr. 1 (11/1976), S. 37–56.
[58] Der kommunistische Schriftsteller Arahata Kanson 荒畑 寒村 (1887-1981) schilderte seine Eindrücke von der Gründungskonferenz der SPJ: „Worüber ich erschrocken bin […] war, dass dort lauter Leute anwesend waren, die nichts mit dem Sozialismus zu tun haben […] Zum Beispiel war ein gewisser Yamazaki von der Loyalitäts-Gewerkschaft aus Nagoya da, der später für die Sozialistische Partei ins Unterhaus ging und dann gesäubert wurde, ebenso wie ein gewisser Rechter namens Tsukui [Tatsuo – Anm. F.S.]. Asanuma Inejirō verfocht in seiner Eröffnungsrede schamlos den Schutz des *kokutai* [Hervorhebung – F.S.] und schließlich stimmte Kagawa Toyohiko ein „Lang lebe der Kaiser!" an. Ich habe einfach nur gestaunt." (Zit. n. Hara Akihisa 2000, *Sengoshi no naka no Nihon Shakaitō: sono risōshugi to ha nan de attanoka*. Tokyo: Chūō Kōron Shinsha. (= Chūkō Shinsho Band 1522), S. 18.
[59] Gordon 2014, S. 271.

unter der neuen, demokratischen Verfassung 1947 stärkste Kraft. Zu dieser Zeit überwog in der SPJ klar die sozialdemokratische Faktion, deren Mitglieder nahezu alle Schlüsselpositionen innehatten. [60] Sie setzte eine Koalition mit zwei liberal-bürgerlichen Parteien durch und Katayama Tetsu 片山 哲 (1887-1978), der politische Ziehsohn Abe Isoos, wurde der erste sozialdemokratische Premier Japans.[61] Allerdings war die Regierung den Herausforderungen durch die wirtschaftlichen Schwierigkeiten nicht gewachsen, sodass die Macht bald an die Vorgängerparteien der konservativen Liberaldemokratische Partei 自由民主党 (Jiyū Minshūtō; im Folgenden: LDP) fiel.[62]

Größtes Problem der SPJ war, dass die Spaltungen der Vorkriegszeit auch in dieser Partei erhalten blieben. Bald bildeten sich entlang der ehemaligen Parteizugehörigkeit Faktionen, die sich zum Teil feindlich gegenüberstanden. Daher war die Partei zu widersprüchlichen Kompromissen gezwungen, die bis in die 1990er-Jahre Kennzeichen der innerlich zerrissenen Partei waren. Beispielsweise entschied man sich im Streit um den Parteinamen mit knapper Mehrheit für „Sozialistische Partei", nahm aber „Social Democratic Party" als internationalen Parteinamen an.[63] Auch über Kurs und Charakter der Partei gab es keine Einigkeit, wie der sog. Morito-Inamura-Streit 森戸・稲村論争 zeigte.[64] Morito Tatsuo 森戸辰男 (1888-1984), ein Sozialdemokrat aus dem Umfeld von Abe und Yoshino, sprach sich für die SPJ als Volkspartei 国民政党 (kokumin seitō) der „arbeitenden Massen" 勤労大衆 (kinrō taishū) aus und lehnte die Idee einer Diktatur des Proletariats ab. Inamura Junzō 稲村 順三 (1900-1955) hingegen formulierte als Ziel eine Einparteiendiktatur durch die SPJ. Die-

---

[60] Hara 2000, S. 34 f.
[61] Ishikawa Masumi und Yamaguchi Jirō 2010, *Sengo seijishi.* 3. Aufl. Tokyo: Iwanami Shoten, S. 38 f; Hartmann 1996, S. 220.
[62] Ishikawa und Yamaguchi 2010, S. 39 ff.
[63] Hara 2000, S. 21ff; Ishikawa und Yamaguchi 2010, S. 28; Mori Hiroki 2001, *Nihon Shakaitō no kenkyū – rosen tenkan no seiji katei.* Tokyo: Bokutakusha. 2001, S. 50.
[64] S. Hara 2000, S. 62 ff.

se müsse eine Klassenpartei sein, deren Herrschaft „nicht bei jeder Wahl erschüttert" werden dürfe.[65] Auch dieser Streit wurde mit der widersprüchlichen Kompromissformel „Massenpartei mit Klassencharakter"[66] oberflächlich beigelegt.[67]

Unter dem Einfluss des Gewerkschaftsverbands Sōhyō 総評 und einer leninistischen Graswurzelbewegung um die Vordenker der ehemaligen Rōnōtō – der „Sozialistischen Versammlung" 社会主義協会 (Shakaishugi Kyōkai; im Folgenden: Kyōkai) – geriet die Parteilinke in eine dominante Stellung innerhalb der SPJ, die sich zunehmend an der Seite der UdSSR und der Volksrepublik China positionierte.[68] So entfremdete sich die SPJ zunehmend von der Bevölkerung und es entwickelte sich, was der Japanologe James Stockwin als „politische Subkultur" der japanischen Linken bezeichnet hat.[69]

Wichtigster innerparteilicher Streitpunkt war die Außenpolitik: Während die Marxisten und Leninisten auf einem „allseitigen Friedensvertrag" mit allen ehemaligen Kriegsgegnern und auf außenpolitischer Neutralität bestanden, befürworteten die Sozialdemokraten – wie ihre europäischen Genossen – die Zugehörigkeit zum westlichen Lager um die USA. Diese unvereinbaren Haltungen führten 1960 schließlich zur endgültigen Spaltung der Partei, nachdem die Partei bereits von 1951 bis 1955 in eine

---

[65] Hara 2000, S. 64.
[66] 「社会党は階級的大衆政党」 Shakaitō ha kaikyūteki taishūtō
[67] Hara 2000, S. 62 ff.
[68] Ihr Generalsekretär Asanuma, ein ehemaliger Faschist, trat nach einer Chinareise im Mao-Anzug auf und sprach von den USA als „gemeinsamem Feind" Chinas und Japans. Im Jahr 1970 wurde die Formulierung auf Druck der VR China noch verschärft: „Der amerikanische Imperialismus ist der schrecklichste gemeinsame Feind aller Völker der ganzen Welt." (Hara 2000, S. 231); Shinkawa Toshimitsu 2003, „Seitō rōsō kankei no henyō to Nihon Shakaitō no tenraku". In: Yamaguchi Jirō und Ishikawa Masumi (Hg.): *Nihonshakaitō – sengo kakushin no shisō to kōdō*. Tokyo: Nihon Keizai hyōron-sha, S. 82.
[69] Stockwin, James A. 2012 [1969], „Foreign Policy Perspectives of the Japanese Left: Confrontation or Consensus?" In: ders. 2012, *Japanese Foreign Policy and Understanding Japanese Politics: the Writings of J.A.A. Stockwin*. Leiden: Global Oriental. Band I, S. 32 f.

linke und rechte SPJ gespalten war. Ein Großteil des ‚rechten' Flügels um Nishio spaltete sich ab und gründete die Demokratisch-Sozialistische Partei 民主社会党 (Minshu Shakaitō; im Folgenden: DSP).[70]

Doch auch nach der Spaltung war die SPJ keine homogene Partei – mit der Kawakami-Faktion verblieb eine große sozialdemokratische Gruppe in der Partei.[71] Mit der Zeit mehrten sich zudem die Abgeordneten, die erkannten, dass sich die Partei von der Bevölkerung entfremdete und daher eine Neuausrichtung forderten. Eda Saburō 江田 三郎 (1907-1977), der nach der Ermordung des Vorsitzenden Asanuma Inejirō 浅沼稲次郎 (1898-1960) durch einen Rechtsextremisten 1960 überraschend zum Parteivorsitzenden wurde, stellte sich an die Spitze dieser Bewegung. Angeregt von Vorstellungen des Eurokommunismus fordert er Maßnahmen zur Förderung der Arbeiterklasse innerhalb des kapitalistischen Systems, um eine friedliche Revolution in der Zukunft zu ermöglichen.[72] Schließlich rückte er ganz von der Idee einer Revolution ab und stellte 1963 seine „Eda-Vision" für einen neuen Sozialismus vor:

> Der Sozialismus muss für die Massen etwas leicht Verständliches, Heiteres und Angenehmes sein. Ich glaube, das Ziel des Sozialismus ist es, das Potenzial der Menschen so weit als möglich aufblühen zu lassen. Die vier bislang wichtigsten Errungenschaften der Menschheit sind der hohe durchschnittliche Lebensstandard Amerikas, die umfassende Sozialversicherung der Sowjetunion, die par-

---

[70] Für eine ausführliche Darstellung s. Nakakita Kōji 2003, „Nihon Shakaitō no bunretsu – Nishio-ha no ritō to kōzōkaikaku-ha." In: Yamaguchi Jirō und Ishikawa Masumi (Hg.) 2003, *Nihonshakaitō – sengo kakushin no shisō to kōdō*. Tokyo: Nihon keizai hyōron-sha, S. 61; Ishikawa und Yamaguchi 2010, S. 87 f.

[71] Umezawa, Shōhei 2006, „Minshatō no seiji rosen no tokuchō to Shakaitō to no hikaku". In: *Shōbi gakuen daigaku sōgō seisaku kenkyū kiyō*, Nr. 11 (März), S. 89. Anfang der 1960er-Jahre war die Partei in fünf Faktionen aufgeteilt: die verbliebene sozialdemokratische Faktion um Kawakami (Ex-Nichirō), drei marxistische Faktionen um Wada, Suzuki (Ex-Rōnōtō) und Nomizo; dazu kam die maoistische Matsumoto-Faktion (Ex-Rōnōtō) (Hara 2000, S. 132 f.).

[72] Zur dieser „Strukturreform" 構造改革 (*kōzō kaikaku*) s. Ishikawa und Yamaguchi 2010, S. 100 f.

lamentarische Demokratie Großbritanniens und die japanische Friedensverfassung. Ich glaube, ein neuer Sozialismus entsteht, wenn man diese vereint, aufeinander abstimmt und so voranschreitet.[73]

Hier skizziert Eda eine sozialdemokratische Ausrichtung: Als übergeordnetes Ziel der Politik wird formuliert, „das Potential der Menschen aufblühen zu lassen" (Liberalismus), wofür eine egalitäre Sozialpolitik im Inneren (Sozialismus), Frieden im Äußeren, Demokratie sowie der durch Fortschritt und Marktwirtschaft erreichte Wohlstand nötig sei.

Edas „Vision" scheiterte jedoch an der Parteilinken, die 1964 ein marxistisch geprägtes Parteiprogramm[74] durchsetzte, das bis in die 1980er-Jahre gültig bleiben sollte. Betrachten wir kurz die Überschriften und einige Kernaussagen dieses Programms:

---

[73] Asahi Shimbun 28.7.1962.
[74] Es wurde zwar aufgrund der internen Differenzen nicht als offizielles Parteiprogramm angenommen, galt aber als „programmähnliche Schrift" 綱領的文書 (*kōryō-teki bunsho*).

3 Geschichte der Sozialdemokratie in Japan

Japans Weg in den Sozialismus[75]

Kapitel 1: Der japanische Sozialismus und die Aufgabe der Sozialistischen Partei

1. Die Unvermeidlichkeit einer sozialistischen Revolution

2. Die Prinzipien des Sozialismus und grundlegende Ziele

3. Die Aufgaben der Sozialistischen Partei

Kapitel 2: Die Bedingungen der friedlichen Revolution und der Prozess des Übergangs

1. Die Bedingungen der friedlichen Revolution

2. Konkreter Ausblick auf den Übergangsprozess und die verschiedenen Methoden

3. Die Übergangsregierung und die sozialistische Regierung

Kapitel 3: Die parlamentarische Demokratie und der Kampf unserer Partei

1. Die bourgeoise Demokratie und die parlamentarische Demokratie

2. Die Situation der parlamentarischen Demokratie Japans und unser Kampf

Kapitel 4: Die Bedeutsamkeit des Massenkampfes

1. Die Wichtigkeit des Massenkampfes

2. Verschiedene Massenkämpfe

3. Einige wichtige Fragen bezüglich des Massenkampfes

4. Massenkampf – Wahlkampf – Antimonopolistische Volksfront –

---

[75] Alle folgenden Zitate sind eigene Übersetzungen n. http://www5f.biglobe.ne.jp/~rounou/myweb1_051.htm.

> Errichtung der Regierung
>
> Kapitel 5: Außenpolitischer Kurs und internationale Solidarität
>
> 1. Die neue Richtung nach dem Zweiten Weltkrieg
> 2. Die außenpolitische Richtlinie der herrschenden Klasse Japans
> 3. Die Bedeutung der positiven Neutralität
> 4. Der Weg zur Sicherheitsgarantie
> 5. Internationale Solidarität

Schon die zu Beginn formulierte Unvermeidlichkeit der sozialistischen Revolution verdeutlicht den marxistischen Charakter des Programms:

> Durch die Weiterentwicklung des sozialistischen Systems, der Unabhängigkeitskämpfe der Völker und die Akkumulierung der Widersprüche der kapitalistischen Länder wird die Phase kommen, in der das kapitalistische dem sozialistischen System weichen muss.

Dieser Vorstellung entsprechend, wird der Sinn egalitärer Reformen innerhalb der „bourgeoisen Demokratie" (Kapitel 3, 1.) nach sozialdemokratischer Form negiert:

> Selbstverständlich geben wir uns nicht wie die „demokratischen Sozialisten" der Illusion hin, dass durch die Ansammlung von Reformen und Fortschritt der Kapitalismus sich schließlich von selbst in den Sozialismus verwandelt.

Folglich lehnt das Programm auch den Wohlfahrtsstaat ab. Nach der marxistischen Vorstellung von der Notwendigkeit eines „Zusammenbruchs" der kapitalistischen Gesellschaft sollen Spannungen innerhalb der Gesellschaft nicht minimiert, sondern im Gegenteil gefördert werden:

> Denken und Politik des Wohlfahrtsstaates setzen durch teilweise Verbesserungen bei der Sozialversicherung und der Einkommensverteilung einen bestimmten Kompromiss durch, der dazu dient, dass die Bürger im friedlichen Wettbewerb mit dem unvermeidlichen sozialistischen System nicht den Sozialismus wählen. Sie sind nichts anderes als eine Lebensverlängerung für das Kapital, denn je mehr sie soziale Spannungen abbauen, wird der Konsens der Bürger innerhalb des Rahmens des kapitalistischen Systems gehalten.

Die SPJ war, wie viele marxistische Parteien vor ihr, mit dem Problem konfrontiert, dass sich aus dem Marxismus keine politischen Handlungsanleitungen entnehmen lassen.[76] Hier setzt sich das Programm mit der „friedlichen Revolution" 平和革命 (*heiwa kakumei*) auch von der leninistischen Lösung ab: Die Revolution soll durch gewaltlose „Massenkämpfe" 大衆闘争 (*taishū tōsō*) in Ergänzung zum Parlamentarismus erreicht werden. Diese außerparlamentarische Opposition würde sich zu einer Volksfront vereinigen und schließlich den Sturz der bourgeoisen Regierung herbeiführen. Gleichzeitig wird die Idee einer Diktatur des Proletariats bejaht, was die Widersprüchlichkeit des Programms offenbart:

> Es ist […] wohl selbstverständlich, dass das Proletariat […] in dem Stadium der Gesellschaft, in dem die Klassen noch nicht ganz beseitigt sind, eine Art der Klassenherrschaft ausüben muss, um konterrevolutionären Kräften zu begegnen und die neue sozialistische Ordnung zu erschaffen.

Das Scheitern der SPJ

Wie ihre Vorgänger in der Meij- und Taishō-Zeit konnte sich die SPJ nicht zu einer regierungsfähigen Partei entwickeln, auch wenn sie bis in

---

[76] Berman 2007, S. 20 ff.

die 1980er-Jahre eine wichtige Rolle als Gegengewicht zur politischen Rechten einnahm und deren Pläne für eine Revision der Verfassung verhinderte. Nach dem Krieg erzielte sie beachtliche Wahlerfolge, konnte aber seit dem Ende der 1960er-Jahre nie mehr als ein Drittel der Unterhaussitze einnehmen, während sich die 1955 durch Fusion zweier konservativer Parteien entstandene Liberaldemokratische Partei (im Folgenden: LDP), zur dominanten Partei entwickelte.[77] In diesem Parteiensystem, das wegen seines Entstehungsjahres als „1955er-System" 五十五年体制 (gojūgo-nen taisei) bezeichnet wird, fiel der SPJ nur die Rolle als „ewige Oppositionspartei" 万年野党 (mannen yatō) zu. Hierfür lassen sich zwei Gründe festhalten.

Erstens stieß der Linksextremismus der Partei nur auf begrenzte Zustimmung. Sie verfolgte einen Staatssozialismus, der durch die Menschrechtsverletzungen und wirtschaftlichen Misserfolge der Sowjetunion und der VR China immer mehr an Attraktivität einbüßte. Insbesondere Pläne zur Verstaatlichung der Schlüsselindustrien waren in Zeiten der wirtschaftlichen Hochwachstumsphase (1954-1973) wenig Attraktivität,[78] zumal die LDP der Bevölkerung eine verheißungsvolle Vision ‚gemeinsamen Wachstums' im Kapitalismus anbot und hierzu einen „Einkommensverdopplungsplan" 1961) umsetzte.[79]

Zweitens sicherten strukturelle Vorteile die Dominanz der LDP. Bis heute sorgt das seit Langem als verfassungswidrig erkannte Wahlrecht dafür, dass die Einwohner ländlicher Wahlkreise überrepräsentiert werden.[80]

---

[77] Hara 2000, S. 178.
[78] Tagami Mikio 2014, *Geschichte der Sozialdemokratie in Japan*. Friedrich-Ebert-Stiftung, S. 7.
[79] Chiavacci, David 2010, „Divided Society Model and Social Cleavages in Japanese Politics: No Alignment by Social Class, but Dealignment of Rural-Urban Division". In: *Contemporary Japan*, Bd. 22, Heft 1-2, September 2010, S. 53.
[80] Noch im Jahr 2014 lag die maximale Differenz zwischen dem Gewicht der Wahlstimmen beim 2,14-fachen (Yomiuri Online 2.12.2014). Das Verfassungsgericht verweist seit Langem auf die Verfassungswidrigkeit des Wahlrechts, ohne jedoch die Wahlergebnisse als ungültig zu erklären (Derichs, Claudia 2003b, „Japan: Politisches System

3 Geschichte der Sozialdemokratie in Japan

In diesen Regionen konnte die LDP durch klientelistische Politik eine Vormachtstellung erreichen. Die LDP, in der in den 1960er-Jahren viele ehemalige Beamte aktiv waren,[81] vernetzte sich mit der Bürokratie und der Wirtschaft zu einer oft als „Eisernes Dreieck" 鉄の三角 bezeichneten Machtstruktur. Sie sicherte sich hierdurch die Vorherrschaft insbesondere auf dem Land, das bis heute von Subventionen und staatlichen Bauaufträgen abhängig ist.[82]

Wichtiges Element dieses „Eisernen Dreiecks" war eine Vielzahl öffentlicher und halböffentlicher Unternehmen. Diese nahmen Investitionen nach politischen Gesichtspunkten vor und dienten zudem der Schaffung von gutbezahlten Posten für pensionierte Bürokraten – ein sehr umstrittenes Phänomen das bis heute unter der Bezeichnung *amakudari* 天下り („Herabsteigen aus dem Himmel") thematisiert wird.[83] Zieht man zudem in Betracht, dass LDP-Abgeordnete ihre lokalen Wahlkampforganisationen 後援会 (im Folgenden: *kōenkai*) oft an ihre Söhne ‚vererbten' und so deren Karriere als sog. „Erbabgeordnete" 世襲議 ermöglichten, wird erkennbar, dass die japanische Demokratie deutliche Kennzeichen einer

---

und politischer Wandel." In: dies. und Heberer, Thomas (Hg.) 2003a, *Einführung in die politischen Systeme Ostasiens. VR China, Hongkong, Japan, Nordkorea, Südkorea, Taiwan.* Opladen: Leske+Budrich, S. 174 f.).

[81] In den 1960er und 1970er-Jahren lag der Anteil ehemaliger Beamter bei ca. einem Viertel der LDP-Abgeordneten (Stockwin 2008, S. 61).

[82] Für eine Diskussion „Eisernen Dreiecks" s. Klein, Axel 2006, *Das politische System Japans.* Bonn: Bier'sche Verlagsanstalt, S. 101.; Muramatsu, Michio und Krauss, Ellis S. 1990, „The Dominant Party and Social Coalitions in Japan". In: T. J. Pempel (Hg.): *Uncommon Democracies. The One-Party Dominant Regimes.* Ithaka: Cornell Univ. Press, S. 296 ff.; Zum LDP-Klientelismus: Scheiner 2006, S. 64–89; Törkel, Holger 1998, *Japans eisernes Dreieck?: Staat, Kapital und Arbeit im Prozeß der gesellschaftlichen Regulation.* Frankfurt am Main (u. a.): Lang.

[83] *Amakudari* bezeichnet den Vorgang, dass ein pensionierter Bürokrat in ein Unternehmen wechselt, mit dessen Regulierung er zuvor betraut war (s. Klein 2006, S.102 ff.); Ishikawa und Yamaguchi 2010, S. 229 f.

Elitenherrschaft aufwies.[84] Aus diesem Grund wurde Japan auch als „Demokratie ohne Wettbewerb" bezeichnet.[85]

Die Machtbasis der stets unterlegenen SPJ waren hingegen die im Verband *Sōhyō* organisierten Gewerkschaften des öffentlichen Sektors, die die Partei in einer engen Allianz stützten.[86] Durch das kontinuierliche Absinken der Organisationsrate stellten die Gewerkschaften jedoch eine stetig schrumpfende Basis dar. Zudem förderten sie die Linksradikalisierung der Partei und nahmen der SPJ, bald als „politische Abteilung Sōhyōs" belächelt,[87] ein eigenständiges Profil. Auch die Stimmensplitterung zwischen SPJ und DSP schwächte die Linke erheblich.

Weitere Konkurrenz stellten die Kommunisten und die 1962 gegründete buddhistische Partei für saubere Politik 公明党 (im Folgenden: Kōmeitō) dar, zumal letztere anfangs einen „menschlichen Sozialismus" propagierte.[88]

Eine weitere Spaltung ereignete sich Ende der 1970er-Jahre, als Eda Saburō und andere Sozialdemokraten die Partei verließen um die Kleinpartei Sozialdemokratischer Bund 社会民主連合 (Shakaiminshu Rengō, im Folgenden: Shaminren) zu etablieren.[89]

Die Abspaltung der DSP, das Aufkommen der „Eda-Vision" und die Gründung der Shaminren lassen erkennen, dass sich die SPJ mit einem sozialdemokratischen Profil wohl erfolgreicher entwickelt hätte. Warum konnte sie den erfolgreichen Weg der Sozialdemokraten Europas nicht beschreiten?

Zunächst ist anzumerken, dass die SPJ hier keinesfalls eine Ausnahme darstellen. Auch die Sozialisten Italiens und andere wechselten erst in den

---

[84] Klein 2006, S. 48–52.
[85] Scheiner, Ethan 2006, *Democracy without Competition in Japan*. New York: Cambridge Univ. Press.
[86] Shinkawa 2003, S. 75–95.
[87] Hara 2000, S. 93 f; Mori 2000, S.26; Shinkawa 2003, S. 75; Tagami 2014, S. 7.
[88] Klein 2006, S. 188.
[89] Ishikawa und Yamaguchi 2010, S. 139.

1980er-Jahre von einer marxistischen zu einer sozialdemokratischen Ausrichtung.[90] Neben der Abhängigkeit von der linksextremen Sōhyō spielte im Fall der SPJ auch die Abspaltung der DSP eine Rolle. Während die DSP als Kleinpartei stagnierte, gerieten durch die Trennung die in der SPJ verbliebenen sozialdemokratischen Kräfte noch stärker in die Isolation.[91] Der nur bescheidene Erfolg der DSP ließ eine Wende zur Sozialdemokratie zudem nicht als erfolgversprechend erscheinen. Möglicherweise sah man auch Vorteile darin, sich durch das Festhalten am Marxismus von der DSP abzugrenzen.[92]

Aus dieser Position heraus beschränkte sich die SPJ vor allem auf ihre Rolle als Korrektiv zur dominanten LDP, obwohl eine Ablösung der LDP durch eine Regierungskoalition mit der DSP zeitweise nicht unrealistisch war.[93] Ein Drittel der Sitze genügten der SPJ, um die von der LDP immer wieder thematisierte Revision der pazifistischen Verfassung zu verhindern.[94] Weiter forderte sie eine Abschaffung der sog. Selbstverteidigungsstreitkräfte 自衛隊 (*jieitai*), die in den 1950er-Jahren auf Drängen der USA zur Landesverteidigung geschaffen worden waren, und führte 1960 und 1970 eine außerparlamentarische Opposition gegen die Verlängerung des Sicherheitsvertrags mit den USA (ANPO-Vertrag) an.

Während die Regierungsparteien Europas an die Macht strebten, um ihre Vorstellungen des Egalitarismus mithilfe des Wohlfahrtsstaats durchzusetzen, profilierte sich die SPJ hingegen als Partei des *Pazifismus* und

---

[90] Murakami Shinichirō 2003, „Nihon Shakaitō to Itaria Shakaitō hikō no tame no yobiteki kōsatsu". In: Yamaguchi Jirō und Ishikawa Masumi (Hg.) 2003, *Nihonshakaitō – sengo kakushin no shisō to kōdō*. Tokyo: Nihon keizai hyōron-sha, S. 141–189.
[91] Shinkawa 2003, S. 77.
[92] Yonehara Ken 2003, „Nihon-gata Shakaiminshushugi no shisō – saha riron no keisei to tenkai." In: Yamaguchi Jirō und Ishikawa Masumi (Hg.) 2003, *Nihonshakaitō – sengo kakushin no shisō to kōdō*. Tokyo: Nihon keizai hyōron-sha, S. 22.
[93] Nakakita Kōji 2003, „Nihon Shakaitō no bunretsu – Nishio-ha no ritō to kōzōkaikakuha". In: Yamaguchi Jirō und Ishikawa Masumi (Hg.) 2003, *Nihonshakaitō – sengo kakushin no shisō to kōdō*. Tokyo: Nihon keizai hyōron-sha, S. 45.
[94] Shinkawa 2003, S. 76.

vernachlässigte die Entwicklung konkreter Vorschläge zur Reduktion von sozialer Ungleichheit.[95]

3.4 Die Demokratisch-Sozialistische Partei

Die 1960 durch Abspaltung von der SPJ entstandene Demokratisch-Sozialistische Partei grenzte sich zunächst unter der Führung Nishios durch einen sozialdemokratischen Kurs von der SPJ ab. Das untenstehende Programm weist alle Merkmale der Sozialdemokratie auf: Das Bekenntnis zur parlamentarischen *Demokratie* und zum *Liberalismus* („persönliche Freiheit", „Würde des Individuums), die Forderung nach einer *„sozialistischen* Gesellschaft" sowie eine Ablehnung einer Revolution:

Programm der Demokratisch-Sozialistischen Partei[96]

Die grundlegenden Ideale der Partei

Unsere Partei ist ein politisches Bündnis mit den Menschen basierend auf den Prinzipien des demokratischen Sozialismus. Die Partei steht dem Kapitalismus und dem Totalitarismus von links und rechts entgegen. Sie will alle Mitglieder der Gesellschaft von jeder Unterdrückung und Ausbeutung befreien und eine Gesellschaft erschaffen, in der die Würde des Individuums geachtet wird und in der sich die persönliche Freiheit entfalten kann.

---

[95] Stockwin, James A. 1987, „Does Japan Have a Special Attitude Towards Peace?" In: ders. 2012, *Japanese Foreign Policy and Understanding Japanese Politics: The Writings of J.A.A. Stockwin*, Bd. 1. Leiden: Global Oriental.
[96] Eigene Übersetzung n. Murakawa Ichirō 1998, *Nihonseitōshi-jiten*. Tokyo: Kokusho kankōkai, Band I, S. 450 f.

> Die Grundgedanken unserer Partei
>
> Die Gesellschaft des demokratischen Sozialismus wird nicht als Naturnotwendigkeit entstehen. Ihre Ideale werden verwirklicht, wenn sich unser Streben nach den folgenden Grundsätzen richtet.
> 1. Wir achten die Würde des Individuums. Nicht die Macht des Staates, den Profit für eine Klasse geschweige denn den materiellen Wohlstand erachten wir als höchsten Wertmaßstab.
> 2. Wir streben nach der Realisierung der sozialistischen Gesellschaft. Es wurde die Produktionskraft des Kapitalismus entfaltet, aber auch der Mensch als Ware und die Ausbeutung der Menschen untereinander wurde hervorgerufen. Wenn aber die kapitalistische Wirtschaft, die die Erlangung von Profit zum höchsten Gebot macht, nicht überwunden, die Produktionskraft nicht sprunghaft gesteigert und reiche materielle Bedingungen in gleicher Weise für alle Menschen gesichert wird, muss der Begriff der bürgerlichen Freiheit zu einem leeren Wort werden.
> 3. Wir wollen den Schutz und die Entfaltung der parlamentarischen Demokratie, die von der gültigen Verfassung festgelegt ist. Es ist selbstverständlich, dass wir die Mängel der derzeitigen parlamentarischen Politik korrigieren wollen, aber wir leisten entschlossen Widerstand gegen eine gewalttätige Revolution oder diktatorische Politik, unabhängig ob in Form der Linken oder der Rechten.

Eine Besonderheit der DSP war, dass sie den Begriff Sozialdemokratie 民主社会主義 (*shakai minshushugi*) stets mied und stattdessen vom „demokratischen Sozialismus" 民主社会主義 (*minshu shakaishugi*) sprach, um die Priorität der Demokratie vor sozialistischen Ideen zu betonen.[97] Wäh-

---

[97] Stockwin, James A. 2003, *Dictionary of the Modern Politics of Japan*. London (u. a.):

rend „demokratischer Sozialismus" in den europäischen Sprachen als „linker" empfunden wird als der Begriff „Sozialdemokratie", hat sich in Japan die umgekehrte Konnotation etabliert.

Die größte Differenz zwischen DSP und SPJ bestand in der Außen- und Sicherheitspolitik. Die DSP befürwortete nicht nur den Sicherheitsvertrag mit den USA zu, sie hegte auch einen ausgeprägten Antikommunismus.[98] Während die SPJ die parlamentarische Demokratie nur halbherzig anerkannte, akzeptierte die DSP den Parlamentarismus nicht nur, sondern verstand sich als ‚Partei der Verantwortung', die dem politischen Kompromiss zuneigte.[99]

Gemeinsam mit der SPJ war der DSP ihre gewerkschaftliche Machtbasis. Sie repräsentierte die im Verband Dōmei 同盟[100] organisierten Gewerkschaften des privaten Sektors, größtenteils Unternehmensgewerkschaften. Daher beschränkte sich die Unterstützung für die DSP auf die industriellen Zentren Japans, während die Sōhyō-Gewerkschaften des öffentlichen Sektors naturgemäß landesweit vertreten waren. Diese Beschränkung führte dazu, dass die DSP bereits bei der Unterhauswahl 1960 viele ihrer Mandate verlor (23 von 40). Auch in der Folge blieb die DSP eine Kleinpartei.[101]

Aufgrund der Abhängigkeit von den Dōmei- Unternehmensgewerkschaften, prägte die DSP eine zunehmend wirtschaftsfreundliche Haltung aus. Ein Problem war auch, dass in den Gewerkschaften des privaten Sektors nur die männlichen Kernbelegschaften vertreten waren. Dies hatte

---

RoutledgeCurzon, S. 44.

[98] Yonehara 2003, S. 23; Umezawa 2006, S. 89 f.

[99] Umezawa, Shōhei 2008b, „Minshatō no kokkai katsudō". In: Itō Ikuo und Kurosawa Hiromichi (Hg.) 2008, *Minshatō no hikari to kage: moto tō honbushoki kyokuin ni yoru minshatō kenkyū ronshū*. Tokyo: Fujishakai kyōiku sentā, S. 78.

[100] Zu Dōmei (eigentlich: 全日本労働総同盟 Zennihon Rōdō Sōdōmei) s. Klein 2006, S. 112; Seifert, Wolfgang 1997, *Gewerkschaften in der japanischen Politik von 1970 bis 1990*. Opladen: Westdeutscher Verlag, S. 84.

[101] Klein 2006, S. 154 f.

3 Geschichte der Sozialdemokratie in Japan

zur Folge, dass sich die DSP in eine ‚Altherrenpartei' ohne Repräsentation der Arbeiterinnen und weiterer gesellschaftlicher Gruppen wandelte.[102] Unter dem Einfluss der Schwerindustrie, die auf Rüstungsaufträge im Rahmen einer Remilitarisierung setzte, entfernte sich die DSP auch von pazifistischen Werten und rückte zunehmend die Sicherheitspolitik in den Mittelpunkt.[103] Diese Tendenzen führten nicht nur zu einer zunehmenden Feindschaft mit der SPJ, sondern auch zu einer weiten Entfernung der DSP von sozialdemokratischen Werten. Symbolisch dafür steht die Umbenennung der Partei 1969. Sie ersetzte den bisherigen Namen Minshu Shakaitō durch das bisher nur als Abkürzung gebrauchte Minshatō 民社党, was durch die Auslassung des Wortes ‚sozialistisch' den neuen Zentrismus der DSP symbolisierte.[104] Stockwin ordnete die Partei zu etwa dieser Zeit folgendermaßen ein:

> The DSP [...] is a clear middle-of-the-road party, supported by a wide range of moderate intellectuals, and with a solid though limited electoral base [...] On the other hand its policies often seem to have more in common with the left wing of the LDP than with the JSP or JCP.[105]

In den 1980er-Jahren setzte sich die DSP für die gesetzliche Anerkennung der umstrittenen japanischen Flagge und Hymne ein und tat sich durch eine betonte Verehrung des Tennō hervor.[106] Zuletzt positionierten sich Teile der Partei deutlich rechts von der LDP. So heißt es in einer von ehemaligen Parteifunktionären 2006 herausgegebenen Aufsatzsammlung:

---

[102] Oikawa Taeko 2009, „Minshatō narabini Minsha-kei joseiundō". In: Itō und Kurosawa Hiromichi (Hg.) 2008, *Minshatō no hikari to kage: moto tōhonbushoki kyokuin ni yoru Minshatō kenkyū ronshū*. Tokyo: Fujishakai kyōiku sentā, S. 118–122.

[103] Itagaki 2008, S. 18.

[104] Ando, Jinbei 1994, *Nihon Shakaitō to Shakaiminshushugi*. Tokyo: Gendai no rironsha, S. 12 f.

[105] Stockwin 2012 [1969], S. 36.

[106] Umezawa 2006, S. 97; Kurosawa 2006, S. 191 f.

„Auch wenn sie sich als eine konservative Partei bezeichnet, kann die LDP wirkliche Reformen erreichen vor dem Hintergrund, dass sie im Nachkriegssystem das Bewusstsein für den Nationalcharakter verloren hat, statt es zu bewahren?"[107] Weiter wird dort die Verfassung als „Besatzungs-Grundgesetz" 占領基本法 bezeichnet und beklagt, dass die US-Besatzer die Japaner durch ein „war guilt program" einer „Gehirnwäsche" unterzogen hätten.[108]

3.5 Die Umbrüche der 1990er-Jahre – Untergang der Sozialdemokratie?

Erst in den 1980er-Jahren konnte sich in der SPJ schließlich eine Reformbewegung durchsetzen: Die Partei erkannte 1983 die Legalität der Selbstverteidigungsstreitkräfte an,[109] bezeichnete sich 1986 in einer „Neuen Deklaration" 日本社会党の新宣言 (Nihon Shakaitō no shin-sengen) als Volkspartei, distanzierte sich von den kommunistischen Staaten und gab das Ziel der Verstaatlichung der Schlüsselindustrien auf.[110] Hintergrund des Kurswechsels war die neue, neoliberale Privatisierungspolitik der LDP, die zu einem rapiden Abfall der Organisierungsrate führte und so die Erosion der gewerkschaftlichen Machtbasis beschleunigte.[111] Dōmei und Sōhyō rangen sich vor diesem Hintergrund 1989 dazu durch, ihre Kräfte durch eine Fusion zu Rengō 連合[112] zu bündeln. Die Neuausrich-

---

[107] Kurosawa 2006, S. 193.
[108] Ebd., S. 193.
[109] Dabei kam es erneut zu einem widersprüchlichen Kompromiss, denn während man die „Gesetzmäßigkeit" der Selbstverteidigungsstreitkräfte anerkannte, beharrte man auf deren Verfassungswidrigkeit (違憲だが合法 *iken da ga gōhō*).
[110] Kondō 2016, S. 131 ff.; Ishikawa und Yamaguchi 2010, S. 158 f; Shinkawa 2003, S. 81.
[111] 1987 wurde die Aufspaltung und Privatisierung der Eisenbahn zum Anlass genommen, viele Gewerkschaftsmitglieder aus den Unternehmen zu drängen.
[112] Eigentlich 日本労働組合総連合会 Nippon rōdō kumiai sōrengōkai.

tung der Sozialisten schien zunächst erfolgreich. Unter ihrer populären Vorsitzenden Doi Takako 土井 たか子 (1928-2014), der ersten Frau an der Spitze einer japanischen Partei, konnte sie 1989 einen großen Wahlerfolg verbuchen,[113] danach aber nicht an diesen anknüpfen. Ein wesentlicher Grund hierfür war paradoxerweise eine tiefe Krise der LDP, die das Ende des 1955er-Systems einläutete.

Das Ende des 1955er-Systems und der ‚Boom der neuen Parteien'

Durch zahlreiche Korruptionsaffären seit Mitte der 1980er-Jahren war das Ansehen der LDP so beschädigt, dass sich einige ihrer Politiker zu Beginn der 1990er-Jahre von ihr lossagten, um neue Parteien zu gründen. In den Krisenjahren nach dem Platzen der Seifenblasenwirtschaft 1989 wurde zudem immer deutlicher, dass Japans Wirtschaftspolitik reformbedürftig war: Die Wirtschaftspolitik des „Eisernen Dreiecks" wurde nun als Ursache für Korruption, Umweltzerstörung, ineffiziente Investitionen und den enormen Anstieg der Staatsverschuldung angesehen.[114] Auch der von der LDP ausgestaltete Wohlfahrtsstaat – eine Kombination des konservativen und liberalen Modells –[115] galt als Sanierungsfall. Er wurde als Hindernis für die Partizipation der Frauen im Arbeitsmarkt und gleichzeitig als Verursacher des bedrohlichen Absinkens der Geburtenrate angesehen. Dass man weder der LDP noch der SDP die notwendige Reformbereitschaft zutraute, führte zu einem günstigen Umfeld für das Entstehen neuer Reformparteien.

Vor diesem Hintergrund gründete sich die Nihon Shintō 日本新党 um den ehemaligen LDP-Gouverneur Hosokawa Morihiro 細川 護熙 (*1938), die bei der Wahl 1992 zahlreiche Mandate gewann. Dieser Er-

---

[113] Ishikawa und Yamaguchi 2010, S. 159, 168; Shinkawa 2003, S. 84.
[114] Gordon 2014, S. 300 f.
[115] Esping-Andersen, Gøsta 1997, „Hybrid or Unique? The Japanese Welfare State Between Europe and America". In: *Journal of European Social Policy*, 1997, Bd. 7, S. 179–189.

Die Umbrüche der 1990er-Jahre – Untergang der Sozialdemokratie?

folg löste einen „Boom neuer Parteien" 新党ブーム (*shintō būmu*) aus: Im Jahr 1993 gründeten die LDP-Schwergewichte Ozawa Ichirō (*1942) und Hata Tsutomu 羽田 孜 (*1935) die Shinseitō 新生党, Hatoyama Yukio 鳩山 由紀夫 (*1947) und Takemura Masayoshi 武村 正義 (*1934) – die ebenfalls der LDP entstammten – die Shintō Sakigake 新党さきがけ (im Folgenden: Sakigake).[116]

Diese neuen Parteien ergriffen nach der Unterhauswahl 1993 die Initiative und schmiedeten eine Anti-LDP-Koalition aus sieben Parteien und einer Fraktion, inklusive der SPJ, die dabei eher eine passive Rolle einnahm. Führender Kopf dieses Bündnisses war Ozawa, Premier wurde jedoch Hosokawa von der Nihon Shintō. Die SPJ stellte die größte Fraktion in dieser Koalition. Obwohl, nur kurz im Amt erreichte die Hosokawa-Regierung die Umsetzung einer Wahlrechtsreform, die zu grundlegenden Veränderungen der Politik Japans führen sollte.[117]

Neues und altes Wahlsystem

Ein wichtiges Ziel dieser Reform war es, die Dominanz der LDP durch eine Stärkung des Mehrheitswahlprinzips, welches das Entstehen eines Zweiparteiensystems begünstigt, zu brechen und so einen Wechsel der Regierungspartei zu ermöglichen. Dafür wurden die bisherigen „mittelgroßen Wahlkreise" 中選挙区 (*chū senkyo-ku*) durch kleine Wahlkreise 小選挙区 (*shō senkyo-ku*) ersetzt. Im alten System kandidierten in den Wahlkreisen jeweils *mehrere* Kandidaten der großen Parteien, da auch mehrere Kandidaten derselben Partei gewählt und in das Parlament einziehen konnten. Dabei hatte der Wähler nur eine Wahlstimme, die im Falle des Nichteinzugs des gewählten Kandidaten *nicht* auf einen anderen Kandidaten derselben Partei übertragen wurde (nichtübertragbare Einzel-

---

[116] Ishikawa und Yamaguchi 2010, S. 178 f.
[117] Ebd, S. 179–182.

stimmabgabe).[118] Dies führte dazu, dass der Wahlkampf zwischen den Kandidaten derselben Parteien, die um das gleiche Milieu buhlten, oft schärfer war, als zwischen den Parteien. Diese innerparteiliche Konkurrenz wurde durch den Faktionalismus organisiert, denn die LDP-Kandidaten gehörten unterschiedlichen Faktionen an, die ihnen die Geldmittel boten, um sich in ihren klientelistischen Versprechungen zu überbieten.[119] Ideologisch-programmatische Unterschiede spielten hingegen eine untergeordnete Rolle.

Im neuen System, das seit 1996 angewendet wird, tritt in den Wahlkreisen jeweils nur ein Kandidat pro Partei an. Da kleine Parteien durch dieses System stark benachteiligt werden, führte man zum Ausgleich eine Zweitstimme ein, mit der eine regionale Liste nach Verhältniswahlprinzip gewählt wird.[120] Mit 300 Kandidaten aus den Wahlkreisen und 180 Listenkandidaten überwiegt jedoch klar das Mehrheitsprinzip.[121]

Dies erzeugte einen großen Druck auf die vielen kleinen und mittelgroßen Parteien, sich zusammenzuschließen, da sie in den Wahlkreisen keine Aussicht auf die Wahl ihrer Kandidaten hatten. Auch die SPJ führte Verhandlungen, wurde aber von den anderen Parteien isoliert.[122] Erneut war es Ozawa, der die Initiative ergriff. Ihm gelang es, seine Shinseitō mit der Nihon Shintō, DSP und Kōmeitō zu einer zweiten konservativen Großpartei – der Shinshintō 新進党 (Neue Fortschrittspartei; im Folgenden: Shinshintō) – zu fusionieren. Die SPJ wurde von ihren Koalitions-

---

[118] Derichs 2003b, S. 174 f.
[119] Ebd., S. 175.
[120] Es handelt sich also um ein „Grabenwahlsystem", wie es bspw. auch in Deutschland zur Anwendung kommt. In Japan wird es allerdings meist als „Parallelsystem" 並立制 bezeichnet.
[121] Ursprünglich zogen 200 Listenkandidaten in das Parlament ein (Ishikawa und Yamaguchi 2010, S. 182); die Anzahl wurde 2001 auf 180 verringert. Für eine detaillierte Darstellung des Wahlsystems siehe Klein 2006, S. 257–263; Derichs 2003b, S. 139–224.
[122] Ishikawa und Yamaguchi 2010, S. 185.

partnern vor vollendete Tatsachen gestellt, worauf sich diese aus der Koalition zurückzog; ebenso die kleine Sakigake.[123]

Die Rechts-links-Koalition und das Ende der SPJ

Beide Parteien suchten ihr Heil nun in einem verblüffenden Schachzug: Sie koalierten mit ihren Erzfeinden von der LDP. Dazu ließen sich die Sozialisten scheinbar auch dadurch bewegen, dass die LDP bereit war, ihnen das Amt des Premiers zu überlassen. So wurde ihr Vorsitzender Murayama Tomiichi 村山富市 (*1924) 1994 völlig überraschend der zweite sozialdemokratische Premier Japans nach Katayama in den späten 1940er-Jahren. Die kriselnde LDP kehrte nach nur einem Jahr auf die Regierungsbank zurück.[124]

Ohne Zweifel war diese Rechts-Links-Koalition von großen ideologischen Widersprüchen geprägt. Weil sich jedoch innerhalb der LDP die liberalsten Kräfte durchgesetzt hatten, konnte eine gemeinsame Agenda gefunden werden. Es gelang sogar, einige alte Blockaden auflösen: Erstmals ging eine japanische Regierung die Frage der Kriegsschuld an, bemühte sich um Entschädigungen und stellte so die Weichen für eine Versöhnung mit den Nachbarländern.[125] Im Gegenzug erkannte die SPJ die Selbstverteidigungsstreitkräfte an, ebenso den einst heftig kritisierten ANPO-Sicherheitsvertrag mit den USA. Dieses Abrücken von pazifistischen Prinzipien empfanden viele SPJ-Stammwähler als Verrat an den eigenen Werten. Sie warfen ihrer Partei ein Umschwenken auf den Kurs der verhassten DSP vor,[126] während die immer schneller wachsende Zahl der Wechselwähler in der Rechts-links-Koalition das Rückzugsgefecht des alten Systems sahen.[127]

---

[123] Ishikawa und Yamaguchi 2010, S. 183.
[124] Ebd., S. 183 ff.
[125] Ebd., S. 186.
[126] Yonehara 2003, S. 23.
[127] Schoppa, Leonard J. 2006, „Neoliberal Economic Policy Preferences of the ‚New

3 Geschichte der Sozialdemokratie in Japan

Unter Murayama beschloss die SPJ 1996 schließlich ihre Umbenennung in *Sozialdemokratische Partei* 社会民主党 (Shakai Minshutō). Vor der Unterhauswahl 1996 zeichnete sich in Umfragen eine vernichtende Niederlage für die Sozialdemokraten ab. Gespräche über eine Fusion mit der Sakigake führten zu keinem Ergebnis.[128]

Zu dieser Zeit verabredeten Hatoyama Yukio und Kan Naoto 菅 直人 (*1946) von der Sakigake und Yokomichi Takahiro (*1941) von der SDP, statt der Fusion eine Neugründung vorzunehmen. Im September spaltete sich eine Gruppe von 35 Abgeordneten von der SDP ab und trat im Vorfeld der Wahl der DPJ bei. Es war die Kombination aus Abspaltung, sinkendem Rückhalt bei der eigenen Basis und dem neuen, für sie ungünstigen Wahlrecht, die den Sozialdemokraten eine vernichtende Niederlage bescherte. Bei der vorangegangenen Wahl 1993 hatte sie noch 142 Mandate erringen können; nun fiel sie auf 15 Sitze, davon nur vier der wichtigen Direktmandate.[129] Damit kam die Rolle der SPJ/SDP als relevante Partei zu einem Ende. Heute verfügt die SDP über vier Mandate im japanischen Parlament.

3.6 Fazit: Entwicklung und Traditionen

Auch auf die Gegenwart trifft zu, was George Totten 1966 über die Vorkriegszeit schrieb:

> Many foreigners are surprised to learn that a social democratic movement even existed in [...] Japan, and they immediately think of it

---

Left': Home-grown or an Anglo-American Import?" In: Kersten, Rikki (Hg.) 2006, *The Left in the Shaping of Japanese Democracy. Essays in Honour of J. A. A. Stockwin*. New York (u. a.): Routledge, S. 121.

[128] Shinkawa 2003, S. 90.

[129] Ishikawa und Yamaguchi 2010, S. 187, 255.

as an ‚artificial imitation' of something Western, or as something ‚un-Japanese'.[130]

Wie wir gesehen haben, weist diese politische Strömung in Japan seit ihren Anfängen im Jahr 1900 eine bald 120-jährige Geschichte auf.[131] Die Frage nach der Sozialdemokratie in Japan stellt sich also keineswegs aus eurozentristischer Perspektive, sondern geht einem fest etablierten Phänomen nach.

Im Folgenden möchte ich kurz anhand einer Zusammenfassung der Geschichte der japanischen Sozialdemokratie ihre Entwicklung und Relevanz erläutern sowie ihre spezifischen Traditionen im Sinne eines politischen Erbes für die heutigen sozialdemokratischen Akteure identifizieren.

Entwicklung und Relevanz

In der Vorkriegszeit war die Sozialdemokratie insgesamt als politische Kraft wenig bedeutend, jedoch gehörten schon seit der Wende zum 20. Jahrhundert führende Intellektuelle des Landes der Bewegung an und förderten diese. Die SVP verfügte in den 1920er-Jahren durch die Gewerkschaften über eine stabile Verwurzelung in der anwachsenden Arbeiterschaft. Bei der Wahl 1937 erreichte die SMP, wenn auch schon teilweise von faschistischen Gedanken erfasst, einen bemerkenswerten Erfolg mit 38 von 466 Sitzen.[132]

Nach dem Krieg konnte die SPJ an diesen Erfolg anknüpfen – die von Sozialdemokraten angeführte Partei wurde kurzfristig stärkste Kraft. Obwohl durchaus eine relevante Strömung konnte sich die Sozialdemokratie wie bereits in der Vorkriegszeit nicht dauerhaft gegen die von den Eliten gestützte politische Rechte durchsetzen. Durch die Spaltung in SPJ und DSP, sowie das Erstarken marxistischer Strömungen wurde die Sozialde-

---

[130] Totten 1966, S. 381.
[131] S. a. Bannō 2010, S. 224 f.
[132] Totten 1966, S. 98.

mokratie ab den 1960er-Jahren erneut geschwächt. Innerparteilich scheiterte der sozialdemokratische Revisionismus Edas, wenn auch nur knapp. In den 1980er- und 1990er-Jahren konnte sich die Sozialdemokratie schließlich innerhalb der SPJ durchsetzen, ohne dabei den Niedergang der Partei aufhalten zu können.

Heute ist die DPJ, in die sich ein Teil der SDP-Politiker und andere linksliberale Gruppen, wie die Sakigake und Shaminren retteten, Trägerin der japanischen Sozialdemokratie. Ihrer Analyse widmen sich die folgenden Kapitel.

Bezüglich der historischen Bedeutung der Sozialdemokratie in Japan gibt es zwei Perspektiven. Einerseits lässt sich konstatieren, dass diese Strömung zu keiner Zeit entscheidenden Einfluss ausübte. Andererseits ist auch richtig, dass es trotz widriger Umstände kaum einen Zeitraum in der politischen Geschichte des modernen Japan gab, in dem nicht ein sozialdemokratisches Projekt vorangetrieben wurde. Der erste Versuch wurde 1901 unternommen. Sobald es die sozialökonomischen und politischen Umstände erlaubten, gründete sich mit der SVP eine Nachfolgerin. Unmittelbar nach dem Krieg bildete sich die SPJ, nach deren Linksruck sich die DSP 1960 als ursprünglich sozialdemokratische Partei formierte. Mit der ‚Eda-Vision' (1963) und dem Sozialdemokratischen Bund (1977) gab es auch aus den Reihen der SPJ Bemühungen, eine neue sozialdemokratische Kraft zu bilden.

Die Spaltung und drastische Schrumpfung der SPJ in den 1990er-Jahren schien das Ende der Sozialdemokratie in Japan zu besiegeln. Doch wie die unten stehende Analyse der DPJ zeigen wird, existieren auch innerhalb der DPJ sozialdemokratische Ansätze und Akteure.

Traditionen

Kommen wir abschließend zur Frage nach dem politischen Erbe der japanischen Sozialdemokratie in Form von ideologischen und strukturellen Traditionen. Wie im obigen historischen Abriss erkennbar, ist die japanische Sozialdemokratie von einem starken *Pazifismus* geprägt. Aufbauend auf dem Liberalismus und dem sozialistischen Egalitarismus neigen Sozialdemokraten überall einer pazifistischen Haltung zu. In Japan ist dies jedoch besonders stark ausgeprägt. Bereits die Gründung der Sozialdemokratischen Partei von 1901 wurde von christlichen Humanisten vollzogen. Auch die SVP verfolgte lange Zeit eine pazifistische „Volksaußenpolitik". Für den sozialistischen Block der Nachkriegszeit, bestehend aus SPJ und dem Sōhyō-Gewerkschaftsbund, gehörte der Pazifismus und die Bewahrung der „Friedensverfassung" zu ihrer Kernidentität und führte sogar dazu, dass das Ziel der Realisierung sozialer Gleichheit in den Hintergrund rückte.

Dieser pazifistische Charakter der SPJ hing zumindest in der Nachkriegszeit mit dem starken Einfluss der *Gewerkschaften* zusammen, einer weiteren Tradition der japanischen Sozialdemokratie. Die SVP und SPJ waren in hohem Maße von gewerkschaftlicher Unterstützung abhängig, was ihnen eine verlässliche Basis bot, aber gleichzeitig ihre Attraktivität für die Gesamtbevölkerung limitierte. Diese Basis schrumpft seit den 1960er-Jahren allerdings. Die Einführung des neuen Wahlrechts verminderte den Einfluss organisierter Stimmen in den 1990er-Jahren durch die Stärkung des Mehrheitswahlprinzips und die Abschaffung der Mehrerwahlkreise. Problematisch war zudem, dass das Abhängigkeitsverhältnis zu den Gewerkschaften die sozialdemokratischen Parteien in hohem Maße eines eigenständigen Handelns beraubte. Tatsächlich ging der Abspaltung der DSP ein entsprechendes Schisma im Gewerkschaftslager voraus, nämlich die Abspaltung Dōmeis. Auch der teilweisen Wiedervereinigung von SPJ und DSP innerhalb der DPJ wurde erst durch eine Fusion von Dōmei und Sōhyō und die Gründung Rengōs möglich.

Somit verstärken die Gewerkschaften auch Tendenzen der *Zersplitterung*, von der die Geschichte der japanischen Sozialdemokratie und der gesamten Linken ebenfalls geprägt ist. In der Vorkriegszeit war die sozialistische Bewegung in drei große und mehrere kleine Parteien gespalten. In der Nachkriegszeit lag im Wesentlichen eine Zweiteilung in SPJ und DSP vor. Zu ihnen kam in den späten 1970er-Jahren die Abspaltung Edas (Shaminren). Diese Parteien erreichten bspw. bei der Oberhauswahl 1977 zusammen 41,5 Prozent der Wahlstimmen, während die LDP ‚nur' 39,5 Prozent der Stimmen erhielt.[133] Aufgrund der Verzerrungen des Wahlsystems und der Rivalität der Sozialisten untereinander existierte jedoch keine realistische Perspektive einer linken Regierung.

Zersplittert waren die Sozialdemokraten nicht nur in mehrere Parteien – auch innerhalb der Parteien herrschte ein ausgeprägter *Faktionalismus*. Dabei waren es im Gegensatz zur LDP vor allem ideologische Unterschiede, die die Trennlinien zwischen den einzelnen Faktionen hervorbrachten.[134]

---

[133] Ishikawa und Yamaguchi 2010, S. 280 f.
[134] Auf das Phänomen des japanischen Faktionalismus wird in vertiefter Form in Kapitel 4.4 eingegangen.

4 Die Demokratische Partei Japans

Die vorliegende Untersuchung widmet sich der Frage, ob sich in der Parteienlandschaft Japans sozialdemokratische Akteure identifizieren lassen. Wie eingangs erwähnt, muss die DPJ, nicht die heute weitgehend bedeutungslose SDP, Gegenstand einer Untersuchung zur Sozialdemokratie in Japan sein. Im Zentrum dieser Arbeit steht daher die Analyse dieser Partei und ihrer innerparteilichen Gruppen.

Wie eingangs erläutert, unterscheidet sich meine Untersuchung von vielen Beiträgen der Politikforschung, deren Perspektive auf rein institutionalistisch-empirische Gesichtspunkte, wie beispielsweise die Repräsentation von Gewerkschaften, verengt ist. Ich bemühe mich darum, Geschichte, Traditionen und Ideologie der untersuchten Akteure ebenso zu erfassen wie strukturelle Faktoren. Parteien und innerparteiliche Gruppen verstehe ich folglich nicht als atomisierte, nutzenmaximierende Machtspieler. Natürlich unterliegt das Handeln von politischen Akteuren auch rationalen Prinzipien und Strategien. Zweifellos richten sie beispielsweise ihr Handeln nach dem gültigen Wahlsystem aus, um ihre Wahlergebnisse zu optimieren. Sie sind aber auch geprägt von ideologischen Motiven und Traditionen. Ferner besitzen sie eine historische Bedeutung, aus der sie teilweise ihrer Legitimität beziehen. Auch dies bestimmt ihr Handeln.

Vor diesem Hintergrund habe ich im Hinblick auf die verschiedenen Theorien zur Sozialdemokratie habe ich in Kapitel 2 den Standpunkt vertreten, dass sich Strategie und Organisation politischer Strömungen im Laufe der Zeit verändern, wohingegen ideologische Positionen relativ stabil sind. Demnach habe ich Sozialdemokraten als Akteure definiert, die eine sozialdemokratische Agenda vertreten. Im vorangegangenen Kapitel 3 habe ich dann herausgearbeitet, dass eine sehr starke Betonung des Pazifismus, der Faktionalismus und die Abhängigkeit von den Gewerkschaften als Traditionen der japanischen Sozialdemokratie identifiziert werden können. Ebenso bin ich hier kurz auf das Wahlsystem eingegangen. Die Funktionsweise der japanischen Politik vor dem Hintergrund der Umbrüche seit den 1990er-Jahren ist kurz umrissen worden.

Vorgehensweise

In der folgenden Untersuchung der DPJ und ihrer innerparteilichen Gruppen, werde ich zunächst die Entwicklung und Ideologie der Gesamtpartei untersuchen. Wie bereits erwähnt, verfolgen Parteien *auch* quantifizierbare Ziele, wie die Ausweitung ihrer Mandate und die Maximierung ihrer Wahlstimmen. Es wäre naiv anzunehmen, dass Parteien keine anderen Ziele kennen als die Umsetzung ideologischer Ziele. Offensichtlich ist ihr Handeln von verschiedenen Anreizen und Beschränkungen geleitet und ist als Kompromiss verschiedener Zielsetzungen anzusehen. Zum besseren Verständnis möchte ich zunächst (Kapitel 4.1) auf einige Erkenntnisse der *Parteienforschung* eingehen.

In Kapitel 4.2 folgt dann eine ausführliche Darstellung und Analyse der Entstehung und zwanzigjährigen *Entwicklung* der DPJ von 1996 bis 2016, aus der ihre wesentlichen Charakteristika abgeleitet werden. Insbesondere wird hier auch die Regierungspolitik der DPJ im Zeitraum 2009 bis 2012 analysiert. Es ist bekannt, dass die DPJ eine heterogene Partei ist, die verschiedene innerparteiliche Gruppen aufweist. Die genaue Untersuchung der Entstehung und Entwicklungsgeschichte der DPJ wird die Hintergründe dieser Heterogenität erläutern sowie ihr Ausmaß und ihre Folgen ermitteln. Diese Erkenntnisse werden an späterer Stelle in die Analyse der innerparteilichen Gruppen einfließen.

In einem nächsten Schritt untersuche ich weiter die *Ideologie und Programmatik* der Partei (4.3) anhand ihres Parteiprogramms und der seit 1996 veröffentlichten Wahlprogramme. Analog zur Analyse der historischen Programmschriften (Kapitel 3) werde ich den sozialdemokratischen Gehalt der Programme ermitteln, indem ich die Übereinstimmung der jeweiligen Kernforderungen mit den politischen „Ideenkreisen" der Demokratie, des Liberalismus und des Sozialismus überprüfe. Auch hier muss berücksichtigt werden, dass die DPJ eine heterogene Partei ist und diese programmatischen Schriften einen Kompromiss der innerparteilichen Gruppen darstellen.

In Kapitel 4.4 schließlich wird die Frage nach dem sozialdemokratischen Charakter der Partei auf der Mesoebene, also auf der Ebene der innerparteilichen Gruppen, weiterverfolgt. In Kapitel 4.4 wird daher die *Struktur* der Partei im Sinne einer Analyse der innerparteilichen Gruppen untersucht. Welche innerparteilichen Gruppen der DPJ sind Sozialdemokraten? Zur Beantwortung dieser Frage untersuche ich wiederum Entwicklung, Struktur und Ideologie der entsprechenden Gruppen. Hierbei beschränkt sich die Analyse auf diejenigen Gruppen, die in 4.2 als zur Parteilinken zugehörig identifiziert wurden.

4.1 Theoretische Vorüberlegungen

Anders als die im theoretischen Kapitel dieser Arbeit besprochene Einordnung von Parteien nach ideologischen Merkmalen bzw. auf der Rechts-links-Achse konzentriert sich der Mainstream der Parteienforschung auf empirische und institutionalistische Unterscheidungen. Trotz der eingangs kritisierten Einseitigkeit dieser Forschung bieten diese Modelle durchaus nützliche Anhaltspunkte zur Unterscheidung von Parteien und erläutern die Ziele politischer Akteure.

Für die nachfolgende Untersuchung möchte ich die Typisierung des Parteienforschers André Krouwel heranziehen, da die eine zusammenfassende Synthese einer Vielzahl von bislang erarbeiteter Modellen ist.[1] Er stellt drei aktuelle Parteimodelle vor, die sich hinsichtlich ihrer histori-

---

[1] Krouwel 2006, S. 249–270.

schen Abstammung („genetische Dimension"), ihrer Wahlstrategie („elektorale Dimension") und ihrer Organisation unterscheiden.[2]

Drei Parteientypen

Als *ersten* Typus beschreibt Krouwel die *catch-all-Parteien*, die sich seit den 1950er-Jahren aus den älteren Massenparteien herausgebildet haben. Während diese Massenparteien eine strikte Ideologie aufwiesen und ihre Macht auf ihre sozialökonomisch homogene Anhängerschaft stützten, bestehe die Machtressource der entideologisierten *catch-all*-Parteien in ihren Verbindungen zu verschiedenen Interessenverbänden. Entsprechend zeichne sie sich durch eine vergleichsweise passive Mitgliedschaft und eine große ideologische Flexibilität aus. Diese Flexibilität ermögliche die Erschließung von Wählern und Mitgliedern außerhalb der traditionellen Unterstützerschichten. Demzufolge drehe sich der Wahlkampf zwischen *catch-all*-Parteien letztlich nur noch um die pragmatische Frage, welche Partei den öffentlichen Sektor effektiver oder effizienter leiten kann.[3]

Laut Krouwel sind die heutigen sozialdemokratischen Parteien diesem Parteientypus zuzurechnen. Es fällt auf, dass die *catch-all*-Partei Ähnlichkeiten mit dem sozialdemokratischen Konzept der Volkspartei aufweist. Wie bereits besprochen, ist es Kennzeichen der nach Gleichheit strebenden Sozialdemokratie, sowohl die unteren Schichten und benachteiligte Gruppen zu repräsentieren, als gleichzeitig auch die gesamtgesellschaftliche Solidarität zu sichern, etwa durch die Instrumente des universellen Wohlfahrtsstaats. Wie bereits besprochen ist die Behauptung, die *catch-all*-Parteien seien selbst entideologisiert und repräsentierten in vollständig flexibler Weise die Interessen wechselnder Interessenverbände, ist zurückzuweisen. Es lässt sich viel mehr bei vielen *catch-all*-Parteien beob-

---

[2] Krouwel 2006, S. 262 f.
[3] Ebd., S. 256 ff., 262 f.

achten, dass sie ihre traditionelle ideologische Ausrichtung – in weniger dogmatischer Form – beibehalten haben.[4] Krouwel selbst räumt ein:

> Apparently not only organizational structures guide the behaviour of party members, but also some principle, some common goal, perspective or ideology.[5]

Im Falle der linken Parteien kann man sagen, dass die ehemals marxistischen Parteien sich weniger entideologisiert haben, als vielmehr die Ideen der liberalen und demokratischen ‚Ideenkreise' aufgenommen haben.

Krouwels *zweiter* Typus, die *Kartellpartei*, bezieht ihre Macht aus einer engen Verzahnung mit der Bürokratie, was ihr eine dominante Stellung im jeweiligen Parteiensystem ermöglicht. Aus der Bürokratie rekrutiert sie auch ihre Kandidaten und Amtsträger. Die Bindung an Interessengruppen ist zweitrangig. Die Kartellpartei versucht ihre Position zu sichern, indem sie oppositionelle Interessen einbindet und die Aufmerksamkeit auf inszenierte Scheinkonflikte lenkt.[6]

Als drittes heute relevantes Modell stellt Krouwel das *business-firm party model* (im Folgenden: *Unternehmenspartei*) vor. Sie wird ‚von oben' durch einen charismatischen politischen Unternehmer etabliert; ihre Mitglieder und Kandidaten rekrutieren sich durch Selbstselektion. Wie Silvio Berlusconi, den Krouwel als Beispiel anführt, handelt es sich bei den Gründern oft um Wirtschaftsführer, deren Kapital und Einfluss als Grundlage der Partei dienen. Die Unternehmenspartei mobilisiert ihre Wähler durch Populismus. Einen ersten Boom erlebte diese Parteiform in den 1990er-Jahren, etwa mit der Formierung von Berlusconis Forza Italia 1994.[7]

---

[4] Vassallo und Wilcox 2006, S. 414.
[5] Krouwel 2006, S. 249.
[6] Ebd., S. 258 ff., S. 262 ff.
[7] Ebd., S. 260 f., S. 262 ff.

4 Die Demokratische Partei Japans

Tabelle 1: Parteienmodelle nach Krouwel

Typus	Catch-all-Partei (seit 1950)	Kartellpartei (seit 1950)	Unternehmenspartei (seit 1990)
Organisationelle Dimension	Marginalisierung der Mitglieder; Zentralisierung der Macht; Ressourcen von Interessengruppen und staatlicher Parteienförderung; Professioneller und kapitalintensiver Wahlkampf.	Mitglieder als Pool für Rekrutierung; Symbiose zwischen Parteiführung und Amtsträgern; Machtkonzentration bei den Amtsträgern; Ressourcen von staatlicher Parteienförderung; Permanenter professioneller Wahlkampf.	Minimale Rolle von Basis und Parteizentrale; Sowohl Konzerninteressen als auch soziale Interessen; Kommerzielle Aktivitäten; Nicht-permanente Heranziehung von Experten; Einsatz von Marketing.
Ideologische Dimension	Qualität des Managements des öffentlichen Sektors; Politischer Wettbewerb dreht sich um technische Fragen.	Bewahrung der Macht durch Postenverteilung; Entschärfung politischer Konflikte; Symbolische Austragung künstlicher Konflikte.	Einzelthemen und Persönlichkeiten; Permanenter Kampf um Aufmerksamkeit.
Elektorale Dimension	Zielen auf die breite Mittelklasse ab, jenseits des Kerns ihrer Unterstützer; Externe Rekrutierung aus Interessengruppen.	Klientelismus; Rekrutierung hauptsächlich aus Bürokratie.	„Wählermarkt" mit hoher Volatilität; Wähler als Konsumenten; Selbstrekrutierung der Basis.
Genetische Dimension	Abstammung von älteren Massenparteien; Verbindung zu Interessengruppen.	Fusion von Partei mit Staatsapparat (u. Interessen-gruppen).	Private Initiative politischer Unternehmer.

Quelle: Eigene Zusammenstellung n. Krouwel 2006. Parteiziele

Um erfolgreich zu sein, müssen Parteien mehrere Ziele miteinander in Einklang bringen. Die Parteienforschung hat vier dieser Ziele identifiziert:[8]

- Politikverwirklichung (*policy-seeking*)
- Stimmenmaximierung (*vote-seeking*)
- Regierungsbeteiligung (*office-seeking*)
- Innerparteiliche Demokratie

Es ist leicht ersichtlich, dass diese Zielsetzungen miteinander in Konflikt geraten können. Bei der SPJ haben wir beispielsweise gesehen, dass das Ziel der Verwirklichung ihrer Politik (*policy-seeking*), etwa die Verstaatlichung der Schlüsselindustrien, mit dem Ziel der Stimmenmaximierung in Konflikt standen. Regelmäßig müssen Parteien, die einer Regierungskoalition beitreten wollen (*office-seeking*), inhaltliche Kompromisse in Form eines Koalitionsvertrags eingehen. Im Falle des Beitritts der SPJ in die Koalition mit der LDP und der Sakigake 1994 geriet das Ziel des *office-seeking* in einen heftigen Konflikt mit dem *policy-seeking* als auch mit dem Ziel der innerparteilichen Demokratie, denn die Basis lehnte die Koalition mehrheitlich ab.

---

[8] Merz, Nicolas und Riegel, Sven 2013, „Die Programmatik der Parteien". In: Niedermayer, Oskar (Hg.) 2013, *Handbuch Parteienforschung*. Wiesbaden: Springer VS, S. 214.

4 Die Demokratische Partei Japans

Nicht alle Parteien verfolgen die oben stehenden Ziele in gleichem Maß. Es ist vielmehr naheliegend, dass das Entwicklungsstadium einer Partei Einfluss darauf hat, welche Ziele sie priorisiert. Hier lassen sich folgende Entwicklungsstadien unterscheiden:[9]

- Wahlteilnahme
- Wettbewerbsbeeinflussung
- Einzug in das Parlament
- Koalitionsstrategische Inklusion
- Regierungsbeteiligung
- Regierungsübernahme

---

[9] Niedermayer 2013b, S. 67 f.

4.2 Entwicklung der Demokratischen Partei Japans

Die Frage nach der Sozialdemokratie in Japan ist, wie eingangs beschrieben, zu beantworten durch eine umfassende Analyse der DPJ, insbesondere ihrer Parteilinken. Eine solche Analyse muss eine Untersuchung der Gründungs- und zwanzigjährigen Entwicklungsgeschichte der Partei zum Ausgangspunkt haben. Sie verschafft uns das nötige Verständnis der politischen Umwelt der Partei sowie ihrer innerparteilichen Zusammenhänge und ermöglicht es weiter, Entwicklungsmuster, Charakteristika und zentrale Akteure zu identifizieren.

Es geht hier um die Frage, ob und inwiefern die DPJ, insbesondere in ihrer Regierungszeit von 2009 bis 2012, sozialdemokratische Maßnahmen anstrebte und umsetzte. Diese Ergebnisse bilden auch die Grundlage für die nachfolgenden Untersuchungsschritte, nämlich die Ermittlung sozialdemokratischer Elemente in der Ideologie der DPJ (Kapitel 4.3) sowie die Identifikation sozialdemokratischer Akteure in der Partei und deren Analyse hinsichtlich ihrer Rolle, Eigenschaften und Aussichten.

4.2.1 Die Gründungsphase (1996-2001)

Drei Gründer

Die DPJ ging 1996 aus der Kooperation dreier Schlüsselpersonen hervor: Hatoyama Yukio 鳩山 由紀夫 (*1947) und Kan Naoto 菅 直人 (*1946), beide Mitglieder der Kleinpartei Sakigake, sowie Yokomichi Takahiro 横路 孝弘 (*1941) von der SDP. Betrachten wir zunächst die Biografien dieser drei Politiker:

Hatoyama entstammt einer der bedeutendsten politischen Dynastien Japans, die zugleich auch zu den reichsten Familien des Landes zählt.[10]

---

[10] Itoh, Mayumi 2003, The Hatoyama Dynasty. Japanese Political Leadership Through

4 Die Demokratische Partei Japans

Bereits sein Urgroßvater war Abgeordneter, sein Großvater war Bildungsminister in den 1930er-Jahren und gründete nach dem Krieg die erste Demokratische Partei (Minshutō; 1947–1950), eine der beiden Vorgängerinnen der LDP. Er war zudem Premierminister in den 1950er-Jahren. Hatoyamas Vater war LDP-Außenminister, sein Bruder Kunio 鳩山　邦夫 (1948-2016) Abgeordneter der Shinshintō und seine Mutter war Erbin des Ishibashi-Konzerns (Bridgestone).

Hatoyama arbeitete bis zu seinem 39. Lebensjahr als Wissenschaftler und begann dann eine politische Laufbahn in der LDP als Quereinsteiger.[11] Im Wahlkreis Hokkaidō 9 verfügt die in Tokyo ansässige Familie Hatoyama seit der Meiji-Zeit über großen Grundbesitz; dort konnte er als „Erbabgeordneter" 世襲議員 (seshū giin) einen Wahlkreis mit einem gut ausgestatteten Unterstützerverein 後援会 (Im Folgenden: kōenkai) übernehmen.[12] Während des „Booms der neuen Parteien" gründete er mit einigen liberalen LDP-Kollegen 1993 die Partei Sakigake.[13]

Dort traf er auf *Kan*, der zusammen mit Eda Satsuki 江田　五月 (*1941) – dem Sohn Eda Saburōs – den kleinen Sozialdemokratischen Bund verlassen hatte und der Partei 1994 beigetreten war. Im Gegensatz zu Hatoyama war Kan ein politischer Außenseiter, der der ländlichen Mittelschicht entstammte.[14] Nach einer kurzen Tätigkeit als Patentanwalt arbeitete er als Sekretär der unabhängigen feministischen Abgeordneten Ichikawa Fusae 市川　房枝 (1893-1981) und war in der Bürgerbewegung

---

the Generations. New York (u. a.): Palgrave Macmillan.
[11] Shiota 2009, S. 59–62.
[12] Ebd., S. 62 f.; Als „Erbabgeordnete" werden Mandatsträger bezeichnet, die von ihrem (Adoptiv-) Vater nach dessen Ausscheiden aus der Politik einen Wahlkreis „vererbt" bekommen. Dies geschieht durch die Übernahme des jeweiligen Unterstützervereins (*kōenkai*), der die für einen erfolgreichen Wahlkampf notwendigen Ressourcen bereitstellt (s. Blechinger-Talcott, Verena 1996, „Politik und Familienbande. ,Erbabgeordnete' im japanischen Parlament". In: Nachrichten der Gesellschaft für Natur- und Völkerkunde Ostasiens (NOAG) 159–160, S. 71–87.
[13] Ishikawa und Yamaguchi 2010, S. 178 f.
[14] Shiota 2009, S. 94.

aktiv.[15] Auf diesem Weg hatte er Eda Saburō kennengelernt und war 1977 dessen Sozialdemokratischem Bund beigetreten.[16]
Obwohl Mitglied einer Zwergpartei, verfolgte Kan große Pläne. Er gründete mit Eda Satsuki 1992 eine parteiübergreifende Parlamentariergruppe, um die Möglichkeiten eines Machtwechsels 政権交代 (*seiken kōtai*) auszuloten; die Mehrzahl der Mitglieder waren junge Abgeordnete der SPJ.[17] Zur Ablösung der LDP von der Macht plante Kan die Gründung einer „Demokratischen Partei" nach Vorbild der US-Demokraten, die 1992 als „New Democrats" die Republikaner besiegt hatten. Kan veröffentlichte wenige Monate nachdem Bill Clinton zum US-Präsidenten gewählt worden war, einen Aufsatz im Magazin Sekai mit dem Titel: „Ich strebe nach einer ‚Demokratischen Partei' japanischen Typs":[18]

> Seit meiner Teilnahme an der Gründung der Sozialistischen Bürgerunion vor sechzehn Jahren, der Vorläuferin des Sozialdemokratischen Bundes, auf Einladung des verstorbenen Eda Saburō, habe ich davon geträumt, dass zwischen einer sozialdemokratischen Kraft und einer konservativen Partei ein Machtwechsel stattfinden kann. Aber auch nach dem Ende des Kalten Krieges hat sich das Wesen der Sozialistischen Partei nicht geändert – auch der Sozialdemokratische Bund hat stagniert […]. Ich bin zu der Ansicht gekommen, dass unter diesen Bedingungen ein Machtwechsel durch ein sozialdemokratisches Bündnis nicht möglich ist.[19]

Die Einbeziehung zentristischer Kräfte sowie der ‚liberalen' Sakigake hingegen versprach eine realistischere Machtoption. Diese ‚Demokrati-

---

[15] Shiota 2009, S. 87.
[16] Kan Naoto, Iokibe Makoto (u. a.) 2008, *Kan Naoto – Shimin undō kara seiji tōsō e*. Tokyo: Asahi Shimbun shuppan, S. 31–37.
[17] Eda Satsuki 1993, „Watashi no Shiriusu sengen". In: *Sekai* 1/1993, S. 45 ff.
[18] Kan Naoto 1993, „Watashi ha Nihongata ‚Minshutō' wo mezasu". In: *Sekai* 12/1993, S. 121–129.
[19] Ebd., S. 121.

sche Partei' sollte als Achse eines Zweiparteiensystems nach US-amerikanischem Vorbild dienen:

> Zur Neuen Partei Sakigake und der Nihon Shintō kommt der kooperationsbereite Teil des Sozialdemokratischen Bundes und der Sozialistischen Partei sowie ein Teil der an der Koalition Beteiligten LDP – so beabsichtige ich die Gründung einer „Demokratischen Partei" japanischen Typs durch eine Vereinigung der Liberalen und Sozialdemokraten. Ich schätze und hoffe, dass diese „Demokratische Partei" etwa 130 Leute im Unterhaus stark sein wird.[20]

Vor dem Hintergrund dieser Erwägungen verließ Kan den Sozialdemokratischen Bund und trat der liberalen Sakigake bei, die zu diesem Zeitpunkt Teil der umstrittenen LDP-SPJ-Koalition war.[21] LDP-Premier Hashimoto Ryūtarō 橋本 龍太郎 (1937-2006) berief Kan in sein Kabinett, wo er als Gesundheitsminister durch sein entschiedenes Handeln während des AIDS-Skandals 薬害エイズ事件 1996 zu großer Popularität gelangte. Er klärte die Missstände in seinem Ministerium auf, zwang die Beamten zu einem Schuldeingeständnis und leitete eine Entschädigung der Opfer ein. Als politischer Außenseiter verkörperte er einen neuen Typus des entscheidungsstarken, unabhängigen Politikers.[22]

Der dritte Gründer, *Yokomichi*, stammte wie Hatoyama aus einer politischen Familie: Sein Vater war ein bedeutender SPJ-Politiker in den 1960er-Jahren. Als dieser überraschend starb, erbte er dessen *kōenkai* und zog 1969 in das Unterhaus ein. Er hatte in der sozialdemokratischen Faktion „Neue Strömung" (新しい流れの会 Atarashii nagare no kai) eine leitende Position inne und galt als „Kronprinz" der SPJ. Von 1983 bis 1995 bekleidete er das Amt des Gouverneurs von Hokkaidō. Nach seinem Ausscheiden entschied er sich, nicht zur SPJ zurückzukehren (Gouverneure

---

[20] Kan Naoto 1993, S. 126.
[21] Shiota 2009, S. 87.
[22] Ishikawa und Yamaguchi 2010, S. 188; Shiota 2009, S. 91f.

Die Gründungsphase (1996-2001)

sind formell parteilos), sondern auf Werben Hatoyamas der DPJ beizutreten.[23]

Es lässt sich feststellen, dass sich die drei Gründer der DPJ deutlich hinsichtlich ihres Hintergrunds und ihres Beitrags für die neue Partei unterschieden. Ihre Ressourcen ergänzten sich: Hatoyama verfügte über erhebliche Finanzmittel: Es hieß, er habe 1 Milliarde Yen in die Partei investiert.[24] Kan konnte seine große Popularität auf die neue Partei übertragen. Yokomichi war zwar weder reich noch besonders populär, verfügte jedoch in der SDP über ausreichend Einfluss, um 35 Abgeordnete für die DPJ abzuwerben; seine Anhänger bildeten anfangs die größte innerparteiliche Gruppe.[25]

Während konservative Beobachter vor diesem Hintergrund erwarteten, dass Yokomichi so bald wie möglich die Kontrolle an sich reißen würde,[26] blieb er im Vergleich zu seinen beiden Mitgründern im Hintergrund. Alle drei Gründer waren auch von derMotivation getrieben, ihre eigenen Mandate und diejenigen ihrer Mitstreiter vor der Abwahl zu bewahren.[27]

Anspruch und Wirklichkeit der DPJ

Kan und Hatoyama waren sich einig, dass das Ziel der Partei nur ein vollständiger Machtwechsel sein dürfe. Bezüglich der Rolle seiner Partei scheute Hatoyama nicht den Vergleich mit den Staatsmännern der Meiji-Zeit und sprach von der Aufgabe, „im Hinblick auf die Struktur des Landes für die nächsten hundert Jahre mit Mut ans Werk zu gehen".[28] Hatoyamas zitiert seinen Bruder Kunio, ebenfalls Mitglied der Partei, mit den

---

[23] Itagaki Eiken 2008, *Minshutō – habatsu kōsōshi*. Tokyo: Kyōei Shobo, S. 66.
[24] Shiota 2009, S. 57.
[25] Hamamoto 2011, S. 37; Itagaki 2008, S. 67.
[26] Itagaki 2008, S. 58; AERA 2009, S. 43.
[27] Shiota 2009, S. 33 f.
[28] Hatoyama Yukio 1996, „Minshutō: Watashi no seiken kōsō". In: *Bungei Shunjū*, Nr. 11/1996, S. 112.

Worten: „Die Menschen werden in hundert Jahren wohl urteilen, dass sich an diesem Tag im September die verfallene japanische Politik durch die Gründung der Demokratischen Partei drastisch zu wandeln begann".[29] Dieses „große Werk" 大業 könne jedoch nur von selbstlosen Idealisten vollbracht werden, die „jeder für sich ihre Würde aufs Spiel setzen", um eine neue Partei zu gründen.[30] Von seinen Mitstreitern forderte Hatoyama Yukio daher nichts weniger als

> [e]ine Reinheit des Herzens und einen klaren Lebensstil wie den der Meiji-Patrioten, die, während sie von der kommenden Welt träumten, diese Träume nicht mit dem eigenen Stand, Ruf oder Lohn verbanden, sondern im Gegenteil beim großen Werk, diese Träume umzusetzen, sich nicht um Leben oder Tod gekümmert haben.[31]

Ausgehend von diesen idealistischen Vorstellungen legte Hatoyama großen Wert auf den individuellen Beitritt zur DPJ. Die Gründung der Partei sollte keine bloße Fusion der SDP und der Sakigake sein. Von den Abgeordneten wurde erwartet, dass sie ihre alten Loyalitäten ablegen und aus individuellem Entschluss beitreten.[32] Um den Anschein zu vermeiden, dass die Abgeordneten der Sakigake auf Befehl von oben beitraten, verweigerte er auch deren Parteichef, Takemura Masayoshi 武村 正義 (*1934), den Beitritt.[33] Des Weiteren sollte die DPJ keinerlei Eigeninteressen verfolgen, was Hatoyama durch das Konzept der „zeitlich begrenzten Partei" 時限政党 (*kigen seitō*) unterstrich: Nach dem Erreichen ihrer Reformziele sollte sich die Partei in 15 Jahren auflösen.[34]

---

[29] Hatoyama Yukio 1996, S. 113.
[30] Ebd. S. 112.
[31] Ebd. S. 112.
[32] Shinkawa 2003, S. 91; Shiota 2009, S. 35 f.
[33] Shiota 2009, S. 35 f.
[34] Hatoyama Yukio 2012, *Minshutō no genten. Nan no tame no seiken kōtai datta no ka*. Tokyo: Kadensha, S. 18.

Die Gründungsphase (1996-2001)

Diese hohen Ansprüche standen allerdings in deutlichem Kontrast zu der Tatsache, dass die Partei direkt vor der Unterhauswahl 1996 gegründet worden war und viele Abgeordnete der Partei offensichtlich vor allem deswegen beitraten, um ihr Mandat zu retten. Da die Wahl als ‚Zweikampf' zwischen der LDP und der Shinshintō galt, war die Perspektive der kleineren Parteien wie der Sakigake schlecht. Auch die SDP, die ihre Anhänger durch die Koalition mit der LDP entfremdet hatte, befürchtete eine vernichtende Niederlage. Somit wurde der Beitritt zur DPJ zur attraktiven Alternative, da ihre Gründung einige Aufmerksamkeit auf sich zog.

Die erste Prüfung – die Unterhauswahl 1996

Zur Unterhauswahl präsentierte sich die DPJ mit dem Slogan „Die Demokratische Partei – der Bürger in der Hauptrolle"[35] 市民が主役の民主党 (*shimin ga shuyaku no* Minshutō) als liberale Reformpartei, die einen grundlegenden Umbau der Staats- und Wirtschaftsstruktur anstrebte und vage von einer Stärkung der Bürger 市民 (*shimin*) sprach. Dies traf ohne Zweifel den Reformgeist dieser Zeit. Misstrauen erregte jedoch, dass der Wahlkampf zum Großteil von der Familie Hatoyama finanziert wurde, weshalb sie als „Privatpartei" Hatoyamas galt.[36] Es hielt sich zudem hartnäckig das Gerücht, die reiche Mutter der Hatoyama-Brüder habe die Gründung der Partei in Auftrag gegeben.[37] Trotz dieser Zweifel konnte sich die DPJ etablieren und ihre Stärke von 52 Mandaten halten. Hatoyama und Kan einigten sich auf einen gemeinsamen Parteivorsitz, Yokomichis Vertrauter Akamatsu Hirotaka 赤松 広隆 (*1948) wurde Fraktionsvorsitzender.

---

[35] Wahlprogramm der DPJ 1996.
[36] Itō Atsuo 2008, *Minshutō – yabō to yagō no mekanizumu*. Tokyo: Shinchōsha, S. 41.
[37] Shiota 2009, S. 38 f.

Im Hinblick auf diese Entstehung wird erkennbar, dass die Partei zu Beginn ein Hybrid aus Unternehmenspartei und *catch-all*-Partei war. Sie war ‚von oben' durch drei führende Politiker ohne jede Einbeziehung der Basis gegründet worden und als ‚Privatpartei' Hatoyamas von diesem finanziell abhängig. Allerdings konnte er die für eine Unternehmenspartei wichtige Rolle des charismatischen Führers nicht erfüllen; sie fiel Kan zu,[38] mit dem Hatoyama nach der Wahl eine Doppelspitze bildete. Der Großteil der Abgeordneten entstammte jedoch der SDP und war abhängig von ihren Beziehungen zur gewerkschaftlichen Basis und anderen Interessengruppen, was eher den Politikstil einer *catch-all*-Partei nahelegte.

Die „Neugründung" der DPJ 1998

Bald zeigten sich erste Spannungen zwischen Hatoyama und Kan, die sich nur schwer auf eine gemeinsame Linie festlegen konnten.[39] Lange Zeit schwankte die Partei zum Beispiel zwischen partieller Zusammenarbeit mit der LDP-Regierung und einem Kurs der Konfrontation. Die Doppelspitze wurde daher aufgegeben und Kan erhielt den Vorsitz, während Hatoyama Generalsekretär wurde.

Einig waren sich beide in ihrem Wunsch nach einer weiteren Vergrößerung der Partei angesichts der Auflösung der größten Oppositionspartei Shinshintō 1997. Wieder war es im Vorfeld einer Wahl (Oberhauswahl 1998), als eine Fusion zwischen der DPJ, der Minseitō 民政党, die wiederum hastig aus mehreren Splittern der Shinshintō gegründet worden war, sowie der kurzzeitig wiederauferstandenen DSP (新党友愛 Shintō Yūai) durchgeführt wurde.[40] Nur Ozawa, der Gründer der Shinshintō,

---

[38] Shiota 2009, S. 39 f.
[39] Ebd., S. 45 f.
[40] Diese Splitter waren gegründet worden, da nur Parteien Anspruch auf staatliche Wahlkampffinanzierung haben. Ihre Namen lauteten: „Stimme des Volks" 国民の声 (Kokumin no koe), „From Five" フロムファイブ (Furomu Faibu; Hosokawa und einige Mitstreiter) und Sonnenpartei 太陽党 (Taiyōtō; Gruppe um den ehemaligen LDP-Pre-

Die Gründungsphase (1996-2001)

blieb mit seinen Anhängern der DPJ fern, gründete die Liberale Partei 自由党 (Jiyūtō, im Folgenden: LP) und koalierte ab 1999 mit der LDP. Auch die Kōmeitō formierte sich erneut und diente fortan ebenfalls als Mehrheitsbeschaffer der LDP.

Im Zuge dieser Neustrukturierung wurde die ‚alte' DPJ aufgelöst und eine formelle Neugründung der Partei durchgeführt. Beherbergte die Partei bislang hauptsächlich Politiker, die als links bzw. liberal galten, bildeten nun ehemalige LDP-Politiker die Mehrheit in der Partei. Durch den Beitritt der Ex-DSP-Abgeordneten kam es schließlich innerhalb der DPJ zur lange diskutierten Wiedervereinigung beider „sozialistischer" Strömungen, die sich in Form der SPJ und DSP 1960 getrennt hatten.[41] Somit wurde auf der politischen Ebene nachvollzogen, was durch die Fusion von Sōhyō und Dōmei auf gewerkschaftlicher Ebene bereits 1989 eingeleitet worden war.

Wieder entstand freilich der Eindruck, dass die Fusion im Wesentlichen vorgenommen wurde, um den Abgeordneten der zerfallenen Shinshintō die Wiederwahl zu ermöglichen. Dies ist insofern bemerkenswert als das Scheitern der schnell angewachsenen und heterogenen Shinshintō der DPJ als abschreckendes Beispiel hätte dienen können. Offensichtlich wog aber die Verlockung, die Partei schlagartig zu vergrößern, schwerer als die Bedenken. Sogar vom Prinzip des individuellen Beitritts rückte die DPJ-Führung nun ab. Ein schlechtes Vorzeichen war, dass schon während der Fusionsgespräche erste Konflikte ausbrachen. Insbesondere zwischen den Ex-LDP-Abgeordneten und den ehemaligen Sozialisten herrschte Misstrauen.[42]

Inhaltlich legte sich diese ‚neue DPJ' – vom „Dritten Weg" der europäischen Sozialdemokraten beeinflusst – auf einen „Demokratischen Mittelweg" fest. Laut Parteiprogramm stellte sie sich mit den

mier Hata); Itō 2008, S. 47, 52; Pohl, Manfred 1998, „Die politischen Parteien Japans". In: *Japan 1997/98. Politik und Wirtschaft.* Hamburg: Institut für Asienkunde, S. 34 f.
[41] Shinkawa 2003, S. 91.
[42] Itō 2008, S. 49–53.

4 Die Demokratische Partei Japans

„Grundideale[n] der Demokratischen Partei"[43] 民主党の基本理念 (Minshutō no kihon rinen) auf den „Standpunkt der Bürger, Steuerzahler und Verbraucher" und forderte „mutige Strukturreformen", eine Synthese von „Wahlfreiheiten" und „Sicherheit durch gegenseitige Hilfe" und kritisierte die Verflechtung von Bürokratie und Politik.[44]

Bei der Oberhauswahl 1998 erzielte die DPJ einen weiteren Erfolg und stellte nun mit 40 Mandaten die zweitgrößte Fraktion im Oberhaus. Verantwortlich dafür war jedoch weniger die Beliebtheit der DPJ als das Misstrauen der Bürger in den Kurs der LDP-Regierung, die sich unter Hashimoto angesichts der Wirtschaftskrise 1997/98 nicht zwischen Haushaltskürzungen und Investitionen entscheiden konnte.[45]

Schon bald nach der erfolgreichen Gründung und Erweiterung der Partei setzten erste Krisensymptome ein. Zunächst büßte die wichtige Führungsfigur Kan sein für die Partei wichtiges Ansehen ein. In der Presse kursierten Gerüchte über sein Privatleben. Sein autoritärer Führungsstil, der ihm den Spitznamen „Wut-Kan" イラ菅 einbrachte, erregte Widerstand in der Partei.[46] Schließlich isolierte er sich mit der ungewöhnlichen Forderung, den Juristen Nakabō Kōhei 中坊公平 (1929-2013) als überparteilichen Kandidaten zum Premier zu wählen.[47] Besorgt wegen dieser Entwicklung kandidierten sowohl Hatoyama als auch Yokomichi im September 1999 gegen Kan, um diesen als Parteichef abzulösen.

---

[43] DPJ 1998, *Watashitachi no kihon rinen, jiyū de anshin na shakai no jitsugen o mezashimasu.*
[44] Für eine detaillierte Analyse s. Kapitel 4.3
[45] Ishikawa und Yamaguchi 2010, S 194; Tachibana Tamiyoshi 2008, *Minshutō 10-nenshi.* Tokyo: Daiichi Shorin, S. 53 f.
[46] Shiota 2009, S. 193 f.; Japan Times Online 10.9.1999.
[47] Tachibana 2008, S. 58; Kan Naoto 1999, „Naze Nakabō-san o shushō ni oshitaka, waga ‚kokuminshuken kakumei'". In: *Bungei Shunjū,* 9/1999, S. 148.

Tabelle 2: *Wahl zum DPJ-Parteivorsitz September 1999*[48]

Name	Gruppe/Faktion	1. Wahlgang	Stichwahl
Hatoyama Yukio 鳩山 由紀夫	Hatoyama	154	182
Kan Naoto 菅 直人	Kan	109	130
Yokomichi Takahiro 横路 孝弘	Yokomichi	57	-

Quelle: Tachibana Tamiyoshi 2008, Minshutō 10-nenshi. Tokyo: Daiichi Shorin, S. 58 f.

Hatoyama erzielte im ersten Wahlgang das beste Ergebnis und setzte sich auch in der Stichwahl mit den Stimmen der Yokomichi-Gruppe gegen Kan durch. Um den innerparteilichen Frieden zu wahren, wurde Kan zum Generalsekretär berufen. Die Einbidung aller wichtigen innerparteilichen Gruppen in die Parteispitze ist ein bis heute übliches Verfahren in der Partei.

Bei der Unterhauswahl 2000 konnte die Partei ihre Mandate weiter ausbauen. Die Zahl ihrer Sitze stieg von 97 auf 127.[49] Erstmals wurden auch DPJ-Kandidaten ins Parlament gewählt, die nicht zuvor einer anderen Partei angehört hatten.[50]

4.2.2 Die Ära Koizumi (2001-2006)

Der stetige Machtzuwachs der Partei endete, als die LDP den beliebten Koizumi Jun'ichirō (*1942) zum LDP-Präsidenten und Premier wählte. Er verfügte über das notwendige Charisma und vertrat mit Überzeugung ein neoliberales Reformprogramm, das die Wünsche der japanischen Wähler nach tief greifenden Reformen befriedigte.[51] Dies stellte die DPJ

---

[48] Wahl durch Abgeordnete und Landesverbände.
[49] Tachibana 2008, S. 62 f.
[50] Ebd., S. 61 f.
[51] Ishikawa und Yamaguchi 2010, S. 203.

vor große Probleme, denn sie hatte selbst versucht, sich mit neoliberalen Schlagworten wie „Vom Staat zu privat!" 官から民 gegen die vermeintlich ‚konservativ-rückständige' LDP zu profilieren. Nun büßte sie ihr reformerisches Unterscheidungsmerkmal zur LDP ein und erlitt bei der Oberhauswahl 2001 eine erste Niederlage.[52]

Der neoliberale Charakter der DPJ hatte sich ab dem Jahr 2000 verstärkt, da sie unter dieser Ausrichtung neue, ebenfalls neoliberal orientierte Kandidaten anzog, die aufgrund des guten Wahlergebnisses in das Parlament einzogen.[53] Unter diesen waren Banker wie der ehemalige CEO von Merrill Lynch Japan, Iwakuni Tetsundo 岩國 哲人 (*1936), und Absolventen des politischen Ausbildungsinstituts[54] des Matsushita-Konzerns (Panasonic) wie Maehara Seiji 前原 誠司 (*1962) und Noda Yoshihiko 野田 佳彦 (*1957), die später zu Führungsfiguren der Parteirechten aufstiegen.[55] Dies verstärkte weiter die Heterogenität der Partei und verstärkte neoliberale Tendenzen.

Die Yokomichi-Rebellion

Diese Heterogenität führte zum ersten Mal 2001 zu einem heftigen innerparteilichen Konflikt. Anlass waren dabei jedoch nicht Fragen der Sozial- und Wirtschaftspolitik, sondern die Haltung zur pazifistischen Verfassung. Hatoyama brachte unerwartet eine Verfassungsänderung ins Gespräch, um Japan die kollektive Selbstverteidigung zu ermöglichen. Dies stellte für den Pazifisten Yokomichi einen so großen Affront dar, dass er ihn unumwunden zum Rücktritt aufforderte.[56] Hatoyama zog seine Pläne

---

[52] Uekami Takayoshi und Tsutsumi Hidenori 2011b, „Minshutō no keisei katei, soshiki to seisaku." In: dies. (Hg.), *Minshutō no soshiki to seisaku. Kettō kara seiken kōtai made.* Tokyo: Tōyō Keizai Shinpōsha, S. 8.
[53] Tachibana 2008, S. 61 ff.
[54] Matsushita Seikei Juku (http://www.mskj.or.jp).
[55] Schoppa 2006a, S. 136.
[56] Pohl 2001, „Die politischen Parteien Japans". In: ders. und Wieczorek, Iris (Hg.), *Japan 2000/2001. Politik und Wirtschaft.* Hamburg: Institut für Asienkunde, S. S. 46; Ja-

daraufhin zurück, doch bald eskalierte der Streit um die Sicherheitspolitik erneut. Als die Parteiführung von den Abgeordneten verlangte, einem Antiterrorgesetz der Regierung Koizumi zuzustimmen, widersetzte sich die Yokomichi-Gruppe dem Fraktionszwang, woraufhin Yokomichi mit einer dreimonatigen Ämtersperre belegt wurde.[57]

Dass die persönlichen Beziehungen zwischen den drei Gründern inzwischen stark gelitten hatten, zeigte sich bei der Wahl um den Parteivorsitz 2002. Statt den amtierenden Hatoyama zu stützen, kandidierten sowohl sein Generalsekretär Kan als auch Yokomichi, der bereits erwähnte Noda von der jüngeren „zweiten Generation" der Partei und Nakano Kansei 中野 寛成 (*1940) von der innerparteilichen Gruppe Minshakyōkai (Ex-DSP).[58] Erstmals hatten auch Parteimitglieder und „Unterstützer" – viele davon Gewerkschafter – ein Stimmrecht,[59] was die Aussichten der beiden von den Gewerkschaften gestützten Gruppen um Yokomichi und Nakano erhöhte. Dieser neue Wahlmodus führte allerdings weniger zu einer Demokratisierung der nationalen Ebene der Partei als umgekehrt zu einer Faktionalisierung der Basis. Die zuvor existierenden losen Gruppen wandelten sich nun zu folgenden faktionsähnlichen Organisationen:[60]

- Kan-Gruppe: „Studiengruppe zur Gestalt des Landes" 国のかたち研究会 (Kuni no katachi kenkyūkai)[61]
- Maehara-Gruppe: 凌雲会 Ryōunkai („Gesellschaft über den Wolken").

---

pan Times Online 17.12.2000; Asahi Shimbun 5.12.2001.
[57] Tachibana 2008, S. 72 f.
[58] Ebd., S. 74 f.
[59] Alle 183 Parlamentarier hatten je zwei Stimmen, die 83 Kandidaten für die nächsten Wahlen je eine; die Präfekturorganisationen der Partei erhielten insgesamt 47 Stimmen (Japan Times Online 10.9.2002).
[60] Köllner, Patrick 2004b, „Factionalism in Japanese Political Parties Revisited or How Do Factions in the LDP and DPJ Differ?" In: *Japan Forum*, Bd., 16, Nr. 1, S. 98.
[61] Tachibana 2008, S. 74.

4 Die Demokratische Partei Japans

- Noda-Gruppe: 花斉会 Kaseikai.[62]
- Hatoyama-Gruppe: „Gruppe zur Realisierung des Regierungswechsels" 政権交代を実現する会 (Seikenkōtai o jitsugen suru kai)
- Yokomichi-Gruppe/Ex-SPJ-Gruppe: „Diskussionsgruppe für eine neue politische Situation" 新政局懇談会 (Shinseikyoku kondankai)

Dazu kam die Minshakyōkai, die bereits 1994 unmittelbar nach dem Aufgehen der DSP in der Shinshintō gegründet worden.[63]

Tabelle 3: Wahl zum DPJ-Parteivorsitz September 2002[64]

Name	Gruppe/Faktion	1. Wahlgang	Stichwahl
Hatoyama Yukio 鳩山 由紀夫	Hatoyama	294	254
Kan Naoto 菅 直人	Kan	221	242
Yokomichi Takahiro 横路 孝弘	Yokomichi	119	-
Noda Yoshihiko 野田 佳彦	Noda	182	-

Quelle: Tachibana Tamiyoshi 2008, Minshutō 10-nenshi. Tokyo: Daiichi Shorin, S. 76 f.

Die Wahl endete mit einem Eklat: Unmittelbar vor der Abstimmung zog Nakano von der Minshakyōkai seine Kandidatur überraschend zurück; seine Gruppe stimmte für Hatoyama, der daraufhin Nakano zum Generalsekretär ernannte. Dieser Kuhhandel sorgte für Empörung, zumal viele

---

[62] Dieser nicht übersetzbare Name ist dem Motto des chinesischen Liberalisierungsprogramms „Lasst hundert Blumen blühen und hundert Vögel singen!" (jap.: 百花斉放 *hyakka seihō*). Ursprünglich „Gruppe der Patrioten" 志士の会 (Shishi no kai).
[63] Shiotani Kimio 2006, *Ima mo ikiteiru Minshatō: sengo no seiji wo tenkan shita yūki*. Tokyo: Sankōsha, S. 206.
[64] Wahl durch Abgeordnete, Kandidaten und Basis.

den jüngeren Okada Katsuya 岡田克也 (*1953) als General wollten.[65] Nachdem bereits der einstige Hoffnungsträger Kan enttäuscht hatte, war nun auch das Ansehen Hatoyamas schwer beschädigt. Als er wenig später eigenmächtig eine Fusion mit Ozawas LP ins Spiel brachte, wurde dies zum Anlass genommen, ihn zum Rücktritt zu drängen.[66]

Vorsitz Kan II – Fusion mit Ozawas LP

Viele jüngere Abgeordnete hofften nun auf einen Generationenwechsel, um die desolate Lage der Partei zu überwinden. Doch Kan setzte sich knapp gegen Okada durch und kehrte drei Jahre nach seiner Abwahl wieder an die Parteispitze zurück, was viele jüngere Abgeordnete desillusionierte.[67] Kan versuchte den Unmut durch die Berufung Okadas zum Generalsekretär abzumildern.

Wie Hatoyama war auch Kan davon überzeugt, dass eine Fusion mit Ozawas LP der richtige Weg zur Vergrößerung der Partei sei. Ozawa hatte seine Partei aus ihrer Koalition mit der LDP geführt und daraufhin eine Spaltung erlitten,[68] sodass der Zeitpunkt für eine Fusion mit der DPJ günstig erschien. Kan gelang es, die Partei nun doch von den Vorteilen einer Fusion zu überzeugen. Ozawa willigte ein, da er einen Misserfolg bei der Unterhauswahl im Sommer 2003 befürchtete. So kam es zu einer Fusion der Parteien; Führung und Programm der DPJ blieben unverändert. Zum dritten Mal diente die DPJ im Vorfeld einer Wahl als Zufluchtsort. Noch 1999 hatten Kan und Hatoyama den Opportunismus der LP beklagt. Kan kritisierte damals:

---

[65] Itō 2008 S. 74; Tachibana 2008, S. 77–80; Uekami und Tsutsumi 2011b, S. 9.
[66] Itō 2008, S. 75.
[67] Ebd., S. 76.
[68] Als Ozawa die Koalition mit der LDP verließ, entschied sich etwa die Hälfte seiner Faktion für den Verbleib in der Koalition. Hierfür gründete sie die Neue Konservative Partei 新保守党 (Shinhoshutō).

> Kurz gesagt, kommt bei der Gründung einer Koalitionsregierung zuerst die Einigung auf die Politik und danach die Regierungsbildung. Aber bei der jetzigen Koalition aus LDP, LP und Kōmeitō ist das ganz umgekehrt. Als der Beitritt der LP zur Koalition beschlossen wurde, war die Einigung über die Politik ganz unklar. Auch bei der Kōmeitō wurde irgendwo zuerst beschlossen, dass man in die Regierung eintritt und die Frage der Politik wurde aufgeschoben.[69]

Nun wurde sogar eine Fusion ohne jede inhaltliche Diskussion vorgenommen und die Unterschiede der Parteien kleingeredet. In der Vereinbarung zur Fusion von DPJ und LP heißt es:

> Im Jahr Heisei 5 [1993] wurde durch die Politikreform der Hosokawa-Regierung ein Wahlsystem der kleinen Wahlkreise eingeführt, das einen Regierungswechsel möglich macht. Aber in den zwei folgenden allgemeinen Wahlen haben die Oppositionsparteien kein System der Wahlkooperation errichtet, sodass kein Regierungswechsel erfolgt ist. Das ist ein Zustand, als wenn man ein Feld pflügt, aber dann vergisst zu säen. Daher sind sich die beiden Parteien [DPJ und LP] einig, im Bewusstsein „[f]ür das große Ganze, die kleinen Unterschiede beiseitezulegen" [und] sich wie im Folgenden geschildert zu vereinen.[70]

Die Wähler begrüßten die Fusion als weiteren Schritt zu einem Zweiparteiensystem. Positiv aufgenommen wurde auch das neue von Kan in Auftrag gegebene Wahlprogramm 2003: Waren die bisherigen Programme aller Parteien 選挙公約 (*senkyo kōyaku*) relativ vage, so beinhaltete das nach dem Vorbild von New Labour konzipierte „Manifest" マニフェスト (*manifesto*) konkrete Politikziele und „Versprechen" 約束 (*yakusoku*).[71]

---

[69] Kan 1999, S. 148.
[70] Zit. n. Tachibana 2008, S. 86 f.
[71] Ishikawa und Yakaguchi 2010, S. 209; Uekami und Tsutsumi 2011b, S. 9; Tachibana 2008, S. 89 ff.

Es sollte die Abkehr vom Klientelismus und zeitgemäßes Werben um den modernen Wechselwähler symbolisieren.[72]

So gelang es der DPJ trotz der ungebrochenen Popularität Koizumis ihre Sitze auszuweiten.[73] Bei der Verhältniswahl konnte sie mit 22,1 Millionen Stimmen die LDP (20,7 Mio.) sogar überflügeln.[74]

Der verfehlte Generationswechsel

Im Jahr 2004 wurde bekannt, dass drei LDP-Minister in der Vergangenheit keine Beiträge zur Rentenversicherung gezahlt hatten. Kan griff die Regierung daraufhin scharf an – wenig später stellte sich jedoch heraus, dass er selbst nicht gezahlt hatte und musste zurücktreten. Ozawa wollte ihn ersetzen, musste jedoch feststellen, dass auch er keine Beiträge geleistet hatte.[75]

Aus dieser peinlichen Situation heraus wurde schließlich der jüngere Okada ohne Gegenkandidaten zum Vorsitzenden gewählt. Er konnte mit seinem seriösen Image gegen den in der Öffentlichkeit zunehmend als hochmütig empfundenen LDP-Premier Koizumi punkten. Bei der Oberhauswahl 2004 baute die DPJ daher ihre Sitze weiter aus, übertraf erneut die LDP und konnte erstmals auch in ländlichen Regionen Mandate erringen, wo die LDP-Stammwähler Koizumis Maßnahmen zum Abbau von Subventionen fürchteten.[76]

Gerade als ein baldiger Machtwechsel greifbar schien, erlitt die DPJ einen schweren Rückschlag. Als Reaktion auf seine Niederlage im Ober-

---

[72] Uekami Takayoshi 2010, „Electoral Manifestos of the Democratic Party of Japan". In: *Social Science Japan*, Ausg. 42, März 2010, S. 12–16.
[73] Durch eine Reform war zuvor die Zahl der Sitze, die nach dem Verhältnisprinzip (Liste) vergeben werden, um 20 reduziert worden (von 200 auf 180), sodass statt 500 nur 480 Parlamentssitze zu vergeben waren. S. Klein 2006, S. 256.
[74] Ishikawa und Yamaguchi 2010, S. 209, 258.
[75] Itō 2008, S. 86 ff.; Pohl 2004, S. 43; später stellte sich heraus, dass den Behörden ein Fehler unterlaufen war und Kan doch gezahlt hatte.
[76] Ishikawa und Yamaguchi 2010, S. 212; Itō 2008, S. 146 f.; Tachibana 2008, S. 97.

haus löste Koizumi in einem überraschenden Manöver das Unterhaus auf und setzte Neuwahlen an, die er geschickt als Volksabstimmung über die von ihm verfolgte Privatisierung des japanischen Postkonzerns inszenierte. Dieses „Koizumi-Theater" 小泉劇場 (Koizumi *gekijō*) traf die DPJ unvorbereitet, die in der Frage der Postprivatisierung keine klare Position vertrat.[77] So erlitt die DPJ 2005 ihre erste Wahlniederlage; die Zahl ihrer Mandate fiel von 177 auf 113 (LDP 296), woraufhin Okada zurücktrat.

Auch Nachfolger Maehara, der als Hoffnungsträger der Parteirechten galt, blieb glücklos. Zunächst sorgte er mit Plänen, die Partei von den Gewerkschaften zu distanzieren, für Unruhe;[78] dann stolperte auch er über einen Skandal, was die Partei noch tiefer ins Chaos stürzte.[79]

4.2.3 Die Ozawa-DPJ (2006-2009)

Durch diese Vorgänge geriet die DPJ in eine schwere Krise. Sie hatte die Wahl verloren; sowohl die Gründungsgeneration als auch ihre hoffnungsvollsten Nachfolger schienen verbraucht. Nun kam die Idee auf, den erfahrenen Ozawa als Vorsitzenden zu installieren. Auch der ehrgeizige Kan kandidierte wieder um den Vorsitz, blieb aber mit 72 zu 119 Stimmen chancenlos. Mit Hatoyama als Generalsekretär und Kan als Vize entschied sich Ozawa für eine Troika als Führungsstruktur. Vor drei Jahren war Ozawa als (formell) gewöhnlicher Abgeordneter in die DPJ eingetreten; nun befand er sich an der Spitze der Partei.[80]

Als Vorsitzender leitete er eine tief greifende programmatische Neuausrichtung der Partei ein. Bislang selbst als Befürworter neoliberaler Politik bekannt,[81] sprach sich Ozawa nun unter dem Slogan „Das Leben der

---

[77] Uekami und Tsutsumi 2011b, S. 10.
[78] Interview in der Asahi Shimbun 16.9.2005.
[79] Japan Times Online 7.3.2006; Pohl 2006, „Die japanische Innenpolitik 2005/2006". In: ders. und Wieczorek, Iris: *Japan 2006. Politik und Wirtschaft*. Hamburg: Institut für Asienkunde, S. 26; Ishikawa und Yamaguchi 2010, S. 218.
[80] Itō 2008, S. 96 f.; Tachibana 2008, S. 124 f.
[81] In den 1990er-Jahren hatte Ozawa viel beachtete Pläne für neoliberale Reformen ent-

Bürger zuerst!" 国民の生活が第一 (*Kokumin no seikatsu ga daiichi*) für ein universelles Kindergeld aus, sowie für Maßnahmen zur Reduzierung von Ungleichheiten auf dem Arbeitsmarkt und weitere egalitäre Maßnahmen. Im Januar 2008 ließ er zudem einen „Parlamentarierbund zur Hebung des gesetzlichen Stands ansässiger Ausländer" 永住外国人法的地位向上推進議員連盟 (*Eijū gaikokujin hōteki chii kōjō suishin giin renmei*) gründen, der einen Vorschlag für das kommunale Wahlrecht für Menschen mit Migrationshintergrund, die keinen japanischen Pass besitzen, und als „Ausländer" keine politischen Rechte haben.[82] Diese *zainichi* (在日) genannte Bevölkerungsgruppe umfasst vor allem Nachkommen der ehemaligen (Zwangs-) Immigranten aus der ehemaligen koreanischen Kolonie.[83]

Diese sozialdemokratische Agenda[84] würde im Falle eines Wahlsiegs bei der nächsten Unterhauswahl auch strategisch sinnvoll sein, da sie eine Koalition mit der SDP ermöglichen würde. Innerparteilich führte sie zu einer Allianz Ozawas mit der linken Yokomichi-Gruppe.[85]

Ein zentraler Bestandteil von Ozawas Strategie war auch der Plan, Direktsubventionen für Bauern einzuführen. So konnte er die Machtbasis der Partei auf dem Land stärken und gleichzeitig durch eine Umgehung des Bauernverbands die Machtbasis der LDP erschüttern.[86] Vor der Oberhauswahl 2007 begab er sich dann öffentlichkeitswirksam auf eine „Pil-

---

wickelt. Für einen Überblick s. Mulgan, Aurelia G. 2015, *Ozawa Ichirō and Japanese Politics. Old Versus New*. London (u. a.): Routledge, S. 12–58; Pohl 2004, S. 26.

[82] Asahi Shimbun 26.1.2008.

[83] Weiner 1989.

[84] Eine genaue Analyse dieser Agenda erfolgt in 4.3; es handelt sich hier um eine vorläufige Einschätzung.

[85] Diese ist fälschlicherweise als Beleg für die (durchaus vorhandene) ideologische Widersprüchlichkeit der DPJ gewertet worden. S. z. B.: Hyde, Sarah J. 2009, *The Transformation of the Japanese Left*. London (u. a.): Routledge, S. 68.

[86] Ishikawa und Yamaguchi 2010, S. 221; Mulgan, Aurelia G. 2011, „The Politics of Economic Reform". In: Gaunder, Alisa (Hg.) 2011, *The Routledge Handbook of Japanese Politics*. London (u. a.): Routledge, S. 267.

gerreise" in die ländlichen Wahlbezirke 一人区行脚 (*hitori-ku angya*), auf der er sich geschickt als Mann des Volks inszenierte.[87]

Erster Schritt zum Machtwechsel

Die Oberhauswahl 2007 war ein großer Erfolg für die DPJ: Sie erreichte erstmals die Mehrheit in dieser Kammer und konnte die LDP in vielen ländlichen Regionen schlagen. Bei ihrem Sieg spielte auch die als unzureichend empfundene Regierungsleistung der LDP eine Rolle. Diese verzeichnete unter Abe Shinzō 安倍 晋三 (*1954) ihr schwächstes Ergebnis seit 1955.[88]

Auch für die Unterhauswahl 2009 setzte die DPJ auf eine sozialdemokratisch gefärbte Agenda, ergänzt durch Reformen zur Zurückdrängung des Einflusses der Bürokratie auf Politik und Wirtschaft. Statt durch höhere Steuern sollte der Geldbedarf für die geplanten Sozialleistungen vollständig durch die Streichung verschwenderischer Staatsausgaben finanziert und auf diese Weise 16,8 Billionen Yen aufgetrieben werden.[89] Hatoyama hatte in diesem Zusammenhang eine Erhöhung der Mehrwertsteuer ausgeschlossen. Im Wahlkampf reiste er zudem nach Okinawa und versprach, die Belastung der Präfektur durch US-Militärbasen zu verringern. Der heftig umstrittene Luftwaffenstützpunkt Futenma sollte nun nicht wie seit Längerem geplant innerhalb Okinawas, sondern ins Ausland oder in eine andere Präfektur verlegt werden.[90]

Die mangelnde Popularität der LDP-Regierung aber auch die Wirtschafts- und Finanzkrise, die Japan mit Verzögerung getroffen hatte, führte zu einer ausgeprägten Wechselstimmung. Tatsächlich fuhr die DPJ bei vergleichsweise hoher Wahlbeteiligung (69,3 %) einen historischen Sieg

---

[87] Itagaki 2008, S. 12.
[88] Hyde 2009, S. 161; Köllner, Patrick 2007, „Oberhauswahl in Japan: Regieren wird schwieriger für Kabinett Abe". In: *GIGA Focus Asien*, Nr. 8/2007, S. 4.
[89] Asahi Shimbun 23.11.2012.
[90] Ishikawa und Yamaguchi 2010, S. 230 f.

ein und erreichte zum ersten Mal seit 1955 einen vollständigen Regierungswechsel. Sie gewann 308 Mandate (271 Wahlkreise), während die LDP mit 199 Sitzen (64 Wahlkreise) eine vernichtende Niederlage erlitt.[91] Getrübt wurde dieser Sieg jedoch durch einen erneuten Skandal. Noch vor der Abstimmung wurde bekannt, dass Ozawa über Tarnorganisationen große Summen von einem Baukonzern erhalten hatte.[92] Kurz vor der Wahl musste er daher zurücktreten und Hatoyama als Spitzenkandidat das Feld überlassen. Der als Stratege vermeintlich unverzichtbare Ozawa wurde trotz des Skandals zum Generalsekretär ernannt.

4.2.4 Die DPJ-Regierungen (2009-2012)

Die Regierung Hatoyama

Der hohe Wahlsieg bot eine solide Ausgangsposition für die erste DPJ-Regierung. Wie geplant koalierte man mit den Sozialdemokraten und der Neuen Volkspartei 国民新党 (Kokumin Shintō), einer kleinen Abspaltung der LDP. Es entstand die größte Regierungsmehrheit, die Japan bis dato gesehen hatte. Trotz dieses großen Siegs gab es Zweifel, ob die DPJ ihre Wahlversprechen tatsächlich nur durch Einsparungen bei „verschwenderischen" Projekten würde finanzieren können.[93] Der Koalitionsvertrag richtete sich im Wesentlichen nach dem Manifest der DPJ; ein weiteres Ziel war die von der pazifistischen SDP mit Nachdruck geforderten Verlegung des US-Luftwaffenstützpunkts auf Okinawa. Innerhalb kurzer Zeit setzte die Regierung zahlreiche Versprechen des Manifests um:

- Abschaffung der Gebühren für die Oberschulen
- Einführung des Kindergelds (in Höhe von 13.000 Yen pro Monat)

---

[91] Ishikawa und Yamaguchi 2010, S. 228.
[92] Mulgan 2015, S. 96 f.
[93] Köllner, Patrick 2009, „Erdrutschsieg der Opposition in Japan: Hintergründe und Perspektiven", *GIGA Focus Asien*, Nr. 9/2009, S. 5.

- Wiedereinführung der unter Koizumi abgeschafften Sozialhilfe für Alleinerziehende
- Direktsubventionen für Bauern
- Steuerfreiheit für Spenden an NPOs
- Ratifizierung eines ambitionierten Klimaabkommens
- Erleichterung des Zugangs zu den Pressekonferenzen der Regierungsorganisationen[94]

Die Erstellung eines Armutsberichts und die Einbeziehung eines Repräsentanten des *haken mura* 派遣村, eines Zeltlagers obdachlos gewordener „irregulärer Arbeiter", in die Regierungsarbeit waren zudem Symbole einer neuen, sozialeren Politik.[95]

Neben diesen Maßnahmen bildete die seit Gründung der Partei verfolgte Politikreform einen Schwerpunkt des Regierungshandelns. Unter dem Schlagwort „politische Führung" 政治主導 (*seiji shudō*) wurde die Staatsministerkonferenz 事務次官会議 (*jimu jikan kaigi*), mittels derer die Bürokratie die Legislative über Jahrzehnte dominiert hatte, abgeschafft und durch Konferenzen der jeweils drei höchsten Parlamentarier der Ministerien (Minister, Vizeminister und parlamentarischer Staatssekretär) ersetzt. Um der Bürokratie auch die Planung des Haushalts zu entreißen, wurde ein „Büro für die nationale Strategie" 国家戦略室 (*kokka senryaku-shitsu*) im Premierministeramt eingerichtet, sowie zwei Ministerien für nationale Strategie 国家戦略省 (*kokka senryaku-shō*) und Verwaltungsreform 行政刷新省 (*gyōsei sasshin-shō*) etabliert.[96]

Neben diesen Maßnahmen zur Zurückdrängung der Bürokratie verfolgte Generalsekretär Ozawa, der eigentliche Machthaber der Regierung, weitere Maßnahmen zur Zentralisierung der Macht. Auch den Einfluss

---

[94] Ishikawa und Yamaguchi 2010, S. 228; Saaler 2010, S. 1.
[95] Yamaguchi Jirō 2012, *Seiken kōtai to ha nan datta no ka*. Tokyo: Iwanami Shoten, S. 5.
[96] Ishikawa und Yamaguchi 2010, S. 228; Mulgan 2015, S. 144.

der eigenen Partei und Fraktion beschnitt er zugunsten des Kabinetts. So setzte er durch, den Politikforschungsrat 政策調査会 (*seisaku chōsa-kai*), das Gremium in dem die Abgeordneten Gesetzvorschläge erarbeiteten, abzuschaffen und die legislative Arbeit dem Kabinett und dem Premierministeramt zu unterstellen. Dies präsentierte er als Maßnahme gegen Lobbyismus und zentralisierte mit derselben Begründung das Petitionsverfahren, mit dem Interessengruppen und Kommunen ihre Investitionsvorschläge der Regierung übermitteln, in seinem Büro. Das bedeutete eine Beschneidung der Rolle der Abgeordneten, in deren Reihen sich Unmut über die vermeintliche „Ozawa-Diktatur" breitmachte.[97]

Diese Zentralisierung sollte es erleichtern, die im Wahlkampf beklagte „Verschwendung" von Steuergeldern zu beenden. Bald begann die versprochene Überprüfung aller öffentlichen Unternehmen hinsichtlich der vermuteten Einsparpotentiale 事業仕訳 (*jigyô shiwake*). Wie von Kritikern erwartet, gestaltete sich diese Suche jedoch als schwierig. Statt der anvisierten Zahl von 18,8 Billionen Yen sollte die DPJ während ihrer dreijährigen Regierungszeit nur 680 Milliarden auf diese Weise einsparen.[98] Dabei spielte zunächst wohl auch eine Rolle, dass die Parteiführung vor der Oberhauswahl 2010 keine Wähler durch Streichungen verprellen wollte.[99]

Schon bald sah sich die neue Regierung Hatoyama mit zahlreichen Schwierigkeiten konfrontiert. Problematisch war insbesondere die Haushaltslage, die sich im Zuge der weltweiten Finanzkrise verschlechterte. Aus diesem Grund konnte das Kindergeld nur in verringertem Umfang etabliert werden (13.000 statt 26.000 Yen pro Monat); die ebenfalls versprochene Abschaffung von Benzinsteuer und Autobahngebühren wurde aufgeschoben.[100] Auch die Implementierung des „Büros für nationale

---

[97] Mulgan 2015, S. 145, 174–210.
[98] Asahi Shimbun 23.11.2012.
[99] Mulgan 2015, S. 149–155.
[100] Ishikawa und Yamaguchi 2010, S. 230.

4 Die Demokratische Partei Japans

Strategie" misslang. Zwischen dem Büro und den Ministerien kam es zu Kompetenzstreitigkeiten. Zudem war die neue Behörde unterbesetzt, sodass sich die Verabschiedung des Budgets verzögerte.[101]

Einen schweren Schlag erlitt die neue Regierung Ende 2009, als nun auch gegen Hatoyama Vorwürfe bezüglich illegaler Spenden erhoben wurden. Große Geldbeträge, die seine Mutter ihm überwiesen hatte, waren gestückelt und unter falschen Namen verbucht worden.[102] Die juristische Verantwortung konnte – wie im Fall Ozawa – auf einen Sekretär abgeschoben werden; der politische Schaden war jedoch groß.[103]

Als größtes Problem erwies sich jedoch die Außenpolitik. Die USA verweigerten die von Hatoyama versprochene Verlagerung der Basis Futenma an einen Ort außerhalb Okinawas. Seine Autorität wurde empfindlich untergraben, als sich Außenminister Okada und Verteidigungsminister Kitazawa Toshimi 北澤 俊美 (*1938) in dieser Frage gegen ihn stellten, da sie eine Beschädigung der US-japanischen Beziehungen fürchteten.[104] Hatoyama stimmte schließlich der ursprünglich geplanten Verlagerung innerhalb Okinawas zu, was für die SDP nicht tragbar war.[105] So kam es zum Bruch der Koalition; Hatoyama und Ozawa räumten im Juni 2010 ihre Posten.

---

[101] Itō Mitsutoshi 2014, „Minshutō no manifesuto to seiken unei". In: ders. und Miyamoto Tarō (Hg.), *Minshutō seiken no chōsen to zasetsu. Sono keiken kara nani wo manabuka*. Tokyo: Nihon keizai hyōron-sha, S. 25 ff.

[102] Ishikawa und Yamaguchi 2010, Ebd.; Pohl, Manfred 2010, „Innenpolitik 2009/2010". In: Chiavacci, David und Wieczorek, Iris (Hg.), *Japan 2010. Politik, Wirtschaft und Gesellschaft*. Berlin: VSJF, S. 39.

[103] Yamaguchi 2012, S. 10 f.

[104] Ebd.; Saaler 2010, S. 2 f.

[105] Die Präfektur Okinawa ist die letzte Hochburg der SDP. Sie hält im Unterhauswahlkreis Okinawa 2 sogar das Direktmandat (Teruya Kantoku 照屋 寛徳, *1945). Der zweite Unterhausabgeordnete der SDP (Yoshikawa Hajime 吉川 元, *1966) hat sein Mandat im Verhältniswahlkreis Kyūshū, der die Präfektur Okinawa einschließt.

Die Regierung Kan

Als Nachfolger wurde Kan bestimmt, der im Kabinett Hatoyama den Posten des Finanzministers innehatte. Dies stellte bereits seine dritte Rückkehr an die Spitze der Partei dar. Der für seinen konfrontativen Stil bekannte Kan ignorierte die bisherige Praxis, den inneren Frieden der Partei durch Personalpolitik und Zugeständnisse zu achten. Statt den mächtigen Ozawa einzubinden, ernannte er die beiden Ozawa-Gegner Edano Yukio 枝野 幸男 (*1964, Kan-Gruppe/Maehara-Gruppe) und Sengoku Yoshito 仙谷 由人 (*1946, Maehara-Gruppe) zu Generalsekretär und Regierungssprecher 官房長官 (kanbō chōkan).[106] In einem Interview ließ er sich zu der Äußerung hinreißen: „Es wäre besser, wenn Herr Ozawa so freundlich wäre und für eine Weile schweigen würde."[107] Durch diesen Affront verschärfte Kan die Fronten in der Partei.[108]

Auch politisch vollzog er eine Kehrtwende. Er setzte den Politikforschungsrat der Partei wieder ein und ließ eine kooperativere Haltung gegenüber den Spitzenvertretern der Bürokratie erkennen, nachdem die Regierung Hatoyama auf eine Emanzipierung der Politik gesetzt hatte. Unter dem Eindruck der Staatsschuldenkrise in Griechenland leitete er zudem einen wirtschaftspolitischen Kurswechsel ein.[109] Er rückte von den Versprechen des Manifests ab und richtete seinen Fokus auf das Wirtschaftswachstum. Dieses sollte durch Steuersenkungen für Unternehmen, die Teilnahme am Freihandelsabkommen TPP und Investitionen in Zukunftsindustrien ermöglicht werden. Dieser von ihm als „Dritter Weg" bezeichnete Kurs sollte den Arbeitsmarkt stützen, die Staatsfinanzen sanieren und die Sozialversicherungen schließlich stärken. Wenige Wochen vor der Wahl kündigte er zudem eine Erhöhung der Mehrwertsteuer von

---

[106] Pohl 2010, S. 34; Shiota Ushio 2010, *Minshutō seiken no shinjitsu*. Tokyo: Mainichi Shinbunsha, S. 21–25; Yomiuri Shimbunsha Seijibu 2011, S. 22.
[107] Shiota 2010, S. 25.
[108] Itō 2014, S. 32.
[109] Ishikawa und Yamaguchi 2010, S. 232.

fünf auf zehn Prozent bis 2015 an. Dabei sollte für finanziell Schwache ein reduzierter Satz eingeführt werden – das Kabinett legte sich aber zum Ärger der Wähler auf keine genauen Angaben fest.[110] Das abrupte Abrücken vom Wahlprogramm stieß bei den Wählern auf Ablehnung; die DPJ büßte die Mehrheit im Oberhaus ein.[111] Schon nach einem Jahr war die nach dem Regierungswechsel so starke Machtposition verspielt worden. Von nun an war das Regieren im „verdrehten Parlament" 捻じれ国会 (*nejire kokkai*), bei dem die beiden Parlamentskammern unterschiedliche Mehrheiten aufweisen, von zähen Kompromissen mit der LDP geprägt. Diese Niederlage führte innerhalb der DPJ zu scharfen Auseinandersetzungen über den Kurs der Regierung. Unabhängig von der Rechts-links-Positionierung entstanden drei Lager:

- *Erstens* die „Idealisten" um Ozawa, Hatoyama und Yokomichi, die an den Ideen des Manifests festhalten wollten und Kan Verrat am Manifest vorwarfen.
- *Zweitens* die „Realisten" um Kan und die Parteirechte, die eine Erhöhung der Mehrwertsteuer für unumgänglich hielten und den korrupten und autoritären Ozawa ablehnten.
- *Drittens* nahmen die Minshakyōkai und die gemäßigt rechte Kano-Gruppe eine Mittelstellung ein.[112]

Vor diesem Hintergrund wurde wenige Wochen nach der Oberhauswahl die Wahl zum Parteivorsitz abgehalten. Ozawa entschied sich dazu, gegen Kan anzutreten. Dies führte zu Chaos in der Partei; nicht einmal die parteiinternen Gruppen fanden zu einer geschlossenen Haltung.[113] Das große Misstrauen in Kan zeigte sich darin, dass die Hälfte der Abgeordneten für

---

[110] Yamaguchi 2012, S. 14.
[111] Pohl 2010, S. 50.
[112] Yamaguchi 2012, S. 16; Yomiuri Seijibu 2011, S. 132.
[113] Asahi Shimbun 25.4.2011.

Ozawa stimmte. Kan konnte sich nur durch die Unterstützung der Basis knapp im Amt behaupten.[114]

Die restliche Amtszeit Kans war von akuten Krisen gekennzeichnet, die eine normale Regierungstätigkeit nahezu unmöglich machten. Im September 2010 spitzte sich der Territorialkonflikt mit der Volksrepublik China zu, nachdem ein chinesisches Fischerboot in japanische Hoheitsgewässer eingedrungen war und Schiffe der Küstenwache gerammt hatte.[115] Im März 2011 wurde Japan von der verheerenden Dreifachkatastrophe aus Erdbeben, Tsunami und Reaktorschmelze in der Tōhoku-Region heimgesucht. Hinsichtlich des Krisenmanagements der Regierung Kan gibt es unterschiedliche Einschätzungen;[116] ein Verdienst Kans war es jedoch, die Verantwortung der Atomlobby am Reaktorunfall zu thematisieren. Dies brachte allerdings die Minshakyōkai in Bedrängnis, welche unter anderem die Gewerkschaften der Energiekonzerne vertritt, sodass auch Kans eigenmächtige Ankündigung des Atomausstiegs zu Spannungen führte.[117] Auch die Medien stellten sich gegen Kan, wobei in diesem Zusammenhang möglicherweise eine Rolle spielte, dass die Energiekonzerne nicht nur Hauptspender der LDP, sondern auch Werbepartner vieler Medien sind.[118]

Im Sommer beschloss die LDP trotz der andauernden Katastrophenlage, der Regierung fortan die Kooperation zu verweigern und Kan dadurch zu stürzen. Dazu nutzte sie die Abstimmung über die Ausgabe von zu-

---

[114] Yomiuri Seijibu 2011, S. 24.
[115] Ebd., S. 25.
[116] Für eine positive Bewertung s. Kingston, Jeff 2011b, „Ousting Kan Naoto: The Politics of Nuclear Crisis and Renewable Energy in Japan." In: *The Asia-Pacific Journal* Bd. 9, Ausg. 39, Nr. 5, September 26. Eine ausgewogene Bewertung bietet Rövekamp, Frank 2015, „Der Premierminister und der Atomunfall: Zur Bewertung des Krisenmanagements von Naoto Kan während der Fukushima Atomkatastrophe". In: Chiavacci, David und Wieczorek, Iris (Hg.) 2015, *Japan 2015. Politik, Wirtschaft und Gesellschaft*. Berlin: VSJF, S. 53–61.
[117] Yomiuri Seijibu 2011, S. 243.
[118] Kingston 2011b.

sätzlichen Staatsanleihen, die für die Bewältigung der Katastrophenfolgen notwendig waren. Obwohl die LDP-Führung die Notwendigkeit der Kredite nicht bestritt, würde sie der Ausgabe nur zustimmen, wenn Kan im Gegenzug seinen Rücktritt erklären würde. Kan wiederum stellte die Bedingung, dass er erst dann zurücktreten werde, sobald der Haushalt, das Gesetz zur Aufnahme der Staatsanleihen sowie ein Gesetz zur Förderung regenerativer Energien verabschiedet seien.[119] Nachdem dies umgesetzt war, trat er im August 2011 zurück.

Die Regierung Noda

Bei der Wahl um Kans Nachfolge einigten sich Hatoyama und Ozawa darauf, den bisherigen Wirtschaftsminister Kaieda Banri 海江田 万里 (*1949) von der Parteilinken zu unterstützen. Von der Parteirechten kandidierten Maehara und der bisherige Finanzminister Noda, der Kans finanzpolitischen Kurs fortsetzen wollte.

Tabelle 4: Wahl zum DPJ-Parteivorsitz August 2011[120]

Name	Gruppe/Faktion	1. Wahlgang	Stichwahl
Kaieda Banri 海江田万里	Hatoyama	143	177
Noda Yoshihiko 野田 佳彦	Noda	102	215
Maehara Seiji 前原 誠司	Maehara	74	-
Mabuchi Sumio[121] 馬淵 澄夫	-	24	-

Quelle: Nihon Keizai Shimbun Online 29.8.2011 „Minshu shin-daihyō ni Noda-shi kessen tōhyō de Kaieda-shi o gyakuten".

[119] Yomiuri Seijibu 2011, S. 261.
[120] Wahl durch Abgeordnete.
[121] Nach Hamamoto gehört Mabuchi der Kan-, der Maehara- sowie der Hata-Gruppe an (Hamamoto 2011, S. 66 ff.).

Kaieda erhielt im ersten Durchgang die meisten Stimmen. In der Stichwahl stimmte jedoch die gesamte Rechte für Noda, was ihm den Sieg sicherte.[122] Auch die Kan-Gruppe, eigentlich der Linken zugerechnet, stimmte für Letzteren. Kan und die Parteirechte lehnten Kaieda ab, den sie für eine Marionette Ozawas hielten.[123] Um die Parteilinke einzubinden, ernannte Noda den Ozawa-Vertrauten Koshiishi Azuma 輿石 東 (*1936) von der Yokomichi-Gruppe nach bewährtem Muster zum Generalsekretär.[124]

Noda gehört wie Maehara zur „zweiten Generation" der DPJ und hatte seine Laufbahn erst nach dem Ende des 1955er-Systems in der Nihon Shintō begonnen; im Vorjahr hatte er mit der Äußerung für Wirbel gesorgt, dass die nach dem Zweiten Weltkrieg Verurteilen keine Kriegsverbrecher seien. Somit sei auch der Besuch des Yasukuni-Schreins unproblematisch.[125] Zum ersten Mal befand sich ein reaktionärer Nationalist an der Parteispitze der DPJ.

Wie Kan bewertete Noda die Staatsfinanzen als wichtigstes Thema und kündigte an, sein „politisches Leben" mit der Frage der Mehrwertsteuererhöhung zu verbinden.[126] Dabei hatte er zwei Gegner: Die LDP würde der Erhöhung nur zustimmen, wenn Noda im Gegenzug bald Neuwahlen herbeiführen würde; sie war entschlossen, alle weiteren Maßnahmen des Manifests durch ihre Oberhausmehrheit zu obstruieren. Dies kam Noda, der inhaltlich der LDP nahestand, nicht ungelegen. Weiterer Widerstand kam aus den eigenen Reihen, denn die „Idealisten" lehnten die Steuererhöhung noch immer entschieden ab und sahen nur das Manifest als Richtschnur der Regierungspolitik an. Als die Erhöhung schließlich im Sommer 2011 mithilfe der Opposition beschlossen wurde, eskalierte der Richtungsstreit.

---

[122] Yamaguchi 2012, S. 29.
[123] Yomiuri Seijibu 2011, S. 12.
[124] Ebd., S. 13 f.
[125] Asahi Shimbun 17.8.2011.
[126] Japan Times Online 25.3.2012.

4 Die Demokratische Partei Japans

Ozawa verließ mit 49 Abgeordneten seiner Faktion die DPJ und gründete die nach seinem Credo benannte Partei „Das Leben der Bürger zuerst!". Sie schrieb sich den Widerstand gegen die Erhöhung der Mehrwertsteuer und den Ausstieg aus der Atomenergie auf die Fahne.[127] Dass sich unter den Rebellen zehn der zwölf Oberhausabgeordneten befanden, die sich bald der Wiederwahl stellen mussten, legt auch hier die Bedeutung wahltaktischer Erwägungen nahe.[128] Die Abspaltung setzte einen schleichenden Auflösungsprozess der DPJ in Gang. In der Folge verließen immer wieder Abgeordnete, alleine oder in kleinen Gruppen, die Partei. Schließlich verfügte die DPJ nur noch über eine dünne Mehrheit im Unterhaus.[129] Hatoyama, der gegen die Steuererhöhung gestimmt hatte, war isoliert und zog sich aus der Partei zurück.

Da Noda die restliche Amtszeit Kans als Parteivorsitzender übernommen hatte, musste er sich kurz vor der erwarteten Neuwahl auch dem Votum der Partei stellen. Für die durch Ozawas Abgang geschwächte Parteilinke kandidierte dieses Mal der ehemalige Landwirtschaftsminister Akamatsu (Yokomichi-Gruppe). Die Parteirechte konnte sich nicht auf einen Kandidaten einigen: Neben Amtsinhaber Noda kandidierten Kano Michihiko 鹿野　道彦 (*1942) und Haraguchi Kazuhiro 原口　一博, (*1959), beide Anführer kleinerer Gruppen.

---

[127] Asahi Shimbun 12.7.2012.
[128] Asahi Shimbun 3.7.2012.
[129] Pekkanen, Robert und Reed, Steven R. 2013, „Introduction". In: dies. (u. a.) (Hg.) 2013, *Japan Decides. The Japanese General Election*. New York: Palgrave Macmillan, S. 8.

Tabelle 5: Wahl zum DPJ-Parteivorsitz September 2012[130]

Name	Gruppe/Faktion	1. Wahlgang	Stichwahl
Noda Yoshihiko 野田 佳彦	Noda	818	-
Haraguchi Kazuhiro 原口 一博	Haraguchi	154	-
Akamatsu Hirotaka 赤松 広隆	Yokomichi	123	-
Kano Michihiko 鹿野 道彦	Kano	113	-

Quelle: Nihon Keizai Shimbun 21.09.2012 „Noda-shushō, Minshu daihyō ni saisen tokuhyō rokuwari-chō".

Grund für die Spaltung der Rechten war das Freihandelsabkommen TPP. Noda, der einen urbanen Wahlkreis vertritt (Chiba 4, Funabashi), befürwortete das Abkommen, die aus den ländlichen Regionen stammenden Kano, Haraguchi sowie Akamatsu lehnten es ab.[131] Durch die Uneinigkeit seiner Gegner blieb Noda im Amt,[132] eine Neuausrichtung blieb aus.

Dies verhieß für die Neuwahl nichts Gutes, denn Nodas Umfragewerte waren schon kurz nach seinem Antritt erodiert und stagnierten auf niedrigem Niveau. Durch die Vormacht der Parteirechten und die Kooperation mit der LDP hatte die DPJ ihr eigenständiges Profil verloren. Die LDP war 2009 wegen ihrer Skandale und politischen Fehler abgewählt worden, schon seit Längerem gab die DPJ allerdings kaum ein besseres Bild ab. Letztere war mit einer sozialdemokratischen Agenda und zahlreichen Versprechen angetreten, reduzierte dann aber ihr Image auf das einer rei-

---

[130] Wahl durch Abgeordnete, Kandidaten und Basis.
[131] Winkler, Chris 2012, Neue Führer – alte Politik? Die Präsidentenwahlen von DPJ und LDP und ihre Auswirkungen auf Japans Politik. *FES Perspektive*, November 2012, S. 2 f.; Yomiuri Seijibu 2012, S. 7.
[132] Pohl, Manfred 2013, „Japanische Innenpolitik 2012/13". In: Chiavacci, David und Wieczorek, Iris (Hg.), *Japan 2013. Politik, Wirtschaft und Gesellschaft*. Berlin: VSJF, S. 64.

nen „Steuererhöhungspartei"[133]. Schließlich kündigte Noda Neuwahlen für Dezember 2012 an.

4.2.5 Erneute Opposition (seit 2012)

Erwartungsgemäß endete die Unterhauswahl 2012 mit einer dramatischen Niederlage für die DPJ. Die Reduzierung ihrer Fraktion von 230 auf 57 Sitze (2009: 308) bedeutete nichts weniger als den Zusammenbruch des drei Jahre zuvor entstandenen Zweiparteiensystems. Große Wahlgewinnerin war auf den ersten Blick die LDP, die zusammen mit ihrer langjährigen Koalitionspartnerin Kōmeitō fast die Zweidrittelgrenze erreichte. Interessanterweise hatte sie jedoch in der Verhältniswahl mit 16,6 Millionen Stimmen sogar weniger Stimmen erhalten als bei ihrer Niederlage 2009 (18,8 Mio.).[134] Es handelte sich um eine klare Abwahl der DPJ, aber viele Wähler misstrauten offensichtlich auch der LDP und blieben den Wahlurnen fern. Äußerst erfolgreich war die rechtspopulistische Erneuerungspartei 維新の党 (Ishin no Tō), die mit 54 Mandaten fast mit der DPJ gleichzog.

Für die japanische Linke bedeutete die Wahl einen großen Rückschlag, wofür in erster Linie ihre Spaltung verantwortlich war. Zwar fusionierte die Ozawa-Partei unmittelbar vor der Wahl mit der neuen linksökologischen Zukunftspartei 未来の党 (Mirai no Tō). Dies führte aber dazu, dass mit der DPJ, der Zukunftspartei, der SDP und den Kommunisten gleich vier Parteien aus dem linken Spektrum antraten, die sich zudem alle für einen Atomausstieg aussprachen. So kam es in den Wahlkreisen zu starken Kannibalisierungseffekten bzw. zum „gemeinsamen Umfallen" 共倒れ (*tomodaore*) der Kandidaten. Dies lässt sich am (nicht für alle Wahlkreise repräsentativen) Beispiel des Wahlkreises Aichi 3 verdeutlichen:[135]

---

[133] Pohl 2013, S. 61.
[134] Asahi Shūkan 12/2012, S. 20.
[135] http://www.yomiuri.co.jp/election/shugiin/2012/kaihyou/ya23.htm#k012.

Tabelle 6: Tomodaore – Ergebnis des Wahlkreises Aichi 3

Ikeda Yoshitaka 池田 佳 (LDP)	77.700 Stimmen	36,7 %
Kondō Shōichi 近藤 昭一 (DPJ)	73.927 Stimmen	34,9 %
Isoura Azuma 磯浦 東 (Zukunft)	39.861 Stimmen	18,8 %
Ishikawa Hisashi 石川 寿 (KPJ)	20.421 Stimmen	9,6 %

Quelle: http://www.asahi.com/senkyo/sousenkyo46/kaihyo/A23.html#Area003.

Es ist leicht erkennbar, dass der Wahlkreis durch die Konkurrenz zwischen DPJ und der Zukunftspartei trotz eines deutlichen Übergewichts ‚linker Stimmen' an den Kandidaten der LDP ging, während der knapp zweitplatzierte Kondō dem *tomodaore* zum Opfer fiel.

Vorsitz Kaieda (Dezember 2012-Dezember 2014)

Erwartungsgemäß trat Noda vom Parteivorsitz zurück. Sein Nachfolger hatte eine schwere Aufgabe zu übernehmen: Das Ansehen der DPJ war nach drei wenig erfolgreichen Regierungsjahren schlecht; mit der Erneuerungspartei existierte nun eine weitere große Oppositionspartei, die zudem weniger durch Misserfolge und Skandale vorbelastet war.[136] Es kandidierte erneut Kaieda (*1949) von der Parteilinken sowie der Verlegenheitskandidat Mabuchi Sumio 馬淵 澄夫 (*1960) von der Parteirechten.[137] Deren Hoffnungsträger, der junge und charismatische Hosono Gōshi 細野 豪志 (*1971) hatte eine Kandidatur abgelehnt. Kaieda setzte sich mit 92 zu 54 Stimmen durch und ernannte Hosono zum Generalsekretär.

---

[136] Weiner, Robert J. 2013, „The Remains of the DPJ." In: Pekkanen, Robert und Reed, Steven R. (u. a.) (Hg.) 2013, *Japan Decides. The Japanese General Election*. New York: Palgrave Macmillan, S. 69.

[137] Japan Times Online 24.12.2012; Asahi 25.12.2012; Asahi 25.12.2012 Abendausgabe.

4 Die Demokratische Partei Japans

Auch Kaieda war ein Kompromisskandidat. Er war für die Minshakyōkai und die Parteirechte akzeptabel, da er die Kernenergie befürwortete.[138] Von Beginn an war sein Image angekratzt, da er als Wirtschaftsminister im Vorfeld der Reaktorkatastrophe für die Atomregulierung zuständig gewesen war.[139] Ebenfalls wurde ihm angelastet, dass er nach Angriffen der Opposition die Nerven verloren und im Parlament Tränen vergossen hatte.[140]

Die Popularität des LDP-Kabinetts unter Abe mit einer Zustimmungsrate von 59 Prozent ließ für die Oberhauswahl im Juli 2013 eine erneute DPJ-Niederlage erwarten, zumal die LDP bereits die Regionalwahlen in Tokyo für sich entschieden hatte.[141] Bei niedriger Wahlbeteiligung erlitt die DPJ eine weitere Niederlage, während die LDP ihre Vormacht auch im Oberhaus ausweitete. In der Verhältniswahl erreichte die DPJ nur noch den dritthöchsten Stimmenanteil mit 13,4 Prozent hinter der Kōmeitō (14,2 Prozent).

Von der mangelnden Popularität der Partei konnte paradoxerweise die Parteilinke und die Minshakyōkai profitieren, da ihre Kandidaten auf organisierte Stimmen der Gewerkschaften zugreifen können und weniger von Wechselwählern abhängig sind. Daher waren unter sieben gewählten Kandidaten sechs Gewerkschafter; darunter vier von der Minshakyōkai und zwei von der Yokomichi-Gruppe.[142]

Erneut beschäftigten strategische Gedankenspiele die Partei. Auf Initiative Hosonos wurden Kooperationsmöglichkeiten mit der rechtspopulistischen Erneuerungspartei und der neoliberalen Jedermannspartei みんなの党 (Minna no Tō), einer Abspaltung der LDP, geführt. Hashimoto Tōru

---

[138] Yomiuri Seijibu 2011, S. 235.
[139] Ebd., S. 11.
[140] Asahi Shimbun 27.8.2011; Yomiuri Seijibu 2011, S. 262.
[141] Pohl, Manfred 2013, „Japanische Innenpolitik 2012/13". In: Chiavacci, David und Wieczorek, Iris (Hg.), *Japan 2013. Politik, Wirtschaft und Gesellschaft*. Berlin: VSJF, S. 65 ff.
[142] Sankei Shimbun 23.7.2013.

橋下 徹 (*1969) von der Erneuerungspartei lehnte jedoch eine Kooperation ab.[143] Auch die hinter der Yokomichi-Gruppe stehende Gewerkschaft der kommunalen Arbeiter, Jichirō, hielt jede Form der Zusammenarbeit mit der Erneuerungspartei für „keinesfalls akzeptabel".[144] Die Fusion mit der Jedermannspartei kam ebenfalls nicht zustande.

Im Herbst 2014 nutzte Premier Abe die guten Umfragewerte und setzte Neuwahlen für den Dezember an, was die Opposition unvorbereitet traf. Die DPJ konnte sich gegenüber ihrem sehr schwachen Ergebnis von 2012 geringfügig erholen und ihre Mandatszahl von 62 auf 73 steigern. Überraschend büßte aber Parteichef Kaieda seinen Wahlkreis in Tokyo ein (Tokyo 1) und verpasste auch den Einzug über die Liste.

Vorsitz Okada und der Beginn des „Gemeinsamen Kampfs"

Zur Wahl stellten sich nun der als Zentrist geltende Okada, Hosono von der Parteirechten und Nagatsuma Akira 長妻 昭 (*1960), der der Kan-Gruppe angehört und im Kabinett Hatoyama Minister für Arbeit und Gesundheit war. Er wurde von der Parteilinken gestützt.[145] Bezüglich der Ausrichtung der Partei sagte er: „Ich habe das starke Gefühl, dass wir den Einfluss der Partei nur vergrößern können, wenn wir uns zum Liberalismus bekennen" und forderte eine „Korrektur sozialer Ungleichheit" 格差是正 (kakusa zesei), kündigte Widerstand gegen die Ausweitung der Befugnisse der Selbstverteidigungsstreitkräfte und das Wiederanfahren der Atomreaktoren an.[146]

Durch das Ziel der Verringerung sozialer Ungleichheit gibt es keinen Zweifel daran, dass Nagatsumas „Liberalismus" als sozialdemokratischer Liberalsozialismus zu verstehen ist. Die Stimmen der Kan-Gruppe und der Yokomichi-Gruppe reichten jedoch nicht aus, um Nagatsuma in die

---

[143] Japan Times 9.1.2013.
[144] Asahi Shimbun 5.10.2014.
[145] Asahi Shimbun 8.1.2015; Japan Times Online 7.1.2015.
[146] Sankei News 29.12.2014.

4 Die Demokratische Partei Japans

Stichwahl zu verhelfen. Somit kamen Okada und Hosono in die Stichwahl, bei der strategische Fragen im Vordergrund standen: Okada lehnte wie die Parteilinke eine Fusion mit der Erneuerungspartei ab, Hosono befürwortete diesen Schritt.[147] Zugleich traten zwei Generationen gegeneinander an: Hosono gehört zur jüngeren, „dritten Generation" der Partei,[148] Okada (wie Nagatsuma) zur „zweiten Generation". Mit den Stimmen der Parteilinken entschied Okada die Stichwahl für sich und wurde fast zehn Jahre nach seiner ersten Amtszeit erneut Vorsitzender.

Tabelle 7: Wahl zum DPJ-Parteivorsitz Januar 2015[149]

Name	Gruppe/Faktion	1. Wahlgang	Stichwahl
Hosono Gōshi 細野 豪志	Hosono	298	120
Okada Katsuya 岡田 克也	-	294	133
Nagatsuma Akira 長妻 昭	Kan	168	-

Quelle: Japan Times Online 18.1.2015 „Okada defeats Hosono to win DPJ presidential election".

Unter seiner Führung präsentierte sich die DPJ zunehmend als sozialdemokratische Alternative zur regierenden LDP. Hintergrund war der nationalistisch-autoritäre Kurs der Regierung Abe. Er besetzte den öffentlich-rechtlichen Rundfunk mit bekannten Rechtsextremisten,[150] schränkte den Spielraum für investigativen Journalismus durch ein Gesetz zum Schutz von Staatsgeheimnissen 特定秘密保護法 (*tokutei himitsu hogo-hō*) ein,[151]

---

[147] Winkler, Christian G. 2015, „Innenpolitik Japans 2014/2015". In: Chiavacci, David und Wieczorek, Iris (Hg.), *Japan 2015. Politik, Wirtschaft und Gesellschaft*. Berlin: VSJF, S. 34 f.
[148] Asahi Shimbun 23.1.2015.
[149] Wahl durch Abgeordnete und Basis.
[150] Spremberg, Felix 2014, „Rechtsruck in Japan? Am Rundfunksender NHK zeigen sich die Konflikte der japanischen Gesellschaft". In: *ipg-journal*, August 2014.
[151] The Guardian Online 10.12.2014.

und plante eine Revision der Verfassung unter autoritärem Vorzeichen.[152] Die LDP setzte 2015 auch eine gesetzliche Reinterpretation des Pazifismusartikels der Verfassung durch. Dieser illiberale Kurs stieß in Teilen der Bevölkerung auf Widerstand – mit SEALDs bildete sich eine linksliberale Studentenbewegung, die gegen die Regierung protestierte.[153]

Die Dominanz der LDP-geführten Regierung führte zu intensiven Verhandlungen für eine Kooperation der Oppositionsparteien, um ein erneutes „gemeinsames Umfallen" ihrer Kandidaten zu verhindern. Im Vorfeld der Oberhauswahl 2016 gelang es, eine linke Wahlkooperation zwischen der DPJ, der KPJ, einem Splitter der Erneuerungspartei, der SDP und Ozawas neuer Lebenspartei 生活の党 (Seikatsu no tō) zu vereinbaren. Die DPJ konnte sich dadurch auf niedrigem Niveau stabilisieren. Trotz des Erfolgs entzündete sich dieser Strategie des „Gemeinsamen Kampfes von Demokraten und Kommunisten" 民共共闘 (*minkyō kyōtō*) ein heftiger Streit, da ein Teil der DPJ-Rechten bis heute jede Zusammenarbeit mit den Kommunisten kategorisch ablehnt. Einen vorläufigen Höhepunkt fand dieser Streit, als der stellvertretende Generalsekretär Nagashima Akihisa 長島 昭久 (*1962, Noda-Gruppe) medienwirksam seinen Austritt aus der Partei erklärte.[154]

Wie bereits mehrmals in der Entwicklungsgeschichte der DPJ suchte man sein Heil in einer Vergrößerung der Partei durch eine Fusion. Eine Gelegenheit dafür bot sich im Herbst 2015, als die Erneuerungspartei zerbrach. Der rechtspopulistische Flügel der Partei, einschließlich Parteiführer Hashimoto verließ die Partei, die Führung ging an Matsuno Yorihisa

---

[152] Repeta, Lawrence 2013, „Japan's Democracy at Risk – The LDP's Most Dangerous Proposals for Constitutional Change." In: *The Asia-Pacific Journal*, Bd. 11, Ausg. 28, Nr. 3, S. 1–16.

[153] Der volle Name dieser von Mai 2015 bis August 2016 aktiven Studentenbewegung lautet ‚Students Emergency Action for Liberal Democracy-s' (jap.: 自由と民主主義のための学生緊急行動 *Jiyū to minshushugi no tame no gakusei kinkyū kōdō*). S. Kingston, Jeff 2015, „SEALDs: Students Slam Abe's Assault on Japan's Constitution". In: *The Asia-Pacific Journal*, Bd. 13, Ausg. 36, Nr. 1, September 7, 2015.

[154] Zit. n. Sankei News 10.4.2017.

4 Die Demokratische Partei Japans

松野　頼久 (*1960), einen ehemaligen DPJ-Abgeordneten (Hatoyama-Gruppe). Im Zuge der Fusion mit der DPJ, die im März 2016 vollzogen wurde, beschloss man angesichts der noch immer geringen Popularität der Partei, die Umbenennung in Minshintō 民進党 (Demokratische Fortschrittspartei), wobei der englische Parteiname bei „Democratic Party" belassen wurde.[155] Wie sehr sich die Partei ihrer mangelnden Popularität bewusst war, verrät ein im Januar 2016 vorgestelltes Wahlposter mit dem Slogan:

> Für alle die denken: „Ich hasse die DPJ, aber ich möchte die Demokratie schützen." Sie müssen uns nicht sofort vertrauen. Aber bitte lassen Sie uns unsere Aufgabe als Oppositionspartei wahrnehmen, [die LDP] zu stoppen.[156]

Auch unter dem neuen Parteinamen hat die DPJ ihre Krise bislang nicht überwinden können – in Umfragen stagniert die Partei.[157] Der Rücktritt Okadas und dessen Ablösung durch die Politikerin Renhō[158] 蓮舫 (*1967, ehemals Maehara-Gruppe), die sich mithilfe der Parteilinken im September 2016 gegen ihren ehemaligen Gruppenchef klar durchsetzte, konnten bislang keine Trendwende herbeiführen.

4.2.6 Analyse: Eigenschaften der DPJ

Als Ausgangspunkt einer zusammenfassenden Analyse von Charakter und Entwicklung der DPJ bieten sich die beiden äußerst treffenden japanischen Begriffe *yagō* 野合 („unerlaubte Verbindungen") und *yabō* 野望

---

[155] Die Umbenennung erwies sich jedoch bald als nicht förderlich für die Beliebtheit der Partei; auch die Präsentation eines neuen Parteilogos endete als Fehlschlag (Japan Times Online 19.5.2016).
[156] Zit. n. Sankei News 27.1.2016.
[157] http://www.nhk.or.jp/bunken/research/yoron/political/2017.html.
[158] Eigentlich Murata Renhō 村田蓮舫. Sie verwendet als Politikerin nur ihren Vornamen Renhō.

("große Ambitionen") an, die Itō Atsuo 伊藤 惇夫 (*1948), ein ehemaliger DPJ-Funktionär, als zentrale Merkmale der Partei identifiziert.[159]

Heterogenität

Der Begriff „unerlaubte Verbindungen" zielt dabei auf die große Heterogenität der Partei ab, die sich bereits aus der Gründung ergab, da sich die DPJ anfangs aus ehemaligen Abgeordneten der konservativen LDP sowie sozialdemokratischen und liberalen Politikern, die der SPJ/SDP bzw. dem linken Flügel der Sakigake entstammten, zusammensetzte. Die oben beschriebenen Fusionen und Beitritte 1998, 2003 und 2016 verstärkten diese Heterogenität.

Das anfangs von Hatoyama verfochtene Prinzip des „individuellen Beitritts", das alte Loyalitäten brechen und internen Spaltungen vorbeugen sollte, wurde bereits 1998 aufgegeben. Trotz der Inszenierung als Neugründung war die Vergrößerung der Partei in diesem Jahr de facto ein Beitritt von faktionsähnlichen Gruppen.

Das Gleiche trifft auf den Zustrom der Ozawa-Gruppe 2003 zu. Die Fusion mit der Erneuerungspartei inszenierte man, wie schon 1998, als „Neugründung", wobei man dieses Mal auch den Parteinamen änderte.

Dies alles kann nicht darüber hinwegtäuschen, dass die Partei bis heute in hohem Maße heterogen ist. Wie wir in Kapitel 4.3 näher betrachten, existieren innerhalb der DPJ mehrere Faktionen bzw. innerparteiliche Gruppen, deren Existenz sich durch die oben beschriebene Entstehungsgeschichte erklären lassen. Die Aufnahme immer weiterer Gruppen und Parteien führte zur Struktur eines „zusammengewürfelten Teams" 寄合所帯 (*yoriai jotai*). Durch ihre unterschiedliche Herkunft und parteipolitische Sozialisierung sind die Abgeordneten zweifellos von unterschiedlichen Traditionen und ideologischen Hintergründen geprägt. Dies lässt also für den nächsten Schritt dieser Untersuchung, eine Analyse der

---

[159] Itō Atsuo 2008, *Minshutō – yabō to yagō no mekanizumu*. Tokyo: Shinchōsha.

4 Die Demokratische Partei Japans

Ideologie der DPJ (Kapitel 4.3) erwarten, dass diese von Kompromissen und Unklarheiten geprägt ist.

Im Hinblick auf die eingangs vorgestellten Parteitypen lässt sich eine weitere Dimension der Heterogenität ausmachen. Die DPJ war 1996 von Hatoyama als politischem Unternehmer gegründet worden, weist also das zentrale Charakteristikum einer U*nternehmenspartei* auf, auch wenn die Rolle der charismatischen Führungsfigur bei Kan, nicht bei Hatoyama lag. Dieser Parteitypus ist im Wesentlichen auf die Anziehung von Wechsel- oder Nichtwähler ausgerichtet und ermöglicht eine flexiblere ideologische Ausrichtung, um von Stimmungen zu profitieren.

Gleichzeitig beherbergte die DPJ mit den Politikern um Yokomichi und der Minshakyōkai (ab 1998) schon frühzeitig zwei innerparteiliche Gruppen, die im Gegensatz dazu auf die Unterstützung ihrer jeweiligen gewerkschaftlichen Basis angewiesen waren. Hierfür sind Berechenbarkeit und die Pflege langfristiger Beziehungen zu den jeweiligen Interessengruppen erforderlich, verlangt also den Politikstil einer *catch-all*-Partei. Eine Folge dieses Widerspruchs war beispielsweise die unklare Haltung der Partei bezüglich der Postreform. Während es die Logik einer Unternehmenspartei es gebot, die beim urbanen Wechselwähler zeitweise populäre Privatisierung des Postkonzerns voranzutreiben, lehnten die von gewerkschaftlichen Interessen abhängigen Abgeordneten eine solche Politik ab.

Ehrgeizige Parteiziele

Heterogenität und das von Fusionen geprägte Entwicklungsmuster der DPJ liegt auch in ihrer spezifischen Gewichtung der Parteiziele begründet, die Itō mit dem Begriff *yabō* (‚große Ambitionen') schlagwortartig zusammenfasst. Im Rückgriff auf die am Anfang dieses Kapitels vorgestellten Begriffe der Parteienforschung ist festzustellen, dass das primäre

Ziel der DPJ das *office-seeking* war.[160] Um den Machtwechsel so bald als möglich zu erreichen, setzte die Partei weniger darauf, die Zahl ihrer Mandate durch die Gewinnung von Wahlstimmen (*vote-seeking*) kontinuierlich zu erhöhen, sondern auf eine opportunistische Einverleibung politischer Mitbewerber durch Fusion. Hier ist allerdings anzumerken, dass diese Strategie keine Besonderheit der DPJ darstellt. Derartige Umstrukturierungen der Parteienlandschaft sind seit dem „Boom der neuen Parteien" in den 1990er-Jahren nichts Ungewöhnliches.

Welches Gewicht die DPJ dem Parteiziel des *policy-seeking* beimaß, ist schwer zu ermitteln. Ihre radikalen, direkt gegen die Interessen der LDP gerichteten Pläne, machten eine ‚große Koalition' aufgrund der fehlenden programmatischen Schnittmenge unmöglich. Aus diesem Grund war die ‚policy' der DPJ nur nach einem Machtwechsel, also der vollständigen Ablösung der LDP von der Regierung, umsetzbar. Die teilweise Umsetzung ihrer Agenda in einer großen Koalition war keine realistische Option.

Die *innerparteiliche Demokratie* gehörte nicht zu den primären Parteizielen. Dies hat mit dem bereits erwähnten (partiellen) Charakter als Unternehmenspartei zu tun, die ihre Wähler eher als Konsumenten wahrnimmt, statt sie dauerhaft zu binden und als Mitglieder zu gewinnen. Zwar begann die Partei ab 2002 Mitglieder und „Unterstützer" bei den Wahlen um den Parteivorsitz miteinbeziehen, jedoch ohne diesen Wahlmodus dauerhaft zu etablieren. Zudem standen bei der Einführung dieser Beteiligungsmöglichkeit möglicherweise finanzielle Interessen im Vordergrund, da für die Registrierung als „Unterstützer" jeweils 1000 Yen in die Parteikasse flossen.[161]

---

[160] Klein 2006, S. 186. Dadurch, dass die Partei einen Machtwechsel aus eigener Kraft anstrebte, waren das *office-seeking* und das *vote-seeking* deckungsgleich.
[161] Durch die Registrierung von 310 000 Unterstützern ergab sich für die Partei eine erhebliche Geldsumme, wobei andererseits auch Kosten für die Abstimmung anfielen (Japan Times Online 10.9.2002).

4 Die Demokratische Partei Japans

Idealismus und Korruption

Anfänglich zeichnete sich die DPJ durch einen ausgeprägten (zur Schau gestellten) *Idealismus* aus. Sie präsentierte sich als eine Partei selbstloser Patrioten, die Japan nach dem Vorbild der Meiji-zeitlichen Staatsmänner grundlegend umgestalten würden. Allerdings wurde bereits bei der Parteigründung gegen diesen Idealismus verstoßen: Die meisten Abgeordneten traten der DPJ wohl nur bei, um einer Abwahl zu entgehen. Auch später ist die Partei eher politischer Zufluchtsort gewesen als ein Bund entschlossener Reformer. Am deutlichsten sichtbar wurde der Widerspruch zwischen Anspruch und Realität anhand der zahlreichen Skandale und Korruptionsfälle. Wie folgende Aufstellung zeigt, ließen einige Politiker, auch Hatoyama selbst, die von ihm geforderte „Reinheit des Herzens" erkennbar missen:

Tabelle 8: Skandale der DPJ

5/2000	Der Abgeordnete **Yamamoto Jōji** 山本 讓司 (*1962) hatte eine Sekretärin zum Schein beschäftigt. Ihr aus öffentlichen Mitteln gezahltes Gehalt nutzte er zum Großteil für sich selbst.	Kan-Gruppe
3/2004	Der Abgeordnete **Satō Kanjū** 佐藤 観樹 beschäftigte eine Sekretärin zum Schein.	Yokomichi-Gruppe
5/2004	33 Abgeordnete der DPJ hatten in der Vergangenheit über einen längeren Zeitraum hinweg keine Rentenbeiträge entrichtet (alle Parteien betroffen).	
12/2005	Mitarbeiter des Abgeordneten **Gotō Masanori** 五島 正規 (*1939) leisteten unerlaubte Zahlungen an Wahlkampfhelfer.	Yokomichi-Gruppe
2/2006	Rücktritt des Vorsitzenden **Maehara Seiji** wegen des Skandals um eine gefälschte E-Mail (偽メール事件).	Maehara-Gruppe
3/2009	Ein Sekretär des Vorsitzenden **Ozawa Ichiro** wird verhaftet. Er hatte Einnahmen i. H. v. 400 Mio. Yen verschleiert.	Ozawa-Gruppe
7/2009	Vorsitzender **Hatoyama Yukio** räumt ein, dass sein Wahlkampfverein Gelder in Höhe von 22 Mio. Yen unbekannter Herkunft falsch deklariert hatte.	Hatoyama-Gruppe
3/2011	Außenminister **Maehara Seiji** tritt zurück. Er hatte verbotenerweise Wahlkampfspenden von einem *zainichi* angenommen.	Maehara-Gruppe
10/2012	Es wird bekannt, dass der Justizminister und Vorsitzende der Minshakyōkai, **Tanaka Keishū** 田中 慶秋 (*1938), in der Vergangenheit Kontakte zur Yakuza hatte.	Minshakyōkai
10/2014	Generalsekretär **Edano Yukio** räumt ein, dass seine Wahlkampforganisation 2011 Einnahmen in Höhe von 2,4 Mio. Yen nicht ausgewiesen hatte.	Maehara-Gruppe

Quelle: Japan Times Online 6.9.2000, 5.3.2004, 14.12.2005, 5.3.2006, 7.3.2006, 7.3.2011, 4.11.2012, 29.10.2014.

Diese Vorfälle wogen besonders schwer, da die DPJ anfänglich vom Image der „sauberen" Alternative zur skandalgeplagten LDP profitierte. Bei der Analyse, wieso die Partei nach dem Regierungswechsel 2009 so schnell an Unterstützung einbüßte, darf die Rolle dieser Vorfälle, insbesondere die Skandale um Hatoyama und Ozawa, nicht unterschätzt werden.

Unbeständigkeit

Ein weiteres problematisches Merkmal der DPJ ist ihre *Unbeständigkeit*, die in zahlreichen Führungswechseln Ausdruck findet. Auch hierbei handelt es sich zwar nicht um ein parteispezifisches Phänomen; jedoch übertraf die DPJ im Zeitraum von 1996 bis 2016 die für ihre Machtspiele bekannte LDP mit 14 zu neun Wechseln an der Parteispitze. Im Gegensatz hierzu tauschte bspw. die SDP nur drei Mal ihre Vorsitzende aus. Hintergrund sind auch hier die sich aus der Heterogenität ergebenden innerparteilichen Machtkämpfe. Ein Beispiel dieser politischen Kultur ist die Tatsache, dass Kan bis zu seiner Amtszeit als Premier fast bei jeder sich bietenden Gelegenheit um den Vorsitz kandidierte, anstatt sich gegenüber der amtierenden Führung loyal zu verhalten. Die kurzen Amtszeiten hatten auch zur Folge, dass die Partei notgedrungen auf bereits verbrauchte Personen zurückgreifen musste. So erklärt sich der mehrmalige Rollentausch zwischen Hatoyama und Kan an der Parteispitze von 1996 bis 2004.

Die Tendenz, die eigene Parteiführung zu attackieren, hängt auch mit dem partiellen Charakter als *Unternehmenspartei* zusammen. Dieser Parteientypus mobilisiert seine Wähler in erster Linie durch attraktive Führungspersönlichkeiten. Als sich die Parteiführung jedoch durch Kursstreitigkeiten und Korruptionsfälle selbst in ein schlechtes Licht rückte, sahen sich die Abgeordneten in ihrer politischen Existenz bedroht. Auch Itō merkt an, dass dieses Abhängigkeitsverhältnis der Abgeordneten von der „Performance" der Parteiführung rebellisches Verhalten begünstigte.[162] Dies traf in besonderem Maß auf diejenigen Abgeordneten zu, die in der

---

[162] Itō 2008, S. 123 f.

Phase des starken Parteiwachstums bis 2009 den Einzug in das Parlament trotz schwacher lokaler Basis geschafft hatten.

Die häufige Durchführung von Wahlen haben sich ebenfalls destabilisierend ausgewirkt. Parteiinterne Wahlen finden in einem zweijährigen Rhythmus statt, sofern es nicht durch einen Rücktritt zu einer vorzeitigen Abstimmung kommt. Zusammen mit den Oberhauswahlen (alle drei Jahre) und den Unterhauswahlen, die in der Praxis nach Belieben des Premiers abgehalten werden, ergibt sich somit eine Atmosphäre des permanenten Wahlkampfs.

4.3 Ideologie der Demokratischen Partei Japans

Aus der oben stehenden Analyse der Entwicklung der DPJ lassen sich bereits einige vorläufige Erkenntnisse zur Ideologie der DPJ festhalten. Es ergibt sich bislang das Bild einer ursprünglich vom „Dritten Weg" inspirierten Reformpartei, die sich seit etwa 2005 zu einer sozialdemokratisch gefärbten Agenda bekennt. Diese diente der ersten DPJ-Regierung unter Hatoyama als Richtschnur der Politik. Nach einer Phase der Abweichung in den von krisenhaften Ereignissen überschatteten Regierungsjahren 2010 und 2011 kehrte die DPJ, inzwischen in der Opposition, zum sozialdemokratischen Profil zurück.

Ein Problem bei der Analyse der Ideologie der DPJ als Gesamtpartei besteht also darin, dass sie bislang starken Schwankungen unterlegen ist. Das bedeutet, dass die Antwort auf die Frage nach dem sozialdemokratischen Charakter der DPJ für verschiedene Zeiträume unterschiedlich ausfallen muss.

Ein Grund für diese Schwankungen liegt wohl in der heterogenen Struktur der Partei. Es ist zwar prinzipiell festzustellen, dass ideologisch-programmatische Ziele von Parteien immer das Ergebnis eines innerparteilichen Interessenausgleichs sind.[163] Wir haben mit der SPJ bereits ein

---

[163] Vassallo und Wilcox 2006, S. 416.

4 Die Demokratische Partei Japans

Extrembeispiel für diese Tendenz zum innerparteilichen Kompromiss kennengelernt („Massenpartei mit Klassencharakter"). Die von opportunistischen Fusionen geprägte Entwicklung der DPJ legt auf jeden Fall nahe, dass ihre ideologischen Positionen in besonderem Maße ein Kompromiss zwischen den ideologisch disparaten parteiinternen Gruppen darstellen. Deren Standpunkte werden daher im nächsten Kapitel (Kap. 4.4) untersucht. Die Tatsache, dass Parteiprogramme nicht immer die ‚wahren' Standpunkte der Akteure unverfälscht abbilden, verringert allerdings nicht entscheidend den Wert der folgenden Erkenntnisse. Denn bei Abstimmungen im Parlament und anderen politischen Aktivitäten im engeren Sinne ist es die Gesamtpartei, bzw. deren Führung, die handelt, nicht die einzelnen Personen oder Gruppen.[164]

Die ideologische Einordnung der DPJ wird folglich durch eine doppelte Trennung erschwert: eine *strukturelle* Teilung in innerparteiliche Gruppen mit teils verschiedenen Standpunkten und eine *zeitliche* Trennung in Phasen unterschiedlicher programmatisch-ideologischer Ausrichtung. Dies erklärt, warum sich in der Literatur gänzlich verschiedene Einordnungen der Partei finden. Hier beispielhaft die Einschätzungen von fünf Politikwissenschaftlern und einem Journalisten:

- Axel Klein 2006 spricht im Zusammenhang mit der DPJ von „Reform [...] als Ideologieersatz"[165] und hält eine ideologische Einordnung der Partei für hoffnungslos.
- James Stockwin beurteilt die DPJ 2008 im Hinblick auf das zahlenmäßige Übergewicht von Ex-LDP-Politikern als „second conservative party" neben der LDP.[166]

---

[164] Dies trifft in Japan umso mehr zu, da nur sehr selten gegen den Fraktionszwang verstoßen wird. In der Geschichte der DPJ ist dies lediglich anlässlich der oben beschriebenen „Yokomichi-Rebellion" vorgekommen.
[165] Klein 2006, S. 186.
[166] Stockwin 2008, S. 196.

Ideologie der Demokratischen Partei Japans

- Sarah Hyde ordnet die Partei 2011 hingegen als „centre-left party" ein.[167]
- Narita Norihiko, interessanterweise ein ehemaliger Berater des reaktionären Noda, sieht die DPJ 2013 geprägt von einer „center-left political ideology focused on distribution of wealth".[168]
- Der Journalist Tagami Mikio kommt 2014 zu dem widersprüchlichen Urteil, dass es sich bei der DPJ „insgesamt betrachtet [...] um eine konservative Partei handelt", deren Wahlprogramm 2009 aber „zahlreiche sozialdemokratische Ansätze" enthielt.[169]
- Itō Mitsunori bezeichnet die DPJ im selben Jahr als Partei eines „liberalen Mittelwegs".[170]

Methode

Zur Analyse der Parteiideologie werde ich das aus dem Jahr 1998 stammende und bis heute im Wesentlichen unveränderte Grundsatzprogramm sowie die Wahlprogramme aus dem Zeitraum von 1996 bis 2016 auf ihren programmatisch-ideologischen Gehalt hin untersuchen.

Dabei habe ich auf eine Analyse der Wahlprogramme 2000 und 2001 verzichtet, da sie sich inhaltlich nur unwesentlich von ihren Vorgängern unterscheiden. Die Programme weisen zum Teil einen erheblichen Umfang auf, sodass ich die bereits in diesen Texten selbst vorliegende Hierarchisierung in Form von Überschriften und Zusammenfassungen nut-

---

[167] Hyde, Sarah J. 2011, „The Japanese 2009 House of Representatives Elections: the Beginning of Real Change and the End of One-Party Dominance in Japan?". In: *Japan Forum*, 23 (2), S. 158.
[168] Zit. n. Japan Times 24.10.2013.
[169] Tagami 2014, S. 10.
[170] Itō Mitsutoshi 2014, „Minshutō no manifesuto to seiken unei". In: ders. und Miyamoto Tarō (Hg.), *Minshutō seiken no chōsen to zasetsu. Sono keiken kara nani wo manabuka*. Tokyo: Nihon keizai hyōron-sha, S. 3.

ze.[171] So sind beispielsweise dem Manifest 2005 „[f]ünf Versprechen und zwei Vorschläge"[172] zusammenfassend vorangestellt. Da sich jedoch auch im ‚Kleingedruckten' der Programme zum Teil relevante Informationen befinden, ziehe ich dieses stellenweise ebenfalls heran. In den unten stehenden tabellarischen Darstellungen der Programme füge ich diese Informationen abgekürzt und paraphrasiert in runden Klammern hinzu. Da wo ich es für angebracht halte, zitiere ich auch aus den Vorworten der Programme.

Wie bereits bei den Kurzanalysen der Parteiprogramme im historischen Teil dieser Arbeit, analysiere ich die Texte hinsichtlich ihres Gehalts der ‚Ideenkreise' der Demokratie, des Liberalismus und des Sozialismus. An dieser Stelle sei noch einmal darauf hinweisen, dass hier mit ‚sozialistisch' diejenigen Forderungen der Sozialdemokratie gemeint sind, die *aufbauend* auf demokratischen und liberalen Ideen eine egalitäre Wirkung entfalten und somit als geeignet gelten können, die wirtschaftliche Ordnung zu demokratisieren und soziale Gleichheit zu erreichen.

4.3.1 Das Grundsatzprogramm der DPJ von 1998

Betrachten wir zunächst das Grundsatzprogramm „Unsere grundlegenden Ideale – Für eine freie und sichere Gesellschaft", das 1998 nach der Fusion mit den Splittern der Shinshintō und der Gründung der „neuen" DPJ verfasst wurde:

---

[171] Siehe a. Tsutsumi und Uekami 2011, S. 233.
[172] Manifest 2005, S. 5.

Unsere grundlegenden Ideale – Für eine freie und sichere [安心 *anshin*]¹⁷³ Gesellschaft – 27.4.1998¹⁷⁴

Unser Verständnis der gegenwärtigen Lage

Japan ist jetzt, da das System des bürokratiegeführten Protektionismus, der Gleichmacherei und der Verfilzung in eine Sackgasse geraten ist, dem Wandel der Zeit nicht angepasst. Durch die Zerstörung des alten Systems, das dem herkömmlichen Denken und der Interessenstruktur nicht entfliehen kann, und durch die Lösung der verschiedenen aktuellen Aufgaben müssen wir bis zum Beginn des 21. Jahrhunderts, welches von einem bedeutenden Trend zu weniger Kindern und einer alternden Gesellschaft geprägt sein wird, eine neue Gesellschaft schaffen, in der die Individualität und Vitalität der Menschen in ‚Freiheit und Wohlstand' aufblühen können.

Unser Standpunkt

Wir stellen uns auf den Standpunkt derjenigen Menschen, die aus dem bisherigen System der Pfründe ausgeschlossen wurden, fleißig arbeiten und Steuern bezahlen, sowie derer, die unter schwierigen Umständen selbstständig sein wollen. Mit anderen Worten: Wir repräsentieren den Standpunkt der Bürger [生活者 *seikatsusha*]¹⁷⁵,

---

[173] Der Begriff *anshin* wird mit „Sicherheit" übersetzt, bedeutet aber im Unterschied zu *anzen* 安全 eher ein subjektives *Gefühl* im Sinne von „Sorgenfreiheit". Nicht selten ist auch der kombinierte Begriff *anzen anshin*, der Sicherheit im objektiven wie subjektiven Sinne bedeutet.

[174] Eigene Übersetzung nach DPJ 1998, „Watashitachi no kihon rinen, jiyū de anshin na shakai no jitsugen o mezashimasu".

[175] Der nicht eindeutig definierte Begriff *seikatsusha* hat in den westlichen Sprachen keine Entsprechung und bedeutet in etwa „jemand, der ein (normales) Leben führt". Er meint den Menschen nicht nur als Staatsbürger, Arbeitenden und Konsumenten, sondern auch als jemanden, der seine Freizeit gestaltet, lernt usw. In der Politik wird der Begriff seit den frühen 1990er-Jahren häufig verwendet (Amano, Masako 2011, *In Pursuit of the Seikatsusha. A Genealogy of the Autonomous Citizen in Japan*. Melbourne, Trans Pacific Press).

Steuerzahler und Verbraucher. Wir überwinden die antithetischen Konzepte der „Allmacht des Markts" und der „Überlegenheit der Wohlfahrt", streben nach einer Gesellschaft, in der selbstständige Individuen zusammenleben, beschränken die Rolle der Regierung auf die Schaffung eines Systems hierfür und schaffen einen neuen „demokratischen Mittelweg" [民主中道 *minshū chūdō*].

Was wir beabsichtigen

1. Wir streben nach einer Gesellschaft, die auf transparenten, gerechten und fairen Regeln basiert.

2. Wir setzen in der Wirtschaftsgesellschaft das Marktprinzip durch, garantieren aber auch die Sicherheit aller Menschen und die Gleichheit gerechter Chancen und streben nach einer Gesellschaft des Zusammenlebens.

3. Wir bauen unter dem Motto „Weg von der Zentralregierung hin zu den Bürgern, dem Markt und den Regionen" [市民へ、市場へ、地方へ *shimin e, shijō e, chihō e*] wieder eine Gesellschaft der Gewaltenteilung auf, und streben nach einer Gesellschaft der gleichen Teilhabe [共同参画社会 *kyōdōsankaku shakai*].

4. Wir konkretisieren weiter den grundlegenden Geist der Verfassung – die Souveränität der Bürger, die Achtung der grundlegenden Menschenrechte und den Pazifismus.

5. Als Mitglied der Weltgesellschaft errichten wir im Geist der Brüderlichkeit [友愛精神 *yūai seishin*], der Selbstständigkeit und der Symbiose internationale Beziehungen und streben danach, ein vertrauenswürdiges Land zu sein.

Zur Verwirklichung dieser Ideale

Wir wollen das Zentrum einer regierungsfähigen politischen Kraft werden und eine Regierung bilden, die die oben stehenden Ideale verwirklicht, indem wir die Bürger bitten, uns in die Regierung zu wählen.

In erster Linie umreißt das Programm eine Identität als *Reformpartei*, welche das „alte System des bürokratiegeführten Protektionismus, der Gleichmacherei und der Verfilzung" durch Reformen „zerstören" will. Unschwer lässt sich weiter erkennen, dass der obige Text von den Grundgedanken des „Dritten Wegs" geprägt ist. Er wird hier in der Variante eines „demokratischen Mittelwegs" propagiert, der zwischen dem Glauben an eine „Allmacht des Marktes" und dem „Glauben an die Überlegenheit der Wohlfahrt" liegt.

Dieser Kurs wird durch den „Standpunkt" als Partei der „Bürger (*seikatsusha*), Steuerzahler und Verbraucher" und durch die Abgrenzung vom bisherigen „System der Pfründe", also den Interessen der Lobbys, konkretisiert. Diese Formulierung impliziert eine Repräsentation der ‚kleinen Leute' und der Mittelschichten, was für eine vermeintliche Positionierung links der Mitte spricht. Die Autoren gehen allerdings nicht so weit, das ideologisch konnotierte Wort „Arbeiter" 労働者 (*rōdōsha*) zu verwenden, sondern greifen stattdessen auf die umständliche Formulierung „*seikatsusha*, Steuerzahler und Verbraucher" zurück. Dies erinnert an den Begriff *kinrōsha*, den die SVP in den 1920er-Jahren wählte, um sich über die Arbeiter und Bauern hinaus als Volkspartei zu positionieren. Darin erkennt man den Versuch, sich als Partei der Gewerkschaften und der Arbeitnehmer zu präsentieren, ohne dabei die ‚bürgerlichen' Schichten der Besserverdiener und Selbstständigen auszuschließen.

Dem „Dritten Weg" entspricht auch die Betonung der Chancengleichheit („Gleichheit gerechter Chancen" (公平な機会の均等 *kōhei na kikai no kintō*) und die positive Erwähnung der – wirtschaftlich gemeinten – Selbständigkeit: „Wir [...] streben nach einer Gesellschaft, in der selbstständige Individuen zusammenleben [...]."

4 Die Demokratische Partei Japans

Analysieren wir das Programm genauer im Bezugsrahmen der Theorien zur Sozialdemokratie: Die Formulierung „Souveränität der Bürger" bedeutet das Ziel einer *Demokratisierung*. Auch die Kritik an der Zentralregierung und am „bürokratiegeführten Protektionismus" passt hierzu. Als Merkmale des *Liberalismus* kann man das Ziel der Entfaltung der „Individualität und Vitalität der Menschen" in „Freiheit und Wohlstand" festhalten; Die Gewährung der „grundlegenden Menschenrechte" wird gefordert. Eine zentrale Bedeutung kommt der Formulierung „Weg von der Zentralregierung, hin zu den Bürgern, dem Markt und den Regionen" zu. Der Bürger und die Regionen sollen von einer Bevormundung durch die Regierung in Tokyo befreit werden, was sowohl als liberales als auch demokratisches Projekt gelten kann. Die Formulierungen „Hin zum Markt" sowie „Wir setzen in der Wirtschaftsgesellschaft das Marktprinzip durch" weist auf eine wirtschaftsliberale Position hin. Der Begriff „Weltgesellschaft" zeichnet eine liberale Außenpolitik vor.

Als Elemente *sozialistischen* Denkens können die ökonomische „Sicherheit aller Menschen" und die Idee der „Gesellschaft der gleichen Teilhabe" identifiziert werden. Mit dem Bekenntnis zur Verfassung und zum Pazifismus wird zudem den traditionellen Vorstellungen der japanischen Linken Rechnung getragen. Wie Klein anmerkt, enthält das Grundsatzprogramm keinerlei Bezüge zu Familie, Traditionen und „japanischen Werten", was als Distanzierung zur Rechten Japans interpretiert werden kann.[176]

Im Hinblick auf das primäre Ziel der DPJ, das *office-seeking*, ist festzustellen, dass diese programmatische Ausrichtung geeignet ist, Koalitionen sowohl mit der gemäßigten Rechten (Kōmeitō) als auch der gemäßigten Linken (SDP) einzugehen und ist somit kohärent mit dem Ziel, „das Zentrum einer regierungsfähigen politischen Kraft zu werden".

Zusammenfassend lässt sich durchaus eine Nähe zum „Dritten Weg" feststellen, wobei das Programm recht vage formuliert ist. Bestes Beispiel

---

[176] Klein 2006, S. 186.

dieser Vagheit ist die Formulierung „Wir streben nach einer Gesellschaft, die auf transparenten, gerechten und fairen Regeln basiert", denn es wird sich kaum jemand finden lassen, der die Bedeutung dieser Werte in Abrede stellt.

Gehen wir an dieser Stelle etwas näher auf die auffälligen Konzepte „Geist der Brüderlichkeit" und „Selbstständigkeit und Symbiose" ein. Laut Hatoyama wurden sie von seinem Großvater entwickelt. Dieser wiederum sei von der europäischen Idee des japanisch-österreichischen Schriftstellers Coudenhove-Kalergi (1894-1972) beeinflusst gewesen.[177] Um die Bedeutung dieser Begriffe verständlich zu machen, möchte ich aus Hatoyamas Aufsatz „Demokratische Partei – Meine Regierungsphilosophie"[178], der wenige Wochen nach der Gründung der DPJ erschien, zitieren. Hier heißt es unter der Überschrift „Die Brüderlichkeit ist ein Vorschlag zu einer neuen Lebensweise"[179]:

> Es ist der Geist der Brüderlichkeit, den ich als Basis der zukünftigen Gesellschaft etablieren möchte. Freiheit kann leicht zur Übertreibung des „Fressens und Gefressenwerdens" werden, die Gleichheit kann entarten zu einer Situation nach dem Motto „Herausstehende Pfosten werden eingeschlagen". Es ist die Brüderlichkeit, die diesen Widerspruch überwinden kann, aber sie ist in den letzten hundert Jahren sehr gering geschätzt worden. Der moderne Staat hat sich bis ins 20. Jahrhundert angeschickt, die Menschen als Bürger [*kokumin*] zu mobilisieren, und hat die Menschen dafür als Masse behandelt, als könnte man sie wie ein Material messen. Tatsächlich waren den beiden großen Gedanken – dem kapitalistischen Liberalismus und dem sozialistischen Egalitarismus, die bislang die Welt bewegt haben, gemein, dass sie die Menschen in Wirklichkeit nur als gesichtslose Masse behandelt haben, obwohl

---

[177] Hatoyama Yukio (o. J.), *Sofu Ichirō ni mananda „yūai" to iu tatakai no hatajirushi* (http://www.hatoyama.gr.jp/profile/fraternity.html).

[178] Hatoyama Yukio 1996, „Minshutō: Watashi no seiken kōsō". In: *Bungei Shunjū*, Nr. 11/1996, S. 112–130.

[179] Ebd., S. 118.

sie sich auf den ersten Blick unversöhnlich gegenüberstanden [...] Gleichzeitig zum Grundsatz „Selbstständigkeit des Individuums", der besagt, dass die Menschen, gerade weil jeder eine unbegrenzt vielfältige Individualität und eine unersetzliche Existenz hat, das Recht haben, über ihr eigenes Schicksal selbst zu bestimmen, und auch die Pflicht, die Konsequenzen dieser Entscheidungen selbst zu tragen, legen wir Wert auf den Grundsatz „Symbiose mit dem Anderen". Er besagt, dass die Menschen gegenseitig ihre Selbstständigkeit und Verschiedenheit achten, füreinander Mitgefühl haben, Gemeinsamkeiten suchen und zusammenarbeiten.

„Brüderlichkeit" entspricht dem „demokratischen Mittelweg" des Grundsatzprogramms und ist als Ausgleich zwischen Freiheit und Gleichheit konzipiert. Dieser „Geist der Brüderlichkeit" als kultureller Wert soll die gesellschaftliche „Symbiose" ermöglichen. In Bezug zur Sozialpolitik verrät die Formulierung „die Konsequenzen [der Selbstbestimmung] selbst zu tragen" den Einfluss des „Dritten Wegs". Soziale Ungleichheit soll demnach nicht durch staatliches Handeln gelöst werden, sondern dadurch, dass die Menschen „füreinander Mitgefühl haben, Gemeinsamkeiten suchen und zusammenarbeiten". Dies erinnert an die Idee Giddens eines ‚Outsourcings' staatlicher Leistungen an zivilgesellschaftliche Akteure.

Wie aber soll der „Geist der Brüderlichkeit" entstehen? Hatoyama teilt bezüglich dieser Frage scheinbar die optimistische Vorstellung des politischen Liberalismus, dass dieser Geist durch eine Zurückdrängung des protektionistischen und gleichmacherischen Staates entsteht. Sobald der Staat sich zurückzieht, werden die Menschen freiwillig Verantwortung für sich und andere übernehmen.

Dieser idealistische Liberalismus kann leicht als naiv empfunden werden. So fällte der ehemalige Premier Nakasone Yasuhiro 中曽根 康弘 (*1918) ein hartes Urteil über das Grundsatzprogramm der DPJ: „Es ist wie Softeis. Süß und lecker, aber wenn der Sommer vorbei ist, ist es weggeschmolzen."[180]

4.3.2 Die DPJ als liberale Reformpartei (1996-2005)

Betrachten wir zunächst das in der Forschung zur DPJ vernachlässigte erste Wahlprogramm der DPJ aus dem Jahr 1996.[181] Da die Partei zu diesem Zeitpunkt nur aus der meist als „liberal" bezeichneten Hatoyama-Gruppe und den der Parteilinken zugerechneten Gruppen um Kan und Yokomichi bestand, ließe sich hier eigentlich ein Programm erwarten, das die Partei in der linken Mitte des Spektrums verortet. Die oben stehenden Ausführungen Hatoyamas aus demselben Jahr lassen hier allerdings bereits Zweifel aufkommen. Um die Veränderung durch den Beitritt der konservativen Gruppen 1998 zu verdeutlichen, werden hier beide Programme vergleichend vorgestellt:

---

[180] Zit. n. Shiota Ushio 2009, *Minshutō no kenkyū*. Tokyo: Heibonsha 2009, S. 30.
[181] Tsutsumi und Uekami beginnen ihre Analyse der DPJ-Programmatik (Tsutsumi und Uekami 2011, S. 225–252.) mit dem Manifest 2003, Itō erst ab 1998, dem Zeitpunkt der Gründung der „neuen DPJ" (Itō 2008, S. 199).

Tabelle 9: Wahlprogramme 1996 und 1998

Wahlprogramm 1996 „Vertrag mit der Zukunft" (Unterhauswahl, Vorsitz Hatoyama und Kan)	Wahlprogramm 1998 „Das neue Japan, das von der Demokratischen Partei und Ihnen geschaffen wird" (Oberhauswahl, Vorsitz Kan)
1. Entschiedene Durchführung der Politik- und Verwaltungsreform („Auflösung Nagatachō"; Aufbau eines Kabinettbüros [内閣府 *naikakufu*]; Reform der juristischen Personen mit Sonderstatus; Reduzierung der Beamten; Einschränkung von *amakudari*). 2. Förderung des bürgerlichen Engagements und die Schaffung einer Gesellschaft mit dem Bürger im Zentrum [市民中心型社会 *shiminchūshin-gata shakai*] (Förderung des Zivilsektors [市民セクター *shimin sekutā*]; NPO-Gesetz; „*voluntary economy*"). 3. Durchführung einer Reform der Wirtschaftsstruktur und Vorbereitung eines Fundaments für schöpferische Industrieaktivitäten [創造的産業活動基盤 *sozōteki sangyō katsudō kiban*] (Deregulierung; Liberalisierung der Finanzmärkte; *venture capital*). 4. Restrukturierung des Sozialversicherungssystems und Realisierung der symbiotischen Wohlfahrtsgesellschaft [共生型福祉社会 *kyōseigata fukushishakai*] (teilweise Steuerfinanzierung der Basisrente für ein „*national minimum*"). 5. Grundlegende Revision und Reform der Situation der öffentlichen Unternehmen. 6. Entfaltung einer selbstständigen und ak-	1. Wir machen transparent, wofür Ihre Steuern verwendet werden, und beseitigen die Verschwendung (Revision der öffentlichen Unternehmen; Dezentralisierung). 2. Wir machen den ersten Schritt in eine Wirtschaft mit den Privaten [民 *min*] im Zentrum und weisen den Weg aus dem Tunnel der Rezession (Senkung der Einkommenssteuer; Senkung der Körperschaftssteuer auf 40 %; ungebundene Regionalsubventionen). 3. Wir werden noch in diesem Jahrhundert die *bubble* als großes Hindernis für einen Wiederaufbau der Wirtschaft beseitigen. 4. Wir werden die „Saat der Sorgen" im Hinblick auf die Zukunft gründlich beseitigen. 5. Wir werden motivierte Menschen und Unternehmen stützen und neue Industrien und Beschäftigungschancen schaffen (aktive Arbeitsmarktpolitik). 6. Wir streben nach einer Gesellschaft, in der jeder Beruf und Familie miteinander vereinbaren kann (Erziehungsurlaub mit Einkommenssicherung in Höhe von 60 %; Ausbau der Kinderbetreuung; Gleichheit der Geschlechter).

Die DPJ als liberale Reformpartei (1996-2005)

tiven Außenpolitik und Förderung einer internationalen Kooperation zur Entmilitarisierung (Außenpolitik der Menschenrechte).	7. Wir gewährleisten das Recht, sich sicher zu ernähren, sicher zu lernen und sicher zu leben (freie Erziehung).
7. Erstellung und Durchführung eines Plans für einen zukunftsorientierten Wiederaufbau der öffentlichen Finanzen.	8. Wir wollen die „schöne japanische Landschaft" als Stolz der nächsten Generation wiedergewinnen.
Weitere „Wahlversprechen": • Senkung des Spitzensteuersatzes auf 50 % • Senkung der Körperschaftssteuer • Erhöhung der Mehrwertsteuer auf 5 %, (Ausnahmen für Lebensmittel) • Arbeitszeitverkürzung auf 40 Wochenstunden • Gleichberechtigung von Mann und Frau bei der Erwerbsarbeit • „Pflegesystem, das von der Gesellschaft gestützt wird" • Begrenzung von Renten für Gutverdiener • Freie Erziehung • Beseitigung der Diskriminierung von Frauen, *burakumin* • Wahlrecht für Ausländer	9. Wie werden das Parlament und das Kabinett von der bürokratischen Herrschaft befreien und eine Regierung unter der Kontrolle der Bürger [国民 *kokumin*] schaffen (Einführung von Vizeministern; Wahlrecht ab 18 Jahren). 10. Durch eine starke Initiative für eine „Abschaffung der Kernwaffen" werden wir ein Land, dem die Welt Vertrauen schenkt.

Quelle: Eigene Übersetzung und Zusammenstellung.

Beide Programme streben nach einer Vertiefung der *Demokratie* durch eine Zurückdrängung der Bürokratie, wobei im 1996er-Programm dieser Punkt auf Platz eins der Agenda steht, im Programm von 1998 erst an neunter Stelle. Im älteren Programm wird unter dem Motto „Gesellschaft mit den Bürgern als Protagonisten" die ebenso radikale wie vage Forderung nach einer „Auflösung" des Regierungsviertels Nagatachō und einer „Auflösung und Rekonstruktion" des Behördenviertels Kasumigaseki gestellt. Zudem wird gefordert, die parlamentarische Kontrolle über die Bü-

4 Die Demokratische Partei Japans

rokratie zu verstärken, die Anzahl der Beamten zu reduzieren und *amakudari* einzuschränken. Auch die Einführung von Vizeministern zur Vergrößerung des parlamentarischen Einflusses auf die Bürokratie und die Absenkung des Wahlalters auf 18 Jahre (beides 1998) sind Maßnahmen zur Vertiefung der *Demokratie*.

Beide Programme sind stark von *liberalen* Gedanken geprägt. Das 1996er-Programm spricht von einer „Außenpolitik der Menschenrechte", fordert die „wirkungsvolle Gleichberechtigung von Mann und Frau in der Erwerbsarbeit", sowie ein Ende der Diskriminierung von Frauen und *burakumin*. Zudem soll das Recht der Ehefrauen, ihren eigenen Nachnamen behalten zu dürfen, eingeführt werden 夫婦別姓 (*fūfu bessei*). Beide Programme sprechen von einer „freien Erziehung" ゆとり教育 (*yutori kyōiku*), ein Reizwort für die japanische Rechte.[182] Im ‚Kleingedruckten' findet sich zudem die Forderung nach dem kommunalen Wahlrecht für Ausländer, ein unter Ozawa etwa zehn Jahre später wieder aufgegriffenes Vorhaben.

Wie schon erwähnt, findet sich auch ein ausgeprägter Wirtschaftsliberalismus: Die Bürokratie soll zurückgedrängt und es soll Raum geschaffen werden für „schöpferische Industrieaktivitäten" (1996) und „neue Industrien und Beschäftigungschancen" (1998). Das 1996er-Programm spricht von „Deregulierungen bei Vertrieb, Information, Transport und Energie zur Überwindung der Wirtschaft der hohen Kosten". Auch diese Formulierungen weisen auf einen wirtschaftsliberalen Standpunkt hin. Eindeutig einer neoliberalen Agenda zuzurechnen sind die „Liberalisierung" der Finanzmärkte, die Senkung des Spitzensteuersatzes der Einkommensteuer auf 50 Prozent und der Körperschaftssteuer (1996). Die

---

[182] Siehe bspw. Abe Shinzō 2012 [2006], *Utsukushii kuni e*. Tokyo: Bungei Shunjū, S. 209; die Yutori-Erziehung (übersetzbar als ‚freiheitliche Erziehung') als Gegensatz zum auf Auswendiglernen und Testergebnisse fokussierte *tsumekomu kyōiku* 詰め込む教育 (wörtl. ‚Eintrichter-Erziehung') betont die individuelle Selbstentfaltung der Schüler und lehnt lange Unterrichtszeiten und eine zu große Menge des Lernstoffs ebenso ab wie eine staatlich verordnete Moralerziehung und nationalistische Rituale wie das Hissen der Nationalflagge und das Abspielen der Nationalhymne.

Anhebung der Mehrwertsteuer bedeutet eine vergleichsweise höhere Belastung von Geringverdienern, da es sich um keine progressive Steuer handelt. Die geplante Ausnahme für Lebensmittel schwächt diesen Effekt je nach Ausgestaltung etwas ab (1996).

Welche *sozialistischen* Ideen weisen die beiden Programme auf? Das ältere Programm beinhaltet lediglich die Forderung nach einer „Begrenzung der Leistungen der Rentenversicherung für Gutverdiener", was als Umverteilungsmechanismus im Bereich der Renten für Geringverdiener verstanden werden kann. Das 1998er-Programm beinhaltet zudem Grundzüge einer Familienpolitik, die mit einem Elterngeld von 60 Prozent des Lohns ein dekommodifizierendes und universalistisches Element enthält. Die staatliche Finanzierung von Einrichtungen zur Kinderbetreuung, die „jederzeit von jedem" genutzt werden kann, fördert die Freiheit und Gleichheit von Frauen und stellt insbesondere eine Hilfe für Alleinerziehende dar. Die aktive Arbeitsmarktpolitik kann je nach Ausgestaltung ebenso als ein Mittel zur Reduzierung von sozialer Ungleichheit dienen, sofern diese Programme so organisiert sind, dass der tatsächliche Nutzen den Stigmatisierungseffekt überwiegt.[183]

Noch stärker als in den „Grundlegenden Idealen" der Partei finden sich hier die Ideen des „Dritten Wegs". So spiegelt sich in der Formulierung „Wir werden *motivierte* [Hervorhebung F.S.] Menschen [...] stützen" (Programm 1998, Punkt 4) das Prinzip „No rights without responsibilities". Zur Rolle der Zivilgesellschaft („symbiotische Wohlfahrtsgesellschaft", „Gesellschaft mit den Bürgern im Zentrum") heißt es im Fließtext des Programms 1996:

> Die Demokratische Partei wird die Struktur der Gesellschaft, die den Staatssektor und den Unternehmenssektor präferiert hat, ändern, das Wachsen eines „Bürgersektors" [市民セクター *shimin se-*

---

[183] Zum Stigmatisierungseffekt durch Maßnahmen der aktiven Arbeitsmarktpolitik s. bspw. Institut für Arbeitsmarkt- und Berufsforschung der Bundesagentur für Arbeit (Hg.) 2008, *IAB Forschungsbericht*, 2/2008, S. 14, 41, 45.

kutā] fördern und [sie] beabsichtigt den Aufbau einer ausbalancierten Gesellschaft. Hierfür nehmen wir die schnelle Realisierung eines Gesetzes zur Offenlegung von Informationen und ein NPO-Gesetz in Angriff. In Anbetracht der entstehenden Bürgerunternehmen [市民事業 *shimin jigyō*] und Freiwilligenaktivitäten in Feldern wie Pflegedienstleistungen, Erziehungsleistungen und Umweltindustrien, die nicht von den Marktaktivitäten abgedeckt werden konnten, erleichtern wir eine Belebung der voluntary economy.[184]

Hier kommt die Vorstellung des „Dritten Wegs" zum Ausdruck, dass sich der Staat aus Kostengründen aus der Wohlfahrt zurückzieht; die dabei entstehende ‚Lücke' soll durch die Wirtschaft, jedoch nicht durch die Konzerne (企業セクター *kigyō sekutā*) gefüllt werden. Sie kommt den „bereits entstehenden Bürgerunternehmen" und der Zivilgesellschaft zu.

Wie in Kapitel 2 dargelegt, stellt sich die Frage nach der Effektivität und Zuverlässigkeit eines solchen Systems, besonders bezüglich regionaler Ungleichheiten. Die Wahrscheinlichkeit ist groß, dass sich die oberen Schichten die besten Dienstleistungen auf dem Markt kaufen können („Unternehmenssektor"), Ärmere auf freiwillige Wohlfahrtsleistungen durch Vereine, NGOs etc. angewiesen sind. Unklar bleibt die Beschaffenheit der „Bürgerunternehmen". Wie bereits erwähnt, können durchaus zivilgesellschaftliche Akteure wie Genossenschaften in sozialdemokratische Strategien einbezogen werden. Die oben stehenden Maßnahmen lassen aber keinesfalls eine Verringerung sozialer Ungleichheit erwarten, sondern stellen im Gegenteil eine Annäherung an das liberale Wohlfahrtsstaatsmodell dar.

Bezüglich des Zusammenhangs zwischen Struktur und Ideologie zeigt sich zweierlei: Erstens ist überraschend, dass der Anteil wirtschaftsliberaler Ideen, wie eine Senkung der Unternehmenssteuern und Deregulierung, groß ist, obwohl die linke Yokomichi-Gruppe zu dieser Zeit noch

---

[184] Wahlprogramm 1996, S. 2.

die größte innerparteiliche Gruppe stellte.[185] Es gibt keinen Hinweis darauf, dass Yokomichi und seine Mitstreiter sich diesem Kurs widersetzten. *Zweitens* hat sich der Beitritt der Parteien 1998, der in erster Linie einen Zustrom konservativer Politiker war, nicht wesentlich in der ideologisch-programmatischen Ausrichtung der Partei niedergeschlagen.

4.3.3 Der Kurswechsel 2005–2006

In den Jahren bis 2004 ist die Ausrichtung als liberale Reformpartei nach dem Muster des „Dritten Wegs" nicht grundlegend verändert worden. Eine mögliche Erklärung hierfür ist, dass die Partei in diesem Zeitraum durchgehend von Hatoyama und Kan geführt wurde, wenn auch in wechselnden Rollen. Bei Wahlen hatte sie bislang ihren Einfluss stetig ausweiten können, wodurch es im Hinblick auf das *vote-seeking* keinen Anreiz für eine Modifikation der Ausrichtung gab.

Wie wir sehen werden, verstärkte sich dann 2004 unter dem Vorsitz Okadas zunächst das neoliberale Element und man verabschiedete sich nun von der vagen Terminologie des „Dritten Wegs". Mittlerweile kam möglicherweise der Einfluss Ozawas zum Tragen, der bereits in den 1990er-Jahren neoliberale Reformideen vertreten hatte. Seine Faktion dominierte zu diesem Zeitpunkt zahlenmäßig.

Vor dem Hintergrund der einsetzenden Diskussion in Japan um soziale Ungleichheit lassen sich dann im Programm 2005 bereits – ebenfalls unter dem Vorsitz Okada – Ansätze einer ‚sozialeren' Politik finden. Hier erscheint erstmals der Slogan „Weg vom Beton – hin zu den Menschen!" コンクリートから人へ (*konkurîto kara hito e*), der 2009 Ausdruck des von der DPJ beabsichtigen Kurswechsels in der Sozial- und Wirtschaftspolitik wurde.

---

[185] Hamamoto 2011, S. 37; Itō 2008, S. 67.

4 Die Demokratische Partei Japans

Tabelle 10: Tabelle 10: Wahlprogramme 2004 und 2005

Manifest 2004 „Zielstrebig voran!" (Oberhauswahl; Vorsitz Okada)	Manifest 2005 „Der 500-Tage-Plan der Regierung Okada" (Unterhauswahl; Vorsitz Okada)
Acht Versprechen der DPJ für die Realisierung einer freien und gerechten Gesellschaft:	Acht Versprechen für die Erneuerung Japans:
1. Soziale Sicherheit für alle Menschen. Wir fördern vielfältige Lebensstile durch eine Vereinheitlichung des Rentensystems.	1. Beseitigung der Verschwendung/ Keine Steuererhöhungen für Angestellte: Wir werden in drei Jahren eine Verschwendung in Höhe von 10 Milliarden Yen unterbinden, indem wir die Zahl der Unterhausabgeordneten um 80 kürzen, die Abgeordnetenrente abschaffen, die Personalkosten für Staatsbedienstete um 20 % kürzen usw.
2. Vitalität beginnt vor Ort [元気は足元から *genki ha ashimoto kara*]. Wir wandeln die Subventionen in eine „Finanzquelle der Regionen (18 Billionen Yen)" um und nehmen die Ideen der Regionen auf.	2. Eine sichere Gesellschaft [安全社会 *anzen anshin*] ohne Ungleichheit [格差のない *kakusa no nai*] – das eigene Glück verwirklichen: Wir werden das Sozialversicherungsamt abschaffen und die Renten vereinheitlichen [一本化 *ipponka*].
3. Wir schaffen eine starke Landwirtschaft. Wir errichten ein „System der direkten Zahlung" [直接支払い制度 *chokusetsu shiharai seido*].	3. Weg vom Beton, hin zu den Menschen: Wir werden uns an die Reform der öffentlichen Schulen machen und ein monatliches Kindergeld von 16.000 Yen auszahlen.
4. Die Angelegenheiten des Markts werden dem Markt überlassen [市場のことは市場に *shijō no koto ha shijō ni*]. Wir werden Unternehmensregulierungen prinzipiell abschaffen [規制を原則「撤廃」 *kisei o gensoku ‚teppai'*] und den Wettbewerb unter fairen Regeln anregen.	4. Dezentralisierungsreform – Die Angelegenheiten der Regionen regeln die Regionen. Um die Ideen der Regionen aufleben zu lassen, werden wir die zweckgebundenen Subventionen in Höhe von 1,8 Milliarden Yen in Finanzmittel der Regionen umwandeln.
5. Unterstützung bei Herausforderungen: In „Young Work Centers" werden wir Jugendliche qualifizieren und die Stellensuche unterstützen.	5. Gemeinsam mit der Welt leben, Realisierung eines offenen nationalen Interesses [開かれた国益 *hirakareta kokueki*]:
6. Verantwortung für die Zukunft: Wir werden die Rolle des Staats verringern und die „Erziehungsautorität" an die Regionen zurückgeben.	

7. Für seine Vorstellungen einstehen [意志をもって立つ *ishi wo motte tatsu*]: Wir werden eine Außenpolitik der „Selbstständigkeit und Gleichberechtigung" realisieren mit der internationalen Zusammenarbeit als Achse. 8. Sich an die eigene Nase fassen [みずからエリをただす *mizukara eri o tadasu*]: Wir werden die Transparenz der Politik erhöhen und eine Politik des gesunden Menschenverstandes durchführen. (Erhöhung der Mehrwertsteuer um 3 % zur Finanzierung der Mindestrente). (Kindergeld). (Wahlrecht ab 18 Jahren). (Verschwendung stoppen).	Wir werden die Selbstverteidigungsstreitkräfte bis Dezember aus dem Irak abziehen und eine für Japan angemessene Wiederaufbauhilfe in Angriff nehmen. 6. Das „Grüne", das „Essen" und die „Landwirtschaft" fördern: Um eine Selbstversorgungsrate in zehn Jahren von 50 % zu erreichen, werden wir ein „Direktzahlungssystem in Höhe von 100 Millionen Yen" starten. 7. Hin zu einer gerechten und transparenten Marktwirtschaft: Wir werden Manipulationen bei öffentlichen Ausschreibungen beseitigen, die Öffentliche Körperschaft für Autobahnen [道路公団 *dōro kōdan*] abschaffen und eine Gebührenfreiheit für die Autobahnen realisieren. 8. Eine unverfälschte Reform des Postwesens – Von Bürokrat an privat [官から民 *kan kara min*]: Das Postsparen und das Geschäft mit Lebensversicherungen werden wir stark reduzieren und Finanzmittel „von Bürokrat zu privat" umleiten. Wir bewahren die landesweit einheitlichen Dienstleistungen der Postämter.

Quelle: Eigene Zusammenstellung und Übersetzung.

Betrachten wir zunächst das Programm aus dem Jahr 2004: Die Forderungen nach einer Vertiefung der *Demokratie* nehmen hier eine vergleichsweise schwache Stellung ein. Als achtes und letztes „Versprechen" wird eine „höhere Transparenz" der Politik in Aussicht gestellt. Das Kernthema der DPJ, die Zurückdrängung der Bürokratie, wird erst im Volltext aufgegriffen, inklusive eines Verbots von *amakudari*.[186] Dort fin-

---

[186] Manifest 2004, S. 17.

det sich auch das Vorhaben von 1998 wieder, das Wahlrecht auf 18 Jahre zu senken, um somit die Wahlbevölkerung zu erhöhen. Pläne zur Aufwertung des Kabinetts bzw. des Parlaments gegenüber der Ministerialbürokratie enthält das Programm nicht.

Der *Liberalismus* des Programms beschränkt sich auf wirtschaftsliberale Ideen. Im Mittelpunkt steht die Forderung nach einer „prinzipiellen Abschaffung der Unternehmensregulierung" unter dem Motto „Die Angelegenheiten des Marktes dem Markt überlassen". Das von Okada verfasste Vorwort zeigt diesbezüglich allerdings eine gewisse Widersprüchlichkeit, denn einerseits wird hier eine Deregulierung, andererseits aber mach Regeln verlangt, die „einen fairen Wettbewerb gewährleisten":

> Ich glaube, dass der freie Wettbewerb durch den Markt zu einer Vitalität der Wirtschaft führt, neue Industrien und Beschäftigung hervorbringt und vielfältige Berufswahlen ermöglicht. Die Rolle des Staats [国 *kuni*] sollte darauf beschränkt werden, Regulierungen abzuschaffen, die übermäßige Beteiligung der Behörden zu beseitigen, Regeln, die einen fairen Wettbewerb gewährleisten, festzulegen und zu überwachen.[187]

Kommen wir zu den *sozialistischen* Ideen des Programms. Die als oberste Priorität genannte Vereinheitlichung des Rentensystems entspricht im Wesentlichen der Idee der „Bürgerversicherung" des sozialdemokratischen Modells. Im weiteren Text findet sich zudem die 1996 erstmals formulierte Ideen einer Mindestrente. Diese soll jedoch durch eine dreiprozentige Erhöhung der Mehrwertsteuer statt durch progressive Sozialversicherungsbeiträge finanziert werden, wodurch deren Umverteilungseffekt gering sein dürfte.[188] Das Kleingedruckte enthält drei weitere Maßnah-

---

[187] Manifest 2004, S. 4.
[188] Um einen Effekt auf die Soziale Ungleichheit abschätzen zu können, müsste berechnet werden, ob eine von Altersarmut bedrohte Person von einer Mindestrente profitieren würde, wenn sie gleichzeitig mit einer höheren Mehrwertsteuer belastet würde.

men: Zum ersten Mal wird ein Kindergeld gefordert.[189] Zudem wird eine Besserstellungen der Frauen bei der Rente angedeutet,[190] ebenso das Vorhaben, zinslose Studienkredite des Staats um 50 Prozent auszuweiten.[191] Zum ersten Mal wird auch das Problem der Ungleichheit am Arbeitsplatz thematisiert. Hierzu heißt es im Fließtext:

> Angesichts der Pluralisierung der Beschäftigungsformen werden wir Regeln dafür schaffen, dass jeder, der arbeiten möchte, arbeiten kann und eine gerechte Wertschätzung [公正な評価 *kōsei na hyōka*] bekommt. Wir werden dafür sorgen, dass Teilzeitarbeiter nicht aufgrund ihrer kurzfristigen Beschäftigung diskriminiert werden, und realisieren eine gleiche Behandlung [均等待遇 *kintō taigū*].[192]

Statt der sozialistischen Forderung nach „gleichem Lohn für gleiche Arbeit" wird lediglich eine „gleiche Behandlung" und die Aussicht auf „gerechte Wertschätzung" genannt. Diese Absichtserklärungen wirken halbherzig, denn es wird nicht ausgeführt, was „Behandlung" und „Wertschätzung" konkret bedeuten. Die Verwendung des Wortes „Regel" (ルール *rūru*) im Unterschied zu „Gesetz" lässt zudem offen, ob eine DPJ-Regierung diesbezüglich gesetzliche Maßnahmen ergreifen würde.

Trotz dieser Ansätze einer sozialdemokratischen Politik überwiegt in diesem Programm unverkennbar das neoliberale Element. Die Terminologie und Vorstellungen des „Dritten Wegs", wie *voluntary economy* und Wohlfahrtsgesellschaft weichen hier konventionellen wirtschaftsliberalen Inhalten. Auch Schoppa kommt zu dieser Einschätzung und verweist in diesem Zusammenhang auf die Rolle der damaligen Koizumi-Regierung:

---

[189] Manifest 2004, S. 22.
[190] Ebd. S. 23.
[191] Ebd. S. 22.
[192] Ebd. S. 13.

4 Die Demokratische Partei Japans

> When Koizumi upset the political world by openly campaigning against his own party in 2001, adopting many of the DPJ's reform proposals, the DPJ moved *further* [Hervorhebung im Original] in the neoliberal direction rather than attempting to stake out a new (social democratic?) position from which to challenge Koizumi.[193]

Erste Anzeichen dieser sozialdemokratischen Ausrichtung lassen sich allerdings im Programm zur Unterhauswahl 2005 erkennen. Neben den ‚Klassikern' der DPJ wie Bürokratieabbau und Verbot des *amakudari*, die unverändert übernommen wurden, enthält es einige wichtige Neuerungen. Ausdruck einer sozialeren Ausrichtung ist die Nennung der „Gesellschaft ohne Ungleichheit" als zweites „Versprechen". Die „Abschaffung des Sozialversicherungsamts" lässt sich vor dem konkreten Hintergrund des Skandals um nicht gezahlte Rentenbeiträge verstehen und kann im Hinblick auf die prinzipielle Ausrichtung der Partei vernachlässigt werden. Im Unterschied zum Programm 2004 weist der neuere Text konkretere Maßnahmen bezüglich der Ungleichheit auf dem Arbeitsmarkt auf:

> Wir beabsichtigen die Etablierung von Beschäftigungsbedingungen, die reguläre und irreguläre Angestellte gerecht behandeln. Wir nehmen eine Reform des Teilzeitarbeitsgesetzes und ein Gesetz zum Verbot von Altersdiskriminierung in Angriff.[194]

Auffallend ist die Konkretisierung des Begriffs „Regel" durch „Gesetz" und die Nennung von spezifischen Ansätzen. Eine Priorisierung und Konkretisierung hat auch das im älteren Manifest erwähnte Kindergeld erfahren: Dieses wird als drittes „Versprechen" unter dem Motto „Weg vom Beton, hin zu den Menschen!" formuliert; mit 16.000 Yen monatlich wird eine konkrete Zahl genannt. Erstmals wird zudem eine Reform des Teilzeitarbeitsgesetzes genannt. Die neoliberalen Reformen Koizumis bein-

---

[193] Schoppa 2006a, S. 133.
[194] Manifest 2005, S. 9.

halteten eine Deregulierung des Arbeitsmarkts, woraufhin ein bis heute andauernder Trend Anstieg „irregulärer" Arbeit 非正規労働 (*hiseiki rōdō*) einsetzte. Im Jahr 2005 erreichte der Anteil dieser Beschäftigungsverhältnisse bereits ein Drittel. Angesichts solcher Veränderungen wurde eine Diskussion darüber geführt, ob sich Japan von einer Mittelstandsgesellschaft in eine sog. „Differenzgesellschaft" 格差社会 (*kakusa shakai*) wandle.[195]

Der Übergang der DPJ zu einer neuen Ausrichtung zeigt sich auch in einem neuen Stil, der sich anhand der Vorworte der beiden Manifeste verdeutlichen lässt. Das Leitthema des 2004er-Programms ist noch die „nationale Krise" Japans. Es wird eingeleitet mit dem Satz „Das heutige Japan hat seinen Weg aus den Augen verloren und kann nicht das Beste aus dem hervorragenden Wesen der fleißigen Japaner machen".[196] Das 2005er-Programm hingegen richtet sich in einem gänzlich neuen, besorgten Tonfall an den Japaner als Individuum:

> Sind Sie glücklich? Spüren Sie eine Verunsicherung bezüglich der Zukunft? Viele Japaner werden gequält von einem Gefühl der Unsicherheit und Ausweglosigkeit und denken „Was soll bloß werden?". Es wird auch von einer Gesellschaft gesprochen, in der die Jungen keine Hoffnung haben. Warum ist das so? Was soll die Politik im Hinblick auf die Zukunft tun?[197]

4.3.4 Sozialdemokratische Phase I (2006-2009)

Wie die folgende Analyse zeigt, erfolgte die entscheidende Wende in Richtung einer sozialdemokratischen Ausrichtung der DPJ unter dem Vorsitz von Ozawa nach dessen Amtsantritt im Jahr 2006. Der bereits im Vorjahr in Ansätzen sichtbar gewordene ‚sozialere' Kurs wurde nun im

---

[195] Ishikawa und Yamaguchi 2010, S. 226; Gordon 2014, S. 311–316.
[196] Manifest 2004, S. 1.
[197] Manifest 2005, S. 1.

4 Die Demokratische Partei Japans

Vorfeld der Oberhauswahl 2007 unter dem neuen Motto „Das Leben der Bürger zuerst!" konkretisiert. Der erneute Wechsel an der Parteispitze zugunsten Hatoyamas 2009 im Vorfeld der entscheidenden Unterhauswahl blieb ohne Auswirkung, zumal die vorherige Wahl unter dem neuen Kurs äußerst erfolgreich verlaufen war und die DPJ die Mehrheit im Oberhaus unter ihre Kontrolle gebracht hatte.

Tabelle 11: Wahlprogramme 2007 und 2009

Manifest 2007 „Das Leben der Bürger zuerst!" (Oberhauswahl, Vorsitz Ozawa)	Manifest 2009 „Regierungswechsel" (Unterhauswahl, Vorsitz Hatoyama)
Drei Versprechen und sieben Vorschläge der DPJ für die Realisierung von „Das Leben der Bürger zuerst!": 1. Keine gelöschte Rente durch das Rentenkontobuch [年金通帳 *nenkin tsūchō*]. 2. Eine Gesellschaft, in der Kinder mit sicherem Gefühl großgezogen werden können: Wir werden ein Kindergeld in Höhe von 26.000 Yen auszahlen. 3. Durch die Vitalität der Landwirtschaft die Regionen wiederbeleben: Wir werden ein „System der haushaltsbezogenen Vergütung" etablieren. 4. Wir werden Beschäftigung schützen und Ungleichheiten korrigieren [Mindestlohn]. 5. Wir werden den Mangel an Ärzten beheben und eine sichere Versorgung schaffen. 6. Wir werden die Verschwendung der Verwaltung gründlich beseitigen. 7. Wir werden einen „dezentralisierten Staat" schaffen, in dem die Regionen selbst entscheiden.	1. Verschwendung: Steuergelder gehören nicht den Bürokraten und einem Teil der Politiker. Wir werden die Steuergelder der Bürger in ihre Hände zurückgeben. Wir werden den Haushalt in Höhe von 207 Billionen Yen komplett umschichten. Wir werden die Verschwendung von Steuergeldern und amakudari beseitigen. Wir werden die Vererbung von Mandaten und Spenden von Unternehmen und Organisationen verbieten und die Zahl der Unterhausabgeordneten um 80 reduzieren. 2. Kindererziehung – Bildung: Wir werden die Sorgen bezüglich der Kindererziehung beseitigen und für jeden Chancen auf Bildung schaffen. Wir werden ein Kindergeld von jährlich 312.000 Yen bis zum Abschluss der Mittelschule auszahlen. Wir werden die Oberschulen kostenfrei machen und die Universitätsstipendien in großem Umfang ausweiten. 3. Rente – Gesundheit: Wir werden die Unsicherheit bezüglich der Rente, Gesundheit und Pflege beseitigen und dafür sorgen, dass jeder sicher leben kann. Keine gelöschte Rente durch das

Sozialdemokratische Phase I (2006-2009)

8. Wir werden kleine und mittlere Betriebe stärken und so die japanische Wirtschaft wiederbeleben. 9. Wir werden die weltweite Führerschaft beim Umweltschutz im ländlichen Raum einnehmen. 10. Wir werden eine selbstbestimmte Außenpolitik etablieren. (Vereinheitlichung des Rentensystems). (Mindestlohn) (Verbesserungen für Irreguläre) (Zuschlag für Überstunden) (Aktive Arbeitsmarktpolitik für Frauen und Junge)	Rentenkontobuch. Wir werden das Rentensystem vereinheitlichen und eine Minimalrente von 70.000 Yen realisieren. Wir werden das Medizinsystem für Ältere Alte abschaffen und die Zahl der Ärzte um das Anderthalbfache erhöhen. 4. Regionale Souveränität: Die Angelegenheiten der Regionen entscheiden die Regionen. Wir schaffen eine lebendige Regionalgesellschaft. Wir werden die „regionale Souveränität" etablieren und als ersten Schritt die autonomen Finanzmittel in großem Umfang ausweiten. Durch die Abschaffung der Autobahngebühren und eine grundlegende Überprüfung der Postunternehmen werden wir die Regionen vitalisieren. 5. Beschäftigung/Wirtschaft: Wir werden die kleinen Firmen und Werkstätten in ihrem Viertel unterstützen, damit sie weiter sicher arbeiten können. Wir werden die Körperschaftssteuer für kleine und mittlere Unternehmen auf 11 % senken. Wir werden Arbeitssuchende durch ein System beruflicher Ausbildung mit einer Zulage von monatlich 10.000 Yen unterstützen. Wir werden Maßnahmen gegen die Klimaerwärmung vorantreiben und neue Industrien heranziehen. (Besserstellung Alleinerziehender)

Quelle: Eigene Zusammenstellung und Übersetzung.

Betrachten wir die Maßnahmen der beiden Programme. Da die Ähnlichkeiten der beiden Texte überwiegen, werde ich sie hier nicht kontrastieren, sondern gemeinsam analysieren. Maßnahmen zur Vertiefung der *Demokratie* stellen das Verbot der „Vererbung von Abgeordneten" und das Lobbyismus-Verbot durch die Untersagung von Unternehmensspenden dar. Die direkte Auszahlung von Agrarsubventionen, die eine Umgehung

4 Die Demokratische Partei Japans

des Bauernverbands Nōkyō (農協) bedeutete, können zusammen mit der Reform der öffentlichen Unternehmen ebenfalls als Mittel gesehen werden, die Machtstruktur des Eisernen Dreiecks aufzubrechen, welches maßgeblich zur Verzerrung der japanischen Demokratie durch ‚Stimmenkauf' in den ländlichen Wahlkreisen führte.

Dem demokratischen wie liberalen „Ideenkreis" lässt sich das bereits 1996 formulierte alte Vorhaben zuordnen, ansässigen Ausländern das kommunale Wahlrecht zu gewähren. Diese Maßnahme zur politischen Inklusion der ansässigen ‚Ausländer' stand war zwar nicht im Manifest festgehalten, Hatoyama kündigte sie jedoch vor der Wahl an. Bereits 2008 hatten Abgeordnete der DPJ den „Parlamentarierbund für die rechtliche Besserstellung von ansässigen Ausländern" gegründet und einen entsprechenden Vorschlag erarbeitet.[198] Diese Forderung lässt sich auch dem *liberalen* „Ideenkreis" zuordnen.

Die wirtschaftsliberalen Bestandteile der DPJ-Ideologie sind erkennbar *sozialistischen* Ideen gewichen, die glaubhaft zur Reduktion sozialer Ungleichheiten führen können. Die DPJ schlägt hier eine Abschaffung der Schulgebühren bei öffentlichen Oberschulen (und Zuschüsse für den Besuch privater Oberschulen) sowie die Erhöhung der Anzahl der Universitätsstipendien vor,[199] sowie ein nicht bedarfsgeprüftes Kindergeld in Höhe von 26.000 Yen monatlich. Bemerkenswert ist in diesem Zusammenhang, dass dieses als universelle Leistung geplant war und auch an in Japan lebende ‚Ausländer' gezahlt wurde.[200] Ferner sieht das Programm 2009 vor, dass Alleinerziehende und deren Kinder, eine Gruppe, die oft von Sozialhilfe abhängig ist, gefördert werden. Sie profitieren von einer Regelung, nach der Unterstützungen für das Kind nicht mit der Sozialhilfe des Elternteils verrechnet, sondern zusätzlich gezahlt werden 母子加算

---

[198] Asahi Shimbun 26.1.2008.
[199] Manifest 2009, S. 17.
[200] Japan Times Online 5.8.2010.

Sozialdemokratische Phase I (2006-2009)

(*boshi kasan*).[201] Beide Programme enthalten unverändert die Forderung nach einer Vereinheitlichung des Rentensystems und einer Minimalrente (2007 im Volltext).[202]

Hinzu kommt erstmals eine Reihe sozialdemokratischer Maßnahmen beim Arbeitsrecht. Es werden 2007 zwei Gesetzentwürfe zur Besserstellung ‚Irregulärer' genannt: der „Gesetzentwurf zur Förderung gleicher Behandlung von Teilzeitarbeitern" パート労働者均等待遇推進法案 (*pāto rōdōsha kintō taigū suishin hōan*) und der „Entwurf für ein Arbeitsvertragsgesetz" 労働契約法案 (*rōdō keiyaku hōan*) sowie mehrere Maßnahmen aus dem Bereich der aktiven Arbeitsmarktpolitik, insbesondere für Junge und Frauen. Das Programm sieht eine Erhöhung des nationalen Mindestlohns auf 800 Yen pro Stunde vor. Weitere Verbesserungen sollen höhere Zuschläge für Überstunden und Gesetze zur Begrenzung der maximalen Arbeitszeit bringen.[203] Im Programm 2009 fordert die DPJ für ‚Irreguläre' und Frauen (zwei Gruppen, die sich stark überschneiden) erstmals „gleichen Lohn für gleiche Arbeit" 同一労同一賃金 (*dōitsu-rō dōitsu-chingin*), eine Kernforderung sozialdemokratischer Politik. Hier wird die „gleiche Behandlung" des Programms 2005 nun konkretisiert: „Wir realisieren die gleiche Behandlung in Form gleicher Bezahlung, für Menschen die auf dem gleichen Arbeitsplatz die gleiche Arbeit machen, unabhängig vom Geschlecht oder ob irregulär oder regulär angestellt."[204]

Auch in den beiden Vorworten von Ozawa (2007) und Hatoyama (2009) spiegelt sich die neue Ausrichtung und eine Zurückweisung des Neoliberalismus. Ozawa schreibt:

> Was ist Politik? Darauf gibt es nur eine Antwort. Dafür zu sorgen, dass die Bürger sicher [安心 *anshin*] leben können. Genau das ist

---

[201] Diese Möglichkeit war unter Koizumi abgeschafft worden (Ishikawa und Yamaguchi 2010, S. 229).
[202] Manifest 2007, S. 22.
[203] Ebd., S. 23 f.
[204] Manifest 2009, S. 21.

4 Die Demokratische Partei Japans

> die Rolle der Politik und dies zu realisieren, ist die Berufung der Politiker. Gibt es also im heutigen Japan überhaupt „Politik"? Unter den schönen Worten freier Wettbewerb und Reform ist den Bürgern einseitig eine schwere Last aufgezwungen worden und verschiedene Ungleichheiten drohen, unsere Gesellschaft zu zerstören.[205]

Hatoyama beschreibt den neuen Zusammenhang zwischen Reformen und Sozialem:

> Wir werden die Verschwendung der Steuergelder gründlich beseitigen und für den Wiederaufbau des Lebens der Bürger verwenden. Das ist die Bedeutung des Regierungswechsels durch die Demokratische Partei [...]. Die Demokratische Partei denkt: „Das Leben der Bürger zuerst!" Basierend auf dieser neuen Prioritätsordnung werden wir das ganze Budget umschichten und Steuergelder konzentriert für Kindererziehung, Bildung, Rente, Gesundheit, regionale Souveränität, Beschäftigung und Wirtschaft verwenden.[206]

Erstmals verfolgt die DPJ hiermit wichtige Elemente einer sozialdemokratischen Agenda. Die Besserstellung Alleinerziehender, die Gebührenbefreiung im Schulwesen und die Ausweitung der staatlichen Stipendien für Studenten können als geeignetes Mittel zur Reduktion sozialer Ungleichheit gelten. Überdies stellen kostenlose Schulen und das Kindergeld universelle Leistungen dar, von denen große Teile der Bevölkerung profitieren und dadurch, nach der Logik des sozialdemokratischen Wohlfahrtsstaats, die Akzeptanz des Sozialstaats erhöhen.

Itō wertet den Übergang zu dieser Politik als „regime change": Statt die Menschen wie bislang indirekt über staatliche Bauaufträge nach der Logik des „Eisernen Dreiecks" zu versorgen, sind nun direkte Sozialleis-

---

[205] Manifest 2007, S. 1.
[206] Manifest 2009, S. 1.

tungen in Form sozialer Rechte vorgesehen.[207] Tsutsumi und Uekami schreiben über die Neuausrichtung der DPJ: „[Die DPJ] hat eine große Kurswende vorgenommen bezüglich der Rolle der Regierung selbst, nämlich dahingehend, dass sie Eingriffe in den Markt akzeptiert, die Umverteilung betonen."[208]

4.3.5 Die Regierungsphase (2010-2012)

Nach dem frühen Rücktritt Hatoyamas 2010 ging das Amt des Premiers auf Kan über, der zuvor als Finanzminister gedient hatte. Bislang hatte die DPJ-Regierung zur Finanzierung ihrer Politik die Beseitigung der „Verschwendung" insbesondere im Bereich der „öffentlichen Unternehmen" in den Mittelpunkt gestellt. Nun rückte aber Kan das Wirtschaftswachstum in den Fokus seiner Politik. Nur durch die Erzielung von Wachstum – nicht Einsparungen und Umverteilung – sei eine Überwindung der wirtschaftlichen Krise und eine dauerhafte Sicherung der staatlichen Leistungen möglich. Hierzu griff er auf eine bereits 2009 vom Büro für nationale Strategie erstellte Wachstumsstrategie zurück, die er als „Dritten Weg" bezeichnete. Diese findet sich auch als übergeordnetes Ziel im Manifest 2010 unter der Überschrift „Starke Wirtschaft". Auch Noda, der zunächst in Kans als Finanzminister fungierte und diesem später als Premier folgte, räumte dem Wirtschaftswachstum Priorität ein.

---

[207] Itō 2014, S. 2.
[208] Tsutsumi und Uekami 2011, S. 246.

Tabelle 12: Wahlprogramm 2010

Manifest 2010 „Ein gesundes Japan wiederauferstehen lassen!" (Oberhauswahl, Vorsitz Kan)
Starke Wirtschaft: • Durch ein gemeinsames Vorgehen der Regierung und der Notenbank Förderung von Wachstumsindustrien: „Green Innovation" (erneuerbare Energien), „Life Innovation" (Medizintechnik), Weltraumindustrie, Tourismus, *Cool Japan*.   • Sonderwirtschaftszonen   • Senkung der Unternehmenssteuern von KMU   • Regierung ermöglicht Exporte japanischer Technologie (Schnellzüge, Atomtechnik usw.).   1. Verschwendung: • Prüfung der öffentlichen Unternehmen.   • Veröffentlichung staatlicher Informationen   • Senkung der Personalausgaben auf nationaler Ebene um 20 Prozent.   • Verbot *amakudari*.   2. Politikreform: • Verringerung der Abgeordneten.   • Verbot von Unternehmensspenden und der Vererbung von *kōenkai* an Verwandte.   3. Außen- und Sicherheitspolitik: • Stärkung der US-japanischen Beziehungen.   • Verringerung der Bürde für Okinawa auf der Grundlage einer Einigung mit den USA.   • Schaffung einer Ostasiatischen Gemeinschaft.   4. Kindererziehung – Bildung: • Erhöhung des Kindergeldes um 13.000 Yen, dabei je nach Region Ersatzleistungen wie verringerte Beiträge für Kindertagesstätten etc. (現物サービス *genbutsu sābisu*).   • Stipendien und Senkung der Studiengebühren.   5. Rente – Gesundheit – Pflege: • Vereinheitlichung des Rentensystems; Mindestrente 70.000 Yen.

Die Regierungsphase (2010-2012)

6. Beschäftigung: Wir unterstützen die Arbeitenden vor Ort.
   - Beratung von Arbeitslosen und Irregulären „man to man".
   - Gleiche „Behandlung" von Leiharbeitern und Regulären.

7. Land-, Wasser- und Forstwirtschaft:
   - Direktsubventionen
   - Erhöhung des Marktwertes landwirtschaftlicher Produkte durch Weiterverarbeitung vor Ort.

8. Postreform: Bezüglich des „Gesetzentwurfs für eine Postreform" planen wir eine rasche Umsetzung in der nächsten Sitzungsperiode als vorrangige Aufgabe.

9. Regionale Souveränität:
   - Zweckungebundene Regionalsubventionen.

10. Verkehrspolitik, Öffentliche Unternehmen:
    - Verringerung der Mobilitätskosten, Förderung ökologischer Mobilität.

Quelle: Eigene Zusammenstellung und Übersetzung.

Besonderheit des Manifest 2010 ist der allen anderen Punkten vorangestellte Sonderteil zur Schaffung einer „starken Wirtschaft". Dieser sieht gezielte Investitionen in „neue Industrien" vor, von denen sich Kan eine Belebung des Wirtschaftswachstums verspricht. Wie er im Vorwort des Manifests darlegt, sieht er hierin einen „Dritten Weg". Dieser besteht laut Kan

> aus einer Wirtschaftspolitik, die weder Methoden umfasst, die übermäßig auf die Staatsfinanzen angewiesen sind, noch aus solchen, die übermäßig zum Wettbewerb neigen. Er begreift Wirtschaft, Staatsfinanzen und Sozialversicherungen als Ganzes. Der „Erste Weg" ist die Wirtschaftspolitik mit den öffentlichen Unternehmen im Zentrum. Sie war in der Zeit der Hochwachstumsphase angemessen, aber danach hat sie riesige Defizite aufgehäuft. Der „Zweite Weg" ist eine Wirtschaftspolitik, die einseitig auf dem Marktprinzip basiert. Sie stellt die Deflation auf Dauer und indem sie das grundlegende Problem: „Die Unternehmen können die Be-

> legschaft restrukturieren, aber das Land kann die Bürger nicht restrukturieren" aufgeworfen hat, ist das Leben der Bürger extrem instabil geworden. Die neue Regierung wird die Umweltprobleme unseres Landes, den Trend zu wenig Kindern und Überalterung und andere dringende Probleme lösen. Wir werden vor dem Hintergrund des raschen Wachstums Asiens aktive Maßnahmen ergreifen, beispielsweise bezüglich des Tourismussektors, der die inländischen Ressourcen aktiviert. Wir werden die Beschäftigung ausweiten entsprechend der großen Nachfrage, die dadurch geschaffen wird. Hier schaffen wir eine Aufwärtsspirale durch eine Ausweitung der Wirtschaft (starke Wirtschaft), eine Gesundung der Staatsfinanzen (starke Staatsfinanzen) und die Ausweitung der Sozialversicherungen (starke Sozialversicherungen). Das Gefühl der Ausweglosigkeit in Japan wurde durch politische Maßnahmen geschaffen. Deshalb kann man es auch mit politischen Maßnahmen beseitigen. Ich bin fest überzeugt, dass genau der „Dritte Weg" diese Maßnahme ist.[209]

Unverkennbar kehrt Kan hier in wesentlichen Punkten auf die Ideen des „Dritten Wegs" von Schröder und Blair zurück, distanziert sich aber inhaltlich stärker vom „übermäßigen" Wettbewerb, der durch neoliberale Politik ermöglicht wird. Dennoch weist das Programm mehr Gemeinsamkeiten mit den älteren DPJ-Programmen auf, als mit denen des Jahres 2007 und 2009.

Obwohl in Europa schon aus der Mode sah Kan die Ideen des „Dritten Wegs" vor dem Hintergrund der Finanz- und Wirtschaftskrise als Methode zu Herstellung von Wirtschaftswachstum. Während die beiden vorhergehenden Programme hier eher eine Stimulierung der Inlandsnachfrage bedeuteten, zielte Kan auf den Export von Hightech-Produkten sowie die Belebung des Tourismus. Kans Wunsch nach einer „Aufwärtsspirale", die den Staatshaushalt saniert und so Mittel für Sozialpolitik ermöglicht erinnert stark an Schröder und Blair, die in ihrem ‚Papier' von 1999 von ei-

---

[209] Manifest 2010, S. 2.; Siehe auch Regierungserklärung Kans vom 11.6.2010, S. 6 ff.

nem „[...] positiven Dominoeffekt" sprechen, sodass „Wachstum die Ressourcen vermehrt, die für öffentliche Ausgaben für soziale Zwecke zur Verfügung stehen."[210]

Im Unterschied zu seinen europäischen Ideengebern fordert er jedoch weder Steuersenkungen noch eine Ausweitung des Niedriglohnsektors. Von der sozialdemokratischen Agenda des Jahres 2009 sind die Erhöhung des Kindergelds auf die ursprünglich vorgesehene Summe von 26 000 Yen pro Monat und die egalitären Maßnahmen im Bildungsbereich erhalten geblieben.

Die ideologische Einordnung des Programms ist nicht einfach, da zwar unmittelbare Ziele zur Generierung von Wirtschaftswachstum im Vordergrund stehen, aber ebenso eine langfristige Stärkung der Sozialversicherungen sowie egalitäre Maßnahmen genannt werden. Insgesamt lässt sich ein Abrücken vom erst kürzlichen eingeschlagenen sozialdemokratischen Kurs konstatieren. Diese Ausrichtung wurde im Wesentlich im Programm 2012 unter der Führung von Noda beibehalten, der Kans Priorisierung der Wirtschaft fortsetzte.

4.3.6 Sozialdemokratische Phase II (seit 2013)

Für diesen Zeitraum nach der Abwahl und Spaltung 2012 stellen sich insbesondere zwei Fragen: Wie wirkte es sich aus, dass mit Ozawa und Hatoyama zwei Verfechter des Manifests 2009 die Partei verlassen hatten? Welche Auswirkung auf das Programm 2016 hatte der Beitritt der Gruppe von Politikern der rechtspopulistisch-neoliberalen Erneuerungspartei? Betrachten wir hierzu die beiden Programme aus den Jahren 2014 und 2016:

---

[210] Manifest 2010, S. 6.

4 Die Demokratische Partei Japans

Tabelle 13: Wahlprogramme 2014 und 2016

Manifest 2014 „Gerade jetzt ist die Zeit, den Lauf der Dinge zu ändern!" (Unterhauswahl, Vorsitz Kaieda)	Vertrag mit den Bürgern 2016 „Wirtschaftsbelebung ausgehend von den Menschen." (Oberhauswahl, Vorsitz Okada)
1. Wirtschaft: Abkehr von Abenomics. Wiederaufleben einer „breiten und wohlhabenden Mittelschicht" (Erhöhung des Einkommens sozial Schwacher; Verbesserungen bei der irregulären Arbeit; Erhöhung des Mindestlohns).	1. Ausgehend von den normalen Menschen zu einer reichen Wirtschaft (Entlastungen im Bildungswesen; Mindestlohn von 1.000 Yen; gleicher Lohn für gleiche Arbeit).
2. Sozialversicherungen: Eine Gesellschaft schaffen, in der jeder geachtet wird und in der alle zusammenleben [共に生きる社会 tomo ni ikiru shakai] (Steuerentlastungen für Geringverdiener; Vereinheitlichung der Rente).	2. Kinder zuerst! [チルドレンファースト・子供が第一 chirudoren fāsuto! Kodomo ga daiichi!] (Lohnerhöhung für Erzieherinnen in Höhe von 50.000 Yen; Stipendien; Unterstützung für Alleinerziehende; Senkung des passiven Wahlalters).
3. Beschäftigung: Wir stellen uns auf den Standpunkt der Arbeitenden und verbessern die Arbeitsbedingungen (keine Deregulierung des Arbeitsrechts; gleicher Lohn für gleiche Arbeit; Anhebung des Mindestlohns).	3. Arbeitende Menschen schützen, die Arbeitsbedingungen ändern (gleicher Lohn für gleiche Arbeit; Ausweitung regulärer Arbeit; Einschränkung irregulärer Arbeit).
4. Erziehung: Wir wollen die Qualität der Erziehung verbessern und eine Gesellschaft schaffen, in der jeder lernen kann (Ausweitung der Universitätsstipendien).	4. Die Gesellschaft durch die Stimmen der Frauen ändern (gleicher Lohn für gleiche Arbeit; Frauenquote; Wahlfreiheit des Nachnamens).
5. Frauen/Symbiose: Wir treiben die gleiche Teilhabe von Männern und Frauen voran. Wir schaffen eine Gesellschaft, in der Vielfalt anerkannt wird (Unterstützung für Alleinerziehende; Gesetz gegen *hate speech*).	5. Die Sicherheit der Senioren schützen (Eigenanteil bei Gesundheit und Pflege verringern; Mindestrente).
	6. Der nächsten Generation keine Schulden überlassen (Verschwendung stoppen; Steuererhöhungen für Großkonzerne und Reiche; Verbot *amakudari*).
	7. Die Regionalwirtschaft wiederaufrich-

6. Wiederaufbau nach der Erdbebenkatastrophe/Wiederaufleben Fukushimas: Mit den Katastrophenopfern Seite an Seite vollenden wir den Wiederaufbau nach der Erdbebenkatastrophe und fördern das Wiederaufleben Fukushimas.	ten: Wiederaufbau der Katastrophengebiete und Stärkung des Katstrophenschutzes (Ablehnung einer Teilnahme an TTP).
7. Atomausstieg/Energie: Im Hinblick auf einen Atomausstieg bis 2030 investieren wir verschiedene politische Ressourcen.	8. Wiederaufleben der Katastrophengebiete und Stärkung des Katastrophenschutzes. 9. Das Land schützen, einen Beitrag für die Welt leisten.
8. Lebensmittelsicherheit: Wir verteidigen die Lebensmittelsicherheit und lassen die Landwirtschaft im Inland wiederaufleben.	10. Den Verfassungspazifismus verteidigen (keine Revision des Artikels 9).
9. Außenpolitik/Verteidigung: Wir treiben eine verantwortungsvolle Verteidigung und eine strategische Außenpolitik voran (Aufwertung der Küstenwache; harte Haltung bei Territorialstreitigkeiten).	11. Die Freiheit der Bürger und die Menschenrechte schützen (Offenlegung staatlicher Informationen; Diskriminierungsverbot von LGBT; Diskriminierungsverbot von Behinderten).
10. Wir führen entschieden Reformen durch, die uns selbst betreffen: Wir halten Versprechen gegenüber den Bürgern ein und stellen das Vertrauen in die Politik wieder her (Dezentralisierung).	

Quelle: Eigene Zusammenstellung und Übersetzung.

Zunächst fällt auf, dass keines der beiden Programme Zahlenangaben enthält. Hintergrund ist, dass die DPJ ihre selbstgesteckten Ziele in ihrer Regierungszeit weit verfehlt hatte. Es wurde beschlossen, künftig detaillierte Zahlen zu vermeiden. Dementsprechend wurde auch der Begriff „Manifest" aufgegeben. Aus diesem Grund heißt das Wahlprogramm 2016 nicht „Manifest", sondern „Versprechen an die Bürger" 国民との約束 (*kokumin to no yakusoku*).[211]

[211] Asahi Shimbun 10.6.2016.

Angesichts der Abspaltung der Ozawa-Gruppe, des Ausscheidens Hatoyamas und des Zustroms der Politiker aus der Erneuerungspartei ist es überraschend, dass die DPJ nach ihrer Abwahl 2012 auf ihren sozialdemokratischen Kurs der Jahre 2007 bis 2009 zurückgekehrt ist. Nun wurde das sozialdemokratische Profil sogar noch geschärft: Beide Programme enthalten zahlreiche egalitäre Maßnahmen.

Betrachten wir zunächst die Ziele im Bereich der Wirtschaft und Arbeit. Beide Programme versprechen, „Ungleichheiten zu korrigieren"; das 2014er-Programm wählt die an das Grundsatzprogramm von 1998 erinnernde Formulierung „Wir stellen uns auf den Standpunkt der Arbeitenden und verbessern die Arbeitsbedingungen".[212] Hier nehmen vor allem Maßnahmen zur Förderung ‚Irregulärer' großen Raum ein. Sie werden im Programm wiederholt thematisiert:

Zunächst als Element einer neuen nachfrageorientierten Wirtschaftspolitik mit dem Ziel höherer Einkommen (1.), bezüglich der Sozialversicherungen (2.), in denen niedrigere Steuern für Einkommensschwache vorgesehen sind, und schließlich im Abschnitt zur Beschäftigungspolitik (3.).[213] Die konkreten Positionen umfassen hier die Ablehnung einer „Verschlechterung" des „Arbeitnehmerentsendegesetzes" 労働派遣法 (*rōdō haken-hō*) sowie weiterer Deregulierungsmaßnahmen, eine Anhebung des Mindestlohns, Maßnahmen der aktiven Arbeitsmarktpolitik für Junge sowie ein Gesetz gegen „Tod durch Überarbeitung".[214] 2016 wird die Forderung nach dem Mindestlohn mit der Angabe von 1.000 Yen pro Stunde konkretisiert und das Ziel formuliert, mehr Arbeitnehmer in reguläre Arbeitsverhältnisse zu bringen, um ihnen die Aufnahme in die großzügigeren (und vom Staat bezuschussten) Betriebsrenten zusätzlich zur staatlichen Basisrente zu ermöglichen.[215]

---

[212] Manifest 2014, S. 7.
[213] Ebd., S. 5 f.
[214] Ebd., S. 12.
[215] Ebd., S. 10.

Sozialdemokratische Phase II (seit 2013)

Zum ersten Mal ist die Gleichheit der Frauen ein herausgehobenes Thema (2014 als fünfter, 2016 als vierter Schwerpunkt). Sie wird 2016 im Zusammenhang mit der Lohnungleichheit unter dem Motto „Gleicher Lohn für Männer und Frauen" 男女同一賃金 (*danjo dōitsu chingin*) thematisiert.[216] Zusätzlich wird das Ziel eines höheren Frauenanteils in Führungspositionen ausgerufen (2014). Auch eine Frauenquote in der Politik wird in Aussicht gestellt. Des Weiteren enthält das Programm 2016 das Recht der Ehepartner auf unterschiedliche Nachnamen, eine Maßnahme, die sich bereits im ersten Programm 1996 fand.[217] Erstmals wird auch die Diskriminierung sexueller Minderheiten (LGBT) problematisiert.[218]

Im Bereich der Bildung ist die ältere Forderung nach einer Ausweitung der staatlichen Stipendien inklusive solcher, die nicht zurückgezahlt werden müssen, enthalten. Das 2016er-Programm mit dem Slogan „Kinder zuerst!" ist erkennbar eine Anspielung auf den älteren Slogan Ozawas („Das Leben der Bürger zuerst!") und unterstreicht somit die sozialdemokratische Ausrichtung des Programms.

Überraschend ist an beiden Programmen die entschiedenere Haltung in der Außen- und Sicherheitspolitik. Neu ist das Bekenntnis zu einer „strategische[n] Außenpolitik" und zu einer „dynamische[n] Verteidigungskraft" vor dem Hintergrund der Territorialkonflikte.[219] Möglicherweise stellt die Aufnahme dieser neuen Formulierungen ein Zugeständnis an die Parteirechte dar, deren Positionen im übrigen Programm nur kaum vertreten scheinen.

---

[216] Wahlversprechen an die Bürger 2016, S. 11.
[217] Ebd., S. 10.
[218] Ebd., S. 19.
[219] Manifest 2014, S. 10.

4.3.7 Ergebnisse und Diskussion: Sozialdemokratie oder Opportunismus?

In der oben analysierten Entwicklung von Ideologie und Programmatik der DPJ sind drei Phasen erkennbar:

Erstens war die Partei in den 1990er-Jahren deutlich von den Ideen des „Dritten Wegs" beeinflusst und positionierte sich in Gestalt einer liberalen Reformpartei als Alternative zur LDP. Dabei kombinierte sie eine im Kern neoliberale Wirtschaftspolitik mit gesellschaftspolitisch liberalen Zielen. Primäres Ziel war das Aufbrechen des „Eisernen Dreiecks" und die Verkleinerung des Staates, wovon man sich sowohl eine Belebung der Wirtschaft als auch der Zivilgesellschaft versprach. Von diesen „Privaten" (*min*) erhoffte man sich, dass sie anstelle des Staats soziale Aufgaben erfüllen würden und hegte die optimistische Vorstellung, dass durch das Zurückdrängen des Staates ein „Geist der Brüderlichkeit" und eine „symbiotische" Beziehung zwischen den Menschen entstehen würde.

Zweitens wurde gegen Anfang des neuen Jahrtausends das neoliberale Element in den Vordergrund gerückt, wie sich im Wahlprogramm 2004 zeigte. Hierbei könnte der Zustrom der damals noch neoliberal orientierten Ozawa-Gruppe eine Rolle gespielt haben, aber auch die große Popularität der Reformpolitik Koizumis, der man nacheiferte.

Drittens bildete die DPJ im Zeitraum von 2005 bis 2010 ein sozialdemokratisches Profil aus. Sie verfolgte weiterhin Reformen zur Demokratisierung und zum Abbau „verschwenderischer" Staatsausgaben, stellte diese Maßnahmen nun aber in den Dienst einer sozialdemokratischen Arbeits- und Bildungspolitik.

Bereits im Wahlprogramm 2005, unter der Führung des als Zentristen geltenden Okada, waren erste Elemente einer sozialdemokratischen Agenda und ein neuer politischer Stil erkennbar. Dies ist überraschend, da meist die Amtsübernahme durch Ozawa, der als Urheber der veränderten politischen Ausrichtung gilt, als programmatischer Wendepunkt angenommen wird. Interessanterweise scheint diese Verschiebung nach links nicht durch eine strukturelle Veränderung verursacht worden zu sein. Stattdessen sind zwei andere Erklärungen naheliegend:

Erstens war es wahltaktisch ungünstig, ebenso wie die Regierung unter Koizumi, einen neoliberalen Kurs zu verfolgen, da dies den Verlust von Unterscheidungsmerkmalen bedeutete. Bislang hatte die DPJ stets bei Wahlen profitieren können, wenn sie sich als (bessere) Alternative zur LDP präsentieren konnte. Die neue, von der LDP deutlich abweichende Positionierung, war auch im Hinblick auf die Parteiziele stimmig, da man eine Koalition mit der LDP kategorisch ausschloss. Diese hätte zwar das *policy-seeking* befriedigt, da eine solche ‚große Koalition' gestattet hätte, einen Teil der eigenen ‚policy' umzusetzen. Wie aber bereits besprochen (Kapitel 4.2) hat die DPJ stets das *office-seeking* höher gewichtet. Dieses Parteiziel, das eine vollständige Ablösung der LDP bedeutete, konnte durch eine deutliche Unterscheidung von der LDP leichter erreicht werden.

Zweitens könnte eine veränderte Stimmungslage in der Bevölkerung und den Medien eine Sozialdemokratisierung der DPJ-Agenda begünstigt haben. Zu jener Zeit erreichte der Anteil „irregulärer Beschäftigung" ein Drittel, was dazu führte, dass die Folgen neoliberaler Reformen, nun zunehmend kritisch beurteilt wurden. Der Lehman-Schock und die Finanz- und Wirtschaftskrise ab 2008 verstärkten die Skepsis weiter. [220] Insofern trafen die Programme der Jahre 2007 und 2009 zweifellos den Geist der Zeit, auch wenn für den DPJ-Sieg der geschickte Wahlkampf und der schlechte Zustand der LDP ebenso bedeutsam waren.

Erst für die Oberhauswahl 2013 lassen sich auch strukturelle Faktoren für den Linkskurs der DPJ nachweisen, denn bei der Wahl profitierten die gewerkschaftsnahen Gruppen aufgrund ihrer Fähigkeit, organisierte Stimmen zu mobilisieren, überproportional. Dies begünstigte wohl, dass die Partei anlässlich der beiden jüngsten Wahlen (2014 und 2016) ihr sozial-

---

[220] Ishikawa und Yamaguchi 2010, S. 226.

4 Die Demokratische Partei Japans

demokratisches Profil mit der Forderung nach einem höheren Mindestlohn (2016 konkretisiert mit 1.000 Yen pro Stunde) und „gleichem Lohn für gleiche Arbeit" sowie andere Verbesserungen für irregulär Beschäftigte schärfte. Das Motto „Das Leben der Bürger zuerst!" findet sich hier in der abgewandelten Form „Children first!", wobei die angestrebten Investitionen im Bildungssektor explizit mit der Reduzierung sozialer Ungleichheit begründet werden. Maßnahmen zum Schutz von Frauen und Minderheiten stellen neue egalitäre Elemente der politischen Agenda der DPJ dar. Wie weit sich die DPJ mittlerweile links positioniert, zeigt folgender Vergleich zwischen den Wahlprogrammen der DPJ und der SDP aus dem Wahlkampf 2016:

Tabelle 14: Vergleich der Wahlprogramme 2016 zwischen DPJ und SDP

DPJ: Vertrag mit den Bürgern 2016 „Wirtschaftsbelebung ausgehend vom Menschen."	SDP: Wahlprogramm 2016
1. Ausgehend von den normalen Menschen zu einer reichen Wirtschaft [普通の人から豊になる経済 *Futsū no hito kara yutaka ni naru keizai*] (Entlastungen im Bildungswesen; **Mindestlohn von 1000 Yen**; Gleicher Lohn für gleiche Arbeit).	1. Wir streben ein „Land, das keinen Krieg führt" im Einklang mit der Verfassung an.
2. Kinder zuerst! (**Lohnerhöhung für Erzieherinnen in Höhe von 50.000 Yen**; Stipendien; Unterstützung für Alleinerziehende; **Senkung des passiven Wahlalters**)	2. Wir lassen nicht zu, dass das Leben der Bürger [国民生活 *kokumin seikatsu*] durch Abenomics zerstört wird und richten das Leben und die Beschäftigung wieder auf. (Gemeinsame Reform von Steuer- und Sozialversicherungssystems; Keine Erhöhung der Mehrwertsteuer; Höhere Progressivität des Steuersystems; Höherer Arbeitsschutz; Verbesserungen für Irreguläre; **Mindestlohn von 1000 Yen**; Mindestrente; Ausweitung regulärer Arbeit; Ausbau der Kinderbetreuung; **Lohnerhöhung für Erzieherinnen in Höhe von 50.000 Yen**; Frauenquote in der Politik; Gleicher Lohn von Frauen und Männern; Diskriminierungsverbot LGBT; ‚Homoehe' [同性婚 *dōseikon*].
3. Arbeitende Menschen schützen, die Arbeitsbedingungen ändern (Gleicher Lohn für gleiche Arbeit; Ausweitung regulärer Arbeit; Einschränkung irregulärer Arbeit).	
4. Die Gesellschaft durch die Stimmen	3. Wir schaffen einen Platz und Hoffnung

der Frauen ändern
(Gleicher Lohn für gleiche Arbeit; Frauenquote; Wahlfreiheit des Familiennamens).

5. Die Sicherheit der Senioren schützen
(Eigenanteil bei Gesundheit und Pflege verringern; Mindestrente).

6. Der nächsten Generation keine Schulden überlassen
(Verschwendung stoppen; Steuererhöhungen für Großkonzerne und Reiche; Verbot *amakudari*).

7. Die Regionalwirtschaft wieder aufrichten
Wiederaufbau der Katastrophengebiete und Stärkung des Katstrophenschutzes
(Gegen die Teilnahme an TTP).

8. Wiederaufleben der Katastrophengebiete und Stärkung des Katastrophenschutzes.

9. Das Land schützen, einen Beitrag für die Welt leisten.

10. Den Pazifismus der Verfassung verteidigen
(Keine Revision des Artikel 9)

11. Die Freiheit der Bürger und die Menschenrechte schützen
(Offenlegung staatlicher Informationen; Diskriminierungsverbot von LGBT und Behinderten).

für alle Jugendlichen.
(umfassende Beratungsangebote; Erweiterungen politischer Freiheiten und *citizenship*-Erziehung; **Senkung des passiven Wahlalters**; Kostenlose Universitäten durch Stipendien; Lohnerhöhung für Erzieherinnen).

4. Gegen die Wiederinbetriebnahme der Atomkraftwerke, Realisierung einer Antiatom-Gesellschaft.

5. Gegen die Teilnahme an TPP; wir schützen die Landwirtschaft [農林水産業 *nōrinsui-sangyō*] und die Regionalgesellschaft.
(Direktsubventionen; Dezentralisierung; Steuersenkung für KMU auf 11 %).

6. Wir lassen nicht zu, dass die Katstrophengebiete und Opfer ausgeschlossen werden; wir realisieren ein („Wiederaufleben der Menschen" [人間の回復 *ningen no kaifuku*]).

Quelle: Eigene Zusammenstellung und Übersetzung.

Wie wir sehen, weisen die Programme in einem so hohen Maße Übereinstimmungen auf, dass man fast von einem Plagiat sprechen könnte. Zwar sind die egalitären Forderungen der SDP in einigen Punkten weitgehender, wie bspw. bezüglich der ‚Homo-Ehe'. Auffällig ist jedoch die exakte Übereinstimmung der geplanten Maßnahmen, wie die Lohnerhöhung für Erzieherinnen in Höhe von 50.000 Yen monatlich. Programmatisch ist die DPJ zum aktuellen Zeitpunkt ohne Zweifel eine sozialdemokratische Partei.

Opportunismus oder Sozialdemokratie?

Die gesamte Entwicklungsgeschichte der DPJ einschließlich ihrer Gründung hat einen ausgeprägten Opportunismus nahegelegt, mit dem sie ihre „ehrgeizigen Ziele" verfolgte. Ist die sozialdemokratische Orientierung seit 2005 also nur vorübergehend und wird verworfen, sobald es der Parteiführung opportun erscheint? Uekami und Tsutsumi bringen ihre Skepsis über den Kurs der DPJ folgendermaßen zum Ausdruck:

> Es ist unklar, ob die DPJ ihre Ideologie von einer neoliberalen zu einer sozialdemokratischen verändert hat, oder ob sie diese Standpunkte nur benutzt, um dem jeweiligen sozialökonomischem Umfeld Rechnung zu tragen.[221]

Köllner sieht das Manifest 2007 als Ausdruck eines Populismus.[222] Am schärfsten kritisiert Aurelia Mulgan die DPJ-Politik des Manifest 2009 in ihrer Monografie[223] über Ozawa. Dort vertritt sie die Ansicht, der vermeintlich von ihm als „Diktator"[224] initiierte Kursschwenk sei nichts anderes als eine opportunistische Rückkehr zu den „old policies" und „old

---

[221] Tsutsumi und Uekami 2011, S. 225–252.
[222] Köllner, Patrick 2015, „The Triumph and Fall of the Democratic Party of Japan". In: Hrebenar, Ronald J. und Nakamura, Akira (Hg.), *Party Politics in Japan: Political Chaos and Stalemate in the 21st Century*. London (u. a.): Routledge, S. 94.
[223] Mulgan, Aurelia G. 2015, *Ozawa Ichirō and Japanese Politics. Old Versus New*. London (u. a.): Routledge.
[224] Ebd., S. 174–200.

Ergebnisse und Diskussion: Sozialdemokratie oder Opportunismus?

politics" der LDP, worunter sie den Stimmenkauf durch großzügige Wahlgeschenke versteht.[225] Detailliert listet sie die Kontakte Ozawas zu verschiedenen Lobbygruppen im Vorfeld der Oberhauswahl 2010 auf.[226] Schließlich widerspricht sie sich allerdings selbst, schreibt sie doch einerseits von einer Annäherung Ozawas an „sozialdemokratische Prinzipien"[227], wirft ihm jedoch andererseits vor, eine prinzipienlose Politik zu verfolgen:

> Across a range of sectors, his policy interventions demonstrated no consistent economic policy approach, let alone economic doctrine, neo-liberal or otherwise.[228]

Es hat den Anschein, dass ihre pauschale Gleichsetzung von „sozialdemokratischen Prinzipien" mit korrupten „old policies" ideologisch motiviert ist.

Im Hinblick auf die Tatsache, dass die mit Kosten verbundenen Maßnahmen des Manifest 2009 gänzlich ohne Abgabenerhöhungen realisiert werden sollten, ist es aber sicherlich nicht unangemessen, der Partei Leichtsinn oder eine gewisse Form des Populismus vorzuwerfen.[229] Die ursprünglichen Motive der entscheidenden Akteure für den Kurswechsel lassen sich nicht mit abschließender Sicherheit ermitteln. Ich möchte hier jedoch zu Bedenken geben, dass die DPJ zum jetzigen Zeitpunkt bereits seit knapp zehn Jahren einen sozialdemokratischen Kurs verfolgt. Auch Ozawa in den bislang sechs Jahren seit seinem Ausstieg aus der DPJ und der Gründung seiner Kleinpartei[230] wechselnden Namens dem Motto „Das

---

[225] Mulgan 2015, S. 129–166.
[226] Ebd., S. 151–160, 163–166.
[227] Ebd., S. 163.
[228] Ebd., S. 164.
[229] Kushida, Kenji und Lipscy, Phillip 2013, „The Rise and Fall of the Democratic Party of Japan." In: dies. (Hg.): *Japan under the DPJ. The Politics of Transition and Governance*. Stanford: The Walter Shorenstein Asia-Pacific Research Center, S. 6.
[230] Seine Partei hieß zunächst „Das Leben der Bürger zuerst!", später Lebenspartei (Sei-

Leben der Bürger zuerst!" treu geblieben. Was den Vorwurf eines „Populismus" angeht, so ist anzumerken, dass egalitäre Maßnahmen zugunsten von Minderheiten, wie die Unterstützung von Alleinerziehenden oder das Wahlrecht für ansässige ‚Ausländer' keinesfalls Strategien eines „Populismus" sein können.

In diesem Zusammenhang ist auch von Bedeutung, dass das erste als überwiegend sozialdemokratisch zu bewertende Manifest (2007), keine vollständig neuartigen Gedanken enthielt. Man bediente sich vielmehr bei Ideen, die bereits im politischen ‚Vorrat' der DPJ existierten: Das Wahlrecht für Ausländer entstammte dem Programm 1996, das Kindergeld dem Manifest 2005. Das von Mulgan als strategischer Schachzug Ozawas gewertete System der direkten Subventionierung der Bauern findet sich erstmals 2004.

4.4 Struktur der Demokratischen Partei

Die folgende Analyse der Struktur der DPJ beantwortet zwei übergeordnete Fragen:

Erstens muss die Frage nach dem sozialdemokratischen Charakter der DPJ aufgrund der Heterogenität dieser Partei durch eine Analyse auf der innerparteilichen Ebene weiterverfolgt werden. Dabei wird geklärt, welche innerparteilichen Gruppen als sozialdemokratisch identifiziert werden können, wie deren Lage und Aussichten sowie ihr Verhältnis zueinander ist. Dies ist auch deshalb von Bedeutung, da eine erneute Spaltung der Partei und eine weitere Reorganisation der Parteienlandschaft keineswegs ausgeschlossen sind.

Zweitens gehen wir genauer der Frage nach, inwiefern sich die oben erläuterten Schwankungen in der ideologischen Ausrichtung durch Veränderungen der innerparteilichen Machtstruktur erklären lassen. Zur Beantwortung dieser Fragen beschränke ich die Analyse auf drei Gruppen, die

katsu no Tō). Seit Oktober 2016 firmiert sie unter Liberale Partei (LP).

aufgrund der bisherigen Erkenntnisse als potenziell sozialdemokratisch gelten können:

- Die *Yokomichi-Gruppe*, die auf die SPJ zurückgeht, die öffentlichen Gewerkschaften repräsentiert und das sozialdemokratische Manifest 2009 unterstützte.
- Die *Kan-Gruppe*, deren zwei Anführer Kan und der kürzlich als Abgeordneter abgetretene Eda Satsuki dem Sozialdemokratischen Bund entstammen, die als „liberal", pazifistisch und ökologisch gilt.
- Die *Minshakyōkai*, die als Nachfolgeorganisation der Demokratisch-Sozialistischen Partei zumindest nominell eine „sozialistische" Partei ist, und darüber hinaus intensive Verbindungen zu den Gewerkschaften des Privatsektors unterhält.

Der Vollständigkeit halber seien hier auch die größeren Gruppen der Parteirechten kurz genannt, die sich in zwei ältere und drei neuere Gruppen einteilen lassen. Die beiden älteren Gruppen sind die bereits erwähnten Gruppen um Maehara[231] und Noda[232]; die neueren sind die Hosono-Faktion[233] (自誓会 Jiseikai) und die beiden Gruppen der ehemaligen Abgeordneten der Erneuerungspartei (Eda-Gruppe und Matsuno-Gruppe).[234]

---

[231] Itō 2008, S. 173 f.; Hamamoto 2011, S. 66; Schmidt, Carmen 2011, „The DPJ and its Factions: Benefit or Threat?" In: *Hitotsubashi Journal of Social Studies*, Bd. 43, S. 9 f.
[232] Itō 2008, S.175; Hamamoto 2011, S. 68; Schmidt 2011, S. 10.
[233] Asahi Shimbun 8.4.2014.
[234] Zur Spaltung der ehemaligen Abgeordneten der Erneuerungspartei s. Mainichi Shimbun 14.3.2017

4 Die Demokratische Partei Japans

Faktionalismus der DPJ

Vor einer Analyse der drei oben genannten Gruppen müssen zunächst die Relevanz und die Besonderheiten des Faktionalismus der DPJ erläutert und die Schwierigkeiten für eine Analyse erwähnt werden. Zunächst: Was genau ist eine Faktion? Nach Köllner bezeichnet man

> jede relativ organisierte Gruppe [als Faktion], die im Kontext einer anderen Gruppe existiert und welche mit ihren Rivalen im Wettstreit um Machtvorteile innerhalb der größeren Gruppe steht, von der sie ein Teil ist.[235]

Wie bereits im historischen Teil dieser Arbeit erwähnt, zeichnet sich der Faktionalismus der oppositionellen Linken traditionell durch verschiedene ideologische Standpunkte und – damit zusammenhängend – durch die Repräsentation unterschiedlicher Gewerkschaften aus, während die Faktionen der regierenden Rechten sich vor allem aus der Logik des alten Wahlsystems, das zu innerparteilicher Konkurrenz führte, heraus formierten und Folge des Geldbedarfs klientelistischer Politik waren. In allen Parteien nahmen die Faktionen eine wichtige Funktion bezüglich parteiinterner Wahlen und der Postenverteilung ein. Durch die Wahlrechtsreform der 1990er-Jahre, welche die innerparteiliche Konkurrenz von Unterhauskandidaten in den Wahlkreisen beseitigte, hat sich die Rolle der Faktionen abgeschwächt.[236]

Die Gruppen der DPJ gelten als besonders schwach institutionalisiert, da ihre Mitgliedschaft traditionell nicht exklusiv ist und demnach einige Abgeordnete mehreren Gruppen angehören.[237] Zudem gibt es eine nicht

---

[235] Köllner, Patrick 2004a, „Faktionalismus in politischen Parteien. Charakteristika, Funktionen und Ursachen innerparteilicher Gruppen". Hamburg: Arbeitspapier des Deutschen Übersee-Institutes, S. 7.

[236] Klein 2006, S. 198.

[237] Nihon Keizai Shimbun 3.11.2010.

unerhebliche Zahl von Parlamentariern ohne Zugehörigkeit zu einer Gruppe, von denen Okada der bekannteste ist.[238] Aus diesem Grund wird im Falle der DPJ von „parteiinternen Gruppen" 党内グループ (*tōnai gurūpu*) gesprochen, nicht von Faktionen 派閥 (*habatsu*) wie bei der LDP.[239] Aus dem Bisherigen ließ sich allerdings erkennen, dass die Gruppen zumindest bei der Wahl zum Parteivorsitz durchaus eine große Rolle spielen. Die folgende Untersuchung der drei oben genannten Gruppen, deren Hauptaugenmerk auf der Frage nach dem sozialdemokratischen Charakter liegt, lässt ebenso Erkenntnisse über den Faktionalismus der DPJ erwarten.

Eine Schwierigkeit besteht jedoch darin, dass die DPJ keinerlei Informationen über ihre Gruppen veröffentlicht.[240] Da Faktionen und innerparteiliche Gruppen aufgrund ihrer Intransparenz und Eigeninteressen unpopulär sind,[241] gehen manche (DPJ-) Politiker gar so weit, ihre Existenz zu leugnen.[242] Da einige dieser Gruppen offiziell als „politische Organisation" 政治団体 (*seiji dantai*) beim Innenministerium registriert sind, besteht allerdings kein Zweifel bezüglich ihrer Existenz.[243]

Unglücklicherweise liefern auch die japanischen Medien nur wenige Informationen zu den Gruppen. Die Tageszeitungen geben zwar in regelmäßigen Abständen Einschätzungen zur Größe der Gruppen, detaillierte Angaben zur Mitgliedschaft sucht man jedoch vergeblich.[244] Selbst das

---

[238] Laut Schmidt waren 2011 zehn Prozent der Abgeordneten ohne Gruppenzugehörigkeit (Schmidt 2011, S. 4); s. a. Itagaki 2008, S. 28; Itō 2008, S. 177 f.
[239] Itagaki S. 15, 17; Itō 2008, S. 165; Asahi Shimbun 14.8.2014.
[240] Hamamoto 2011, S. 38; Schmidt 2011, S. 3.
[241] Schmidt 2011, S. 3.
[242] Hyde 2009, S. 63; aus diesem Grund ist auch im Rahmen dieser Untersuchung auf Interviews verzichtet worden.
[243] S. Geschäftsberichte politischer Fonds.
[244] Auch die Sonderausgabe zum Regierungswechsel 2009 des zum Asahi-Konzern gehörenden Magazins AERA stellt hier keine Ausnahme dar. Hier werden sogar Hobbies und Blutgruppe der wichtigsten DPJ-Politiker aufgelistet, jedoch – bis auf wenige Ausnahmen – nicht deren Zugehörigkeit zu den Gruppen; AERA 2009, S.40–72.

4 Die Demokratische Partei Japans

allgemein anerkannte Parlamentshandbuch *kokkai binran* 国会便覧[245] sowie Speziallexika[246] geben keine Auskunft über die Gruppenzugehörigkeit der DPJ-Abgeordneten im Gegensatz zur Faktionszugehörigkeit der LDP.[247] Der japanischen Öffentlichkeit bleibt daher nur die Online-Enzyklopädie Wikipedia, die hier umfassende und halbwegs verlässliche Informationen bietet.[248]

Wichtigste und verlässlichste Quelle für eine wissenschaftliche Untersuchung sind die jährlichen „Geschäftsberichte politischer Fonds" 政治資金収支報告書 (*seiji shikin shūshi hōkoku-sho*). Dort sind zumindest diejenigen Politiker aufgelistet, die im betreffenden Jahr Geld an die jeweilige Organisation überwiesen, oder umgekehrt Mittel von ihm erhalten haben.

Es sei noch kurz auf die Unzulänglichkeit einer bloß quantitativen Erfassung der Gruppen hingewiesen. Zunächst verfälschen die Doppelmitgliedschaften einiger Abgeordneter das Bild. Auch verfügen nicht alle Abgeordneten über das gleiche politische Gewicht, sodass kleinere Gruppen nicht pauschal als weniger einflussreich gelten können.

Ein Beispiel zur Verdeutlichung: Nach den Wahlsiegen 2007 und 2009 ist die Faktion Ozawas durch die von ihm ausgebildeten und finanzierten „Ozawa-Kinder" 小沢チルドレン auf etwa 100 bis 150 Abgeordnete angewachsen.[249] Diese Neulinge haben jedoch bei den nachfolgenden Wahlen häufiger als etablierte Abgeordnete ihr Mandat verloren. Dies erklärt sich dadurch, dass es ein Machtgefälle zwischen etablierten Abgeordneten mit Direktmandat gibt und denjenigen, die lediglich über ein Listenmandat in das Parlament eingezogen sind.

Ein bloßer Vergleich der Abgeordnetenzahlen im nationalen Parlament wird auch der Tatsache nicht gerecht, dass einige Gruppen über Mitglieder auf regionaler und lokaler Ebene verfügen und diese für parteiinterne

---

[245] O. A. 2012, *Kokkai binran*. Tokyo: Nihonseikei Shinbun Shuppanbu.
[246] So z. B. das wohl am weitesten verbreitete Lexikon *Gendaiseijika jinmei jiten*.
[247] Hyde 2009, S. 63.
[248] Ebd., S. 65; https://ja.wikipedia.org/wiki/民進党の派閥.
[249] AERA 2009, S. 34; Schmidt 2011, S. 8.

Wahlen mobilisieren können. Weiter können auch ehemalige Politiker ihre Ressourcen bspw. als Ehrenvorsitzende in ihre Gruppe einbringen.

Vorgehensweise

Ein erster Schritt besteht in der Identifizierung der Gruppenmitglieder. Hierbei dient mir die in der westlichen Forschung zur japanischen Politik bislang nicht aufgegriffene Liste[250] von Hamamoto Shinsuke aus dem Jahr 2011 als Basis. Diese aktualisiere ich mithilfe der bereits erwähnten Geschäftsberichte und weiterer Dokumente und ergänze sie um relevante Informationen wie Alter, Gewerkschaftshintergrund, regionale Repräsentation und Art des Mandats.

Anhand dieser Daten analysiere ich *erstens* die Sozialstruktur der Gruppe, wobei ich insbesondere auf das Alter und Geschlecht der Mitglieder, Verbindungen zu Gewerkschaften sowie die regionale Herkunft der Abgeordneten eingehe.

Vor dem Hintergrund dieser Ergebnisse analysiere ich *zweitens* die ideologischen Positionen der Gruppe hinsichtlich der Frage, ob sie als sozialdemokratisch im Sinne des eingangs erarbeiteten theoretischen Rahmens gelten können. Auf Selbstauskünfte von Politikern etwa in Form von Umfragen, wie sie etwa von der Universität Tokyo in Kooperation mit der Asahi-Tageszeitung durchgeführt werden, greife ich nicht zurück.[251] Auch Umfragen unter Abgeordneten, die vereinzelt in Japan durchgeführt werden, ziehe ich nicht zur Analyse heran, da die dort üblichen Fragestellungen wie beispielsweise: „Welches Politikfeld sehen sie als das Wichtigste an?" oder „Soll gegenüber Nordkorea auf Dialog oder Druck gesetzt werden?" hinsichtlich der Komplexität ideologischer Fragen nur eine grobe Orientierung geben können.

---

[250] Hamamoto 2011, S. 66 ff.
[251] Für eine Untersuchung auf der Basis dieser Daten s. Schmidt (2011).

Drittens analysiere ich zusammenfassend die Lage und Machtposition der jeweiligen Gruppe, wobei ich soweit wie möglich auch auf ihre finanzielle Situation eingehe. In einigen Fällen ließen sich nur Nachweise zur Mitgliedschaft finden, die über zehn Jahre alt sind, wie bspw. die Mitgliedschaft von Edano Yukio in der Kan-Gruppe. In diesem Fall bin ich davon ausgegangen, dass die Mitgliedschaft mittlerweile erloschen ist.

4.4.1 Die Yokomichi-Gruppe

Für die Analyse sozialdemokratischer Akteure in Japan ist die direkt von der SPJ/SDP abstammende Yokomichi-Gruppe naturgemäß von besonderem Interesse. Zunächst ist zu erwähnen, dass diese Gruppe eine verwirrende Anzahl von Bezeichnungen aufweist.

Seit den Anfängen der DPJ hat sich die Bezeichnung „Ex-SPJ-Gruppe" 旧社会党グループ (*kyū*-Shakaitō *gurūpu*) eingebürgert.[252] Allerdings entstammen wegen des großen zeitlichen Abstands nur noch wenige Mitglieder der SPJ. Als weitere Bezeichnung wird die Gruppe nach ihrem langjährigen Anführer „Yokomichi-Gruppe" 横路グループ (Yokomichi *gurūpu*) genannt. Im Jahr 2002 nahm sie im Zuge des oben beschriebenen Richtungsstreits zudem die Eigenbezeichnung „Diskussionsgruppe für eine neue politische Situation" 新政局懇談会 (*shinseikyoku kondankai*) an.[253] In den Finanzberichten des Innenministeriums findet sich die Gruppe hingegen unter dem Namen „Forum für eine neue politische Kultur" 新政治文化フォーラム (*shinseijibunka fōramu*).[254]

Seitdem Akamatsu 2012 für den Parteivorsitz kandidierte und Yokomichi zunehmend als Führungsfigur der Gruppe ablöste, ist die Bezeichnung „Akamatsu-Gruppe" 赤松グループ (Akamatsu *gurūpu*) üblich geworden. Akamatsu selbst legte zum Zeitpunkt seiner Kandidatur den rät-

---

[252] Itō 2008, S. 171.
[253] S. Anhang 1.
[254] S. bspw. Geschäftsberichte politischer Fonds 2015. In: *Kanpō*, Sonderausgabe 260 vom 25.11.2016 (Heisei 28), S. 266.

selhaften Namen „Sanctuary" サンクチュアリ für die Gruppe fest.[255] Der Einfachheit halber verwende ich hier durchgängig die Bezeichnung Yokomichi-Gruppe.

Die oben stehenden Analyse der Entwicklung der DPJ sowie die direkte Abstammung der Yokomichi-Gruppe von der SPJ legen einen sozialdemokratischen Charakter dieses Akteurs nahe. Betrachten wir als Nächstes die Sozialstruktur der Gruppe.

---

[255] Akamatsu Hirotaka o.J., *Watashitachi ga kangaeru „Nihon no minshushugi no tame ni Minshutō ga susumubeki michi"*.

4.4.1.1 Sozialstruktur der Yokomichi-Gruppe

Tabelle 15: Mitglieder der Yokomichi-Gruppe[256]

Name/Geburtsdatum	Parlamentskammer, Anzahl der Wiederwahlen	Wahlkreis/ Listenmandat	Gewerkschaft	Doppelmitgliedschaft
Yokomichi Takahiro 横路 孝弘 *1941	Unterhaus, 12	Hokkaidō 1	Jōhōrōren, Nikkyōso[257]	___
Akamatsu Hirotaka 赤松 広隆 *1948	Unterhaus, 10	Aichi 5	Unyu Rōren, JP Rōso[258]	___
Kondō Shōichi 近藤 昭[259] *1958	Unterhaus, 7	Aichi 3 (Tōkai-Liste)	___	___
Kōri Kazuko 郡 和子 *1957	Unterhaus, 4	Tōhoku-Liste (Miyagi 1)	___	Kan-Gruppe
Ōsaka Seiji 逢坂 誠二[260] *1959	Unterhaus, 3	Hokkaidō 8	___	Kan-Gruppe
Sasaki Takahiro 佐々木 隆博 *1949	Unterhaus, 3	Hokkaidō 6	Bauernvereinigung Hokkaidō[261]	___
Gunji Akira 郡司 彰 *1949	Oberhaus, 4	Ibaraki	Nōkyō Rōren, Zenkoku Nōdanrō[262]	___
Kamimoto Mieko 神本 美恵子 *1948	Oberhaus, 3	Nationale Liste	Nikkyōso	___
Nataniya Masayoshi	Oberhaus, 3	Nationale	Nikkyōso	___

[256] Mitgliedschaft soweit nicht anders angegeben nach Hamamoto 2011, S. 66 ff. Biografische Informationen nach o. A. *2005, Gendai seijika jinmei jiten. Chūō – chihō no seijika 4000 nin.* O.O.: Nichigai Association.
[257] AERA 2009, S. 92.
[258] Ebd.
[259] S. Geschäftsbericht 2015, S. 266.
[260] Zugehörig laut Esaki (Anhang 3).
[261] Siehe Homepage des Abgeordneten: http://www.sasaki-takahiro.jp/.
[262] AERA 2009, S. 92.

那谷屋 正義 *1957		Liste		
Aihara Kumiko 相原 久美子 *1947	Oberhaus, 2	Nationale Liste	Jichirō[263]	—
Esaki Takashi 江崎 孝 *1956[264]	Oberhaus, 2	Nationale Liste	Jichirō, Unyu Rōren[265]	—
Saitō Yoshitaka[266] 斎藤 嘉隆 *1963	Oberhaus, 2	Nationale Liste	Aichi Teacher's Union[267]	—
Tokunaga Eri 徳永 エリ[268] *1962	Oberhaus, 2	Hokkaidō	—	—
Namba Shōji 難波 奨二[269] *1959	Oberhaus, 2	Nationale Liste	Postgewerkschaft	—
Yoshikawa Saori 吉川 沙織[270] *1976	Oberhaus 2	Nationale Liste	Jōhōrōren (NTT)[271]	Kan-Gruppe
Hachiro Yoshio 鉢呂 吉雄 *1948	Oberhaus 1 (Unterhaus 8)	Hokkaidō	Bauernvereinigung Hokkaidō[272]	—

Quelle: Eigene Recherchen; Hamamoto 2011, S. 66 ff.; Biografische Informationen nach *Gendai seijika jinmei jiten*.

Es lassen sich 16 Mitglieder der Yokomichi-Gruppe identifizieren. Hinsichtlich der sozialen Struktur der Gruppe fällt zunächst das hohe *Alter* der Abgeordneten auf. Sieben der hier identifizierten Mitglieder wurden

[263] Verlinkung zur Homepage der Politikerin von der Seite Jichirōs: http://www.jichiro.gr.jp/about.
[264] S. Anlage 3.
[265] Laut Homepage des Gewerkschaftsbunds war Esaki 2016 als „Verwaltungsdirektor der Abgeordnetenkonferenz zur Förderung politischer Maßnahmen" (*Unyurōren seisakusuishin giinkondankai jimukyokuchō*) der Unyu Rōren tätig. (http://www.unyuroren.or.jp/home/katsudo/20150518/20150518_03.htm).
[266] Mitgliedschaft von Gewerkschaftshintergrund abgeleitet.
[267] Mitgliedschaft laut Homepage des Abgeordneten: http://saitoyoshitaka.com/profile.
[268] Mitgliedschaft abgeleitet von politischen Standpunkten (http://tokunaga-eri.jp/idea.html).
[269] Mitgliedschaft von Gewerkschaftszugehörigkeit abgeleitet.
[270] Mitgliedschaft laut Geschäftsbericht 2015, S. 266.
[271] Verbindungen zur Gewerkschaft lt. https://yoshikawasaori.com/html/profile.html.
[272] http://www.tomamin.co.jp/20160740432.

in den 1940er-Jahren geboren und werden in absehbarer Zeit die aktive Politik verlassen. Für die Gruppe ist es daher von entscheidender Bedeutung, ob sie diese Abgeordneten erfolgreich ersetzen kann. So hat beispielsweise Yokomichi selbst seinen ehemaligen Sekretär Michishita Daiki 道下 大樹 (*1975),[273] der aktuell seine dritte Amtszeit im Präfekturparlament Hokkaidō leistet, zum Nachfolger in seinem Wahlkreis erklärt.[274]

Die oben stehende Tabelle verrät deutlich den Einfluss der *Gewerkschaften* auf die Gruppe: zehn von 16 Abgeordneten werden von Gewerkschaften gestützt. In diesem Punkt weist die Gruppe eine klare Kontinuität zur SPJ auf, auf die die Gruppe zurückgeht. Noch immer sind die Gewerkschaften des öffentlichen Sektors – die Lehrergewerkschaft Nikkyōso 日教組 (drei Mitglieder) und die Gewerkschaft der kommunalen Angestellten Jichirō 自治労 (zwei Mitglieder) – eine wichtige Stütze. Mit zwei Abgeordneten hat auch der Gewerkschaftsbund Jōhōrōren 情報労連 Einfluss auf die Gruppe. Dieser umfasst die Unternehmensgewerkschaften des ehemaligen Staatskonzerns NTT, der noch zu etwa einem Drittel in öffentlichem Besitz ist.[275] Mit der Transportgewerkschaft Unyu Rōren 運輸労連, weist die Gruppe auch Verbindungen zu einem Bund rein privater Gewerkschaften auf.[276]

Mit der Repräsentation der Gewerkschaften des öffentlichen Sektors, in dem relativ viele Frauen arbeiten, hängt auch der für japanische Verhältnisse hohe *Frauenanteil* (fünf von 16) zusammen.[277] Dies stellt ebenso eine Kontinuität zur SPJ/SDP dar, in der spätestens seit der Ernennung

---

[273] https://www.michishita-daiki.jp/.
[274] Asahi Shimbun Hokkaidō 29.5.2016.
[275] http://www.ntt.co.jp/ir/shares_e/digest.html.
[276] Die zum Dachverband Rengō gehörige Unyu Rōren umfasst knapp 560 Gewerkschaften aus dem Bereich Straßen- und Schienentransport, Hafenarbeiter usw. Die Mitgliedschaft beträgt etwa 116 000 Mitglieder (http://www.unyuroren.or.jp).
[277] Die weiblichen Mitglieder sind: Kōri, Kamimoto, Aihara, Tokunaga und Yoshikawa.

von Doi Takako zur SPJ-Vorsitzenden Frauen eine vergleichsweise große Rolle spielen.

Drei Abgeordnete der Gruppe – alle aus Hokkaidō – vertreten landwirtschaftliche Interessen (Gunji, Sasaki und Hachiro). Zwischen dem Bauernverband Hokkaidō und der Abgeordneten Tokunaga bestand vor der Oberhauswahl 2016 ein „politisches Abkommen".[278] In den letzten Jahren diente vermutlich die ablehnende Haltung gegenüber dem Freihandelsabkommen TTP als gemeinsame Basis zwischen den Bauern und der Yokomichi-Gruppe.[279] Sie ist die einzige der hier untersuchten Gruppen mit Verbindungen zum landwirtschaftlichen Sektor.

Insgesamt hat die Gruppe ihren regionalen Schwerpunkt auf *Hokkaidō* und dem Norden Japans. Abgesehen von den beiden Wahlkreisen der Unterhausabgeordneten Akamatsu und Kondō, die in Aichi liegen, befinden sich alle Direktmandate der Gruppe auf Hokkaidō (davon drei im Unterhaus und zwei im Oberhaus). Die beiden Wahlkreise in Aichi liegen in der industriellen Großstadt Nagoya, das wie Hokkaidō als Hochburg der DPJ gilt. Das Mandat in Ibaraki (Oberhaus, Gunji) sowie das Listenmandat in der Tōhoku-Region (Unterhaus, Kōri) liegen – wie Hokkaidō – im Norden des Landes. In diesen vergleichsweise strukturschwachen Regionen spielt der öffentliche Sektor und seine Gewerkschaften vermutlich eine größere Rolle als in anderen Gebieten. In der dichtbesiedelten Kantō-Region verfügt die Yokomichi-Gruppe über kein Mandat.

Es bestehen drei Doppelmitgliedschaften mit der ebenfalls der Parteilinken zugerechneten Kan-Gruppe. Mit den Gruppen der Parteirechten liegen keine doppelten Mitgliedschaften vor.

Insgesamt ergibt sich das Bild einer recht homogenen Gruppe, die ihren Schwerpunkt im wirtschaftlich eher schwachen Norden Japans hat und enge Verbindungen zu den Gewerkschaften des öffentlichen Sektors

---

[278] http://donouren.sakura.ne.jp/index/dounourentopikkusu/201607topikkusu.pdf.
[279] Folgende Mitglieder lehnen auf ihren Homepages TPP ab: Yokomichi (http://yokomichi.com; Menüpunkt *seisaku*), Sasaki (s. FN 270), Tokunaga (s. FN 277).

aber auch zu landwirtschaftlichen Interessengruppen aufweist. Sie verfügt über einen relativ hohen Anteil an weiblichen Mitgliedern. Es ist möglich, dass Interessenkonflikte existieren zwischen den Abgeordneten, die ländliche Wahlkreise vertreten (Hokkaidō, Tōhoku) und denen, die urbane Wahlkreise repräsentieren, etwa in Bezug auf Freihandelsabkommen.

4.4.1.2 Ideologie der Yokomichi-Gruppe

Zur genaueren Analyse der ideologischen Position der Yokomichi-Gruppe ziehe ich vier Dokumente heran. *Erstens* der Text „Grundlegender Kurs der Democrats: „Streben nach einer gerechten Gesellschaft und einem neuen Japan"[280] der 1994 – zwei Jahre vor der Gründung der DPJ verfasst wurde. Er stammt von Akamatsu, dem heutigen Vorsitzenden der Gruppe, der damals eine Gruppe von SPJ-Abgeordneten namens „Democrats" anführte, die eine neue „sozialdemokratisch-liberale Kraft" 社民リベラル勢力 (*shamin riberāru seiryoku*) mit der SPJ im Zentrum gründen wollten.[281]

Zweitens wird die von Yokomichi 2001 verfasste Mitteilung zur Gründung der „Diskussionsgruppe für eine neue politische Situation" analysiert, die aus der Zeit der DPJ als liberale Reformpartei (1996-2005) stammt. Bei der Analyse dieses Textes ist insbesondere von Interesse, ob und inwiefern die Gründung der „Diskussionsgruppe" durch Vorschläge zu einer programmatischen Neuausrichtung der DPJ legitimiert und begründet wird.

Drittens liegt aus dem Jahr 2006 ein aufgezeichneter Dialog zwischen Yokomichi und dem Wirtschaftswissenschaftler Jinno Naohiko 神野 直彦 (*1946) vor,[282] den ich aus Ermangelung einer offiziellen Schrift aus diesem Zeitraum analysiere. Er dient hier stellvertretend für die Zeit zwischen 2005 und 2007, als sich die Ausrichtung der DPJ, wie in Kapitel

---

[280] Akamatsu Hirotaka 1994, *Wareware, Demokurattsu. Demokurattsu no ayumi to zenkoku kenshū-kai ni kiroku*. Tokyo: Ningensha, S. 23–28.
[281] Akamatsu 1994, S. 10; Hyde 2009, S. 48 f.
[282] S. Anhang 2.

4.3.3 nachgezeichnet, vom Neoliberalismus zu sozialdemokratischen Positionen wandelte.

Zur Untersuchung der ideologischen Position der Gruppe in der sozialdemokratischen Phase ab 2007 analysiere ich *viertens* den 2012 von Akamatsu verfassten, vergleichsweise umfangreichen Text: „Der Weg, den die Demokratische Partei für die japanische Demokratie gehen sollte", mit dem er sich 2012 um den Parteivorsitz bewarb.[283]

Die ursprüngliche ideologische Ausrichtung der Yokomichi-Gruppe

Die Gründung der DPJ war das Ergebnis einer ganzen Reihe von Versuchen, im Rahmen des ‚Booms der neuen Parteien' eine linksliberale oder sozialliberale Partei zu gründen.[284] Für uns ist hier die damals von Akamatsu angeführte Gruppe „Democrats" von Bedeutung, die 1994 eine neue „sozialdemokratisch-liberale Kraft" als Konkurrenz zur LDP etablieren wollte. Wie ein Überblick über die Mitgliederliste[285] der „Democrats" verrät, entspricht sie in großen Teilen der späteren Yokomichi-Gruppe. Man kann also sagen, dass diese Gruppe eigentlich bereits 1994 unter der Führung Akamatsus gegründet wurde. Insofern kann das damals verfasste Programm der Democrats Aufschluss über die ursprüngliche Ausrichtung der Yokomichi-Gruppe geben.

Text 1: Grundlegender Kurs der Democrats: Streben nach einer gerechten Gesellschaft und einem neuen Japan[286]

> Unsere politischen Ideale sind „Freiheit – Gerechtigkeit – Solidarität [連帯 *rentai*]". Wir gehen als politische Versammlung mit der

---

[283] Akamatsu o.J.
[284] S. Hyde 2009, S. 45–49.
[285] Ebd., S. 32 f.
[286] Akamatsu 1994, S. 23–28.

4 Die Demokratische Partei Japans

Verantwortung ans Werk, diese neuen politischen Ideale sowie die auf diesen basierenden politischen Maßnahmen zu fördern. Indem wir über den Rahmen der Parteien hinaus die Bündelung einer breiten politischen Kraft erhoffen, nehmen wir eine Reorganisation der politischen Parteien in Angriff.

1. Wir achten den Geist der japanischen Verfassung, die die Volkssouveränität, die grundlegenden Menschenrechte und den ewigen Frieden betont, und wollen diese umsetzen.
2. Wie beabsichtigen die Umsetzung einer sauberen und glaubwürdigen Politik. Wir bilden eine politische Kraft, die Reformen mit der Demokratie [デモクラシー *demokurashī*] als Grundsatz vorantreibt, und übernehmen in dieser Ära der Koalitionsregierungen, die den Willen des Volks widerspiegelt, die Führung im parlamentarischen System.
3. Wir streben eine Wohlfahrtsgesellschaft mit Freiheiten und der Priorisierung der Menschen [人間優先のゆとりある福祉社会 *ningen yūsen no yutori aru fukushi-shakai*] an. Wir nehmen die Marktwirtschaft und den freien Handel als Basis und werden gleichzeitig eine Wirtschaftspolitik durchführen, die Gerechtigkeit und Symbiose [共生 *kyōsei*] als grundlegende Werte hat.
4. Wir achten den Schutz der Umwelt und werden ein nachhaltiges Wachstum realisieren. Wir werden unter angemessener Führung den Fortschritt von Wissenschaft und Technik fördern und an einem diesbezüglichen globalen Beitrag arbeiten.
5. Wir werden die Diversität und Vielfalt der Kultur wichtig nehmen, den Dialog zwischen den Generationen ebenso fördern wie eine Erziehung, die die Selbständigkeit und Individualität der Menschen achtet.[287]

Auffällig ist die vage Formulierung dieses Programms, die dem Zweck entspricht, als gemeinsame Basis der breiten „sozialdemokratisch-liberalen" Kraft zu dienen, die Akamatsu gründen wollte. Als gemeinsamer Nenner dienen hier die Werte der Französischen Revolution, allerdings in

---
[287] Akamatsu 1994, S. 24 f.

abgewandelter Form: „Freiheit – Gerechtigkeit – Solidarität". Akamatsu ersetzt hier „Brüderlichkeit" (den späteren Lieblingsbegriff Hatoyamas) durch das klarere „Solidarität". Während die „Freiheit" als einziger Wert unverändert bleibt, wird die „Gleichheit" durch „Gerechtigkeit" ersetzt, was als Distanzierung von der klassischen Sozialdemokratie gedeutet werden kann. Problematisch am Begriff der Gerechtigkeit ist, dass er im Vergleich zur Gleichheit sehr unterschiedlich definiert werden kann. Kaum eine politische Ideologie wird nicht irgendeine Form der Gerechtigkeit für sich in Anspruch nehmen.

Die Aufzählung der fünf Programmpunkte beginnt mit einem Bekenntnis zum *Pazifismus*, wodurch der Tradition der SPJ Rechnung getragen wird. Als zweiter Punkt folgt die Verwirklichung einer „sauberen" und „glaubwürdigen" *Demokratie* durch einen baldigen Machtwechsel. Dieser soll durch eine Koalitionsregierung mit den ‚Democrats' im Zentrum erreicht werden. Punkt 3 formuliert die anvisierte Gesellschaftsform und Wirtschaftsordnung.

Wie in den ersten Wahlprogrammen der etwa zwei Jahre später gegründeten DPJ findet sich hier die Idee der Wohlfahrtsgesellschaft 福祉社会 (*fukushi shakai*). Dieser Begriff legt angesichts des zeitlichen Hintergrunds nahe, dass hier die in 2.6 diskutierten Vorstellungen des „Dritten Wegs" eine Rolle spielen könnten. Demnach würde der Begriff Wohlfahrtsgesellschaft eine (teilweise) Abkehr von staatlicher Wohlfahrt und eine größere Rolle zivilgesellschaftlicher Akteure, wie etwa NGOs, bedeuten.

Die Formulierung „Priorisierung der Menschen" in Bezug auf die Wirtschaftsordnung lässt sich hingegen als Zuwendung zu einer ‚echten' Sozialpolitik verstehen und als Abkehr von der Verteilungslogik des ‚Eisernen Dreiecks'. Hier kann man einen gedanklichen Vorgänger der späteren DPJ-Slogans „Vom Beton zu den Menschen" und „Das Leben der Bürger zuerst!" erkennen. Ansonsten verraten Formulierungen wie „mit Freiheiten" (ゆとりある *yutori aru*) „Diversität" und „Selbständigkeit und Individualität" im Bereich der Erziehung einen eindeutig liberalen Charakter. Ob dieser Liberalismus der Democrats den Wirtschaftsbereich umfasst, lässt sich hier jedoch nicht festmachen. Die Ersetzung des Gleichheitsbegriffs durch den Begriff der Gerechtigkeit kann allerdings als Hinweis hierauf gedeutet werden.

Das Programm lässt ferner Maßnahmen zur Förderung sozial Benachteiligter missen. Es spricht nur vage von „Gerechtigkeit" und „Symbiose". Klar ist hingegen das Bekenntnis zur pazifistischen Verfassung. Hier lässt sich die Neigung der SPJ erkennen, den Pazifismus höher zu bewerten als die Frage der sozialen Gleichheit. Als Ergebnis kann festgehalten werden, dass sich bereits die „Democrats" einem „Dritten Weg" angenähert hatten. Dies legt nahe, dass sich die Yokomichi-Gruppe später dem von Hatoyama und Kan vorgegebenen Position als liberale Reformpartei freiwillig anschloss.

Überprüfen wir als Nächstes die Position der Gruppe im Jahr 2002, kurz nach der Yokomichi-Rebellion, als er für den Parteivorsitz kandidierte und die „Diskussionsgruppe für eine neue politische Situation" etablierte. Nutzte er seine Kandidatur, um einen neuen Kurs einzuschlagen? Betrachten wir zur Beantwortung dieser Frage die „Gründungsmitteilung" seiner Faktion. Aufgrund der Länge dieses Textes greife ich auf ausgewählte Zitate zurück:

Text 2: Zur Gründung der ‚Diskussionsgruppe für eine neue politische Situation' 17.1. 2002[288]

Zunächst zeichnet Yokomichi ein düsteres Bild der japanischen Gesellschaft:

> Ich denke, dass der Schlüsselbegriff im Japan der letzten Jahre „Krise" ist. Im Zuge der Bubble und der Restrukturierungen ist die

---
[288] Eigene Übersetzung; S. Anhang 1.

> Moral verloren gegangen; Wettbewerb und Effizienz wurden betont und die Schwachen ausgeschlossen. Als Folge davon gehen die familiären Bindungen und die gesellschaftliche Solidarität verloren. Verbrechen und Gewalttaten, Drogenaffären, Kindesmisshandlung und häusliche Gewalt sind so schlimm wie nie zuvor; es gibt so viele Selbstmörder und Obdachlose wie noch nie.

Er beklagt weiter die hohe Arbeitslosigkeit und sieht angesichts der hohen japanischen Staatsschulden einen drohenden Staatsbankrott. Verantwortlich für diese Missstände sei auch die amtierende Koizumi-Regierung:

> Ohnehin ist die Strukturreform Koizumis eine Wirtschaftsstrukturreform: er treibt die Durchsetzung des Marktprinzips in der Gesellschaft voran und setzt die Marktlogik in weiten Bereichen des Gesundheitswesens der Bildung und auf dem Arbeitsmarkt durch. Gleichzeitig mit dieser Durchsetzung der Strukturreformen = Marktfundamentalismus stellt er sich auf einen nationalistischen Standpunkt. Dessen Grundlage ist die Verschiebung der Werte von den einzelnen Menschen hin zur Nation. Im Tennōsystem des Vorkriegsjapans stand die Nation im Mittelpunkt. Es gab kein Recht der Bürger auf politische Teilhabe, keine Redefreiheit und auch die Wirtschaft hat der Staat kontrolliert. So hat die Nation den Krieg herbeigeführt [...] Anlässlich der Terroranschläge vom 11. September wird der Nationalismus mehr und mehr gefördert.

Vor diesem Hintergrund befürchtet Yokomichi einen Zusammenbruch der Demokratie:

> Ich glaube, dass in einer solchen sozialökonomischen Situation die Möglichkeit besteht, das das Koizumi-Kabinett stürzt. Dann sehe ich die Gefahr, dass eine Bewegung entsteht, die ein Kabinett der nationalen Einheit „zur Überwindung der Krise" schaffen will. Was sollen die DPJ und Rengō dann machen? Es ist klar, was ein sol-

ches Kabinett machen würde. Es würde durch eine Einschränkung der Rechte der Menschen, durch einen Kapitalschnitt und das Einfrieren der Vermögen das Wohl des Staates über das der Bürger stellen.

Er fordert seine Partei folglich auf, sich von der LDP-Regierung klar abzugrenzen und formuliert sein Gesellschaftskonzept:

> Wir haben die DPJ gegründet, als Partei, die die Regierungspartei kontrolliert und eine Alternative darstellen kann. Es war keine Gründung einer weiteren konservativen Partei; die Demokratische Partei muss eine Partei sein, die mit der LDP vernünftig konkurrieren kann. Wenn die Wirtschaft frei, transparent und gerecht ist, muss auch die Gesellschaft gerecht sein. Statt einer Konfliktachse Regierung gegen Markt, Staat gegen Privat brauchen wir eine Gesellschaft, in der der öffentliche Sektor, der private Sektor und der Bürgersektor ein Netzwerk bilden und sich Aufgaben teilen [役割分担 *yakuwari buntan*]. Während wir den Bürger als Protagonisten [市民が主役 *shimin ga shuyaku*] (NPO, NGO) betonen, müssen wir nach einer Gesellschaft streben, in der er als Souverän im Regierungssektor [政府セクター *seifu sekutā*] und im Privatsektor teilnimmt, entscheidet und diese überwacht.

Auffällig ist hier die Diskrepanz zwischen dem stark ausgeprägten Krisenbewusstsein Yokomichis und der unveränderten Vagheit des sozial- und wirtschaftspolitischen Kurses des „demokratischen Mittelwegs". Es lassen sich weder Kritik noch Ergänzungen finden. Yokomichi folgt hier der Denkweise, dass die gesellschaftlichen Antagonismen („Regierung gegen Markt", „Staat" gegen „Privat" sowie Arbeit und Kapital aufgehoben werden können, erläutert aber nicht, wie eine faire Arbeitsteilung zwischen den „Sektoren" gewährleistet werden könnte. Zwar kritisiert er die „Betonung von Wettbewerb und Effizienz" des Neoliberalismus und beklagt den „Ausschluss der Schwachen", schlägt aber keinerlei staatlichen bzw. gesetzgeberischen Maßnahmen zur Lösung diese Probleme vor.

Über die gesamtpolitische Ausrichtung der DPJ schreibt Yokomichi lediglich, dass sie „keine [...] weitere konservative Partei" sei, die „mit der LDP vernünftig konkurrieren" müsse. Hier verfestigt sich klar der Eindruck, dass die Yokomichi-Gruppe zu dieser Zeit keine alternative politische „Vision" vertrat als die Gesamtpartei. Dies ist übereinstimmend mit der Tatsache, dass es lediglich bezüglich der Außenpolitik und der Verfassungsfrage zwischen der Yokomichi-Gruppe und der Parteiführung zu Auseinandersetzungen kam.

Text 3: Dialog zwischen Yokomichi und Jinno Naohiko am 1.1.2006 „Gerade jetzt ist die Zeit für die große Wende zur Wohlfahrtsgesellschaft!"[289]

Betrachten wir als Nächstes ein Dokument aus dem Zeitraum von 2005 bis 2007, als sich die ideologische Position der Gesamtpartei in eine sozialdemokratische Richtung bewegte. Da aus dieser Zeit kein offizielles Dokument der Gruppe vorliegt, greife ich auf einen aufgezeichneten Dialog zwischen Yokomichi und dem Wirtschaftswissenschaftler Jinno Naohiko zurück. Hier wird Yokomichi mit folgenden Worten zitiert:

> Worauf wir seit der Gründung der DPJ hingewiesen haben, war die Frage, was der Unterschied zur LDP ist und was für eine Gesellschaft wir anstreben. Bei mir ist es die Denkweise der europäischen *Sozialdemokratie* [Hervorhebung F.S.]. In letzter Zeit sind verschiedene Leute in die DPJ gekommen und die Unklarheit hat zugenommen [...] Leider folgt die Führung der DPJ [Vorsitz: Maehara, Generalsekretär: Hatoyama – Anmerkung F.S.] nach der Wahl vom September [2005] sehr dem Kurs Koizumis und ich habe das Gefühl, dass das was sie sagen, sich nicht sehr von ihm unterschei-

---

[289] Anhang 2.

det [...] Auch glaube ich, dass es keinen Regierungswechsel geben wird, wenn man weiter in diese Richtung geht [...].[290]

Sehr auffällig ist das Bekenntnis Yokomichis zur „europäischen Sozialdemokratie" – ein Begriff, den er bislang stets gemieden hatte. In Anspielung auf die Ozawa-Gruppe, die 2003 der Partei beitrat, beklagt er, dass die Unklarheit des Kurses der Partei durch „verschiedene Leute" zugenommen habe. Wie bereits erwähnt, lässt sich die stark neoliberale Färbung des Programms 2004 wohl auf die Fusion mit Ozawas LP 2003 zurückführen. Vor diesem Hintergrund wird die Ironie sichtbar, dass sich, wenige Monate nach diesen Worten, Yokomichi und Ozawa verbündeten und gemeinsam einen sozialdemokratischen Kurs für die DPJ festlegten. Dieser Vorgang ist angesichts der bisherigen Unterschiede zwischen den beiden Gruppen überraschend, war aber insofern logisch als dadurch das Problem der zu geringen Unterscheidbarkeit zur LDP gelöst wurde.

Abschließend lässt sich sagen, dass Yokomichi bis 2006 offensichtlich eine kritische Haltung gegenüber der eigenen Partei entwickelte, wobei der Beitritt der LP eine Rolle spielte, sowie die Tatsache, dass zu dieser Zeit mit Maehara ein Vertreter des rechten Flügels und Kritiker der Gewerkschaften Parteivorsitzender war.

Kommen wir nun zu der Frage, wie sich die Yokomichi-Gruppe nach Regierungszeit und Abwahl der DPJ positionierte. Zu beachten ist hier, dass Akamatsu zu diesem Zeitpunkt Yokomichi als Führungsfigur der Gruppe bereits abgelöst hatte.[291] Zur Kandidatur um den Parteivorsitz 2012 veröffentlichte er die programmatische Schrift „Der Weg, den die Demokratische Partei für die japanische Demokratie gehen sollte", den ich anhand von Zitaten vorstelle:

---

[290] Anhang 2, S. 1.
[291] Köllner schreibt bereits 2004, dass die tatsächliche Führung bei Akamatsu liege (Köllner 2004b, S. 99).

Text 4: Der Weg, den die Demokratische Partei für die japanische Demokratie gehen sollte (2012)[292]

Akamatsu beginnt den Text mit seiner Interpretation der gegenwärtigen Lage der DPJ. Die Partei sei während ihrer dreijährigen Regierungszeit daran gescheitert, einen neuen politischen Weg aufzuzeigen und sich von der LDP zu unterscheiden. Daher trage sie die Hauptschuld an einer von Akamatsu wahrgenommenen Krise der parlamentarischen Demokratie und Parteienpolitik. Aufgabe der DPJ sei es gewesen, wie die Parteien eines „Dritten Wegs" in Europa, einen Mittelweg zwischen Neoliberalismus und herkömmlicher Sozialdemokratie zu entwickeln:

> In den 1990er-Jahren wurden in Europa angesichts des neoliberalen Thatcherismus und Reaganomics neue Reformprojekte – „Dritter Weg" (Großbritannien), „Olivenbaum" (Italien), „neuer Mittelweg" (Deutschland) begonnen. Unter ihnen gab es Unterschiede, aber sie waren sich einig in dem Glauben, dass man gleichzeitig einen Fortschritt der wirtschaftlichen Effizienz und soziale Gerechtigkeit erreichen kann und einen „Dritten Weg" zwischen herkömmlicher Sozialdemokratie und Marktfundamentalismus gehen solle. Hierzu haben diese parallel zur Entwicklung politischer Innovationen auch versucht, die eigene Partei zu modernisieren. Es war genau diese Zeit, als in Japan die DPJ startete und wir dürfen nicht vergessen, dass unsere DPJ geschaffen wurde, um diese weltgeschichtliche Rolle einzunehmen.[293]

Nach einer Kritik am Neoliberalismus, insbesondere am „verspäteten Neoliberalismus" Koizumis, positioniert Akamatsu die DPJ als anti-neoliberale Partei:

---

[292] Eine Übersetzung n. Akamatsu o.J.
[293] Akamatsu o.J., S.2 f.

> Wir dürfen nicht vergessen, dass es gerade die durch den neoliberalen Kurs verursachten Risse in der japanischen Gesellschaft waren, die die sozialen und wirtschaftlichen Bedingungen sowie den Volkswillen hervorbrachten, die die Demokratische Partei in nur etwas mehr als zehn Jahren zur Regierungspartei gemacht haben. Diese Risse konnten noch nicht gekittet werden und die Hilferufen gleichenden Stimmen der leidenden Bürger, die Reformen verlangen, werden nicht leiser. Unsere Partei hat keinen Daseinszweck, wenn wir diese Stimmen nicht hören.[294]

Wie die oben stehende Analyse der Wahlprogramme (Kap. 4.3) zeigte, verfolgte die DPJ bis zu diesem Zeitpunkt keineswegs eine anti-neoliberale Politik, wie Akamatsu hier andeutet. Tatsächlich bedeutete der „Dritte Weg" der DPJ eine weitgehende Annäherung an neoliberale Politik, die 2004 einen Höhepunkt fand („prinzipielle Abschaffung der Regulierung", „Die Angelegenheiten des Markts dem Markt überlassen"). Die Partei erreichte erst den Regierungswechsel, als sie ihre Ausrichtung unter Ozawa in eine sozialdemokratische Richtung änderte. Diesem Gedanken entsprechend fordert Akamatsu eine Rückbesinnung auf das Manifest 2009 unter dem Schlagwort „Ausgangspunkt des Machtwechsels" 政権交代の原点 (*seiken kōtai no genten*):

> Politik und Wirtschaft, die die „Strukturreformen" genannte Illusion verbreiteten, dass Wettbewerb und Effizienzsteigerung Wundermittel zur Überwindung der Krise seien, die glaubten, dass Wohlstand automatisch zu den Armen durchsickern würde, wenn die Reichen noch reicher werden, haben nichts Anderes hervorgebracht als die „Differenzgesellschaft" und die „neue Armutsgesellschaft" mit den *working poor*. War es nicht die DPJ, die sich von einer solchen Politik verabschiedete und schwor, alle Budgets umzuschichten und die Steuergelder in konzentrierter Form für Kindererziehung und Bildung, Rente und Medizin, die regionale Souveränität,

---

[294] Akamatsu o.J., S. 3.

Beschäftigung und Wirtschaft zu verwenden? [...] An uns liegt es nun, zum Ursprungspunkt des Machtwechsels zurückzukehren [...] und nichts Anderes als diesbezügliche politische Maßnahmen auszuarbeiten und entschlossen deren Realisierung voranzutreiben.[295]

In diesem Sinne formuliert Akamatsu „Sechs politische Maßnahmen"[296], die dem Text in tabellarischer Form vorangestellt sind:

Sechs politische Maßnahmen Akamatsus, 2012

1. Schnelle Errichtung eines Energieversorgungssystems, das ohne Atomkraft auskommt [原発ゼロ *genpatsu zero*].
2. Eine vorsichtige und am Wohl des Landes orientierte Teilnahme an TPP.
3. Von der „Gesellschaft der [sozialen] Unsicherheit" zu einer „Gesellschaft der [sozialen] Sicherheit" [安心社会 *anshin shakai*] – Wir treiben Reformen für ein nachhaltiges Sozialversicherungssystem voran.

(Universelles Sozialversicherungssystem) (Individuum statt Haushalt als Bezugspunkt) (Besteuerung nach Leistungsfähigkeit) (Gemeinsame Besteuerung von Kapitalerträgen und Lohn)

4. Children first. Durch Investitionen in Bildung und die Ausweitung der Bildungspolitik brechen wir die Kette der Armut und korrigieren die Ungleichheit.

(Kostenfreie Oberschulen)
(niedrigere finanzieller Eigenanteil bei der höheren Bildung)

5. Wir hissen erneut die Flagge der „regionalen Souveränität" und reformieren die Beziehung zwischen Land und Region.
6. Wir betonen die Beziehung zur ostasiatischen Region und schaffen ein umfassendes Sicherheitssystem [安全保障 *anzen hoshō*] zur Schaffung von Frieden.

---

[295] Akamatsu o.J., S. 3 f.
[296] Ebd., S. 1.

4 Die Demokratische Partei Japans

Von besonderem Interesse sind hier die Punkte 3 und 4. Zum besseren Verständnis zitiere ich hier jeweils Akamatsus ausführliche Erläuterungen dieser Punkte. Er schreibt zur Sozialversicherung (3.):

> Basis unseres künftigen Kurses ist es, die Sozialversicherungen nicht als Kosten, sondern als Investitionen für neues Wachstum und Beschäftigungsmöglichkeiten anzusehen, durch eine Verbindung aktiver Arbeitsmarktpolitik und aktiver Sozialversicherungspolitik sichere Leistungen zu realisieren und ein universelles Sozialversicherungssystem zu errichten, in dem Selbsthilfe und öffentliche Hilfe die richtige Balance haben und alle Gesellschaftsmitglieder und Generationen umfasst.[297]

Weiter unten heißt es:

> Wir beabsichtigen, das gesamte Sozialversicherungssystem vom Haushalt als Bezugspunkt auf die Personeneinheit umzustellen und ein starkes finanzielles Fundament zu schaffen, mit Sozialversicherungsbeiträgen basierend auf Leistungsfähigkeitsprinzip [応能原則 *ōnō gensoku*] und Gesamtbesteuerung[298] [von Einkommen und Kapitalerträgen; 総合課税 *sōgō kazei*] und einem gerechten, fairen und effizienten Steuersystem von Einkommen, Kapital, Erbschaften und Konsum.[299]

Insgesamt ist deutlich erkennbar, dass sich Akamatsu an den früheren sozialdemokratischen Manifesten orientiert. Vom Manifest 2007 wird das Motto „Das Leben der Bürger zuerst!" in abgewandelter Form („Kinder zuerst!") übernommen. Wie die Programme 2007 und 2009 betont Akamatsu in seinem Programm zwei Themen: die Bildung (4.) und die Sozialversicherungen (3.). Betrachten wir zunächst den Bereich der Bildung.

---

[297] Akamatsu o.J., S. 8.
[298] http://kabucom.custhelp.com/app/answers/detail/a_id/2394/~/総合課税とは何ですか？
[299] Akamatsu o.J., S. 8.

Die Überschrift lautet hier: „Children first! (子供第一 *kodomo daiichi*) – Durch Investitionen in Bildung und den Ausbau der Bildungsgesetze werden wir die Kette der Armut durchbrechen und Ungleichheiten korrigieren."[300] Die enge Verbindung zwischen Bildung und der Reduktion sozialer Ungleichheit entspricht hier den Ansprüchen an eine sozialdemokratische Bildungspolitik. Akamatsu beklagt weiter die geringen Ausgaben für Bildung und die damit in Zusammenhang stehende Kinderarmut:

> In Japan wirken sich die Differenzen zwischen den Haushaltseinkommen auf den Lernerfolg aus [...] Unter dem Motto children first werden wir ab der Stufe der Pflichtausbildung kleine Klassen realisieren, eine inklusive Bildung durchführen, für die Schulklassen Hilfen einführen zur Beseitigung von Bildungsunterschieden und dadurch nach einem Bildungslevel auf Weltniveau streben. Gleichzeitig ist es notwendig, durch die Gesetzgebung angefangen mit der Kostenbefreiung der Oberschulen und der Reduktion der Belastungen bei der höheren Bildung die Kontinuität zu vergrößern, ebenso wie die gesellschaftlichen Möglichkeiten der Selbstverwirklichung [...] Durch diese politischen Maßnahmen werden wir Ungleichheiten korrigieren und eine sichere und eine reiche Gesellschaft der Sicherheit und Chancen realisieren, in der keine Armut entsteht.[301]

Akamatsu umreißt hier Grundzüge einer sozialdemokratischen Bildungspolitik. Der Fokus liegt dabei nicht auf Effizienz und Wettbewerbsfähigkeit, sondern auf der Reduktion sozialer Ungleichheit, die durch das Bildungswesen perpetuiert wird („Kette der Armut"). Kostenfreie Oberschulen und finanzielle Entlastungen im Bereich der höheren Bildung (ob durch Stipendien wie im Manifest 2009 versprochen oder eine Senkung der Studiengebühren) können als plausibles Mittel angesehen werden, sozialen Aufstieg durch Bildung zu erleichtern.

---

[300] Ebd., S. 9
[301] Akamatsu o.J., S.9.

4 Die Demokratische Partei Japans

Auch im Bereich der Sozialversicherungen lässt sich ein sozialdemokratischer Kurs erkennen. Nach wie vor wird zwar die „Selbsthilfe" erwähnt, aber die Wertung der Sozialausgaben als Investitionen weist doch auf eine Abwendung vom Denken des „Dritten Wegs" hin. Hier wird Akamatsu konkret: Durch das *Leistungsfähigkeitsprinzip*, das unterschiedliche Beiträge je nach finanzieller Möglichkeit des Versicherten vorsieht, sollen Geringverdiener weniger und Bezieher höherer Einkommen mehr in die Sozialversicherungen einzahlen. Dies stellt eine Kernforderung der Sozialdemokratie dar, da eine solche progressive Besteuerung zu mehr ökonomischer Gleichheit führt als eine pauschale Besteuerung.[302]

Dasselbe gilt für das *Gesamtbesteuerungsprinzip*, das vorsieht, dass Kapitalerträge (Zinsen, Mieten, Dividenden usw.) nicht mit einer pauschalen Abschlagssteuer, sondern nach dem individuellen Einkommensteuersatz versteuert werden müssen. Dies stellt eine höhere Belastung von Menschen mit höherem Einkommen dar. Durch diese höhere Belastung wird plausibel, dass tatsächlich ein „starkes finanzielles Fundament" für die Sozialversicherungen erreicht werden kann.

Hier unterscheidet sich das Programm Akamatsus vom Optimismus des Manifest 2009, das implizierte, höhere Sozialausgaben lediglich durch die Beseitigung von „Verschwendung" finanzieren zu können. Akamatsu thematisiert im Gegensatz dazu auch die Einnahmeseite des Staats und die Notwendigkeit, Steuern und Sozialausgaben für Menschen mit höherem Einkommen zu erhöhen.

Weitere Hinweise auf die Realisierung eines sozialdemokratischen Wohlfahrtsstaats stellten der von Akamatsu anvisierte *Universalismus* der Sozialversicherung – ein Mittel gesamtgesellschaftlicher Solidarität – und die Etablierung der „*Personeneinheit*", die eine Abkehr vom Haushalt als Ziel von Sozialleistungen – ein Charakteristikum des konservativen

---

[302] Siehe bspw. Bartels, Hans-Peter und Lange, Christian 1999, *Die SPD braucht ein neues, sozialeres Steuer-Paradigma*.

Wohlfahrtsstaats – bedeutet und das Individuum als Träger von sozialen Rechten festlegt.

Zusammenfassung

Im Obenstehenden wird deutlich, dass sich die ideologisch-programmatische Haltung der Yokomichi-Gruppe im Laufe des 20jährigen Untersuchungszeitraums weitgehend parallel zur Gesamtpartei verändert hat. Es gibt keine Hinweise darauf, dass sie sich dem Kurs der Partei in ihrer Phase als liberale Reformpartei des „Dritten Wegs" (1996-2006) entgegenstellte oder alternative Konzepte propagierte. In der Tradition zur SPJ konzentrierte sich die Gruppe unter Yokomichi vor allem auf einen *pazifistischen* Kurs, wohingegen sie den Egalitarismus vernachlässigte. Auch angesichts immer stärker wahrgenommener sozialer Ungleichheit beharrte die Yokomichi-Gruppe bis 2006 auf vagen Slogans wie „symbiotische Gesellschaft", anstatt politische Maßnahmen zu fordern.

Erst ab dieser Zeit lässt sich eine kritischere Haltung Yokomichis gegenüber der sozialen Ungleichheit nachweisen, die es seiner Gruppe ermöglichte, den bisherigen ideologischen Konsens der Partei zu verlassen und sich mit Ozawa zu verbünden, der als eigentlicher Urheber der sozialdemokratischen Neuausrichtung der DPJ ab 2007 gelten kann. Während der dreijährigen Regierungszeit setzte sich die Gruppe für eine Umsetzung des Manifests ein und forderte 2012 – nun angeführt von Akamatsu – eine noch weitergehende sozialdemokratische Agenda, die einen tief greifenden Umbau des japanischen Wohlfahrtsstaats vorsieht. Demnach lässt sich bei der Yokomichi-Gruppe, die der sozialdemokratischen Tradition Japans entstammt, eine Rückkehr zur Sozialdemokratie feststellen.

Bezüglich der eigenen Vergangenheit herrscht bei Akamatsu jedoch eine selektive Wahrnehmung vor, wenn er andere für das Abrücken von egalitären und demokratischen Zielen verantwortlich macht:

4 Die Demokratische Partei Japans

> Als wir die Demokratische Partei gründeten, waren unter anderem das Recht auf verschiedene Nachnamen bei Verheirateten und die Gewährung politischer Rechte für ansässige Ausländer zentrale Politiken, aber mit dem Anwachsen der Partei ist eine oppositionelle Gruppe hineingekommen und hat die grundlegenden Ideale verdünnt. Ein Grund für das Scheitern der Regierungsführung war, dass die Staatsministerkonferenz [事務次官会議 *jimujikan kaigi*] wiedereingesetzt und die Ernennung der drei höchsten Ministerialbeamten [政務三役 *seimu sanyaku*] durch das Kabinett beendet wurde und so die Führung durch die Bürokratie zurückgekommen ist.[303]

Akamatsu blendet aus, dass die DPJ 1996, als die Yokomichi-Gruppe die größte in der Partei war, nicht nur liberal-egalitäre Ziele wie das kommunale Wahlrecht für „Ausländer" und das Recht auf verschiedene Nachnamen für Verheiratete forderte, sondern durchaus mit der geplanten Deregulierung und „Liberalisierung der Finanzmärkte" Elemente einer neoliberalen Politik akzeptierte. Auch bei Yokomichi lässt sich diese Umdeutung der Parteigeschichte finden. Anlässlich der Ankündigung seines baldigen Rückzugs aus der Politik 2016 behauptete er: „Wir haben die Demokratische Partei gegründet in der Absicht, in Japan eine sozialdemokratische Partei zu schaffen."[304]

4.4.1.3 Die Lage der Yokomichi-Gruppe

War die Gruppe der ehemalige SPJ/SDP-Abgeordneten mit einem Anteil von 44,2 % der DPJ-Parlamentarier[305] 1996 noch die größte innerparteiliche DPJ-Gruppe, so ist ihre *relative* Größe deutlich zurückgegangen. Ihre *absolute* Größe hat sich hingegen nicht wesentlich verändert. Die unten stehende Tabelle zeigt, dass sie vom Anwachsen der DPJ durch die Wahlsiege 2007 und 2009 kaum profitieren konnte, aber andererseits auch

---

[303] Asahi Shimbun 21.6.2013.
[304] Asahi Shimbun Ausgabe Hokkaidō 29.5.2016.
[305] Hamamoto 2011, S. 37.

nicht allzu starke Einbußen erlitt, als die DPJ 2012 die Wahl verlor und die Anzahl ihrer Mandate von 230 auf 57 fiel. Grund für diese Entwicklung sind die organisierten Stimmen der Gewerkschaftsmitglieder, die die Gruppe weniger abhängig von politischen Stimmungen machen.

Tabelle 16: Größe der Yokomichi-Gruppe[306]

Köllner 2004	20-30 Mitglieder
Köllner 2005	19 Mitglieder
Itagaki 2008, S. 25	31 Mitglieder
AERA 2009, S. 34	25-30 Mitglieder
Esaki 2012 (s. Anlage A2)	20 Mitglieder
Yomiuri 2015	15 Mitglieder

Quelle: Köllner 2004b, S. 98; Köllner 2005, S. 7; Itagaki 2008, S. 25; AERA, S. 34; Esaki 2012, s. Anlage A2; Yomiuri Shimbun 11.1.2015.

Ein Vergleich der relativen Größe zeigt, dass die Gruppe mit 16 von aktuell rund 150 DPJ-Parlamentariern nur einen geringen Anteil umfasst, jedoch nicht kleiner ist als die meisten Gruppen der Partei:[307]

Tabelle 17: Größe der DPJ-Gruppen

Yokomichi-Gruppe	16 Mitglieder
Kan-Gruppe	16 Mitglieder
Ex-Erneuerungspartei-Gruppe	Ca. 15 Mitglieder
Hosono-Gruppe	Ca. 15 Mitglieder
Maehara-Gruppe	Ca. 20 Mitglieder
Minshakyōkai	14 Mitglieder
Noda-Gruppe	Ca. 10 Mitglieder

Quelle: Eigene Ergebnisse ergänzt durch Sankei Shimbun Online 2.10.2016.

Die in den Geschäftsberichten politischer Fonds veröffentlichten Zahlen weisen auf eine eher niedrige Finanzkraft der Gruppe hin. Die Finanzmittel der Spendenorganisation „Forum für eine neue politische Kultur" lie-

---

[306] Bei Wahljahren Angaben jeweils nach der Wahl.
[307] Die Größe der rechten parteiinternen Gruppen übernehme ich aus einem Artikel der Sankei-Zeitung, wobei ich Gruppen unter zehn Mitgliedern vernachlässige (Sankei Shimbun Online 2.10.2016).

gen laut Geschäftsbericht 2015 nur bei 5,8 Mio. Yen.[308] Kleinere jährliche Spendenzahlungen von jeweils 0,5 Millionen Yen bezieht die Gruppe von Jichirō und der Spendenorganisation der NTT-Gewerkschaften („Appeal 21").[309] Im Geschäftsbericht 2013 findet sich das *kōenkai* von Yokomichi (横路孝弘東京後援会 Yokomichi Takahiro Tokyo kōenkai) mit der ebenfalls vergleichsweise geringen Summe von 5,1 Mio. Yen.[310] Die Aussagekraft dieser Zahlen darf aber nicht überschätzt werden, da zu den gemeinsamen Finanzmitteln der Gruppe noch weitere *kōenkai* sowie weitere Kassen auf regionaler Ebene kommen.

Als Problem für den Bestand der Gruppe könnte sich das hohe Durchschnittsalter der Abgeordneten erweisen. Hier kommt es darauf an, ob die ausscheidenden Politiker, wie demnächst Yokomichi, durch Nachfolger ersetzt werden können. Als erfolgreiches Beispiel kann hier die 1976 geborene Yoshikawa Saori gelten. Wie bereits erwähnt, ist es üblich, dass ältere Abgeordnete ihre *kōenkai* an jüngere Nachfolger vererben und den Wahlkreis für die eigene Gruppe und Partei erhalten. Insbesondere die Mitglieder der Yokomichi-Gruppe in ihrer Hochburg Hokkaidō weisen eine hohe Anzahl an Wiederwahlen auf; sie dürften über eine entsprechend hohe Verwurzelung in der Bevölkerung verfügen.

Aus diesem Grund ist ein Fortbestand der Gruppe wahrscheinlich, zumal die Gewerkschaften durch ihre Unterstützung einen stabilisierenden Faktor darstellen. Diese Unterstützung dürfte die Gruppenmitgliedschaft für jüngere Abgeordnete durchaus attraktiv machen. Paradoxerweise profitiert die Yokomichi-Gruppe durch ihren hohen Anteil ‚organisierter' Stimmen von einer niedrigen Wahlbeteiligung und, bezüglich der Konkurrenz der Gruppen auf der innerparteilichen Ebene, von einer geringen Anziehung von Wechselwählern für die DPJ.

---

[308] Geschäftsberichte politischer Fonds 2015, S. 266.
[309] Ebd.
[310] Geschäftsberichte politischer Fonds 2013. In: *Kanpō*, Sonderausgabe 265 vom 28.11.2014 (Heisei 26), S. 432.

4.4.2 Die Minshakyōkai

Kommen wir mit der Minshakyōkai zur zweiten innerparteilichen Gruppe der DPJ, die ihre Wurzeln im 1955er-System hat. Sie geht auf die 1960 gegründete DSP zurück. Als innerparteiliche Gruppe etablierte sie sich bereits 1995 unter dem Dach der Shinshintō.[311] Somit fällt ihre Gründung in denselben Zeitraum wie die der „Democrats", aus der wenig später die Yokomichi-Gruppe hervorging. Wie in Kapitel 3.4 dieser Untersuchung gezeigt, vertrat die DSP anfänglich sozialdemokratische Positionen, rückte aber im Laufe der 1970er- und 1980er-Jahre immer weiter nach rechts.

Behielt die Minshakyōkai diese veränderte Ausrichtung bei oder kam es zu einer Rückbesinnung auf ihre ursprünglichen Positionen? Für eine diesbezügliche Analyse liegt keine programmatische Schrift vor; die Minshakyōkai verfügt jedoch als einzige der untersuchten DPJ-Gruppen über eine Homepage – allerdings nur von ihrem Ableger in Ōsaka. Hier findet sich folgende aufschlussreiche Selbstbeschreibung:

> Wir sind eine politische Organisation [政治団体 *seiji dantai*], die dem Geist und der Werte der am 24. Januar 1960 gegründeten und am 7. Dezember 1995 aufgelösten Demokratisch-Sozialistischen Partei nachfolgt. Unsere Abgeordneten gehören überwiegend der Demokratischen Partei an, aber es gibt auch viele unabhängige Abgeordnete.[312]

Auffällig ist, dass sich die Minshakyōkai, anders als die Yokomichi-Gruppe, nicht von ihren Wurzeln distanziert, sondern offen Bezug auf die DSP als Vorgängerorganisation nimmt und sich in deren Tradition stellt.

Sie betont sogar mit dem Verweis auf ihre „viele[n] unabhängigen [lokalen und regionalen] Abgeordneten" eine gewisse Unabhängigkeit von

---

[311] Dementsprechend hielt die Gruppe im Jahr 2015 eine Spendenparty zum „20. Jahrestag der Gründung der Minshakyōkai" mit 830 Gästen ab. (Geschäftsbericht politischer Fonds 2015, S. 385).
[312] S. Anhang 4.

Die Minshakyōkai

der DPJ. Tatsächlich verfügt die Minshakyōkai über eine Vielzahl kommunaler und regionaler Mitglieder, wie die recht lange Auflistung von lokalen Abgeordneten der Ōsaka Minshakyōkai beispielhaft zeigt.[313] Laut Geschäftsbericht 2015 wies die Gruppe im Vorjahr 3993 Beitragszahler auf.[314]

Die Existenz zahlreicher regionaler und kommunaler Mitglieder zeigt deutlich, dass die Minshakyōkai als Faktion einzustufen ist; die gängige Vorstellung von den ‚lockeren Gruppen' der DPJ trifft auf sie keinesfalls zu. Auch die Existenz einer eigenen Homepage passt in dieses Bild. Wie die folgende Analyse zeigt, könnte man vielmehr sogar von einer ‚Partei in der Partei' sprechen.

4.4.2.1 Sozialstruktur der Minshakyōkai-Gruppe

Betrachten wir zunächst die Sozialstruktur der Minshakyōkai. Hier wird es interessant sein zu sehen, ob sich die Gruppe, wie ihre Vorgängerin DSP, lediglich aus den männlichen Repräsentanten der Dōmei-Unternehmensgewerkschaften rekrutiert oder mittlerweile eine größere gesellschaftliche Verankerung aufweist. Es wird sich weiter zeigen, ob die Gruppe einen regionalen Schwerpunkt in der Region Ōsaka bzw. in der Kansai-Region hat – dies würde erklären, dass nur der dortige Ableger über eine Homepage verfügt.

Bezüglich der Doppelmitgliedschaften haben wir bereits in der oben stehenden Untersuchung der Yokomichi-Gruppe gesehen, dass diese nicht mit der Minshakyōkai existieren. Dies kann als erster Hinweis darauf gesehen werden, dass die Minshakyōkai keine sozialdemokratische Gruppe ist. Dieser Eindruck würde sich weiter verfestigen, wenn die Gruppe Doppelmitgliedschaften mit der Parteirechten aufweisen würde. Eine ge-

---

[313] http://www.osakaminsya.com/publics/index/7#type004_7_7; Auch auf regionaler und kommunaler Ebene scheint die Hochburg der Gruppe die Kansai-Region und die Region um Aichi zu sein. Die Faktion scheint jedoch auch in der Kantō-Region Ableger zu haben (Shiotani 2006, S. 207).

[314] Geschäftsbericht 2015, S. 384.

ringe Anzahl von doppelten Mitgliedschaften allgemein wäre als Bestätigung dafür zu sehen, dass die Minshakyōkai über ein hohes Maß an Eigenständigkeit (‚Partei in der Partei') verfügt.

Tabelle 18: Mitglieder der Minshakyōkai[315]

Name/Geburtsdatum	Parlamentskammer/ Anzahl Wiederwahlen	Wahlkreis/ Listenmandat	Gewerkschaft	Doppelmitgliedschaft
Takagi Yoshiaki 高木 義明 *1945 (Direktor)	Unterhaus, 9	Kyūshū-Liste (Nagasaki 1)	Mitsubishi-Schiffsbau	―
Kawabata Tatsuo 川端 達夫 *1945	Unterhaus, 10	Kinki-Liste (Shiga 1)	UA Zensen[316] (Toray-Konzern)	―
Matsubara Jin 松原 仁[317] *1956	Unterhaus, 6	Tokyo-Liste		(ehemalig: Hata-Gruppe, Hatoyama-Gruppe)
Furumoto Shinichirō 古本 伸一郎 *1965	Unterhaus, 5	Aichi 11	Toyota	Noda-Gruppe
Banno Yutaka 伴野 豊 *1961	Unterhaus, 5	Tōkai-Liste (Aichi 8)	JR Tōkai	Noda-Gruppe
Washio Eiichirō 鷲尾 英一郎 *1977	Unterhaus, 4	Hokuriku-Shin'etsu-Liste (Niigata 2)	―	Noda-Gruppe
Fukushima Nobuyuki 福島 伸享[318] *1970	Unterhaus, 2	Nord-Kantō-Liste (Ibaraki 1)	―	Genba-Gruppe

[315] Mitgliedschaft soweit nicht anders angegeben nach Hamamoto 2011, S. 66 ff.; Biografische Informationen nach *Gendai seijika jinmei jiten*.
[316] AERA 2009, S. 92; Schmidt 2011, S. 8.
[317] Biografische Informationen laut Homepage: http://www.jin-m.com/prof_1.php.
[318] S. Geschäftsberichte politischer Fonds 2015, S. 385.

Yanagida Minoru 柳田 稔 *1954	Oberhaus, 6 (zuvor 4x Unterhaus)	Hiroshima	Kobe Steel	―
Kobayashi Masao 小林 正夫[319] *1947	Oberhaus, 3	Nationale Liste	Denryoku Sōren (Tepco)	―
Shinba Kazuya 榛葉 賀津也*1967	Oberhaus, 3	Shizuoka	―	Hosono-Gruppe
Kawai Takanori 川合 孝典 *1964	Oberhaus, 2	Nationale Liste	Teijin, UA Zensen	―
Isozaki Tetsuji 礒崎 哲史[320] *1969	Oberhaus, 1	Nationale Liste	Nissan, Jidōsha Rōren	―
Hamano Yoshifumi 浜野 喜史[321] *1960	Oberhaus, 1	Nationale Liste	Denryoku Sōren (Kansai Denryoku)	―
Hamaguchi Makoto[322] 濱口 誠 *1965	Oberhaus, 1	Nationale Liste	Nissan, Jidōsha Rōren	―

Quelle: Eigene Recherchen; Hamamoto 2011, S. 66 ff.; Biografische Informationen nach *Gendai seijika jinmei jiten.*

Die Minshakyōkai verfügt über 14 Mitglieder. Im Vergleich zur Yokomichi-Gruppe weist sie eine deutlich günstigere *Altersstruktur* auf: Nur drei Abgeordnete wurden in den 1940er-Jahren geboren (Yokomichi-Gruppe: 7), die Hälfte der Abgeordneten in den 1960er-Jahren. Mit Washio und Fukushima hat die Gruppe zwei Mitglieder unter 50 Jahren. Somit scheint das von Köllner 2004 diagnostizierte Rekrutierungsproblem weitgehend gelöst.[323]

[319] Zugehörig laut Homepage des Abgeordneten: https://www.kobayashimasao.jp/activity/more/16/aug/160817.html.
[320] S. Geschäftsbericht politischer Fonds 2015, S. 385.
[321] Ebd.
[322] Ebd.
[323] Köllner, Patrick 2004b, „Factionalism in Japanese Political Parties Revisited or How Do Factions in the LDP and DPJ Differ?" In: *Japan Forum*, Band 16, Nr. 1, S. 99.

4 Die Demokratische Partei Japans

Die große Mehrheit der Mitglieder (zehn von 14) weist Verbindungen zu Gewerkschaften auf – ein noch höherer Anteil als bei der Yokomichi-Gruppe. Wie zu den Zeiten der DSP repräsentieren die Abgeordneten der Minshakyōkai ausschließlich Gewerkschaften des privaten Sektors. Von den zehn Gewerkschaftern entstammen drei der Automobilindustrie (自動車労連 Jidōsha Rōren bzw. Toyota), zwei der UA Zensen, eine Mischgewerkschaft, die Chemie- und Dienstleistungsbranche repräsentiert, und zwei der Energie- bzw. Atomindustrie (電力総連 Denryōku Sōren). Jeweils einen Repräsentanten stellen Gewerkschaften aus den Branchen Bahntransport (JR Tōkai) und Schiffsbau (Mitsubishi).

Für die politische Ausrichtung der Minshakyōkai ist vor allem der Gewerkschaftsbund UA Zensen interessant, der 2012 aus einer Fusion von UI Zensen (Chemie- und Textilwirtschaft) und dem kleineren Gewerkschaftsbund JSD (Dienstleistungen, Einzelhandel und Vertrieb) entstand und mit über 1,6 Mio. Arbeitern und fast 2500 Mitgliedsgewerkschaften die größte Organisation innerhalb des Dachverbands Rengō ist.[324] UA Zensen weist zwei Besonderheiten auf: Zum einen ist der Anteil der Frauen und Irregulären an der Mitgliedschaft vergleichsweise hoch;[325] zum anderen ist die Organisation dafür bekannt, im politischen Spektrum rechts zu stehen. So trat bspw. der damalige Vizepräsident des Gewerkschaftsbunds 2010 bei der Veranstaltung „Versammlung der 10 000 Menschen gegen politische Rechte für Ausländer" 外国人参政権に反対する一万人大会 (*gaikokujin sanseiken ni hantai suru ichimanjin taikai*) auf und kündigte den Widerstand seiner Organisation gegen das von der DPJ hierzu geplante Gesetz an.[326]

Mit Ausnahme von UA Zensen repräsentieren die Abgeordneten der Minshakyōkai fast ausschließlich Gewerkschaften der Chemie- und Schwerindustrie. Dies legt nahe, dass die Gruppe nur begrenzt ökologi-

---
[324] http://uazensen.jp/about/organization.html.
[325] Ebd.
[326] Sankei Shimbun 14.4.2010; Sankei Shimbun 18.4.2010.

sche Standpunkte vertritt.[327] Die Repräsentation der Stromerzeuger TEPCO (Tokyo Denryoku) und KEPCO (Kansai Denryoku) erklärt, dass die Minshakyōkai an der Atomkraft festhalten möchte. Zwar gehören nur zwei von zehn Gewerkschaftsrepräsentanten dieser Lobby an. Jedoch vertritt der Großteil der übrigen Abgeordneten energieintensive Branchen, die wohl ebenfalls am System des hochsubventionierten Atomstroms festhalten wollen.

Die große Rolle der Unternehmensgewerkschaften erklärt auch die beiden weiteren Merkmale der Gruppenstruktur: Der *Frauenanteil* und die geografische Verteilung der Mitglieder. Wie bereits besprochen, war schon die DSP eine ‚Altherrenpartei' mit geringem Frauenanteil. Auch hier besteht eine bemerkenswerte Kontinuität, denn unter den oben aufgelisteten Politikern ist keine einzige Frau. Dies spiegelt die Tatsache wider, dass mit 14 Prozent auch der Anteil der weiblichen Rengō-Mitglieder äußerst gering ist. Dabei dürfte wiederum der Anteil bei den ehemaligen Dōmei-Gewerkschaften besonders niedrig sein.[328]

Nicht überraschend zeigt die *geografische Verteilung*, dass die Mitglieder der Minshakyōkai ganz überwiegend aus den urbanen Industriegebieten stammen. Drei von 14 Mitgliedern sind im industriell geprägten Aichi ansässig, dazu kommt Kawabata vom angrenzenden Wahlkreis Shiga 1 (Ōtsu), in der sich eine große Niederlassung des Toray-Konzerns (Kunstfasern) befindet, dessen Unternehmensgewerkschaft er entstammt. Weitere Abgeordnete entstammen den Industriezentren Nagasaki, Hiroshima und Tokyo.

Kommen wir zu den nichtgewerkschaftlichen Mitgliedern (Matsubara, Washio und Fukushima). Nur Matsubara repräsentiert einen Großstadtbezirk (Tokyo), während Shinba und Matsubara eher ländliche oder halburbane Stimmkreise vertreten. Beide begannen ihre Karriere bei der LDP.[329]

---

[327] Köllner 2011, S. 31; Köllner 2015, S. 86.
[328] http://www.jtuc-rengo.org/about/trade_union_data.html.
[329] Laut *Gendai seijika jinmei jiten*.

Fukushima war Beamter im METI; Washio war als Wirtschaftsprüfer tätig.[330]

Die Minshakyōkai weist fünf Mitglieder mit *doppelter Mitgliedschaft* auf. Interessanterweise bestehen diese ausschließlich mit den rechten innerparteilichen Gruppen: Drei sind Mitglieder der Gruppe um Noda, jeweils einer gehört der Hosono-Gruppe und der kleinen Genba-Gruppe an. Matsubara war neben der Minshakyōkai auch Mitglied der beiden inzwischen aufgelösten konservativen Hata-Gruppe und der als liberal bis konservativ geltenden Hatoyama-Gruppe.[331]

4.4.2.2 Ideologie der Minshakyōkai

Die Doppelmitgliedschaften mit den Gruppen der Parteirechten und die Repräsentation von UA Zensen deuten bereits darauf hin, dass die Minshakyōkai keine linke Gruppe ist. Auch das oben stehende Kapitel zur Entwicklung der DPJ (Kap. 4.1) hat nahegelegt, dass die Minshakyōkai und die Yokomichi-Gruppe keine Kooperation aufweisen.

Zur weiteren Analyse der Ideologie der Minshakyōkai greife ich auf verschiedene Statements ihrer Mitglieder zurück, da von dieser Gruppe keine programmatischen Schriften vorliegen. Zu diesem Zweck lassen sich in dem von der Gruppe herausgegebenen, monatlich erscheinenden Magazin „Kaikakusha – The Reformer"[332] geeignete Interviews mit Abgeordneten der Gruppe finden. Stellvertretend für den ideologischen ‚kleinsten gemeinsamen Nenner' der Minshakyōkai kann man folgendes Zitat des langjährigen Gruppenchefs Kawabata (Vorsitz 2006–2012) heranziehen:

> Regieren bedeutet, das Land zu leiten. Bereits der verehrte Nishio Suehiro [Gründer der SPJ und späterer Gründer und Vorsitzender

---

[330] Siehe Homepages der Abgeordneten: http://www.fukuchan-japan.com/profile.html; http://www.jin-m.com/prof_1.php.
[331] Hamamoto 2011, S. 66 ff.
[332] http://www.seiken-forum.jp/publish/top.html.

der DSP – Anmerkung F.S.] sagte: „Politischer Streit nur bis zu den Ufern!", sodass letzten Endes die Innenpolitik nur aus den Fragen besteht, wie Steuern empfangen und verwendet werden sollen. Ich glaube, dass es im Land keinen Streit darüber geben darf, wer Freunde und Rivalen der Nipponmaru[333] sind und wohin sie steuern soll. Als Grundlage des Staats gibt es vier Sicherheitsgarantien. Als erstes natürlich die Sicherheitsgarantie der Verteidigungs- und Außenpolitik. Als Zweites die Sicherheitsgarantie bezüglich der Lebensmittelversorgung. Drittens die Sicherheitsgarantie des Lebensunterhalts (Sozialversicherung) und viertens die Sicherheitsgarantie der Energieversorgung.[334]

Hier zeigt sich – ganz in der Tradition der DSP – die Fokussierung auf die *Sicherheit* als höchsten Wert. Die Vorstellung, dass es über außenpolitische Fragen keinen Streit geben darf und die Gleichsetzung Japans mit dem Schiff Nipponmaru kann man als subtilen Nationalismus interpretieren. Durch die Verbindungen der Minshakyōkai mit der Atomindustrie ist es wohl kein Zufall, dass Kawabata auch explizit auf die „Sicherheitsgarantie der Energieversorgung" hinweist.

Rechter Flügel der Minshakyōkai

Die Repräsentation des rechten Gewerkschaftsbunds UA Zensen legt nahe, dass Teile der Minshakyōkai dem rechten politischen Lager zuzurechnen sind. Tatsächlich zeigt die Recherche der Teilnehmer an der oben erwähnten Demonstration gegen das politische Recht für ‚Ausländer', dass darunter auch fünf DPJ-Abgeordnete waren, von denen zwei Mit-

---

[333] Die Nipponmaru war von 1930 bis 1984 ein berühmtes Segelschiff zur Schulung von Kadetten der Handelsmarine in etwa vergleichbar mit der deutschen Gorch Fock.
[334] Zit. n. Kawasaki Takeshi 2015, „Tsugi ni seiken kōtai wo kakagerareru ka?". In: *Kaikakusha*, März 2015, S. 11 f.

4 Die Demokratische Partei Japans

glieder zur Minshakyōkai zugehörig sind (Matsubara und der ehemalige Abgeordnete Kaneko Yōichi 金子 洋一, *1962).[335]

Es sind jedoch die Nichtgewerkschafter Matsubara und Washio, die innerhalb des rechten Parteiflügels eine prominente Position einnehmen. Beide fielen wiederholt durch geschichtsrevisionistische Äußerungen auf. Matsubara, der sich auf seiner Homepage als zugehörig zur symbolischen „Fraktion des einfachen Volkes" 庶民派 (shomin-ha) bezeichnet, leugnet die Legitimität der Tokyoter Kriegsverbrecherprozesse, lehnt die Verfassung ab und bestreitet das Nanking-Massaker.[336] Wie für die extreme Rechte Japans charakteristisch, widmet er sich intensiv den Entführungen japanischer Staatsbürger durch Nordkorea.[337] In der Zeitschrift Bungei Shunjū wird er mit den Worten zitiert: „China nimmt uns doch nur auf den Arm! Gyōza[338], das Trostfrauen-Problem, Nanking, die Senkaku-Inseln, die Gasfelder; es taucht ein Problem nach dem anderen auf!"[339] Er besucht regelmäßig den umstrittenen Yasukuni-Schrein.[340]

Auch Washio ist in der DPJ lauter Vertreter geschichtsrevisionistischer Positionen. Er bekleidet den Posten des Verwaltungsdirektors in der Parlamentariergruppe „Versammlung zur Ermittlung der Wahrheit über die Trostfrauen-Frage und den Nanking-Vorfall"[341] und nimmt eine führende Position bei der reaktionären Organisation Nippon Kaigi ein.[342] In seinem Blog schreibt er zum Beispiel über koreanische Forderung nach Entschä-

---

[335] Sankei Shimbun 18.4.2010.
[336] Japan Times Online 7.2.2014.
[337] Endō Kōichi 2009, „Migi kara hidari made – Minshutō no hitobito". In: *Bungei Shunjū* 9/2009, S. 121.
[338] Gefüllte Teigtaschen chinesischer Herkunft.
[339] Endō 2009, S. 121.
[340] http://www.jin-m.com/kiroku/2008/kiroku2008_0815.html.
[341] Sankei Shimbun 3.9.2007.
[342] Sasagase Yūji und Hayashi Keita u. a. 2015, „Japan's Largest Rightwing Organization: An Introduction to Nippon Kaigi." In: *The Asia-Pacific Journal*, Bd., 13, Ausg. 50, Nr. 5.

digung für die von der kaiserlichen Armee Japans begangenen Kriegsverbrechen:

> Auf der Grundlage der bisherigen Situation denke ich, dass es bezüglich der [koreanischen] Handlungen, die die Aufrichtigkeit der japanischen Regierung mit Füßen treten, vernünftig ist, eine standhafte Haltung einzunehmen. Ich schätze die Reaktion der jetzigen Regierung [Kabinett Abe – Anmerkung F.S.]. Gegenüber diesen Unbotmäßigkeiten verbietet sich eine weiche Haltung. Wir werden niemals vergessen, wie die benachbarten Länder unsere Aufrichtigkeit mit Füßen treten. Wir können nie wieder so eine weiche Haltung zeigen.[343]

Matsubara und Washio kooperierten sogar mit der LDP und traten 2007 einer Studiengruppe von reaktionären Abgeordneten der LDP bei.[344] Vier Abgeordnete der Minshakyōkai unterzeichneten 2012 überdies eine vom damaligen Oppositionsführer Abe Shinzō getragene Anzeige in einer amerikanischen Tageszeitung, in der die Legitimität der koreanischen Trostfrauen geleugnet wurde (elf Unterzeichner der DPJ insgesamt).[345]

---

[343] http://washioeiichirou.hatenadiary.jp/entry/2017/01/09/013019.
[344] Japan Times Online 23.2.2007
[345] Die Anzeige mit dem Titel „Yes, we remember the facts" wurde in der Zeitung „Star-Ledger" geschaltet (*Star-Ledger*, 4.11.2012) nachdem in New Jersey ein Denkmal für die „Trostfrauen" errichtet worden war. S. Shimbun Akahata Online 6.1.2013; Smith, Kerry 2015, „*'History is harsh': Prime Minister Abe, the Joint Session of Congress, and World War II*". In: *The Asia-Pacific Journal*, Bd. 13, Ausg. 20, Nr. 3.

4 Die Demokratische Partei Japans

Linker Flügel der Minshakyōkai

Es existiert jedoch auch ein linker Flügel in der Minshakyōkai. Ihm wird bspw. der bereits erwähnte Kawabata zugerechnet.[346] Seine Zugehörigkeit wurde insbesondere in seiner Amtszeit als Bildungsminister im Kabinett Hatoyama deutlich. Er sprach sich gegen die von der LDP befürworteten Versuche der (ideologischen) Einflussnahme des Staats auf die Schulbildung aus und forderte im Gegenteil mehr Mitsprache für die jeweiligen Kommunen, Lehrer und Schüler.[347] Er kritisierte 2014 in einem Interview mit der Asahi-Zeitung Abes nationalistisches Gesellschaftsbild: „Premierminister Abe denkt: ‚Es gibt Bürger, weil es den Staat gibt'. Die Demokratische Partei denkt: ‚Es gibt den Staat, weil es Bürger gibt'. Unser Standpunkt ist das genaue Gegenteil".[348] Er kritisiert weiter dessen Wirtschaft- und Sozialpolitik, die zu Ungleichheit führe, sowie die Sicherheitspolitik der LDP-Regierung, die den Frieden bedrohe:

> Im Leben der Bürger weiten sich die Ungleichheiten aus und gleichzeitig mit der Lebensunsicherheit wird der Frieden bedroht. Der Zustand der Regionen ist jämmerlich. Das Leben der Jungen ist wirklich furchtbar. Dieser Blick für das Leben der Bürger fehlt vollkommen.[349]

Ein Jahr später bringt er an anderer Stelle die DPJ als Arbeitnehmerpartei gegen die LDP-Regierung in Stellung:

> Obwohl Unternehmen und Arbeiter eine Beziehung zueinander haben wie die beiden Achsen eines Wagens, ist die Denkweise von Premierminister Abe, dass alles Recht ist, solange die Unterneh-

---

[346] Endō Kōichi 2009, „Migi kara hidari made ‚Minshutō no hitobito'". In: *Bungei Shunjū* 9/2009, S. 119.
[347] Japan Times 9.10.2009.
[348] Asahi Shimbun Online 29.9.2014.
[349] Ebd.

men Gewinne machen, sei es Leiharbeit oder sonst was. Die Standpunkte sind klargeworden: Wenn sich die LDP auf die Seite des Managements stellt, ist die DPJ auf der Seite der Arbeiter.[350]

Klar zur Sozialdemokratie bekennt sich der 2012 abgewählte Oberhausabgeordnete Tsuji Yasuhiro (*1955). Über seinen ideologischen Standpunkt sagt er 2013:

> Heute ist eine Zeit, in der man nicht mehr von -ismen [〇〇主義] spricht; auch vom Demokratischen Sozialismus spricht man nicht mehr. Jedoch hat der Liberalismus und Kapitalismus zur menschlichen Entfremdung geführt, zur Logik des Fressens und Gefressenwerdens. Ich glaube, dass aus dieser Einsicht heraus der Sozialismus entstanden ist. Dies hat sich bis zur Kommunistischen Partei gesteigert und scheiterte dann. Aber ich glaube, dass auch heute ein auf dem Humanismus basierender demokratischer Sozialismus notwendig ist und ich denke, dass hier die grundlegenden Prinzipien der DPJ liegen. Ich wollte eine solche Kraft erschaffen – aber leider ist es nicht so gekommen. Als ich einmal bei Rengō war, sagten auch der damalige Vorsitzende Washio [Etsuya] und der damalige Verwaltungsdirektor Sasamori [Kiyoshi]: „Wir sollten in Japan eine im weiten Sinne sozialdemokratische Partei gründen und durch Rengō unterstützen". Das Unglück der japanischen Politik ist, dass das Hosokawa-Kabinett durch das Überlaufen der Keiseikai[351] entstanden ist […] Auch in der DPJ gibt es eine so gefärbte Strömung, sodass es nicht möglich ist, Unterschiede zur LDP im Sinne einer Sozialdemokratie herauszuarbeiten.[352]

Zieht man die Repräsentation von UA Zensen, die Doppelmitgliedschaften mit den rechten Noda- und Hosono-Gruppen und die fehlende Reprä-

---

[350] Zit. n. Kawasaki 2015, S. 11 f.
[351] 経世会; die Takeshita-Faktion. Gemeint sind ehemalige LDP-Politiker, wie Ozawa und Hata, die durch ihre Neugründungen der Anti-LDP-Koalition beigetreten waren.
[352] Zit. n. Yaoita Shumpei 2013, „Minshutō wo dōshin'en no shūdan ni". In: *Kaikakusha*, Juni 2013, S. 10 f.

sentation von Frauen in Betracht, scheint der rechte Flügel zu überwiegen. Auch Itō verortet die Gruppe im rechten politischen Spektrum.[353] Die Einschätzung, dass die Gruppe wegen ihres Namens oder ihrer Gewerkschaftsnähe sozialdemokratisch ist, ist unzutreffend. Zumindest einzelne Abgeordnete vertreten jedoch sozialdemokratische Positionen.

4.4.2.3 Lage der Minshakyōkai

Wie die Yokomichi-Gruppe ist die Minshakyōkai durch die gewerkschaftliche Unterstützung in einer vergleichsweise sicheren Position. Da sie auf organisierte Stimmen zurückgreifen kann, ist sie weniger anfällig für Schwankungen der Popularität der Gesamtpartei. Weit mehr als die Yokomichi-Gruppe scheint die Minshakyōkai finanziell von den Gewerkschaften zu profitieren. Laut Bilanzbericht 2015 weist sie ein Vermögen in Höhe von 53,2 Millionen Yen auf (Yokomichi-Gruppe: 5,8 Millionen Yen).[354] Auch hier kommen noch die *kōenkai* der Abgeordneten hinzu, die in Wahljahren Geld von den Gewerkschaften erhalten. So erhielt bspw. der Unterstützerverein des Abgeordneten Isozaki laut Geschäftsbericht 2013 29,4 Millionen Yen von einer Lobbyorganisation des Toyota-Konzerns anlässlich seiner Kandidatur für das Oberhaus.[355] Die Gruppe weist überdies Vermögen auf, das noch aus den Zeiten der DSP stammt. Dessen gemeinsame Nutzung ist möglicherweise der entscheidende Faktor, der die Gruppe zusammenhält.[356]

Anders als der Yokomichi-Gruppe ist es der Minshakyōkai bereits gelungen, den Generationenwechsel teilweise zu vollziehen. Während Köllner in seiner Untersuchung noch ein Problem der Überalterung bei dieser Faktion beschreibt,[357] hat die obige Analyse der Sozialstruktur der Gruppe ergeben, dass diese Situation inzwischen durch die Wahl junger Abgeord-

---

[353] Itō 2008, S. 176.
[354] Geschäftsbericht politischer Fonds 2015, S. 384.
[355] S. Geschäftsberichte politischer Fonds 2013, S. 223.
[356] Köllner 2004b, S. 99
[357] Ebd.

neter in das Oberhaus (Isozaki, Hamano, Hamaguchi) überwunden werden konnte. Langfristig scheinen die Gewerkschaften des privaten Sektors größeres Potenzial bieten als die von Sparmaßnahmen betroffenen Gewerkschaften des öffentlichen Dienstes.

Diesen Stärken steht gegenüber, dass die Minshakyōkai mit 13 Abgeordneten (von 147 DPJ-Parlamentariern) inzwischen eine eher kleine Gruppe ist (Yokomichi-Gruppe: 16). Auffällig ist, dass es der Gruppe 2014 nicht gelungen ist, die bei der großen DPJ-Niederlage 2012 verlorenen Direktmandate zurückzugewinnen. Von den fünf Abgeordneten mit Direktmandat gelang 2012 nur zwei der Einzug über die Liste (Takagi und Washio), drei wurden abgewählt (Kawabata, Banno und Fukushima). Ihnen allen gelang 2014 zwar die Wiederwahl über die Liste, aber keiner der fünf Abgeordneten konnte 2014 einen Wahlkreis gewinnen, sodass die Partei vorläufig nur ein einziges dieser Mandate innehat (Furumoto, Aichi 11).

Tabelle 19: Größe der Minshakyōkai[358]

Köllner 2004	30 Mitglieder
Köllner 2005	20 Mitglieder
Itagaki 2008	27 Mitglieder
AERA 2009	30-35 Mitglieder
Yomiuri 2015	15 Mitglieder

Quelle: Köllner 2004b, S. 98; Köllner 2005, S. 7; Itagaki 2008, S. 25; AERA, S. 34; Yomiuri Shimbun 11.1.2015.

Ein potenzielles Problem stellt die ideologische Heterogenität der Gruppe dar. Im Falle einer weiteren Stagnation oder einer Krise der DPJ könnten Abgeordnete des rechten Flügels wie Matsubara und Washio zur LDP überlaufen, mit der sie bereits in einer Studiengruppe kooperieren. Auslö-

---

[358] Bei Wahljahren Angaben jeweils nach der Wahl.

ser einer Abspaltung könnte auch die noch immer umstrittene Außenpolitik oder die Verfassungsfrage sein.[359]

4.4.3 Kan-Gruppe

Die dritte innerparteiliche Gruppe der DPJ, die der Parteilinken zugerechnet wird, umfasst die Abgeordneten um Kan mit dem offiziellen Namen „Studiengruppe zur Gestalt des Landes" 国のかたち研究会 (*kuni no katachi kenkyūkai*). Die Informationslage zur Kan-Gruppe ist vergleichsweise unbefriedigend: Es lassen sich weder programmatische Schriften finden noch gibt es eine Homepage. Vor diesem Hintergrund wird manchmal sogar die Existenz der Gruppe bestritten. Auch in neueren Übersichten der Tageszeitungen wird die Gruppe teilweise nicht mehr aufgeführt.[360] Jedoch gibt es keinen Zweifel daran, dass die Gruppe zumindest formell noch besteht – darüber geben ihre beim Innenministerium hinterlegten Geschäftsberichte eindeutige Auskunft.[361] Zudem schreibt Eda Saburō, langjähriges Kernmitglied der Gruppe, nach der Unterhauswahl 2014:

> Die Abwahl des Vorsitzenden [der DPJ] Kaieda war ein Schock. Aber ich möchte mich darüber freuen, dass viele der „Studiengruppe zur Gestalt des Landes" und andere der Bürgerfraktion [市民派 *shimin-ha*] zurückgekehrt sind. Ich sehe angesichts der Änderung der Verfassungsordnung, wie die Anwendung der kollektiven Selbstverteidigung und das System zur Festlegung von Staatsgeheimnissen, die Verantwortung, den Pazifismus und den Konstitutionalismus zu verteidigen.[362]

Die Kan-Gruppe gilt als Nachfolgerin der Sakigake und umfasst heute – über 20 Jahre nach dem Aufgehen dieser Partei in der DPJ – vier ehemali-

---

[359] Asahi Shimbun 31.5.2014.
[360] Sankei Shimbun Online 2.10.2016.
[361] S. bspw. Geschäftsberichte politischer Fonds 2015, S. 244.
[362] Blog Eda Satsuki Eintrag 15.12.2014, S. Anhang 5.

ge Abgeordnete der Sakigake (Arai, Kan, Nagatsuma und Ogawa). Die Gruppe wird in der Literatur als links der Mitte und Repräsentantin von verschiedenen Bürgerbewegungen beschrieben.[363] Dies deckt sich mit dem oben stehenden Zitat von Eda, der die Gruppe im Zusammenhang mit einer nicht näher erläuterten „Bürger-Fraktion" nennt. Konkrete Belege für die Vertretung zivilgesellschaftlicher Interessengruppen lassen sich jedoch nicht finden. Da Eda und Kan über 15 Jahre lang dem Sozialdemokratischen Bund angehörten, ist eine sozialdemokratische Orientierung zumindest plausibel. Betrachten wir als Nächstes die Sozialstruktur der Gruppe:

---

[363] Itō 2008, S. 169; Itagaki 2008, S. 23.

4.4.3.1 Sozialstruktur der Kan-Gruppe

Tabelle 20: Mitglieder der Kan-Gruppe[364]

Name/Geburtsdatum	Parlamentskammer/ Anzahl der Wiederwahlen	Wahlkreis/Listenmandat	Gewerkschaft	Doppelmitgliedschaft
Kan Naoto 菅 直人*1946	Unterhaus, 12	Tokyo (Tokyo 18)	___	___
Arai Satoshi 荒井 総 *1946	Unterhaus, 7	Hokkaidō (Hokkaidō 3)	___	___
Nagatsuma Akira 長妻 昭 *1960	Unterhaus, 6	Tokyo 7	___	___
Yamanoi Kazunori 山井 和則 *1962	Unterhaus, 6	Kyōto 6	___	___
Shinohara Takashi 篠原 孝 *1948	Unterhaus, 5	Nagano 1	___	___
Tsumura Keisuke 津村 啓介[365] *1971	Unterhaus, 5	Chūgoku-Liste (Okayama 2)	___	Hosono-Gruppe[366]
Kōri Kazuko 郡 和子 *1957	Unterhaus, 4	Tōhoku-Liste (Miyagi 1)	___	Yokomichi-Gruppe
Nishimura Chinami 西村 智奈美 *1967	Unterhaus, 4	Hokuriku-Shin'etsu (Niigata 1)	___	___
Ōsaka Seiji 逢坂 誠二 *1959	Unterhaus, 3	Hokkaidō 8	___	Yokomichi-Gruppe

[364] Mitgliedschaft soweit nicht anders angegeben nach Hamamoto 2011, S. 66 ff.; Biografische Informationen nach *Gendai seijika jinmei jiten.*
[365] Geschäftsberichte politischer Fonds 2013, S. 244.
[366] Zugehörig laut Homepage Hosono: https://web.archive.org/web/20141129192750/https://www.goshi.org/wp-content/uploads/2014/01/7173d05b86a8434c062543752cdf1f47.pdf.

Kuroiwa Takahiro 黒岩 宇洋 *1966	Unterhaus, 2; (Oberhaus, 1)	Niigata 3	—	—
Ogawa Toshio 小川 敏夫 *1948	Oberhaus, 4	Tokyo	—	—
Sakurai Mitsuru 桜井 充 *1956	Oberhaus, 4	Miyagi	—	—
Haku Shinkun 白 眞勲 *1958	Oberhaus, 3	Nationaler Wahlkreis	—	—
Fujisue Kenzō 藤末 健三[367] *1964	Oberhaus, 3	Nationaler Wahlkreis	—	—
Ishibashi Michihiro 石橋 通宏[368] *1965	Oberhaus, 2	Nationale Liste	Jōhōrōren[369]	Yokomichi-Gruppe
Ōshima Kusuo 大島 九州男 *1961	Oberhaus, 2	Nationale Liste	—	—

Quelle: Eigene Recherchen; Hamamoto 2011, S. 66 ff.; Biografische Informationen nach *Gendai seijika jinmei jiten*.

Mit 16 Mitgliedern (davon zehn im Unterhaus) ist die Kan-Gruppe genauso groß wie die Yokomichi-Gruppe. Nur zwei ihrer Mitglieder sind *Frauen* (Kōri und Nishimura). Sie weist eine deutlich jüngere *Altersstruktur* als die Yokomichi-Gruppe auf: Nur vier ihrer Abgeordneten wurden in den 1940er-Jahren, die meisten (neun Personen) in den 1960er-Jahren geboren. Unter den Mitgliedern findet sich nur ein *Gewerkschafter*: Ishibashi Michihiro vom Gewerkschaftsbund Jōhōrōren (NTT-Gruppe). Bei der regionalen Verteilung der Abgeordneten ergibt sich folgendes Bild: Nur zwei Mitglieder stammen aus der südlichen Landeshälfte (Yamanoi und Tsumura), sechs hingegen aus dem Norden Japans (Hokkaidō und Tōhoku-Region). Ein weiterer Schwerpunkt ist die Kantō-Region mit

---

[367] Mitgliedschaft laut Geschäftsberichte politischer Fonds 2013, S.244.
[368] Ebd.
[369] https://www.joho.or.jp/news/20160801_0155422402/.

drei Mitgliedern (Kan, Ogawa und Nagatsuma). Ein Abgeordneter entstammt der Region Chūbu in der Mitte Japans (Shinohara). Wie bei der Yokomichi-Gruppe lässt sich also ein Schwerpunkt auf dem Norden Japans feststellen.

Mit der Yokomichi-Gruppe verbindet die Kan-Gruppe drei *Doppelmitgliedschaften*; eine personelle Überschneidung mit der Minshakyōkai liegt hingegen nicht vor. Mit der Parteirechten besteht eine doppelte Mitgliedschaft (Tsumura, Hosono-Gruppe).

Bezüglich der Beziehung zwischen der Kan- und der Yokomichi-Gruppe ist das unterschiedliche Verhältnis zu Ozawa von Bedeutung. Wie oben beschrieben, waren Yokomichi und Ozawa ab etwa 2006 politische Verbündete und verteidigten gemeinsam das Manifest 2009, als Premier Kan und andere sich davon distanzierten.

4.4.3.2 Ideologie der Kan-Gruppe

Wie bereits erwähnt, liegen keine offiziellen Schriften der Kan-Gruppe vor, die für eine Analyse herangezogen werden könnten. Aus diesem Grund muss die ideologische Position der Gruppe indirekt von Aussagen Kans und anderer Mitglieder abgeleitet werden, trotz der damit verbundenen Unsicherheiten. Von den analysierten Gruppen ist die Kan-Gruppe die einzige, die einen Premierminister stellte. Insofern muss dessen Regierungshandeln in diesem Zusammenhang berücksichtigt werden.

Über Kan wissen wir bereits, dass er langjähriges Führungsmitglied des Sozialdemokratischen Bunds gewesen war, diesen jedoch Anfang der 1990er-Jahre verließ, um der Reformpartei Sakigake beizutreten. Schließlich gründete er 1996 die DPJ mit. Es stellt sich die Frage, inwiefern diese Wechsel der Parteizugehörigkeit mit einer ideologischen Neuorientierung einhergingen. Bezüglich seiner ideologischen Positionierung und seiner Haltung zur Sozialdemokratie ist folgendes Zitat aus dem Jahr 1993 aufschlussreich:

> Wenn ich die politischen Ideale der von mir angestrebten „Demokratischen Partei" mit einem Wort ausdrücke, so ist es „liberal". Die Bedeutung dieses Wortes wurde je nach Land und Zeit unterschiedlich aufgefasst. Aber nach meiner Vorstellung ist eine Partei liberal, wenn sie den Charakter der amerikanischen Demokraten, die die Menschenrechte und die Umwelt betonen und die sozialdemokratischen Parteien Europas, die die Gerechtigkeit betonen, in sich vereint.[370]

Diese Aussage offenbart, dass seine „liberale" Haltung keinesfalls eine Abkehr von der Sozialdemokratie ist, deren Vorstellung von Gerechtigkeit er teilt. Er scheint ihr jedoch implizit einen Mangel an ökologischer Sensibilität und einen unzulänglichen Einsatz für die Menschenrechte vorzuwerfen – Werte die er bei den US-Demokraten konsequenter verwirklicht sieht. Sein Liberalismus ist folglich prinzipiell deckungsgleich mit den Werten der Sozialdemokratie, die um eine ökologische Komponente ergänzt wird. Wie im theoretischen Teil dieser Arbeit herausgearbeitet, ist die Ökologie ohne Schwierigkeiten in die sozialdemokratische Theorie zu integrieren, sodass Kans oben formulierte Konzeption einer Partei ohne Weiteres als prinzipiell sozialdemokratisch bezeichnet werden kann.

Bei der Bewertung der Regierung Kan in den Jahren 2010 und 2011 muss berücksichtigt werden, dass die Spielräume der DPJ-Premiers allgemein aufgrund der Heterogenität der Partei beschränkt sind, was es erschwert, zuverlässige Rückschlüsse auf die Ideologie des jeweiligen Premiers zu schließen. Im Falle Kans kommt noch die besondere Krisenlage als Einschränkung hinzu. Dieser Hintergrund muss insbesondere bezüglich Kans Abweichen vom Manifest 2009 berücksichtigt werden. Wie oben beschrieben, verzichtete er auf die Umsetzung der sozialpolitischen Maßnahmen des Manifests und zielte stattdessen auf die Generierung von Wirtschaftswachstum durch die Förderung von (vermeintlichen) Wachs-

---

[370] Kan 1993, S. 127 f.

tumsbereichen wie dem Tourismus. Dieser Ansatz sollte einen positiven Kreislauf in Gang setzen, der nach dem Muster des „Dritten Wegs" der 1990er-Jahre, auch die Sozialversicherungen stärken sollte. Nach Aussage des Gruppenmitglieds Okazaki Tomiko (*1944) spielten Kans Erfahrungen als Finanzminister im Kabinett Hatoyama vor dem Hintergrund der damaligen Staatsschuldenkrise in Europa hierbei eine Rolle:

> Herr Kan sah als Finanzminister wie Europa unter dem Lehman-Schock, der Jugendarbeitslosigkeit und dem Wettlauf bei den Kürzungen der Sozialversicherungen litt und dachte, es wäre schrecklich, wenn dies auch in Japan passierte.[371]

Es ist plausibel, dass Kan mit Blick auf die Staatsverschuldungskrise den Haushalt nicht durch weitere sozialpolitische Maßnahmen belasten wollte. Dass er jedoch auf eine Erhöhung der Mehrwertsteuer setzte, die Arme stärker trifft als Reiche, anstatt bspw. eine Vermögenssteuer umzusetzen, lässt ihn jedoch nicht unbedingt als sozialdemokratischen Politiker erscheinen. Ob Kans Abweichen von den Maßnahmen des Manifest 2009 und seine Fokussierung auf Wirtschaftswachstum tatsächlich einen ideologischen Wandel widerspiegelte, kann letztlich nicht vollständig geklärt werden. Dem Politikwissenschaftler Yamaguchi Jirō, den dieselbe Frage beschäftigte, antwortete Kan jedenfalls im Rahmen eines Interviews, dass sich seine ursprünglichen Überzeugungen nicht geändert hätten.[372]

Auch bei Kan in der Zeit nach der Abwahl der DPJ Aussagen finden, die eine stärkere Rückbesinnung auf die Sozialdemokratie nahelegen. So schrieb er im Juli 2012 zur Ausrichtung der DPJ in sein Blog:

> Was ist der Ursprung der DPJ? Ich denke, dass die DPJ im Gegensatz zur LDP, die eine neoliberal-konservative Partei ist, klarmachen sollte, dass sie eine sozialdemokratische Partei ist, die nach

---
[371] Asahi Shimbun Miyagi 19.12.2012.
[372] Yamaguchi 2012, S. 19.

einer Gesellschaft des „minimalen Unglücks" strebt und mit der LDP ein System zweier Großparteien bildet.[373]

Anfang 2013 war dort zu lesen:

> Die DPJ war ursprünglich eine Partei, die im Unterschied zur liberalen LDP, auf dem sozialdemokratischen Egalitarismus basierte. Wenn die DPJ diesen Ausgangspunkt nicht vergisst und diese Politik wieder ausarbeitet, wird sie gewiss wieder als Pfeiler eines Zweiparteiensystems anerkannt werden.[374]

Hierbei handelt es sich um ein äußerst aufschlussreiches Zitat, denn Kan bezeichnet die DPJ hier nicht nur als „sozialdemokratische" Partei, sondern sieht in der Sozialdemokratie – in Übereinstimmung mit der Definition der vorliegenden Untersuchung – eine Kraft des „Egalitarismus", statt sie etwa reduktionistisch durch keynesianistische Wirtschaftspolitik zu definieren.

Das Gruppenmitglied Nagatsuma, das 2015 für den Parteivorsitz kandidierte, sprach sich im Hinblick auf den Kurs der Partei dafür aus, „die liberale Flagge zu hissen" (リベラルの旗を立てる *riberaru no hata wo tateru*) und erwähnte in diesem Zusammenhang die Korrektur sozialer Ungleichheit, eine Ablehnung der Atomkraft und ein Verzicht auf die kollektive Selbstverteidigung.[375] Diese Agenda kann als weitgehend deckungsgleich mit den Zielen der Yokomichi-Gruppe gelten.

4.4.3.3 Lage der Kan-Gruppe

Wie die unten stehende Auflistung zeigt, wies die Kan-Gruppe vor der Regierungszeit der DPJ eine ähnliche Größe auf wie die beiden bereits

---

[373] Blog-Eintrag Kan vom 8.7.2012 (Anhang 6).
[374] Blog-Eintrag Kan vom 2.1.2013 (s. Anhang 6).
[375] Sankei News 29.12.2014.

4 Die Demokratische Partei Japans

analysierten Gruppen. Betrachtet man die unten stehenden Zahlen ab 2008, so lässt sich feststellen, dass die heute 16 Mitglieder zählende Gruppe, seit der Abwahl der DPJ-Regierung 2012 deutlich an Größe eingebüßt hat:

Tabelle 21: Größe der Kan-Gruppe (2004-2009)[376]

Köllner 2004	20-30 Mitglieder
Köllner 2005	19 Mitglieder
Itagaki 2008	31 Mitglieder
AERA 2009	30-60 Mitglieder
Nihon Keizai Shimbun 8.10.2010	50 Mitglieder

Quelle: Köllner 2004b, S. 98; Köllner 2005, S. 7; Itagaki 2008, S. 25; AERA, S. 34; Nihon Keizai Shimbun 8.10.2010.

Für diese verhältnismäßig starke Schrumpfung ist vermutlich die fehlende gewerkschaftliche Basis der Gruppe verantwortlich zu machen. Allerdings konnte sich die Gruppe im Jahr 2014 wieder vergrößern – im oben stehenden Zitat hatte sich Eda ja über einige „Rückkehrer" gefreut. Tatsächlich finden sich in der Mitgliederliste drei Abgeordnete des Unterhauses, die 2012 ihr Mandat einbüßten, aber 2014 wiedergewählt wurden. So verloren Nishimura und Kuroiwa ihre Wahlkreise in Niigata, sowie der Abgeordnete Ōsaka sein Mandat in Hokkaidō 8. Zwei Jahre später kehrten alle drei in das Parlament zurück, wobei Kuroiwa und Ōsaka sogar ihren Wahlkreis zurückeroberten.

Im Geschäftsbericht der Gruppe 2015 werden 17 individuelle Beitragszahler aufgeführt, was sich fast genau mit der Anzahl der von mir identifizierten Gruppenmitglieder deckt.[377] Somit verfügt die Kan-Gruppe über die gleiche Zahl an Mitgliedern wie die Yokomichi-Gruppe, ist je-

---

[376] Bei Wahljahren Angaben jeweils nach der Wahl.
[377] Geschäftsberichte politischer Fonds 2015, S. 238.

doch durch ihre fehlende gewerkschaftliche Unterstützung in einer schwächeren Position und abhängiger von einem positiven Bild der Gesamtpartei.

Was die finanziellen Ressourcen betrifft, so deutet eine Auswertung ihrer Geschäftsberichte darauf hin, dass das Vermögen der Gruppe vergleichsweise gering ist.[378] Dies ist als Hinweis darauf zu sehen, dass die Kan-Gruppe im Vergleich zur Yokomichi-Gruppe und der Minshakyōkai nur locker organisiert ist.

Aufgrund der Machteinbuße Kans, der seit seiner Amtszeit als Premier nur über die Liste in das Parlament einzieht und seinen Wahlkreis in Tokyo verloren hat, halte ich es für wahrscheinlich, dass die Führung der Gruppe mittlerweile bei Nagatsuma liegt. Seine Kandidatur für den Parteivorsitz im Jahr 2015 spricht ebenfalls für diese Einschätzung.

4.4.4 Ergebnisse

Die Analyse der drei parteiinternen Gruppen zeigt, dass die Yokomichi- und die Kan-Gruppe zusammen als ‚sozialdemokratisches Lager' gesehen werden können, welches 32 Abgeordnete umfasst und aktuell wohl ähnliche programmatische Ziele verfolgt. Die Untersuchung der Minshakyōkai ergab Hinweise darauf, dass sie einen linken Flügel oder zumindest einzelne links stehende Abgeordnete aufweist. Allerdings fanden sich auch Gegentendenzen, sodass dieser linke Flügel wohl nur sehr eingeschränkt als sozialdemokratischer Akteur wirksam sein kann. Da die Gruppe über große finanzielle Ressourcen verfügt ist davon auszugehen, dass sie über eine vergleichsweise hohe Kohäsionskraft aufweist. Aus diesem Grund ist es unwahrscheinlich, dass ihre linken Abgeordneten mit den sozialdemokratischen Akteuren der Yokomichi-Gruppe und Kan-Gruppe kooperieren.

---

[378] Ebd.

4 Die Demokratische Partei Japans

Wie eingangs erwähnt, lassen die Ergebnisse der obigen Analyse der Parteistruktur auch Rückschlüsse auf die Natur der innerparteilichen Gruppen der DPJ zu. Die oben analysierten Geschäftsberichte zeigen deutlich, dass die Mitgliedschaft in einer Gruppe eine finanzielle Komponente aufweist.[379] Durch die Förderung eigener Kandidaten und eine gezielte Anwerbung junger Abgeordneter rekrutieren die Gruppen neue Mitglieder und sichern auf diese Weise ihre Zukunft.[380]

Es zeigte sich, dass die pauschale Vorstellung von ‚lockeren' Gruppen im Gegensatz zu ‚festen' Faktionen der LDP unzutreffend ist. Tatsächlich sind zumindest die im Rahmen dieser Arbeit untersuchten linken Gruppen der DPJ ganz unterschiedlich stark faktionalisiert: Die Kan-Gruppe scheint nur locker organisiert zu sein, die Yokomichi-Gruppe hingegen ist aufgrund ihrer Interessenvertretung der Gewerkschaften des öffentlichen Sektors stärker organisiert. Die Minshakyōkai mit fast 4000 Beitragszahlern ist hingegen eindeutig eine Faktion, wenn nicht sogar eine ‚Partei in der Partei'.

---

[379] Die Asahi Shimbun berichtete bspw., dass bei der Gründung der Hosono-Faktion 70 Mio. Yen eingesammelt und an sieben ehemalige DPJ-Abgeordneten gezahlt wurden, um deren Kandidatur für die nächste Wahl zu unterstützen (Asahi Shimbun 14.8.2014).
[380] Nihon Keizai Shimbun 3.11.2010.

4.5 Das sozialdemokratische Lager und das Rikken Forum

Die oben stehende Analyse ließ ein ‚sozialdemokratisches Lager' innerhalb der DPJ erkennen, das aus den beiden Gruppen um Yokomichi und Kan sowie möglicherweise Teilen der Minshakyōkai besteht. Kann dieses Lager noch näher bestimmt werden? Besteht irgendeine Form der Kooperation zwischen diesen Akteuren?

In der in Kapitel 4.2 untersuchten Entwicklung der Partei fanden sich lange Zeit keine Hinweise auf ein enges Verhältnis der Gruppen um Kan und Yokomichi: Bei der Wahl zum Parteivorsitz 1999 stimmte die Yokomichi-Gruppe in der Stichwahl für Hatoyama, nicht Kan. Auch bezüglich des Freihandelsabkommens TTP gab und gibt es Unterschiede: Während seiner Amtszeit befürwortete Kan die Teilnahme, die Yokomichi-Gruppe mit ihren Verbindungen zu ländlichen Interessen, lehnt es ab. Auch in ihrer Haltung zu Ozawa unterschieden sich die beiden Gruppen: Während die Yokomichi-Gruppe mit ihm kooperierte, wurden Kan und Ozawa zu politischen Feinden.

Andererseits zeigte die Untersuchung der Struktur, dass immerhin drei Doppelmitgliedschaften zwischen den Gruppen und Kan- und Yokomichi, existieren, während sich mit der Minshakyōkai keine Überschneidung der Mitgliedschaft nachweisen ließ. Bislang trennte die beiden Gruppen ihre unterschiedliche Haltung zu Ozawa und dem Manifest 2009. Möglicherweise kann der in beiden Gruppen eingeleitete Führungswechsel zu einer Annäherung der beiden Gruppen. Dass die Yokomichi-Gruppe bei der Wahl zum Vorsitz 2015 für Nagatsuma votierte, könnte hier als entsprechender Hinweis gewertet werden.

Wie ich im Folgenden erläutern werde, können die Fragen nach einer besseren Eingrenzung des sozialdemokratischen Lagers sowie nach dessen Zusammenarbeit durch eine Analyse von sog. Parlamentarierverein-

4 Die Demokratische Partei Japans

gungen 議員連盟 (*giin renmei*) teilweise beantwortet werden. Dabei handelt es sich um in der Regel *parteiübergreifende* Gruppierungen von Abgeordneten, die meist locker organisiert sind und sich einem spezifischen Thema widmen. Die politische Bedeutung dieser Vereinigungen ist meist nur gering – oft widmen sich die Gruppe beispielsweise der Pflege internationaler Beziehungen oder der Förderung bestimmter Sportarten. Es gibt jedoch Ausnahmen wie das Rikken Forum 立憲フォーラム (Konstitutionelles Forum, im Folgenden: Rikken Forum), eine linke Vereinigung, die es sich zum Ziel gesetzt hat, die Pläne der Regierung Abe für eine Verfassungsrevision unter autoritärem Vorzeichen zu verhindern.[381] Hierzu heißt es in der Gründungserklärung der Vereinigung, die sich aus Abgeordneten der DPJ und SDP zusammensetzt:

> Im letzten großen Krieg war die Zahl der toten japanischen Bürger – von Zivilisten bis Soldaten – riesig und auch im Rest der Welt gab es unzählige Opfer. Das Japan der Nachkriegszeit hat auf der Grundlage dieser Selbstkritik die Verfassung des Großjapanischen Reichs [die Meiji-Verfassung – Anmerkung F.S.] reformiert und das politische System in eine Demokratie überführt. Wir denken, dass wir den Standpunkt des Konstitutionalismus mit folgender Basis bestätigen müssen: „Eine Verfassung, die den Schutz der Menschenrechte propagiert und eine Regierungsstruktur nach dem Prinzip der Gewaltenteilung festlegt". Dass die Verfassung nicht die Regierung, sondern umgekehrt die Bürger einschränke, stellt eine grundlegende Verneinung des konstitutionellen Prinzips der Volkssouveränität dar […] Wir glauben, dass diese Aktivitäten weitergehen als die Frage der Verfassungsreform und eine Gefahr für den Konstitutionalismus an sich darstellen.[382]

---

[381] Ein weiteres Beispiel wäre die rechte „Diskussionsgruppe der Parlamentsabgeordneten der Japankonferenz" 日本会議国会議員懇談会 Nippon Kaigi kokkai giin kondankai, in der sich Anhänger der ultranationalistischen Lobbyorganisation „Japankonferenz" (Nippon Kaigi) versammeln.

[382] Eigene Übersetzung nach Anlage 7.

Dieses Geschichtsverständnis und die unten aufgeführte Mitgliedschaft von Abgeordneten der SDP in dieser Vereinigung sind als deutliche Hinweise darauf zu werten, dass es sich beim Rikken Forum um eine linke Gruppe handelt. Insbesondere der Vize-Vorsitz von Fukushima Mizuho 福島 瑞穂 (*1955), eine der profiliertesten Linken und Feministinnen Japans, ist hier von Bedeutung.

Sind die bisherigen Erkenntnisse über die untersuchten innerparteilichen Gruppen der DPJ korrekt, so müsste eine Analyse der Mitgliedschaft des Rikken Forum zahlreiche Mitglieder der Yokomichi-Gruppe und der Kan-Gruppe aufweisen, aber nur wenige oder keine Abgeordneten der anderen innerparteilichen Gruppen inklusive der Minshakyōkai.

Betrachten wir also als Nächstes die Mitgliedschaftsstruktur. Laut der offiziellen Homepage des Rikken Forum gehörten der Vereinigung im Jahr 2015 Unterhaus 18, im Oberhaus 24 Mitglieder (insgesamt 42 aktive Parlamentarier) sowie ehemalige Abgeordnete an.[383] Eine vollständige, offizielle Mitgliederliste liegt zwar nicht vor. Es werden jedoch auf der Hauptseite der Homepage einige mit Namen versehene Fotos von Abgeordneten eingeblendet, die der Vereinigung angehören. Die folgende Liste basiert auf diesen Informationen:

---

[383] https://www.rikken96.com/about.

Tabelle 22: Mitglieder des Rikken Forum

Name/ Geburtsdatum	Parlamentskammer/ Anzahl der Wiederwahlen	Wahlkreis/ Listenmandat	Gewerkschaft	Gruppe/ Partei
Yokomichi Takahiro 横路 孝弘 *1941	Unterhaus, 12	Hokkaidō 1	Jōhōrōren, Nikkyōso[384]	Yokomichi-Gruppe
Mataichi Seiji 又市 征治 *1944	Oberhaus, 3	Nationale Liste	Jichirō	SDP
Teruya Kantoku 照屋 寛徳 *1945	Unterhaus, 5	Okinawa 2	—	SDP
Akamatsu Hirotaka 赤松 広隆 *1948	Unterhaus, 10	Aichi 5	Unyu Rōren, JP Rōso[385]	Yokomichi-Gruppe
Eda Satsuki 江田 五月 *1941	Ex	—	—	Kan-Gruppe
Kan Naoto 菅 直人*1946	Unterhaus, 12	Tokyo (Tokyo 18)	—	Kan-Gruppe
Kondō Shōichi 近藤 昭一 *1958	Unterhaus, 7	Aichi 3 (Tōkai-Liste)	—	Yokomichi-Gruppe
Abe Tomoko 阿部 知子 *1948 (Vize)	Unterhaus, 6	Südkantō-Liste	—	DPJ (Gruppe unklar; Ex-SDP)
Fukushima Mizuho 福島 瑞穂 *1955 (Vize)	Oberhaus, 4	Nationale Liste	—	SDP
Mizuoka Shun'ichi 水岡 俊一 *1956	Ex	—	—	Yokomichi-Gruppe
Tsujimoto Kiyomi	Unterhaus, 6	Ōsaka 11	—	DPJ (Gruppe

[384] AERA 2009, S. 92.
[385] Ebd.

Das sozialdemokratische Lager und das Rikken Forum

辻元 清美 *1960 (Generalsekretärin)				unklar; Ex-SDP
Esaki Takashi 江崎 孝 *1956	Oberhaus, 2	Nationale Liste	Jichirō, Unyu Rōren	Yokomichi-Gruppe
Nataniya Masayoshi 那谷屋 正義 *1957	Oberhaus, 3	Nationale Liste	Nikkyōso	Yokomichi-Gruppe
Itokazu Keiko 糸数 慶子 *1947	Oberhaus, 3	Okinawa	___	Soziale Massenpartei Okinawa
Ōshima Kusuo 大島 九州男 *1961	Oberhaus, 2	Nationale Liste	___	Kan-Gruppe
Kōri Kazuko 郡 和子 *1957	Unterhaus, 4	Tōhoku-Liste (Miyagi 1)	___	Kan-Gruppe/ Yokomichi-Gruppe
Yoshikawa Hajime 吉川 元 *1966	Unterhaus, 2	Kyūshu-Liste	___	SDP
Kawauchi Hiroshi 川内 博史 *1961	Ex	___	___	Hatoyama-Gruppe
Hattori Ryōichi 服部 良一 *1950	Ex	___	___	SDP
Hiraoka Hideo 平岡 秀夫 *1954	Ex	___	___	Kan-Gruppe
Tashiro Kaoru 田城 郁 *1959	Ex	___	JR East	Yokomichi-Gruppe[386]
Tamaki Yūichirō 玉木 雄一郎 *1969	Unterhaus, 3	Kagawa 2	___	DPJ (unklar)
Tokunaga Eri 徳永 エリ *1962	Oberhaus, 2	Hokkaidō	___	Yokomichi-Gruppe

[386] Zugehörigkeit von Gewerkschaftshintergrund (JR East) und Informationen der Homepage (https://ameblo.jp/tashiro-kaoru) abgeleitet. Tashiro erfreute sich einer gewissen Berühmtheit, weil er zurvor als Zugführer gearbeitet hatte und einer der ganz wenigen Arbeiter im japanischen Parlament war.

Saitō Yoshitaka 斎藤 嘉隆[387] *1963	Oberhaus, 2	Nationale Liste	Aichi Teacher's Union[388]	Yokomichi-Gruppe
Konishi Hiroyuki 小西 洋之 *1972	Oberhaus, 2	Chiba	—	DPJ (unklar)
Arai Satoshi 荒井 総 *1946	Unterhaus, 7	Hokkaidō (Hokkaidō 3)	—	Kan-Gruppe
Aihara Kumiko 相原 久美子 *1947	Oberhaus, 2	Nationale Liste	Jichirō	Yokomichi-Gruppe
Ogawa Toshio 小川 敏夫 *1948	Oberhaus, 4	Tokyo	—	Kan-Gruppe
Kamimoto Mieko 神本 美恵子 *1948	Oberhaus, 3	Nationale Liste	Nikkyōso	Yokomichi-Gruppe
Nanba Shōji 難波 奨二 *1959	Oberhaus, 2	Nationale Liste	Postgewerkschaft	Yokomichi-Gruppe
Yoshida Tadatomo 吉田 忠智 *1956	Ex	—	Jichirō	SDP
Fujita Yukihisa 藤田 幸久 *1950	Oberhaus, 2	Ibaraki	—	DPJ (unklar)
Fujisue Kenzō 藤末 健三 *1964	Oberhaus, 1	Nationale Liste	—	DPJ (unklar)
Suzuki Katsumasa 鈴木 克昌 *1943	Unterhaus 5	Tōkai-Block	—	DPJ (unklar)
Haku Shinkun 白 眞勲 *1958	Oberhaus, 3	Nationale Liste	—	Kan-Gruppe

Quelle: Eigene Recherchen; https://www.rikken96.com/.

---

[387] Mitgliedschaft von Gewerkschaftshintergrund abgeleitet.
[388] Mitgliedschaft laut Homepage des Abgeordneten: http://saitoyoshitaka.com/profile.

Anhand der auf der Homepage verfügbaren Informationen lassen sich 35 Mitglieder identifizieren, von denen sieben ehemalige Parlamentarier sind (Zusatz „Ex" in der Tabelle). Von den 28 aktiven Parlamentariern sind 23 der DPJ zugehörig. Dabei entstammen 13 Mitglieder der Yokomichi-Gruppe und fünf der Kan-Gruppe. Bei sieben Abgeordneten der DPJ ist die Gruppenzugehörigkeit unklar oder sie gehören keiner Gruppe an. Darunter sind die beiden Abgeordneten Tsujimoto und Abe, die der SDP entstammen. Alle vier Abgeordnete der SDP, sowie die einzige Abgeordnete der Sozialen Massenpartei Okinawas 社大党 (Shadaitō) gehören dem Rikken Forum an.

Die Analyse der Mitgliedschaftsstruktur des Rikken Forum bestätigt demnach die bislang erarbeiteten Erkenntnisse. Interessant ist die vollständige Abwesenheit der Abgeordneten der Minshakyōkai. Sie ist als weiterer Hinweis darauf zu werten, dass diese Gruppe nicht als Akteur der japanischen Sozialdemokratie betrachtet werden kann. Im Einklang mit den vorangehenden Befunden ist ebenso die starke Beteiligung der Yokomichi-Gruppe sowie die Mitgliedschaft von Abgeordneten der Kan-Gruppe.

5 DISKUSSION

Abschließend möchte ich die Frage nach der Sozialdemokratie in Japan in einem kurzen Fazit beantworten und dann die einzelnen Analyseschritte kapitelweise zusammenfassen und die jeweiligen Ergebnisse reflektieren. Vor diesem Hintergrund gebe ich einen Ausblick auf mögliche künftige Entwicklungen der japanischen Sozialdemokratie in Form möglicher Szenarien und gehe zuletzt auf weiteren Forschungsbedarf ein, der sich aus der vorliegenden Untersuchung ergibt.

Fazit

Die eingangs aufgestellte Hypothese, dass auch in Japan trotz des Machtverfalls der einst einflussreichen SPJ kein Untergang der Sozialdemokratie vorliegt, hat sich durch die Untersuchung der DPJ bestätigt. Dabei hat die Einordnung der Gesamtpartei aufgrund ihrer Heterogenität und Widersprüche erwartungsgemäß Schwierigkeiten bereitet. Die Analyse der Ideologie und Programmatik der DPJ hat ergeben, dass sie spätestens seit 2007, trotz einer temporären Gegentendenz in den Jahren 2010 bis 2012, ein sozialdemokratisches Profil herausgebildet hat. Dieses wurde in den letzten Jahren noch geschärft, sodass sie nun sogar große programmatische Schnittmengen mit der kleinen Sozialdemokratischen Partei aufweist.

Die DPJ mag jeder Form sozialdemokratischer ‚Äußerlichkeit' entbehren: Sie weist keinen sozialdemokratischen Namen, keine rote Parteifarbe oder ähnliche Symbolik auf. Ihre jüngsten Forderungen nach „gleichem Lohn für gleiche Arbeit", die Mindestlohnpolitik sowie die geplanten Maßnahmen zur Reduktion sozialer Ungleichheit im Bildungswesen sind jedoch zweifellos Kernpunkte einer sozialdemokratischen Agenda. Programmatisch ist die DPJ zum aktuellen Zeitpunkt eine sozialdemokratische Partei.

5 Diskussion

Zugleich ist in der Analyse der Parteientwicklung und der Struktur sichtbar geworden, dass die Sozialdemokratisierung der DPJ seit 2007 nicht mit einem entsprechenden Anwachsen der Parteilinken auf der strukturellen Ebene einherging. Dies wurde zuletzt bei der Wahl zum Parteivorsitz 2015 sichtbar, als ihr Kandidat Nagatsuma die Stichwahl nicht erreichen konnte. Solange die DPJ ein Konglomerat ideologisch disparater innerparteilicher Gruppen ist, muss jede Einordnung der Gesamtpartei mit Unsicherheiten behaftet bleiben.

Aus diesem Grund musste die Frage nach der Sozialdemokratie in Japan auf der innerparteilichen Ebene der DPJ fortgesetzt werden. Hier zeigte sich, dass die Yokomichi-Gruppe und die Kan-Gruppe, bei der ich jeweils 16 Mitglieder identifizieren konnte, als sozialdemokratisch einzuordnen sind, nicht aber die Minshakyōkai – trotz ihres sozialistischen Namens. Die Analyse der Parlamentariervereinigung Rikken Forum bestätigte diese Befunde und zeigte, dass die beiden Gruppen um Yokomichi und Kan heute miteinander kooperieren, woraufhin bereits die Wahl zum Parteivorsitz 2015 hinwies. Im Rahmen des Rikken Forum arbeiten die beiden Gruppen zudem mit der heute unbedeutenden Sozialdemokratischen Partei zusammen. Vor diesem Hintergrund lässt sich in der japanischen Parteienpolitik ein locker organisiertes sozialdemokratisches Lager identifizieren. Dieses besteht aus den 32 Abgeordneten der Gruppen um Yokomichi und Kan und umfasst weiter einige unabhängige Mitglieder der DPJ sowie die drei nationalen Abgeordneten der SDP.

Zusammenfassung

Der erste Schritt der Untersuchung bestand in der Erarbeitung einer Definition von Sozialdemokratie im Sinne politischer Akteure, die sowohl einem außereuropäischen Kontext gerecht wird als auch der Tatsache, dass sich die Methoden und Strategien der heutigen Sozialdemokratie von den klassischen Ansätzen des 20. Jahrhunderts teilweise unterscheiden können (*Kapitel 2*). Bei der Erarbeitung einer solchen Definition der Sozialdemokratie im 21. Jahrhundert wollte ich vor allem über die herkömmliche, auf ökonomische Zusammenhänge verengte Perspektive („kleiner Staat versus großer Staat") hinausgehen, da diese Bewegung stets einen emanzipatorischen Anspruch hatte, die über die Arbeiterfrage hinausging. Unbefriedigend erschien mir die einflussreiche Theorie Meyers, der die Soziale Demokratie in starkem Kontrast zum politischen Liberalismus sieht, die illiberale politische Rechte in „konservativer" oder autoritär-nationalistischer Form jedoch völlig ausblendet. Es ist der Verzicht auf das Begriffspaar links und rechts, die fehlende Anerkennung des linken Charakters der Sozialdemokratie, woran Meyers Theorie letztlich scheitert (*Kapitel 2.2*).

Als Ausgangspunkt für eine angemessene Definition habe ich die ‚herkömmlichen' wohlfahrtsstaatlichen Strategien der Sozialdemokratie nach Esping-Andersen gewählt (*Kapitel 2.1*). Im Gegensatz zum konservativen und liberalen Wohlfahrtsstaat wirken diese dekommodifizierend und entstratifizierend, reduzieren also die soziale Ungleichheit. Darüber hinaus sind sie universell angelegt. Bevor über (ergänzende) Methoden der Sozialdemokratie nachgedacht werden kann, muss zunächst der ideelle Kern dieser politischen Strömung identifiziert werden. Hierüber erschienen mir die sozialdemokratischen Klassiker von Eduard Bernstein und Hermann Heller am zuverlässigsten Auskunft zu geben. Beide sehen die Sozialdemokratie als Erbe des Liberalismus, betonten aber die unterschiedliche Haltung zum Gleichheitsideal („Realwirkung" versus „Formalgeltung") als Unterschied (*Kapitel 2.3* und *2.4*).

Norberto Bobbio schließlich macht die Begriffe rechts und links für eine Definition der Sozialdemokratie fruchtbar, indem er die beiden Konzepte durch ihre Haltung zur Gleichheit unterscheidet (rechts – Inegalitarismus, links – Egalitarismus) und die Sozialdemokratie als gewaltfreien Liberalsozialismus definiert (*Kapitel 2.5*).

5 Diskussion

Eine Definition der Sozialdemokratie muss heute zu den weit rezipierten Ideen des „Dritten Wegs" von Anthony Giddens und anderen aus den 1990er-Jahren Stellung nehmen. Durch eine Diskussion der in diesen Theorien angedeuteten Methoden komme ich zu dem Schluss, dass Akteure des „Dritten Wegs" nicht als Sozialdemokraten in Betracht kommen, da ihre politische Agenda soziale Gleichheit nicht verringern kann (*Kapitel 2.6*). Zusammenfassend habe ich Sozialdemokratie im Sinne politischer Akteure mit Bobbio als egalitären „Liberalsozialismus" definiert, der mit friedlichen Mitteln die soziale Gleichheit im Rahmen des liberalen und demokratischen Rechtsstaats als Ziel verfolgt.

Das folgende *Kapitel 3* hatte zunächst die Aufgabe zu verdeutlichen, dass es sich bei der Sozialdemokratie keineswegs um ein rein westliches Phänomen handelt. Es wurde gezeigt, dass diese ursprünglich europäische Bewegung in Japan eine fast 120-jährige Tradition aufweist. Um diese Traditionen im Sinne eines politischen Erbes zu identifizieren, wurden die Vorgänger der heutigen Sozialdemokraten von der Meiji-Zeit bis in die 1990er-Jahre untersucht und als deren Traditionen ein ausgeprägter Pazifismus, die enge Anbindung an die Gewerkschaften und eine Tendenz zur inneren Spaltung (Faktionalismus) festgehalten (*Kapitel 3.1 bis 3.4*).

Bezüglich der Relevanz der Bewegung habe ich argumentiert, dass die sozialdemokratische Bewegung zwar zu keiner Zeit von entscheidender Bedeutung war und sich auch innerhalb der japanischen Linken nicht als dominante Strömung durchsetzen konnte. Ihre Relevanz zeigt sich jedoch darin, dass immer wieder der Versuch unternommen wurde, eine sozialdemokratische Kraft als Alternative zur politischen Rechten zu etablieren. Auch die vielschichtige DPJ entstammt teilweise dieser Tradition.

Zuletzt habe ich kurz die wichtigsten Aspekte der politischen Umbrüche der 1990er-Jahre und frühen 2000er-Jahren festgehalten, die auf die heutige Parteienlandschaft nachwirken, insbesondere in Form des reformierten Wahlsystems.

Diskussion

Vor der Analyse der DPJ als einzige relevante sozialdemokratische Partei im heutigen Japan habe ich in *Kapitel 4* zunächst die Parteitypologie von Krouwel und Ergebnisse der Parteienforschung hinsichtlich der Ziele von Parteien vorgestellt (*Kapitel 4.1*). Diese Konzepte und Terminologie halfen, die strategischen Entscheidungen der DPJ im Laufe ihrer 20-jährigen Geschichte von 1996 bis 2016 zu verstehen und einzuordnen.

Dabei ermöglichte das Konzept der Unternehmenspartei, die Gründungsphase der Partei besser zu verstehen. Durch die führende Rolle des politischen Quereinsteigers Hatoyama, mit dessen Privatvermögen die Partei gegründet wurde, und Kan als populärer Führungsfigur trug die DPJ anfänglich Züge eines solchen Parteityps. Gleichzeitig wies die DPJ jedoch auch Merkmale einer *catch-all*-Partei auf, insbesondere die Abhängigkeit von (gewerkschaftlichen) Interessengruppen.

Dies deutete auf ein grundlegendes strategisches Dilemma der Partei hin: Für den einen Teil der Partei ist es vorteilhaft, im Stil einer Unternehmenspartei durch politische Flexibilität auf die Gewinnung von Wechselwählern zu setzen. Für die sozialdemokratische Yokomichi-Gruppe und die ideologisch disparate Minshakyōkai hingegen ist es ausschlaggebend, verlässlich die jeweilige gewerkschaftliche Basis zu vertreten und für Wahlen zu mobilisieren.

In einem ersten Schritt habe ich die DPJ hinsichtlich ihrer Entwicklung, allgemeiner Charakteristika und ihres Umfelds untersucht (*Kapitel 4.2*). Hier zeigte sich, dass die DPJ entgegen dem anfänglich zur Schau gestellten Idealismus („Reinheit des Herzens") stark von opportunistischen Motiven geleitet wurde und das Ziel des *office-seeking*, also eine baldige Regierungsübernahme priorisierte. Dabei setzte man weniger auf die Anziehung von Wählern (*vote-seeking*), sondern auf opportunistische Fusionen mit anderen Parteien und Gruppen. Die daraus resultierenden Fusionen (1998 mit den Splittern der Shinshintō, 2003 mit Ozawas LP und 2016 mit einem Teil der Erneuerungspartei) erschwerten die Umsetzung der ursprünglich angestrebten politischen Ziele (*policy-seeking*). Sie

5 Diskussion

führten auch zu einer Verstärkung der Heterogenität der Partei, die bereits seit ihrer Gründung aus ehemaligen Sozialisten, Konservativen und Liberalen bestand, welche sich kurz nach der Parteigründung in verschiedenen innerparteilichen Gruppen organisierten.

Diese Charakteristika sind von Itō mit dem japanischen Begriffspaar *yabō* („große Ambitionen") und *yagō* („unerlaubte Verbindungen") treffend identifiziert worden. Das von diesen Eigenschaften geprägte Entwicklungsmuster verstärkte die ideologisch-programmatische Unklarheit und führte zu innerparteilicher Rivalität, die sich in zahlreichen Führungswechseln äußerte, und einer Vielzahl von Skandalen.

Dennoch konnte die DPJ 2009 schließlich die Regierung übernehmen, da die LDP nach dem Abtritt ihres populären Premiers Koizumi an Unterstützung einbüßte und die DPJ es vermochte, Wechsel- und Nichtwähler zu mobilisieren. Vorangegangen war eine überraschende Allianz der 2003 hinzugestoßenen Ozawa-Gruppe, die bislang neoliberale Ziele verfolgt hatte, mit der linken Yokomichi-Gruppe. Sie äußerte sich in einem neuen, sozialdemokratisch gefärbten Kurs und einem Wahlprogramm („Manifest") mit sozialdemokratischen Elementen. Die etwa dreijährige Regierungszeit wurde allerdings von den genannten Schwächen überschattet, ebenso wie von politischen Fehlentscheidungen. Dazu zählt vor allem Kans eigenmächtiges Abweichen von den Wahlversprechen des Manifests, das für inneren Streit und zur Abspaltung der Ozawa-Gruppe führte. Es hatte sich allerdings auch herausgestellt, dass die von der Partei versprochenen Einsparungen bei „verschwenderischen" Staatsunternehmen nicht zu realisieren waren. Hierbei spielte auch die Auswirkung der Weltfinanzkrise eine Rolle, von der die Regierungszeit der DPJ ebenso geprägt war wie vom katastrophalen Tōhoku-Erdbeben 2011.

Diese Fehler und Misserfolge hatten schwerwiegende Folgen für die Partei: Sie wurde durch die Spaltung 2010 und die Wahlniederlagen 2010, 2012 und 2013 erheblich geschwächt. Seit Ende 2012 wieder in der Opposition, gelang es der Partei erst ab 2014, sich wieder zu stabilisieren.

Diskussion

Auffällig ist dabei, dass sie deutlich nach links rückte, was sich auf der strategischen Ebene durch eine innerparteilich äußerst umstrittene aber erfolgreiche Strategie der Wahlkooperation mit der KPJ und der SDP („Gemeinsamer Kampf der Demokraten und Kommunisten") spiegelte.

Nach dieser Darstellung und Analyse der Entwicklung und Charakteristika der DPJ habe ich in *Kapitel 4.3* die bislang nur grob umrissene Ideologie der Partei durch eine Analyse ihres Grundsatzprogramms und ausgewählter Wahlprogramme im Zeitraum von 1996 bis 2016 ermittelt und hinsichtlich der Frage nach ihrem sozialdemokratischen Gehalt untersucht.

Hier zeigte sich, dass die Partei, ihrem heterogenen Charakter entsprechend, in den späten 1990er-Jahren einen „demokratischen Mittelweg" verfolgte, der von den Ideen des „Dritten Wegs" inspiriert war. Im Vordergrund standen dabei radikale Reformpläne hinsichtlich der Staatsstruktur und Forderungen nach wirtschaftlicher Deregulierung. Diese im Kern neoliberale Agenda wurde nur mit einer vagen Rhetorik für eine „Wohlfahrtsgesellschaft" bzw. „symbiotische Gesellschaft" ergänzt.

Diese Ausrichtung wurde bis in die Mitte der 2000er-Jahre beibehalten. Wie die Analyse des Wahlprogramms 2004 ergab, verfestigte sich das neoliberale Element zunächst sogar („Grundsätzliche Abschaffung der Regulierung", „Die Angelegenheiten des Markts dem Markt überlassen").

Überraschenderweise ließ sich im Wahlprogramm 2005, noch bevor es zu der viel beachteten Allianz zwischen Ozawa und Yokomichi kam, ein Kurswechsel konstatieren. Der neue Slogan „Weg vom Beton, hin zu den Bürgern!" und das Vorhaben eines universellen Kindergelds wiesen auf einen Abschied von der „Wohlfahrtsgesellschaft" und auf eine Rückbesinnung auf den Wohlfahrtsstaat hin. Dieser Kurs wurde dann unter dem Vorsitz Ozawas (2006-2009) entscheidend ausgebaut. Die beiden Wahlprogramme dieser Periode (2007 und 2009) enthalten mit kostenfreien Oberschulen, einem universellen Kindergeld, Verbesserungen für Alleinerziehende und dem Wahlrecht für „Ausländer" Kernforderungen einer sozialdemokratischen Agenda auf. Der neue Slogan „Das Leben der Bürger zuerst!" verdeutlichte diese Neuausrichtung. Dieser Kurswechsel war weniger strukturellen Machtverschiebungen in der Partei geschuldet, sondern dem Motiv, sich von der damals neoliberal dominierten LDP zu unterscheiden. Außerdem spiegelte es die veränderte gesellschaftliche Diskussion über die wachsende soziale Ungleichheit („Differenzgesellschaft") wider. Hier ist anzumerken, dass es sich nicht um völlig neue politische Maßnahmen handelte; vielmehr waren die Vorschläge bereits vereinzelt in früheren Programmen enthalten.

Das Manifest 2009 war insofern ein Erfolg, als es dieses neue Problembewusstsein aufgreifen konnte. Problematisch war hingegen die Finanzierung dieser Politik, die ausschließlich durch Einsparungen gewährleistet werden sollte, ein Konzept das im ersten Regierungsjahr 2009 unter Hatoyama klar fehlschlug. Das Wahlprogramm 2010 spiegelte Kans Kurswechsel wider, der eine Fokussierung auf wirtschaftliches Wachstum und Export zulasten der egalitären sozialpolitischen Maßnahmen vorsah.

Wie die Analyse der Wahlprogramme 2014 und 2016 zeigte, kehrte die DPJ nach zwei vernichtenden Wahlniederlagen in beiden Parlamentskammern (Unterhaus 2012, Oberhaus 2013) zu einer sozialdemokratischen Ausrichtung zurück und positionierte sich unter anderem mit der Forderung nach „gleichem Lohn für gleiche Arbeit" so weit links wie nie zuvor.

Dies geschah trotz des Ausscheidens Ozawas, der mit den Abgeordneten seiner Gruppe die Kleinpartei „Das Leben der Bürger zuerst!" gründete, aber erfolglos blieb. Die Tatsachen, dass die Wende hin zu sozialdemokratischer Politik bereits vor Ozawas Zeit als Vorsitzender eingeleitet wurde und dass diese Ausrichtung auch nach seinem Ausscheiden aus der Partei beibehalten wurde, zeigt, dass seine Rolle nicht überschätzt werden sollte wie man Mulgan in ihrer Monografie[1] zu Ozawa unterstellen kann.

---

[1] Mulgan, Aurelia G., 2015.

Diskussion

Zudem waren die Politiken der Manifeste 2007 und 2009, wie bereits erwähnt, keine Neuschöpfungen.

Ein Vergleich der Wahlprogramme zur Unterhauswahl 2016 machte sichtbar, dass sich die DPJ mittlerweile so stark sozialdemokratischen Positionen angenähert hat, dass sie teilweise identische Forderungen erhebt wie die SDP. Erstmals setzt sich die Partei auch deutlich für emanzipatorische Forderungen von Frauen und sexuellen Minderheiten ein. Aus programmatischer Sicht ist die DPJ derzeit ohne Zweifel eine sozialdemokratische Partei.

Diese Entwicklung darf nicht darüber hinwegtäuschen, dass die Partei nach wie vor sehr heterogen ist und eine starke Parteirechte ausweist. Aus diesem Grund musste ich die Ebene der innerparteilichen Gruppen analysieren, um die sozialdemokratischen Akteure innerhalb der Partei zu identifizieren und diese hinsichtlich ihrer Struktur, Ideologie und Lage untersuchen zu können (*Kapitel 4.4*).

Dabei habe ich die Analyse auf die drei Gruppen beschränkt, die aufgrund der bisherigen Teilergebnisse als potenziell sozialdemokratisch gelten können: Die von der SPJ abstammende Yokomichi-Gruppe, die Kan-Gruppe sowie die nominell sozialistische Minshakyōkai-Gruppe, die der DSP entstammt und intensive gewerkschaftliche Kontakte unterhält.

Zunächst habe ich diese Gruppen anhand ihrer Sozialstruktur analysiert: Es ergab sich, dass die Yokomichi-Gruppe und die Minshakyōkai erwartungsgemäß zahlreiche Abgeordnete mit gewerkschaftlichen Verbindungen aufweisen (Yokomichi-Gruppe: 10 von 16; Minshakyōkai: 10 von 14).

Die Yokomichi-Gruppe wies eine relativ ungünstige Altersstruktur auf. Aufgrund der kontinuierlichen Unterstützung der Gewerkschaften erschien mir jedoch unwahrscheinlich, dass sich hieraus nennenswerte Risiken für den Bestand der Gruppe ergeben. Insbesondere in ihrer Hochburg Hokkaidō wird sie die Mandate an jüngere Abgeordnete übergeben können.

5 Diskussion

Ebenso erwartet war der sehr ungleiche Frauenanteil der beiden Gruppen, der sich durch die Repräsentation verschiedener Gewerkschaften erklärt: Während die Minshakyōkai, die die Gewerkschaften der privaten Großunternehmen repräsentiert, kein einziges weibliches Mitglied aufwies, lag der Frauenanteil bei der Yokomichi-Gruppe, die die Gewerkschaften des öffentlichen Sektors vertritt, immerhin bei 5 von 16.

Zwischen den beiden Gruppen liegen keine doppelten Mitgliedschaften vor; auch dies war angesichts der alten Rivalität zwischen den Vorgängerorganisationen SPJ und DSP nicht unerwartet. Bei der Analyse der Abgeordneten der Yokomichi-Gruppe ließen sich drei doppelte Mitgliedschaften mit der Kan-Gruppe identifizieren, was als Hinweis auf eine gewisse Nähe zwischen diesen beiden Gruppen zu interpretieren ist.

Es fanden sich bei der Kan-Gruppe keine Hinweise auf Verbindungen zu Interessengruppen; nur ein Abgeordneter repräsentiert gewerkschaftliche Interessen. Da einige Abgeordnete der Kan-Gruppe ursprünglich der Sakigake angehörten (vier von 16), könnte die Gruppe als Nachfolgeorganisation dieser Partei entstanden sein. Ihr regionaler Schwerpunkt liegt wie bei der Yokomichi-Gruppe im Norden Japans, wobei ihr auch drei Abgeordnete mit Mandat in der Kantō-Region angehören. Für die Einordnung der Kan-Gruppe waren die Doppelmitgliedschaften aufschlussreich: Während sie, wie bereits erwähnt, drei Doppelmitgliedschaften mit der Yokomichi-Gruppe aufweist, gehört keiner ihrer Abgeordneten gleichzeitig der Minshakyōkai an. Nur ein Abgeordneter der Kan-Gruppe wies eine Doppelmitgliedschaft mit einer Gruppe der Parteirechten auf, wohingegen die Minshakyōkai fünf Mitglieder aufweist, die ebenfalls einer rechten Gruppe angehören. Kein Abgeordneter der Yokomichi-Gruppe unterhält Verbindungen zur Parteirechten.

Weiter habe ich die Ideologie der drei DPJ-Gruppen durch eine qualitative Inhaltsanalyse von Texten und Aussagen ihrer Führungsmitglieder untersucht. Dabei habe ich offizielles und inoffizielles Material aus unterschiedlichen Zeiträumen herangezogen, um die ideologisch-programmatische Entwicklung der Gruppen nachzuvollziehen.

Die Untersuchung der Yokomichi-Gruppe ergab interessanterweise keinerlei Hinweise darauf, dass sie in der von neoliberalen Gedanken geprägten Anfangszeit der Partei Anstöße für eine alternative, linkere Ausrichtung der Partei gab. Dies bestätigte sich auch durch eine Untersuchung des Programms der „Democrats", der Vorgängerorganisation der Yokomichi-Gruppe innerhalb der SPJ.

Die Gründungsmitteilung der Yokomichi-Gruppe aus dem Jahr 2002 ließ zwar ein ausgeprägtes Problembewusstsein hinsichtlich sozialer Ungleichheit erkennen („Wettbewerb und Effizienz wurden betont und die Schwachen ausgeschlossen"), ohne dass dies als Anlass genommen wurde, die Ideen des „demokratischen Mittelwegs" mit seinen vagen Vorstellungen von einer „Wohlfahrtsgesellschaft" (im Gegensatz zum Wohlfahrtsstaat) zu hinterfragen. Bedenkt man, dass der einzige dokumentierte Konflikt der Yokomichi-Gruppe mit der Restpartei die Auseinandersetzung um die Verfassung und die Antiterrorgesetze 2001 war („Yokomichi-Rebellion"), so bestätigt sich der Eindruck, dass die Gruppe zu dieser Zeit, wie schon früher die SPJ, den Pazifismus höher bewertete als den Egalitarismus.

Ab 2006 lassen sich dann Aussagen Yokomichis finden, die eine Rückbesinnung auf sozialdemokratische Standpunkte nahelegen. So ist seine Aussage dokumentiert, dass sein politischer Standpunkt seit jeher der „Denkweise der europäischen Sozialdemokratie" entspreche.

Auch die zweite offizielle Schrift der Gruppe, ein Programm das 2012 anlässlich der Kandidatur von Yokomichis Nachfolger Akamatsu um den Parteivorsitz herausgegeben wurde, ist als Rückkehr zur Sozialdemokratie zu interpretieren. Akamatsu kritisiert zunächst die Folgen neoliberaler Politik und fordert im Hinblick auf die „Differenzgesellschaft, ‚neue Armutsgesellschaft' und *working poor*" eine Rückkehr der DPJ zum Manifest 2009. Zugleich geht er aber mit der Forderung nach einer gemeinsamen Besteuerung von Kapital und Lohn nach dem Leistungsfähigkeitsprinzip weit über das Manifest hinaus und deutet tiefgreifende Maßnahmen der Umverteilung an, die geeignet sind, Spielräume für egalitäre sozialpolitische Maßnahmen zu erschließen. Aus ideologisch-programmatischer Sicht ist die Yokomichi-Gruppe daher ohne Zweifel als sozialdemokratisch einzuordnen.

Bereits die Analyse der Sozialstruktur der Minshakyōkai legte nahe, dass es sich bei dieser Gruppe, nicht um einen sozialdemokratischen Akteur handelt. Die Untersuchung der Ideologie der Gruppe, die aufgrund des Mangels offizieller Schriften durch die Analyse von Interviews vorgenommen wurde, ergab jedoch, dass diese Gruppe scheinbar auch über einen linken Flügel oder zumindest einzelne linke Abgeordnete umfasst. Dies lässt den Rückschluss zu, dass die Heterogenität der DPJ nicht nur die Gesamtpartei betrifft, sondern sie – zumindest im Falle der Minshakyōkai – sogar innerhalb ihrer Gruppen existiert.

Zwischen den Abgeordneten Washio, der als lauter Fürsprecher des japanischen Geschichtsrevisionismus bekannt ist, und Tsuji, der sich einen „auf dem Humanismus basierende[m] demokratischen Sozialismus" wünscht, scheinen Welten zu liegen. Diese Kluft kann möglicherweise durch die beträchtlichen finanziellen Ressourcen, über die die Gruppe laut der „Geschäftsberichte politischer Fonds" verfügt, geschlossen werden.

Die Ideologie der Kan-Gruppe musste durch das Fehlen offizieller Dokumente aus ihrer Sozialstruktur und Interviews abgeleitet werden. Hier ergab sich das Bild, dass Kan, ursprünglich Mitglied der sozialdemokratischen Kleinpartei Shaminren, in der DPJ lange Zeit als Verfechter des „Dritten Wegs" wirkte. Die Analyse des Wahlprogramms 2010, das er als Premier zu verantworten hatte, zeigte, dass er diesen Ideen noch zu diesem Zeitpunkt anhing, während der „Dritte Weg" in der westlichen Politik bereits der Vergangenheit angehörte. Es besteht insofern eine Parallele zu Yokomichi, dass sich erst in den letzten Jahren Bekenntnisse Kans zur

Sozialdemokratie finden lassen. In seinem Blog existieren im Zeitraum 2012/13 zwei Einträge, in denen er sich explizit für eine sozialdemokratische Ausrichtung der DPJ ausspricht.

Diese Analyseschritte der drei innerparteilichen Gruppen ließ in Umrissen ein sozialdemokratisches Lager bestehend aus der Yokomichi-Gruppe und der Kan-Gruppe innerhalb der DPJ erkennen. Die Minshakyōkai habe ich als nicht zugehörig eingestuft.

Zur Überprüfung dieser Ergebnisse habe ich zusätzlich die parteiübergreifende Parlamentariergruppe Rikken Forum untersucht (*Kapitel 4.5*), das sich aus Parlamentariern der DPJ und SDP zusammensetzt. Eine Analyse der Mitglieder bestätigte die Ergebnisse: Die DPJ-Abgeordneten des Forums entstammen überwiegend den beiden als sozialdemokratisch eingeordneten Gruppen, wohingegen kein Teilnehmer der Minshakyōkai oder einer Gruppe der Parteirechten angehörte. Die Mitgliedschaft von neun DPJ-Abgeordneten, die weder der Yokomichi-Gruppe noch der Kan-Gruppe angehören, verdeutlicht, dass es auch unter den Parlamentariern ohne Gruppenzugehörigkeit einige gibt, die sozialdemokratischen Positionen nahestehen, allen voran wohl die beiden Abgeordneten Tsujimoto Kiyomi oder Abe Tomoko, die in jüngerer Zeit von der SDP zur DPJ wechselten. Des Weiteren sind die drei Abgeordneten der SDP diesem locker organisierten sozialdemokratischen Lager zuzurechnen.

Ausblick

Kommen wir abschließend zu der Frage, in welcher Lage sich die Sozialdemokratie Japans befindet und welche Perspektiven sie hat. Hierbei möchte ich zunächst auf die DPJ als Ganzes und dann auf das oben identifizierte sozialdemokratische Lager zu sprechen kommen.

Bezüglich der weiteren Entwicklung der DPJ ist vor dem Hintergrund der Ergebnisse davon auszugehen, dass ihre übermäßige Heterogenität weiterhin einer erfolgreichen Entwicklung im Weg stehen wird. Zwar hat

5 Diskussion

sich die Partei mit einem sozialdemokratischen Profil nach ihrer Abwahl und Wahlniederlagen wieder konsolidiert. Die Proteste der Parteirechten gegen den „Gemeinsamen Kampf von Demokraten und Kommunisten" und der Austritt des einflussreichen Abgeordneten Nagashima zeigen jedoch die innerparteilichen Grenzen des aktuellen Linkskurses auf.

Um die ideologischen Lager zu befrieden, müsste die Partei eigentlich auf einen ideologischen Mittelweg zurückkehren, ein Weg der angesichts der schleichenden Erosion der Mittelschicht („Differenzgesellschaft") und der stärkeren politischen Polarisierung, die auch in Japan festzustellen ist, wohl nicht gangbar ist.

Im Hinblick auf die Zukunft der DPJ halte ich den zeitweiligen steilen Aufstieg der Erneuerungspartei für aufschlussreich. Mit einer als charismatisch empfundenen Führungsperson und rechtspopulistischen Positionen konnte sich diese Partei 2012 aus dem Stand neben der DPJ als führende Oppositionspartei etablieren. Angesichts dieser Entwicklung kann nicht ausgeschlossen werden, dass die Parteirechte oder einzelne ihr zugehörige Gruppen sich einer solchen Bewegung anschließen und somit eine Spaltung der DPJ herbeiführen könnten. Wie die Recherchen zur Minshakyōkai ergaben, kooperieren auch einzelne Abgeordnete mit der LDP im Bereich des Geschichtsrevisionismus und der Frage der Verfassungsreform. Für diese Abgeordneten käme unter Umständen auch ein Übertritt zur LDP in Betracht, zumal Premierminister Abe entschlossen ist, konkrete Schritte zu einer Verfassungsreform in die Wege zu leiten. Wie die Yokomichi-Rebellion im Jahr 2001 verdeutlichte, wird die Parteilinke einer Revision der Verfassung, insbesondere des Pazifismusartikels, keinesfalls zustimmen, sondern – der pazifistischen Tradition des japanischen Sozialismus folgend – eine Spaltung der Partei in Kauf nehmen.

Während für die Gruppen der Parteirechten die Möglichkeit des Überlaufens zur LDP oder eine opportunistische Fusion mit rechtspopulistischen Bewegungen eine Option darstellt, sehen die strategischen Alternativen für das sozialdemokratische Lager allerdings schwieriger aus. Zwar ist die Wahlkooperation mit den Kommunisten erfolgreich. Eine Fusion mit der traditionsreichen und auf Eigenständigkeit bedachten KPJ kann jedoch als ausgeschlossen gelten, woraufhin auch die Analyse des Rikken Forum wies.

Ein Zusammenschluss der sozialdemokratischen DPJ-Gruppen mit der strauchelnden Kleinpartei SDP scheint prinzipiell möglich. Auch könnten den beiden Abgeordneten Tsujimoto und Abe, die die SDP bereits in Richtung DPJ verließen, weitere Parlamentarier folgen. Die Gründung einer neuen, ideologisch homogenen Partei aus diesen Akteuren käme jedoch der Aufgabe jeder Machtoption gleich, da eine solche Partei nicht die nötige Größe aufweisen würde, um die Regierung realistischerweise übernehmen zu können. Aus diesem Grund ist es unwahrscheinlich, dass die Sozialdemokraten der DPJ die Partei aus strategischen Erwägungen verlassen.

Ein Fortbestand der DPJ würde zumindest für die sozialdemokratische Yokomichi-Gruppe ein Andauern ihres Dilemmas bedeuten: Ein Anwachsen der DPJ durch Wahlerfolge (oder eine weitere Fusion) würde das relative Gewicht der Gruppe verkleinern, da ihre Basis wohl weitgehend auf die Gewerkschaften des öffentlichen Sektors beschränkt bleibt. Dies wurde 2009 sichtbar, als die Gruppe trotz des Wahlsieges vergleichsweise wenige Mandate hinzugewinnen konnte. Umgekehrt würde ein Machtverfall der Gesamtpartei die Position der Yokomichi-Gruppe innerhalb der Partei stärken, da ihre Kandidaten – wie auch die der Minshakyōkai – weniger auf die Stimmen von Wechselwählern angewiesen sind als die restlichen Gruppen. Die ebenfalls sozialdemokratische Kan-Gruppe ist von diesem Dilemma nicht betroffen. Nicht auf organisierte Stimmen gestützt, ist sie umgekehrt von einem Erfolg der Gesamtpartei abhängig.

In vielerlei Hinsicht stehen Japans Sozialdemokraten heute vor denselben Herausforderungen wie bereits ihre Vorgänger der 1920er-Jahre und der Nachkriegszeit: Es gilt, wie damals die gewerkschaftliche Basis zu nutzen, ohne dabei als reine Gewerkschaftspartei wahrgenommen zu werden oder in ein Abhängigkeitsverhältnis zu geraten. Zudem stellen die Gewerkschaften des öffentlichen Sektors zwar eine verlässliche aber schrumpfende Basis dar. Insofern wäre eine Fusion der gewerkschaftlichen Yokomichi-Gruppe und der mehr auf die breite Bevölkerung zielenden Kan-Gruppe vorteilhaft; eine vollständige Überwindung des Faktionalismus erscheint jedoch angesichts der nach wie vor großen Rolle dieses Phänomens in der japanischen Politik unwahrscheinlich. Potenzial liegt für die japanische Sozialdemokratie zweifellos auch im Bereich der im Theorieteil dieser Arbeit mit Giddens besprochenen Ökologie. Durch die vergleichsweise große Unabhängigkeit der japanischen Sozialdemokratie von industriellen Lobbyinteressen ergeben sich hier politische Spielräume in einem noch weitgehend unbesetzten Feld. Hier könnte insbesondere die Kan-Gruppe eine Rolle spielen, da Kan als einer der profiliertesten Atomkraftgegner Japans gilt und in seiner Amtszeit die Förderung regenerativer Energien durchsetzte.

Entscheidend für die Zukunft der japanischen Sozialdemokratie wird aber vor allem sein, ob es ihr gelingt, sich unter Beibehaltung ihrer pazifistischen Tradition stärker als bislang auf die Frage der sozialen Ungleichheit zu konzentrieren, überzeugende Lösungsvorschläge zu erarbeiten und zu kommunizieren. Dabei muss sie ihrer gewerkschaftlichen Basis treu bleiben und gleichzeitig das große Reservoir der Nicht- und Wechselwähler mobilisieren.

Weitere Forschung

Die Auswertung der Literatur zur DPJ zeigte, dass insbesondere der Frühphase der Partei bislang nicht genug Beachtung geschenkt wurde. Dies betrifft insbesondere das erste Wahlprogramm der Partei aus dem Jahr 1996, welches zum ersten Mal im Rahmen der vorliegenden Arbeit untersucht wurde. Auch die Rolle der „Democrats" als Nukleus der DPJ innerhalb der Sozialistischen Partei, wurde bislang vollständig ausgeblendet.

Diskussion

Eine Analyse der entsprechenden Texte verdeutlichte, wie stark die Parteigründer von den Ideen des „Dritten Wegs" beeinflusst waren. Dies müsste in künftigen Arbeiten herausgearbeitet und idealerweise als japanischer Fall des „Dritten Wegs" in die vergleichende Politikforschung eingebracht werden.

Noch immer steht eine umfassende Monografie zur DPJ in einer westlichen Sprache aus. Die vorliegende Arbeit kann hierbei als Vorarbeit dienen, hat aber im Hinblick auf die Fragestellung die innerparteilichen Gruppen der Parteirechten bei der Analyse außer Acht gelassen. Hier würde ich vorschlagen, diese Gruppen in analoger Weise hinsichtlich ihrer Sozialstruktur, Ideologie und allgemeiner Lage zu untersuchen. Die vom Innenministerium jährlich herausgegebenen „Geschäftsberichte politischer Fonds", die im Rahmen dieser Untersuchung für die Analyse politischer Akteure ausgewertet wurden, sollten bei künftiger Forschung zu japanischen Parteien dringend herangezogen werden, da sich die oft intransparenten Beziehungen der japanischen Politik hier in klaren Belegen niederschlagen.

6 Literaturverzeichnis

Monografien

o. A. 2005, *Gendai seijika jinmei jiten. Chūō – chihō no seijika 4000 nin* 現代政治家人名辞典. 中央・地方の政治家 4000 人 [Namenslexikon moderner Politiker. 4000 Politker aus Hauptstadt und Regionen]. O.O.: Nichigai Association.

Abe Isoo 2008, *Abe Isoo chosaku-shū*. Bd. 5: *Tsugi no jidai* 次の時代 [Das nächste Zeitalter]. Tokyo: Gakujutsu Shuppankai.

Abe Isoo 2008 [1925], „Shakaiminshūtō kōryō kaisetsu" 社会民衆党綱領解説 [Erläuterung des Parteiprogramms der Sozialistischen Volkspartei]. In: *Abe Isoo chosakushū*. Bd. 5: *Tsugi no jidai*. Tokyo: Gakujutsu Shuppankai, S. 404–431.

Abe Shinzō 安倍晋三 2013, *Utsukushii kuni e* 美しい国へ [Ein schönes Land]. Tokyo: Bungei Shunjū.

Abe Shōgo 阿部昭吾 (Hg.) 1994, *Shaminren seitō-shi: rekishiteki shimei wo hatashite* 社民連政党史・歴史的使命を果たして [Parteigeschichte des Sozialdemokratischen Bundes: Erfüllung einer historischen Mission]. Tokyo: Shaminren Seitōshi Kankōkai.

AERA (Hg.) 2009, *Minshutō ga wakaru* 民主党がわかる [Die Demokratische Partei verstehen]. Sonderausgabe Nr. 49, 25.10.2009.

Akamatsu Hirotaka 赤松広隆 1994, *Wareware Demokurattsu. Demokurattsu no ayumi to zenkoku kenshū-kai no kiroku* 我等、デモクラッツ。デモクラッツの歩みと全国研修会の記録 [Wir Democrats. Der Weg der Democrats und Aufzeichnungen aus Schulungsversammlungen im ganzen Land]. Tokyo: Ningensha.

Altvater, Elmar, „Genossenschaften und gutes Leben. Der Sozialismus des 21. Jahrhunderts". In: *Blätter für deutsche und internationale Politik*, 4 (2012), S. 53.

Amano Masako 2011, *In Pursuit of the Seikatsusha. A Genealogy of the Autonomous Citizen in Japan*. Melbourne, Trans Pacific Press.

Andō Jinbei 安東仁兵衛 1994, *Nihon Shakaitō to Shakaiminshushugi* 日本社会党と社会民主主義 [Die Sozialistische Partei Japans und die Sozialdemokratie]. Tokyo: Gendai no rironsha.

Antoni, Klaus 2016, *Kokutai – Political Shintô from Early-Modern to Contemporary Japan*. Tübingen: Tobias-lib.

Araki Den 荒木傳 2001, *Shakai minshushugi to gendai seiji* 社会民主主義と現代政治 [Die Sozialdemokratie und die gegenwärtige Politik]. Tokyo: Akashi Shoten.

Asahi Shimbun seiken shuzai sentā 朝日新聞政権取材センター 2010, M*inshutō seiken 100-nichi no shinsō* 民主党政権100日の真相 [Die ganze Wahrheit über 100 Tage der DPJ-Regierung]. Tokyo: Asahi Shinbun Shuppan.

Bannō Junji 坂野潤治 2010, *Nihon seiji „shippai" no kenkyū* 日本政治「失敗」の研究 [Forschungen zum Versagen der japanischen Politik].Tokyo: Kōdansha (=Kōdansha Gakkujutsu Bunko, Bd. 1987).

Barshay, Andrew E. 1998, „Postwar Social and Political Thought, 1945–90". In: Wakabayashi, Bob T. (Hg.), *Modern Japanese Thought*. Cambridge: Univ. Press, S. 273–356.

Bartels, Hans-Peter und Lange, Christian 1999, *Die SPD braucht ein neues, sozialeres Steuer-Paradigma*. Verfügbar unter: http://www.hans-peter-bartels.de/die-spd-braucht-ein-neues-sozialeres-steuer-paradigma/)

Behrens, Michael und Legewie, Jochen (Hg.) 2007, *Japan nach Koizumi. Wandel in Politik, Wirtschaft und Gesellschaft*. Baden-Baden: Nomos.

Berman, Sheri 2007, *The Primacy of Politics. Social Democracy and the Making of Europe's Twentieth Century*. New York: Cambridge Univ. Press.

Bernstein, Eduard 1920 [1899], *Die Voraussetzungen des Sozialismus und die Aufgaben der Sozialdemokratie*. Stuttgart (u. a.): Dietz.

Bevir, Mark 2005, *New Labour. A Critique*. New York: Routledge.

Bevir, Mark und Rhodes, Rod A. (Hg.) 2016a, *Routledge Handbook of Interpretive Political Science*. New York: Routledge.

Bevir, Mark und Rhodes, Rod A. 2016b, „Interpretive Political Science: Mapping the Field". In: *Routledge Handbook of Interpretive Political Science*. New York: Routledge, S. 3–29.

Blechinger-Talcott, Verena 1996, „Politik und Familienbande. ‚Erbabgeordnete' im japanischen Parlament". In: *Nachrichten der Gesellschaft für Natur- und Völkerkunde Ostasiens* (NOAG) 159–160, S. 71–87 (https://www2.uni-hamburg.de/oag/noag/noag1996_5.pdf).

Bobbio, Norberto 1988, *Die Zukunft der Demokratie*. Berlin: Rotbuch Verlag.

Bobbio, Norberto 1994, *Rechts und Links. Gründe und Bedeutungen einer politischen Unterscheidung*. Berlin: Wagenbach.

Boettcher, Dirk 1989, „Faschismus, Begriffe und historische Entwicklung". In: Menzel, Ulrich (Hg.), *Im Schatten des Siegers*, Bd. 2: *Staat und Gesellschaft*. Frankfurt: Suhrkamp, S. 77–99.

Bowen, Roger W. 2003, *Japan's Dysfunctional Democracy. The Liberal Democratic Party and Structural Corruption*. Armonk: Sharpe.

Brick, Howard 2013, „The End of Ideology Thesis". In: Freeden, Michael, Lyman T. Sargent (u. a.): *The Oxford Handbook of Political Ideologies*. Oxford: Univ. Press, S. 90–112.

Calichman, Richard F. (Hg.) 2005, *Contemporary Japanese Thought*. New York: Columbia Univ. Press.

Chiavacci, David 2010, „Divided Society Model and Social Cleavages in Japanese Politics: No Alignment by Social Class, but Dealignment of Rural-Urban Division". In: *Contemporary Japan*, Bd. 22, Heft 1–2, September 2010.

Chiavacci, David und Wieczorek, Iris (Hg.) 2010, *Japan 2010. Politik, Wirtschaft und Gesellschaft*. Berlin: VSJF.

Chiavacci, David und Wieczorek, Iris (Hg.) 2011, *Japan 2011. Politik, Wirtschaft und Gesellschaft*. Berlin: VSJF.

Chiavacci, David und Wieczorek, Iris (Hg.) 2013, *Japan 2013. Politik, Wirtschaft und Gesellschaft*. Berlin: VSJF

Chiavacci, David und Wieczorek, Iris (Hg.) 2014, *Japan 2014. Politik, Wirtschaft und Gesellschaft*. Berlin: VSJF

Chiavacci, David und Wieczorek, Iris (Hg.) 2015, *Japan 2015. Politik, Wirtschaft und Gesellschaft*. Berlin: VSJF.

Chiavacci, David und Hommerich, Carola (Hg.) 2017, *Social Inequality in Post-Growth Japan. Transformation during Economic and Demographic Stagnation*. New York (u. a.): Routledge.

Coats, David 2014, „Die Zukunft der Gewerkschaften in Europa". In: ipg-journal 12/ 2014 (http://www.ipg-journal.de/schwerpunkt-des-monats/gewerkschaften-in-europa/artikel/detail/die-zukunft-der-gewerkschaften-in-europa-713/).

Cole, Allan B. (u. a.) 1966, *Socialist Parties in Postwar Japan*. New Haven: Yale Univ. Press.

Cramme, Olaf und Diamond, Patrick (Hg.) 2012, *After the Third Way. The Future of Social Democracy in Europe*. London (u. a.): I.B. Tauris.

Crump, John 1981, *The Origins of Socialist Thought in Japan*. London (u. a.): Croom Helm.

Curtis, Gerald L. 1999, *The Logic of Japanese Politics. Leaders, Institutions, and the Limits of Change*. New York: Columbia University Press.

Dahrendorf, Ralf 1983, *Die Chancen der Krise: über die Zukunft des Liberalismus*. Stuttgart: Dt. Verlag-Anst.

De Waele, Jean-Michel, Escalona, Fabien (u. a.) (Hg.) 2013, *The Palgrave Handbook of Social Democracy in the European Union*. London (u. a.): Palgrave Macmillan.

Derichs, Claudia und Heberer, Thomas (Hg.) 2003a, *Einführung in die politischen Systeme Ostasiens. VR China, Hongkong, Japan, Nordkorea, Südkorea, Taiwan*. Opladen: Leske+Budrich.

Derichs, Claudia 2003b, „Japan: Politisches System und politischer Wandel." In: dies. und Heberer, Thomas (Hg.) 2003a, *Einführung in die politischen Systeme Ostasiens. VR China, Hongkong, Japan, Nordkorea, Südkorea, Taiwan*. Opladen: Leske+Budrich, S. 139–224.

Detterbeck, Klaus 2011, *Parteien und Parteiensystem*. Konstanz: UVK.

Dore, Ronald 1959, *Land Reform in Japan*. London: Oxford Univ. Press.

Dowding, Keith, Finlayson, Alan (u. a.) 2004, „The Interpretive Approach in Political Science: a Symposium." In: *The British Journal of Politics and International Relations*, Bd. 6, Nr. 2, S. 129–164.

Duus, Peter (Hg.) 1988, *The Cambridge History of Japan*. Bd. 6: The Twentieth Century. Cambridge: Univ. Press.

Duus, Peter und Scheiner, Irwin 1988, „Socialism, Liberalism and Marxism, 1901–1931". In: Duus, Peter (Hg.), *The Cambridge History of Japan*. Bd. 6: *The Twentieth Century*. Cambridge: Univ. Press, S. 654–710.

Eda Satsuki 江田五月 1993, „Watashi no Shiriusu sengen" 私のシリウス宣言 [Mein Manifest für Sirius]. In: *Sekai* 1/1993, S. 45–53.

Endō Kōichi 遠藤浩一 2009, „Migi kara hidari made ‚Minshutō no hitobito" 右から左まで「民主党の人々」 [Von rechts nach links: Die Menschen der Demokratischen Partei]. In: *Bungei Shunjū* 9/2009, S. 112–120.

Escalona, Fabien, Vieira, Mathieu (u. a.) 2013, „The Unfinished History of the Social Democratic Family". In: De Waele, Jean-Michel, Escalona, Fabien (u. a.) (Hg.), *The Palgrave Handbook of Social Democracy in the European Union*. London (u. a.):Palgrave Macmillan.

Esping-Andersen, Gøsta 1990, *The Three Worlds of Welfare Capitalism*. Cambridge: Polity Press.

Esping-Andersen, Gøsta 1997, „Hybrid or Unique? The Japanese Welfare State Between Europe and America". In: *Journal of European Social Policy*, 1997, Bd. 7, S. 179–189.

Esping-Andersen, Gøsta 1998, „Die drei Welten des Wohlfahrtskapitalismus. Zur politischen Ökonomie des Wohlfahrtsstaates". In: Lessenich, Stephan und Oster, Ilona (Hg.), *Welten des Wohlfahrtskapitalismus. Der Sozialstaat in vergleichender Perspektive*. Frankfurt a. M. (u. a.): Campus, S. 19–56.

Estévez-Abe, Margarita 2008, *Welfare and Capitalism in Postwar Japan.* Cambridge: Univ. Press.

Foljanty-Jost (Hg.) 2004, *Japan in the 1990s. Crisis as an Impetus for Change.* Münster: LIT.

Freeden, Michael, Lyman T. Sargent (u. a.) 2013a, *The Oxford Handbook of Political Ideologies.* Oxford: Univ. Press.

Freeden, Michael, Lyman T. Sargent (u. a.) 2013b, „Preface". In: *The Oxford Handbook of Political Ideologies.* Oxford: Univ. Press, S. V f.

Fukuyama, Francis 1992, *The End of History and the Last Man.* New York (u. a.): Free Press.

Funabashi, Yōichi und Nakano, Kōichi 2017 (Hg.), *The Democratic Party of Japan in Power. Challenges and Failures.* New York: Routledge.

Garon, Sheldon 1987, *The State and Labor in Modern Japan.* Berkeley: University of California Press.

Gaunder, Alisa (Hg.) 2011, *The Routledge Handbook of Japanese Politics.* London (u. a.): Routledge.

Gavin, Masako und Middleton, Ben (Hg.) 2013, *Japan and the High Treason Incident.* New York (u. a.): Routledge.

Gavin, Masako 2013, „Abe Isoo's Social Democratic Commitments to Future Citizens after the High Treason Inicident". In: dies. und Middleton, Ben (Hg.), *Japan and the High Treason Incident.* New York (u. a.): Routledge.

Geißler, Rainer 2014, *Die Sozialstruktur Deutschlands.* 7. überarbeitete Aufl. Wiesbaden: Springer VS.

Giddens, Anthony 1997, *Jenseits von Links und Rechts. Die Zukunft radikaler Demokratie*. Frankfurt a. M.: Suhrkamp.

Giddens, Anthony 2008 [1998], *The Third Way. The Renewal of Social Democracy*. Cambridge (u. a.): Polity Press.

Gordon, Andrew 2002, „The Short Happy Life of the Japanese Middle Class". In: Zunz, Olivier (Hg.) 2002, *Social Contracts Under Stress: The Middle Classes of America, Europe and Japan at the Turn of the Century*. New York: Russell Sage Foundation.

Gluck, Carol 1985, *Japan's Modern Myths: Ideology in the Late Meiji Period*. Princeton: Univ. Press.

Glyn, Andrew (Hg.) 2001, *Social Democracy in Neoliberal Times. The Left and Economic Policy since 1980*. Oxford: Univ. Press.

Glyn, Andrew und Wood, Stewart 2001, „New Labour's Economic Policy". In: ders. *Social Democracy in Neoliberal Times. The Left and Economic Policy since 1980*. Oxford: Univ. Press.

Gordon, Andrew 1991, *Labor and Imperial Democracy in Prewar Japan*. Berkeley (u. a.): University of California Press.

Gordon, Andrew (Hg.) 1993, *Postwar Japan as History*. Berkeley (u. a.): University of California Press.

Gordon, Andrew 1998, T*he Wages of Affluence. Labor and Management in Postwar Japan*. Cambridge (u. a.): Harvard University Press.

Gordon, Andrew 2014, *A Modern History of Japan. From Tokugawa Times to the Present*. 3. Aufl. New York: Oxford University Press.

Gunnell, John G. 2013, „Social Science and Ideology: The Case of Behaviouralism in American Political Science". In: Freeden, Michael, Lyman T. Sargent (u. a.): *The Oxford Handbook of Political Ideologies*. Oxford: Univ. Press, S. 73–90.

Hale, Jon F. 1995, „The Making of the New Democrats." In: *Political Science Quarterly*, Bd. 110, Nr. 2, S. 207–232.

Hamamoto Shinsuke 2011, „Minshutō ni okeru yakushoku haibun no seido-ka" 民主党における役職配分の制度化 [Das System der Postenverteilung in der Demokratischen Partei]. In: Uekami Takayoshi und Tsutsumi Hidenori (Hg.) 2011a, *Minshutō no soshiki to seisaku. Kettō kara seiken kōtai made*. Tokyo: Tōyō Keizai Shinpōsha, S. 29–71.

Hara Akihisa 原彬久 2000, *Sengoshi no naka no Nihon Shakaitō: sono risōshugi to wa nan de attanoka* 戦後史の中の日本社会党・その理想主義とはなんであったのか [Die Sozialistische Partei in der Nachkriegsgeschichte: Worin bestand ihr Idealismus?]. Tokyo: Chūō Kōron Shinsha (= Chūkō Shinsho Bd. 1522).

Harootunian, Harry D. und Silberman, Bernard S. (Hg.) 1974, *Japan in Crisis. Essays on Taishō Democracy*. Princeton: Univ. Press.

Hartmann, Rudolf 1972, „Entstehung und Entwicklung der sozialistischen Bewegung Japans bis 1905 und der Einfluß der Sozialdemokratischen Partei Deutschlands." In: *Mitteilungen des Instituts für Orientforschung*, 3/1972 (Teil I) und 4/1972 (Teil II).

Hartmann, Rudolf 1996, *Geschichte des modernen Japan. Von Meiji bis Heisei*. Berlin: Akademie Verlag.

Hatoyama Yukio 鳩山由紀夫 1996, „Minshutō: Watashi no seiken kōsō" 民主党：私の政権構想 [Die Demokratische Partei: Meine Leitgedanken für eine Regierung]. In: *Bungei Shunjū*, Nr. 11/1996, S. 112–130.

Hatoyama Yukio 2009, Regierungserklärung in der 173. Sitzungsperiode des Parlaments am 26. Oktober 2009 (http://www.de.emb-japan.go.jp/naj/NaJ0911/hatoyama.html).

Hatoyama Yukio 2012, Minshutō no genten. Nan no tame no seiken kōtai datta no ka 民主党の原点・なんのための政権交代だったのか [Der Ausgangspunkt der Demokratischen Partei. Wozu diente der Regierungswechsel?]. Tokyo: Kadensha.

Hatoyama Yukio (o.J.), Sofu Ichirō ni mananda „yūai" to iu tatakai no hatajirushi 祖父 一郎に学んだ「友愛」という戦いの旗印 [Der politische Kampfbegriff „Brüderlichkeit", den ich von meinem Großvater Ichirō gelernt habe] (http://www.hatoyama.gr.jp/profile/fraternity.html).

Hayes, Louis D. 2009, *Introduction to Japanese Politics*. 5. Aufl. Armonk, N.Y.: M. E. Sharpe.

Heise, Arne 2003, *Das Ende der Sozialdemokratie? Konstruktiv-kritische Anmerkungen zu einer dramatischen Entwicklung* (Arbeitspapiere für Staatswissenschaft, Nr. 3). (https://www.econstor.eu/bitstream/10419/27071/1/503602159.pdf).

Heise, Arne 2005, *Konzentration auf das Kerngeschäft: Anforderungen an eine erneuerte sozialdemokratische Wirtschaftspolitik* (Arbeitspapiere für Staatswissenschaft Nr. 17) (https://www.econstor.eu/bitstream/10419/27085/1/503614459.pdf).

Heller, Hermann 1992, *Gesammelte Schriften*. Hrsg. von Müller, Christoph (u. a.), Drei Bände. 2. Aufl. Tübingen: J.C.B. Mohr.

Heller, Hermann 1992 [1925], „Staat, Nation und Sozialdemokratie". In: ders. *Gesammelte Schriften*. Hrsg. von Müller, Christoph (u. a.), Bd. I: *Orientierung und Entscheidung*, 2. Aufl. Tübingen: J.C.B. Mohr, S. 527–563.

Heller, Hermann 1992 [1926], „Die politischen Ideenkreise der Gegenwart". In: ders., *Gesammelte Schriften*. Hrsg. von Müller, Christoph (u. a.), Bd. I: *Orientierung und Entscheidung*, 2. Aufl. Tübingen: J.C.B. Mohr, S. 267–412.

Heller, Hermann 1992 [1931], „Demokratie und soziale Homogenität". In: ders., *Gesammelte Schriften*. Hrsg. von Müller, Christoph (u. a.), Bd. I: *Orientierung und Entscheidung*, 2. Aufl. Tübingen: J.C.B. Mohr, S. 421–435.

Hobsbawm 2007 [1994], *Das Zeitalter der Extreme. Weltgeschichte des 20. Jahrhunderts*. 8. Aufl. München: dtv.

Hori Yukio 堀幸雄 1983, *Sengo no uyoku seiryoku* 戦後の右翼勢力 [Die politische Rechte in der Nachkriegszeit]. Tokyo: Keisōshobō.

Hrebenar, Ronald J. 2000, *Japan's New Party System*. Boulder: Westview Press.

Hrebenar, Ronald J. und Nakamura, Akira (Hg.) 2015, *Party Politics in Japan: Political Chaos and Stalemate in the 21st Century*. London (u. a.): Routledge.

Huber, Evelyne und Stephens, John D. 2001, „The Social Democratic Welfare State". In: Glyn, Andrew (Hg.), *Social Democracy in Neoliberal Times. The Left and Economic Policy since 1980*. Oxford: Univ. Press.

Hyde, Sarah J. 2006, „The End-Game of Socialism: from the JSP to the DPJ". In: Rikki Kersten (Hg.) 2006, *The Left in the Shaping of Japanese Democracy. Essays in Honour of J. A. A. Stockwin*. New York (u. a.): Routledge, S. 97–115.

Hyde, Sarah J. 2009, *The Transformation of the Japanese Left*. London (u. a.): Routledge.

Hyde, Sarah J. 2011, The Japanese 2009 House of Representatives Elections: the Beginning of Real Change and the End of One-Party Dominance in Japan? In: *Japan Forum*, 23 (2), S. 157–183.

Imai, Jun 2017, „Are Labour Union Movements Capable of Solving the Problems of the ‚Gap Society'?". In: Chiavacci, David und Hommerich, Carola (Hg.) 2017, *Social Inequality in Post-Growth Japan*. New York (u. a.): Routledge.

Inoguchi, Takashi 2005, *Japanese Politics. An Introduction*. Melbourne: Trans Pacific.

Inoguchi, Takashi und Jain, Purnendra (Hg.) 2011, *Japanese Politics Today. From Karaoke to Kabuki Democracy*. New York: Palgrave Macmillan.

Institut für Arbeitsmarkt- und Berufsforschung der Bundesagentur für Arbeit (Hg.) 2008, *IAB Forschungsbericht*, 2/2008 (http://doku.iab.de/forschungsbericht/2008/fb0208.pdf).

Irokawa Daikichi 1985, *The Culture of the Meiji Period*. Princeton: Univ. Press.

Ishida, Takeshi 2008, *Die Entdeckung der Gesellschaft. Zur Entwicklung der Sozialwissenschaften in Japan*. Frankfurt a. M.: Suhrkamp.

Ishikawa Masumi 石川真澄 und Yamaguchi Jirō 山口二郎 2010, *Sengo seijishi* 戦後政治史 [Die politische Geschichte der Nachkriegszeit]. 3. Aufl. Tokyo: Iwanami Shoten.

Itagaki Eiken 板垣英憲 2008, *Minshutō – habatsu kōsōshi* 民主党・派閥抗争史 [Die Demokratische Partei – Geschichte der Faktionskonflikte]. Tokyo: Kyōei Shobo.

Itō Atsuo 伊藤惇夫 2008, *Minshutō – yabō to yagō no mekanizumu* 民主党 - 野望と野合のメカニズム [Die Demokratische Partei – Die

Mechanismen von großen Ambitionen und unerlaubten Verbindungen]. Tokyo: Shinchōsha.

Itō Ikuo 伊藤郁男 und Kurosawa Hiromichi 黒沢博道 (Hg.) 2008, *Minshatō no hikari to kage: moto tō honbu shoki kyokuin ni yoru minshatō kenkyū ronshū* 民社党の光と影：元党本部書記局員による民社党研究論集 [Licht und Schatten der Demokratisch-Sozialistischen Partei: Aufsatzsammlung eines ehemaligen Sekretariatsmitglieds der Parteizentrale]. Tokyo: Fujishakai kyōiku sentā.

Itō Mitsutoshi 伊藤光利 und Miyamoto Tarō 宮本太郎 (Hg.) 2014, *Minshutō seiken no chōsen to zasetsu. Sono keiken kara nani wo manabuka.* 民主党政権の挑戦と挫折－その経験から何を学ぶか [Herausforderungen und Scheitern der Regierung durch die Demokratische Partei – Was läßt sich aus diesen Erfahrungen lernen?]. Tokyo: Nihon keizai hyōron-sha.

Itō Mitsutoshi 2014, „Minshutō no manifesuto to seiken unei" 民主党のマニフェストと政権運営 [Parteiprogramme und Regierungsführung der Demokratischen Partei]. In: ders. und Miyamoto Tarō (Hg.), *Minshutō seiken no chōsen to zasetsu. Sono keiken kara nani wo manabuka.* Tokyo: Nihon keizai hyōron-sha, S. 1–46.

Itoh, Mayumi 2003, T*he Hatoyama Dynasty. Japanese Political Leadership Through the Generations.* New York (u. a.): Palgrave Macmillan.

Johnson, Chalmers A. 1989, „Wer regiert Japan? Ein Essay über die staatliche Bürokratie." In: Menzel, Ulrich (Hg.), *Im Schatten des Siegers*, Bd. 2: *Staat und Gesellschaft.* Frankfurt: Suhrkamp, S. 222–256.

Johnson, Stephen 2000, *Opposition Politics in Japan. Strategies Under a One-Party Dominant Regime.* London (u. a.): Routledge.

Judt, Tony 2010, *Ill Fares the Land. A Treatise on our Present Discontents.* New York: Penguin Press.

Kabashima Ikuo 蒲島郁男 und Takenaka Yoshihiko 竹中佳彦 1996, *Gendai Nihonjin no ideorogii* 現代日本人のイデオロギー [Die Ideologie der Japaner der Moderne]. Tokyo: Tokyo daigaku shuppankai.

Kamei Kan'ichirō 亀井貫一郎 und Yoshikawa Suejirō 吉井末次郎 1929, *Minshū gaikō-ron* 民衆外交論 [Theorie einer Volks-Außenpolitik]. Takadachō: Kurarasha.

Kan Naoto 管直人 1993, 'Watashi ha Nihongata „Minshutō" wo mezasu' 私は日本型「民主党」をめざす [Ich plane eine „Demokratische Partei" japanischen Typs]. In: *Sekai* 12/93, S. 121–129.

Kan Naoto 1999, „Naze Nakabō-san o shushō ni oshitaka, waga ‚kokumin shuken kakumei'" なぜ中坊さんを首相の推したか、わが「国民主権革命」 [Warum ich Herrn Nakabō als Premier vorschlug und meine Revolution der Volkssouveränität]. In: *Bungei Shunjū*, 9/1999, S. 148–157.

Kan Naoto, Iokibe Makoto 五百籏頭 真 (u. a.) 2008, *Kan Naoto – Shimin undō kara seiji tōsō e* 菅直人市民運動から政治闘争へ [Kan Naoto – Von der Bürgerbewegung zum politischen Kampf]. Tokyo: Asahi Shimbun shuppan.

Kanda Fumito 神田文人(Hg.) 1978, *Shakaishugi undō-shi* 社会主義運動史 [Geschichte der sozialistischen Bewegung. Tokyo: Azekura Shobō.

Katayama Sen 1918, *The Labor Movement in Japan*. Chicago: Kerr.

Katō Shūichi 1974, „Taishō Democracy as the Pre-Stage for Japanese Militarism". In: Harootunian, Harry D. und Silberman, Bernard S. (Hg.), *Japan in Crisis. Essays on Taishō Democracy*. Princeton: Univ. Press, S. 217–236.

Katz, Richard S. und Crotty, William (Hg.) 2006, *Handbook of Party Politics*. London (u. a.): Sage.

Kersten, Rikki und Williams, David (Hg.) 2006, *The Left in the Shaping of Japanese Democracy. Essays in Honour of J. A. A. Stockwin.* New York (u. a.): Routledge.

Kingston, Jeff 2011b, „Ousting Kan Naoto: The Politics of Nuclear Crisis and Renewable .Energy in Japan." In: *The Asia-Pacific Journal*, Bd. 9, Ausg. 39 Nr. 5, September 26 (http://apjjf.org/2011/9/39/Jeff-Kingston/3610/article.html).

Kingston, Jeff (Hg.) 2011c, *Critical Issues in Contemporary Japan.* London (u. a.): Routledge.

Kingston, Jeff 2015, SEALDs: „Students Slam Abe's Assault on Japan's Constitution". In: *The Asia-Pacific Journal*, Bd. 13, Ausgabe 36, Nr. 1. (http://apjjf.org/-Jeff-Kingston/4371).

Kitschelt, Herbert 1994, *The Transformation of European Social Democracy.* New York (u. a.): Cambridge Univ. Press.

Klein, Axel 2006, *Das politische System Japans.* Bonn: Bier'sche Verlagsanstalt.

Köllner, Patrick 2004a, *Faktionalismus in politischen Parteien. Charakteristika, Funktionen und Ursachen innerparteilicher Gruppen.* Hamburg: Arbeitspapier des Deutschen Übersee-Institutes.

Köllner, Patrick 2004b, „Factionalism in Japanese Political Parties Revisited or How Do Factions in the LDP and DPJ Differ?" In: *Japan Forum,* Bd. 16, Nr. 1, S. 87–109.

Köllner, Patrick 2005, Führungswechsel in der DPJ: Hintergründe, Personalentscheidungen und Perspektiven, in: *Japan aktuell*, Bd. 13 (6) (Dezember 2005), S. 5–10.

Köllner, Patrick (Hg.) 2006, *Innerparteiliche Machtgruppen. Faktionalismus im internationalen Vergleich.* Frankfurt/Main (u. a.): Campus.

Köllner, Patrick 2007, „Oberhauswahl in Japan: Regieren wird schwieriger für Kabinett Abe". In: *GIGA Focus Asien*, Nr. 8/2007. Hamburg: GIGA.

Köllner, Patrick 2009, „Erdrutschsieg der Opposition in Japan: Hintergründe und Perspektiven". In: *GIGA Focus Asien*, Nr. 9/2009. Hamburg: GIGA.

Köllner, Patrick und Igarashi, Yumi 2010, „Oberhauswahl in Japan: Frisches Mandat für die Regierung oder politischer Stillstand?" In: *GIGA Focus Asien*, Nr. 6/2010. Hamburg: GIGA.

Köllner, Patrick 2011, „The Democratic Party of Japan: Development, Organization and Programmatic Profile". In: Gaunder, Alisa (Hg.), *The Routledge Handbook of Japanese Politics*. London (u. a.): Routledge, S. 21–35.

Köllner, Patrick 2015, „The Triumph and Fall of the Democratic Party of Japan". In: Hrebenar, Ronald J. und Nakamura, Akira (Hg.), *Party Politics in Japan: Political Chaos and Stalemate in the 21st Century*. London (u. a.): Routledge, S. 80–117.

Komiya, Ryūtarō 1989, „Die Rechtswende gibt Anlass zur Sorge". In: Menzel, Ulrich (Hg.), *Im Schatten des Siegers*, Bd. 2: *Staat und Gesellschaft*. Frankfurt: Suhrkamp, S. 186–222.

Kondō, Yasushi 近藤康史 2016, *Shakaiminshushugi ha ikinokoreru no ka* 社会民主主義は生き残れるのか [Kann die Sozialdemokratie überleben?]. Tokyo: Keisō Shobō.

Kōno, Masaru 1997, *Japan's Postwar Party Politics*. Princeton: Univ. Press.

Kōsai, Yutaka 1988, „The Postwar Japanese Economy, 1945–1973". In: Duus, Peter (Hg.): *The Cambridge History of Japan*. Bd. 6: *The Twentieth Century*. Cambridge: Univ. Press, S. 494–538.

Krebs, Gerhard 2009, *Das moderne Japan 1868–1952. Von der Meiji-Restauration bis zum Friedensvertrag von San Francisco*. München: Oldenbourg (= Oldenbourg Grundriss der Geschichte, Bd. 36).

Krouwel, André 2006, „Party Models". In: Katz, Richard D. und Crotty, William (Hg.), *Handbook of Party Politics*. London (u. a.): Sage, S. 249–270.

Kushida, Kenji und Lipscy, Phillip (Hg.) 2013, *Japan under the DPJ. The Politics of Transition and Governance*. Stanford: The Walter Shorenstein Asia-Pacific Research Center.

Kushida, Kenji und Lipscy, Phillip 2013, „The Rise and Fall of the Democratic Party of Japan." In: dies. (Hg.): *Japan under the DPJ. The Politics of Transition and Governance*. Stanford: The Walter Shorenstein Asia-Pacific Research Center, S. 1–42.

Lamb, Peter 2016, *Historical Dictionary of Socialism*. 3. Auflage. Lanham (u. a.): Rowman & Littlefield.

Large, Stephen 1972, *The Rise of Labor in Japan. The Yūaikai 1912–19*. Tokyo: Sophia University (= Monumenta Nipponica Monograph 48).

Large, Stephen 1976, „Nishio Suehiro and the Japanese Social Democratic Movement, 1920–1940". In: *The Journal for Asian Studies*, Vol. 36, Nr. 1 (11/1976), S. 37–56.

Large, Stephen 1981, *Organized Workers and Socialist Politics in Interwar Japan*. Cambridge: Univ. Press.

Large, Stephen (Hg.) 1998, *Shōwa Japan. Political, Economic and Social History 1926–1989*. Bd. 2, 1941–1952. London (u. a.): Routledge.

Lavelle, Ashley 2008, *The Death of Social Democracy: Political Consequences in the 21st Century*. Aldershot (u. a.): Ashgate.

Lee, Eun-Jeung 1994, *Der soziale Rechtsstaat als Alternative zur autoritären Herrschaft. Zur Aktualisierung der Staats- und Demokratietheorie Hermann Hellers*. Berlin: Duncker und Humblot (Beiträge zur politischen Wissenschaft, Bd. 77).

Lee, Eun-Jeung 2006, „Japan: Verkannte Soziale Demokratie?". In: Meyer, Thomas (Hg.) 2006, *Praxis der Sozialen Demokratie*. Wiesbaden: VS, S. 374–444.

Lessenich, Stephan und Oster, Ilona (Hg.) 1998, *Welten des Wohlfahrtskapitalismus. Der Sozialstaat in vergleichender Perspektive*. Frankfurt a. M. (u. a.): Campus.

Lipset, Seymour M. und Rokkan, Stein 1967, „Cleavage Structures, Party Systems and Voter Alignments: An Introduction". In: dies. (Hg.), *Party Systems and Voter Alignments: Cross-national Perspectives*. Oxford: Univ. Press.

Mainichi Shinbun seijibu 毎日新聞政治部 2009, *Kanzen dokyumento Minshutō seiken* 完全ドキュメント民主党政権 [Alle Dokumente zur Regierung der Demokratischen Partei]. Tokyo: Mainichi Shinbunsha.

Manabe Sadao 眞鍋貞樹 2006, „Minshatō no rinen to gendai no chōryū" 民社党の理念と現代の潮流 [Die Ideale der Demokratisch-Sozialistischen Partei und die geistigen Strömungen der Moderne]. In: Itō Ikuo und Kurosawa Hiromichi (Hg.) 2008, *Minshatō no hikari to kage: moto tō honbu shoki kyokuin ni yoru Minshatō kenkyū ronshū*. Tokyo: Fujishakai kyōiku sentā.

Martin, Bernd 1981, „Zur Tauglichkeit eines übergreifenden Faschismus-Begriffs. Ein Vergleich zwischen Japan, Italien und Deutschland". In: *Vierteljahreshefte für Zeitgeschichte*, Bd. 29, 1981, S. 48–73.

Maruyama, Masao 1963, *Thought and Behaviour in Modern Japanese Politics*. London: Oxford University Press.

Maruyama, Masao 1963, „Nationalism in Japan: Its Theoretical Background and Prospects." In: ders.: *Thought and Behaviour in Modern Japanese Politics*. London: Oxford University Press.

Maruyama, Masao 1988a, *Denken in Japan*. Frankfurt a.M.: Suhrkamp (= edition suhrkamp Neue Folge Bd. 398).

Maruyama, Masao 1988b, „Denken in Japan". In: ders.: *Denken in Japan*. Frankfurt a.M.: Suhrkamp (= edition suhrkamp Neue Folge Bd. 398).

Matsushita Nobuyuki 松下信之 und Eguchi Masaki 江口昌樹 2006, *Shakaitō no hōkai. Uchigawa kara mita Shakaitō, Shamintō no 15-nen* 社会党の崩壊・内側から見た社会党・社民党の１５年 [Der Zusammenbruch der Sozialistischen Partei. Die Sozialistische Partei aus der Innensicht und 15 Jahre Sozialdemokratische Partei]. Yokohama: Minato Kōgeisha.

Menzel, Ulrich (Hg.) 1989, *Im Schatten des Siegers*, Bd 2: Staat und Gesellschaft, S. 77–99. Frankfurt: Suhrkamp.

Merkel, Wolfgang 1996, „Sozialdemokratische Parteien". In: Dieter Nohlen (Hg.), *Wörterbuch Staat und Politik*, S. 676–680.

Merkel, Wolfgang 2006, D*ie Reformfähigkeit der Sozialdemokratie. Herausforderungen und Bilanz der Regierungspolitik in Westeuropa.* Wiesbaden: VS Verlag für Sozialwissenschaften.

Merz, Nicolas und Riegel, Sven 2013, „Die Programmatik der Parteien". In: Niedermayer, Oskar 2013, *Handbuch Parteienforschung*. Wiesbaden: Springer VS, S. 211–238.

Meyer, Thomas 2011, *Theorie der Sozialen Demokratie*. 2. Aufl. Wiesbaden: VS Verlag für Sozialwissenschaften.

Meyer, Thomas und Breyer, Nicole 2005, *Die Zukunft der Sozialen Demokratie*. Bonn: Friedrich-Ebert-Stiftung (http://library.fes.de/pdf-files/akademie/04150.pdf).

Meyer, Thomas (Hg.) 2006a, *Praxis der Sozialen Demokratie*. Wiesbaden: VS.

Meyer, Thomas 2006b, „Soziale und Libertäre Demokratie: Ein empirischer Indikator". In: ders. (Hg.) *Praxis der Sozialen Demokratie*. Wiesbaden: VS, S. 486–504.

Meyer, Thomas 2007, *Die Theorie der sozialen Demokratie*. Bonn: Friedrich-Ebert-Stiftung (http://library.fes.de/pdf-files/akademie/online/06076.pdf).

Miura Mari 三浦まり 2014, „Minshutō seiken-ka ni okeru Rengō – seisaku katsudō to shakaiteki rōdō undō no bunseki wo norikoete" 民主党政権下における連合―政策活動と社会的労働運動の分析を乗り越えて. In: Itō Mitsutoshi und Miyamoto Tarō (Hg.), *Minshutō seiken no chōsen to zasetsu. Sono keiken kara nani wo manabuka*. Tokyo: Nihon keizai hyōron-sha, S. 171–191.

Miura Mari und Miyamoto Tarō 2014, „Minshutō seiken-ka ni okeru koyō, fukushi-rejîmu tenkan no mosaku" 民主党政権下における雇用・福祉レジームの転換の模索 [Die Suche nach einer Wende im Beschäftigungs- und Wohlfahrtssystem]. In: Itō Mitsutoshi und Miyamoto Tarō (Hg.), *Minshutō seiken no chōsen to zasetsu. Sono keiken kara nani wo manabuka*. Tokyo: Nihon keizai hyōron-sha, S. 53–85.

Miyamoto Tarō 宮本太郎 2014, „Tairitsu-jiku no henyō to riberaru seiji no kanōsei – fukushi seiji wo . jiku ni" 対立軸の変容とリベラル政治の可能性―福祉政治を軸に [Die Wandlung der Konfrontationsachse und die Möglichkeiten liberaler Politik – Wohlfahrtspolitik als Achse]. In: Itō Mitsutoshi und ders. (Hg.), *Minshutō seiken no chōsen to zasetsu*.

Sono keiken kara nani wo manabuka. Tokyo: Nihon keizai hyōron-sha, S. 195–208.

Mori Hiroki 森裕城 2001, *Nihon Shakaitō no kenkyū – rosen tenkan no seiji katei* 日本社会党の研究・路線転換の政治過程 [Die Sozialistische Partei Japans – Der politische Verlauf des Kurswechsels]. Tokyo: Bokutakusha.

Moriguchi Akira 2011, *Nikkyōso* 日教組 [Die Lehrergewerkschaft Nikkyōso]. Tokyo: Shinchōsha. (= Shinchōshinsho Bd. 397).

Mulgan, Aurelia G. 2002, *Japan's Failed Revolution: Koizumi and the Politics of Economic Reform*. Canberra: Asia Pacific Press.

Mulgan Aurelia G. 2010, „Prime Minister Kan's ‚third way' for reviving the Japanese economy." In: *East Asia Forum*, 22.6.2010 (http://www.eastasiaforum.org/2010/06/22/prime-minister-kans-third-way-for-reviving-the-japanese-economy/).

Mulgan, Aurelia G., 2010, „The Democratic Party of Japan's credibility crisis", *East Asia Forum*, 10.2.2010 (http://www.eastasiaforum.org/2010/02/10/the-democratic-party-of-japans-credibility-crisis/).

Mulgan, Aurelia G., 2010, „Ozawa taking his toll on Japan's DPJ government", *East Asia Forum*, 5.5.2010 (http://www.eastasiaforum.org/2010/05/05/ozawa-taking-his-toll-on-japans-dpj-government/).

Mulgan, Aurelia G., 2011, „The Politics of Economic Reform". In: Gaunder, Alisa (Hg.), *The Routledge Handbook of Japanese Politics*. London (u. a.): Routledge.

Mulgan, Aurelia G. 2015, *Ozawa Ichirō and Japanese Politics. Old Versus New*. London (u. a.): Routledge.

Murakami Shinichirō 村上信一郎 2003, „Nihon Shakaitō to Itaria Shakaitō hikō no tame no yobi-teki kōsatsu" 日本社会党とイタリア社会党

比較のための予備的考察 [Vorläufige Gedanken für einen Vergleich der Sozialistische Partei Japans und der Sozialistischen Partei Italiens]. In: Yamaguchi Jirō und Ishikawa Masumi (Hg.) 2003, *Nihonshakaitō – sengo kakushin. no shisō to kōdō*.Tokyo: Nihon keizai hyōronsha, S. 141–189.

Murakawa Ichirō 村川一郎 1998, *Nihonseitōshi-jiten* 日本政党史辞典 [Wörterbuch der japanischen Parteiengeschichte]. Tokyo: Kokusho kankōkai, Bde. 1–3.

Muramatsu, Michio und Krauss, Ellis S. 1990, „The Dominant Party and Social Coalitions in Japan". In: T. J. Pempel (Hg.): *Uncommon Democracies. The One-Party Dominant Regimes*. Ithaka: Cornell Univ. Press, S. 282–306.

Murata Hiroo 村田宏雄 (Hg.) 1981, *Minshushakaishugi to nihon bunka* 民主社会主義と日本文化 [Der Demokratische Sozialismus und die japanische Kultur]. Tokyo: Minshushakaishugi kenkyū kaigi.

Najita Tetsuo 1974, „Some Reflections on Idealism in the Political Thought of Yoshino Sakuzō". In: Harootunian, Harry D. und Silberman, Bernard S. (Hg.), *Japan in Crisis. Essays on Taishō Democrarcy*. Princeton: Univ. Press, S. 29–67.

Najita Tetsuo 1988, „Japanese Revolt Against the West: Political and Cultural Criticism in the Twentieth Century". In: *Cambridge History of Japan*, Bd. 6: *The Twentieth Century*. Cambridge: Univ. Press, S. 711–774.

Nakakita Kōji 中北浩爾 2003, „Nihon Shakaitō no bunretsu – Nishio-ha no ritō to kōzōkaikaku-ha" 日本社会党の分裂・西尾派の離党と構造改革派 [Die Spaltung der Sozialistischen Partei Japans – Der Parteiaustritt der Nishio-Faktion und die Strukturreformsfaktion]. In: Yamaguchi Jirō und Ishikawa Masumi (Hg.) 2003, *Nihonshakaitō – sengo kakushin no shisō to kōdō*. Tokyo: Nihon keizai hyōron-sha, S. 45–75.

Nakane, Chie 1985, *Die Struktur der japanischen Gesellschaft*. Frankfurt a. M.: Suhrkamp.

Nakano Kōichi 2006, „Democratic government and the Left". In: Kersten, Rikki und Williams, David (Hg.) 2006, *The Left in the Shaping of Japanese Democracy. Essays in Honour of J. A. A. Stockwin*. New York (u. a.): Routledge, S. 82–96.

Nakano Kōichi 2017, „Introduction. The DPJ's Evolution and Three Years in Power". In: ders. und Funabashi, Yōichi (Hg.), *The Democratic Party of Japan in Power. Challenges and Failures*. New York: Routledge.

Neary, Ian J. 2009, „Burakumin in Contemporary Japan". In: Weiner, Michael (Hg.), *Japan's Minorities. The Illusion of Homogeneity*. 2. Auflage, Abingdon: Routledge, S. 59–84.

Niedermayer, Oskar (Hg.) 2013, *Handbuch Parteienforschung*. Wiesbaden: Springer VS.

Niedermayer, Oskar 2013b, „Die Analyse einzelner Parteien". In: ders. (Hg.), *Handbuch Parteienforschung*. Wiesbaden: Springer VS, S. 61–82.

Nohlen, Dieter (Hrg.) 1996, *Wörterbuch Staat und Politik*. München: Piper.

Nohlen, Dieter und Schultze, Rainer-Olaf 2010, *Lexikon der Politikwissenschaft*. 4. Aufl. München: C.H. Beck.

Oberländer, Christian 1998, „Sozialpolitik und Sozialsysteme". In: Deutsches Institut für Japanstudien (Hg.), *Die Wirtschaft Japans. Struktu-*

ren zwischen Kontinuität und Wandel. Berlin (u. a.): Springer, S. 55–77.

Obinger, Julia 2009, „Working on the Margins. Japan's Precariat and Working Poor". In: *Electronic Journal of Contemporary Japanese Studies*, Februar 2009 (http://japanesestudies.org.uk/discussionpapers/2009/Obinger.html).

Oikawa Taeko 及川妙子 2009, „Minshatō narabini Minsha-kei joseiundō" 民社党並びに民社系女性運動 [Die Frauenbewegung in der Demokratisch-Sozialistischen Partei und deren Umfeld]. In: Itō Ikuo und Kurosawa Hiromichi (Hg.) 2008, *Minshatō no hikari to kage: moto tō honbu shoki kyokuin ni yoru minshatō kenkyū ronshū*. Tokyo: Fujishakai kyōiku sentā, S. 118–123.

Okada Ichirō 岡田一郎 2005, *Nihonshakaitō – sono soshiki to suibō no rekishi* 日本社会党: その組織と衰亡の歴史 [Die Sozialistische Partei Japans – ihre Oganisation und Geschichte des Niedergangs]. Tokyo: Shinjidaisha.

Ōta Hideaki 大田英昭 2013, *Nihon Shakaiminshushugi no keisei. Katayama sen to sono jidai* 日本社会民主主義の形成・片山潜とその時代 [Die Formierung der japanischen Sozialdemokratie – Katayama Sen und seine Zeit]. Tokyo: Nihon Hyōronsha.

Ōtake, Hideo 1983, „Postwar Politics: Liberalism Versus Social Democracy". In: *Japan Echo*, Bd. 10, Nr. 2, S. 43–54.

Ōtake, Hideo 1990, „Defense Controversies and One-Party Dominance: The Opposition in Japan and West Germany". In: Pempel, T. J. (Hg.) 1990, *Uncommon Democracies. The One-Party Dominant Regimes*. Ithaka: Cornell Univ. Press.

Ōtake Hideo 大嶽秀夫 1996, *Sengo nihon no ideorogii tairitsu* 戦後日本のイデオロギー対立 [Der ideologische Antagonismus im Nachkriegsjapan]. Tokyo: San'ichi Shobō.

Ōtake Hideo 1999, *Nihon seiji no tairitsujiku. 93-nen ikō no seikai saihen no naka de* 日本政治の対立軸・９３年以降の政界再編の中で [Die antagonistische Achse der japanischen Politik. Inmitten des politischen Wandels nach 1993]. Tokyo: Chūō Kōron Shinsha.

Pekkanen, Robert und Reed, Steven R. (u. a.) (Hg.) 2013, *Japan Decides. The Japanese General Election*. New York: Palgrave Macmillan.

Pekkanen, Robert und Reed, Steven R. 2013, „Japanese Politics Between the 2009 and 2012 Elections". In: dies. (u. a.) (Hg.), *Japan Decides. The Japanese General Election*. New York: Palgrave Macmillan.

Pempel, T. J. (Hg.) 1990, *Uncommon Democracies. The One-Party Dominant Regimes*. Ithaka: Cornell Univ. Press.

Pohl, Manfred 1997, „Die politischen Parteien Japans". In: ders. *Japan 1996/97. Politik und Wirtschaft*. Hamburg: Institut für Asienkunde, S. 36–52.

Pohl, Manfred 1997, „Innenpolitik 1996/97". In: ders. *Japan 1996/97. Politik und Wirtschaft*. Hamburg: Institut für Asienkunde, S. 17–28.

Pohl, Manfred 1998, „Die politischen Parteien Japans". In: *Japan 1997/98. Politik und Wirtschaft*. Hamburg: Institut für Asienkunde, S. 31–38.

Pohl, Manfred 1998, „Innenpolitik 1997/98". In: *Japan 1997/98. Politik und Wirtschaft*. Hamburg: Institut für Asienkunde, S. 19–28.

Pohl, Manfred (Hg.) 1998, *Japan 1997/98. Politik und Wirtschaft*. Hamburg: Institut für Asienkunde.

Pohl, Manfred 1999, „Die politischen Parteien Japans". In: ders. (Hg.), *Japan 1998/1999. Politik und Wirtschaft*. Hamburg: Institut für Asienkunde, S. 33–52.

Pohl, Manfred 1999, „Innenpolitik 1998/99". In: ders. (Hg.), *Japan 1998/1999. Politik und Wirtschaft*. Hamburg: Institut für Asienkunde, S. 19–31.

Pohl, Manfred (Hg.) 1999, *Japan 1998/1999. Politik und Wirtschaft*. Hamburg: Institut für Asienkunde.

Pohl, Manfred 2000, „Die politischen Parteien Japans". In: ders. (Hg.) 2000, *Japan 1999/2000. Politik und Wirtschaft*. Hamburg: Institut für Asienkunde, S. 39–47.

Pohl, Manfred 2000, „Innenpolitik 1999/2000". In: ders. (Hg.) 2000, *Japan 1999/2000. Politik, Wirtschaft und Gesellschaft*. Hamburg: Institut für Asienkunde, S. 19–38.

Pohl, Manfred (Hg.) 2000, *Japan 1999/2000. Politik, Wirtschaft und Gesellschaft*. Hamburg: Institut für Asienkunde.

Pohl, Manfred 2001, „Die politischen Parteien". In: *Japan 2000/2001. Politik und Wirtschaft*. Hamburg: Institut für Asienkunde, S. 40–51.

Pohl, Manfred 2001, „Innenpolitik 2000/2001". In: *Japan 2000/2001. Politik und Wirtschaft*. Hamburg: Institut für Asienkunde, S. 23–36.

Pohl, Manfred und Wieczorek, Iris (Hg.) 2001, *Japan 2000/2001. Politik und Wirtschaft*. Hamburg: Institut für Asienkunde.

Pohl, Manfred 2002: „Die politischen Parteien". In: ders. und Wieczorek, Iris (Hg.) 2002, *Japan 2001/2002. Politik und Wirtschaft*. Hamburg: Institut für Asienkunde, S. 49–54.

Pohl, Manfred 2002: „Innenpolitik 2001/2002 – Schwerpunkte und Tendenzen". In: ders. und Wieczorek, Iris (Hg.) 2002, *Japan 2001/2002. Politik und Wirtschaft*. Hamburg: Institut für Asienkunde, S. 21–45.

Pohl, Manfred und Wieczorek, Iris (Hg.) 2002, *Japan 2001/2002. Politik und Wirtschaft*. Hamburg: Institut für Asienkunde.

Pohl, Manfred 2003, „Innenpolitik 2002/2003: Schlaglichter". In: ders. und Wieczorek, Iris (Hg.) 2003, *Japan 2003. Politik und Wirtschaft*. Hamburg: Institut für Asienkunde, S. 21–27.

Pohl, Manfred und Wieczorek, Iris (Hg.) 2003, *Japan 2003. Politik und Wirtschaft*. Hamburg: Institut für Asienkunde.

Pohl, Manfred 2004, „Die politischen Parteien". In: ders. Und Wieczorek, Iris (Hg.), *Japan 2004. Politik und Wirtschaft*. Hamburg: Institut für Asienkunde, S. 39–46.

Pohl, Manfred 2004, „Innenpolitik 2003/2004". In: ders. Und Wieczorek, Iris (Hg.), *Japan 2004. Politik und Wirtschaft*. Hamburg: Institut für Asienkunde, S. 21–35.

Pohl, Manfred und Wieczorek, Iris (Hg.) 2004, *Japan 2004. Politik und Wirtschaft*. Hamburg: Institut für Asienkunde.

Pohl, Manfred 2005, „Die Japanische Innenpolitik 2004/2005". In: ders. und Wieczorek, Iris (Hg.), *Japan 2005. Politik, Wirtschaft und Gesellschaft*. Hamburg: Institut für Asienkunde, S. 21–30.

Pohl, Manfred und Wieczorek, Iris (Hg.), *Japan 2005. Politik, Wirtschaft und Gesellschaft*. Berlin: VSJF.

Pohl, Manfred 2006, „Die japanische Innenpolitik 2005/2006". In: ders. und Wieczorek, Iris: *Japan 2006. Politik und Wirtschaft*. Hamburg: Institut für Asienkunde.

Pohl, Manfred und Wieczorek, Iris (Hg.), *Japan 2006. Politik, Wirtschaft und Gesellschaft*. Hamburg: Institut für Asienkunde.

Pohl, Manfred 2010, „Innenpolitik 2009/2010". In: Chiavacci, David und Wieczorek, Iris (Hg.), *Japan 2010. Politik, Wirtschaft und Gesellschaft*. Berlin: VSJF.

Pohl, Manfred 2011, „Innenpolitik 2010/2011". In: Chiavacci, David und Wieczorek, Iris (Hg.), *Japan 2011. Politik, Wirtschaft und Gesellschaft*. Berlin: VSJF.

Pohl, Manfred 2013, „Japanische Innenpolitik 2012/13". In: Chiavacci, David und Wieczorek, Iris (Hg.), *Japan 2013. Politik, Wirtschaft und Gesellschaft*. Berlin: VSJF, S. 51–67.

Przeworski, Adam 1985, *Capitalism and Social Democracy*. Cambridge (u. a.): Univ. Press.

Przeworski, Adam 2001, „How Many Ways Can Be Third?". In: Glyn, Andrew (Hg.), *Social Democracy in Neoliberal Times. The Left and Economic Policy since 1980*. Oxford: Univ. Press, S. 312–334.

Pyle, Kenneth B. 1998, „Meiji Conservatism". In: Wakabayashi, Bob T. (Hg.), *Modern Japanese Thought*. Cambridge: Univ. Press, S. 98–142.

Reed, Steven R. 1996, „Political Corruption in Japan". In: *International Social Science Journal*, Bd. 149 (September 1996), S. 395–404.

Reed, Steven R. 2003, *Japanese Electoral Politics. Creating a New Party System*. London (u. a.): RoutledgeCurzon.

Reed, Steven R., McElwain, Kenneth M. (u. a.) (Hg.) 2009, *Political Change in Japan: Electoral Behavior, Party Realignment, and the Koizumi Reforms*. Stanford: The Walter Shorenstein Asia-Pacific Research Center.

Reed, Steven R. 2013, „Challenging the Two-Party System: Third Force Parties in the 2012 Election". In: Pekkanen, Robert und Reed, Steven R. (u. a.) (Hg.) 2013, *Japan Decides 2012. The Japanese General Election.* New York: Palgrave Macmillan, S. 72–83.

Repeta, Lawrence 2013, „Japan's Democracy at Risk – The LDP's Most Dangerous Proposals for Constitutional Change." In: *The Asia-Pacific Journal*, Bd. 11, Ausg. 28, Nr. 3, S. 1–16 (http://apjjf.org/2013/11/28/Lawrence-Repeta/3969/article.html).

Repeta, Lawrence 2014, „Japan's 2013 State Secrecy Act – The Abe Administration's Threat to News Reporting". In: *The Asia-Pacific Journal*, Bd. 12, Ausg. 10, Nr. 1, S. 1–13 (http://apjjf.org/2014/12/10/Lawrence-Repeta/4086/article.html).

Rövekamp, Frank 2015, „Der Premierminister und der Atomunfall: Zur Bewertung des Krisenmanagements von Naoto Kan während der Fukushima Atomkatastrophe". In: Chiavacci, David und Wieczorek, Iris (Hg.) 2015, *Japan 2015. Politik, Wirtschaft und Gesellschaft.* Berlin: VSJF, S. 53–61.

Ross, George 2013, „Social Democrats Today: Tribe, Extended Family or Club?" In: De Waele, Jean-Michel, Escalona, Fabien (u. a.) (Hg.) 2013, *The Palgrave Handbook of Social Democracy in the European Union.* London (u. a.): Palgrave Macmillan.

Saaler, Sven 2010, *Regierungswechsel in Japan: Sozialdemokratie ohne Sozialdemokraten?* Berlin: Friedrich-Ebert-Stiftung (http://library.fes.de/pdf-files/id/07288.pdf

Saaler, Sven 2011, *Der Rücktritt der Regierung Kan und die Zukunft der Atomkraft in Japan.* Berlin: Friedrich-Ebert-Stiftung (http://library.fes.de/pdf-files/id/08446.pdf).

Sandbrook, Richard 2008, o.T. Rezension von Meyer, Thomas und Hinchman, Lew 2007, The Theory of Social Democracy. Cambridge: Polity. In: *Perspectives of Politics*, Bd. 6, Nr. 4 (Dezember 2008), S. 848-849.

Sasagase Yūji und Hayashi Keita (u. a.) 2015, „Japan's Largest Rightwing Organization: An Introduction to Nippon Kaigi". In: *The Asia-Pacific Journal*, Bd.13, Ausg. 50, Nr. 5. (http://apjjf.org/-Mine-Masahiro/4410).

Scalapino, Robert A. 1975, *Democracy and the Party Movement in Prewar Japan. The Failure of the First Attempt*. Berkeley (u. a.): University of California Press.

Scalapino, Robert A. 1983, *The Early Japanese Labor Movement. Labor and Politics in a Developing Society*. Berkeley: Univ. of California (=Japan Research Monograph 5).

Schad-Seifert, Annette 2007, „Japans Abschied von der Mittelschichtgesellschaft: Auflösung des Familienhaushalts oder Pluralisierung der Lebensformen?". In: Backhaus, Peter (Hg.), *Japanstudien 19 Familienangelegenheiten*. München: Iudicium, 2007, S. 105–128.

Scheiner, Ethan 2006, *Democracy without Competition in Japan*. New York: Cambridge Univ. Press.

Schiller, Theo 1996, „Sozialismus/Sozialdemokratie". In: Dieter Nohlen (Hg.), *Wörterbuch Staat und Politik*, S. 694–700.

Schluchter, Wolfgang 1968, *Entscheidung für den sozialen Rechtsstaat: Hermann Heller und die staatstheoretische Diskussion in der Weimarer Republik*. Köln: Kiepenheuer & Witsch.

Schmidt, Carmen 2009, „Japan's New Party System: Characteristics and Future Perspectives." In: Czada, Roland und Hirashima, Kenji (Hg.),

Germany and Japan after 1989: Reform Pressures and Political System Dynamics. Tokyo: Univ. Press, S. 1–17.

Schmidt, Carmen 2011, „The DPJ and its Factions: Benefit or Threat?" In: *Hitotsubashi Journal of Social Studies*, Bd. 43, S. 1–21.

Schmidt, Carmen 2012, „Politik in Japan nach Fukushima". In: *OAG Notizen* 10/2012.

Schmidt, Manfred G. 2010, *Demokratietheorien. Eine Einführung*. Bonn: Bundeszentrale für politische Bildung (=Schriftenreihe der Bundeszentrale für Politische Bildung, Bd. 1059).

Schölz, Tino 2006, „Faschismuskonzepte in der japanischen Zeitgeschichtsforschung". In: Hans Martin Krämer, Tino Schölz (u. a.) (Hg.), *Geschichtswissenschaft in Japan. Themen, Ansätze und Theorien*. Göttingen: Vandenhoeck & Ruprecht, S. 107–134.

Schoppa, Leonard J. 2006a, „Neoliberal Economic Policy Preferences of the ‚New Left': Home-grown or an Anglo-American Import?" In: Kersten, Rikki (Hg.) 2006, *The Left in the Shaping of Japanese Democracy. Essays in Honour of J. A. A. Stockwin*. New York (u. a.): Routledge, S. 117–139.

Schoppa, Leonard J. 2006b, *Race for the Exits. The Unraveling of Japan's System of Social Protection*. Ithaca: Cornell Univ. Press.

Schröder, Gerhard und Blair, Tony 1999, *Der Weg nach vorne für Europas Sozialdemokraten* (http://www.glasnost.de/pol/schroeder-blair.html).

Seifert, Wolfgang 1997, *Gewerkschaften in der japanischen Politik von 1970 bis 1990*. Opladen: Westdeutscher Verlag.

Seifert, Wolfgang 1999, „Westliches Menschenrechtsdenken in Japan". In: Schubert, Gunter (Hg.), *Menschenrechte in Ostasien. Zum Streit um die Universalität einer Idee II*. Tübingen: Mohr Siebeck (= Religion und Aufklärung, Bd. 6), S. 297–343.

„Shakai Minshutō hyakunen" shiryō kankō-kai 「社会民主党百年」資料刊行会 (Hg.) 2001, *Shakaishugi no tanjō. Shakai Minshutō 100 nen* 社会主義の誕生・社会民主党１００年 [Die Geburt des Sozialismus: 100 Jahre Sozialdemokratische Partei]. Tokyo: Ronsōsha.

Shiba Ichirō 芝一郎 2013, „Saisei he michikewashii Kaieda-taisei. ,Mokuteki sōshitsukan' tadayou Minshutō" 再生へ道険しい海江田体制・「目的喪失感」漂う民主党 [Der steile Weg zur Wiedergeburt durch das Kaieda-System: Die Demokratische Partei ohne Ziel]. In: *Kaikakusha* 3/2013.

Shimizu Shinzō 清水慎三 1995, *Sengo kakushin no hanhikage: Nihongata shakai minshu shugi no sōzō wo mezashite* 戦後革新の半日陰：日本型社会民主主義の創造をめざして [Im Halbschatten der Nachkriegserneuerung: Streben nach einer Sozialdemokratie japanischen Typs]. Tokyo: Nihon keizai shinbunsha.

Shinkawa Toshimitsu 1999, *Sengo Nihon seiji to shakaiminshushugi. Shakaitō-Sōhyō Burokku no kōbō* 戦後日本政治と社会民主主義―社会党・総評ブロックの興亡 [Die japanische Nachkriegspolitik und die Sozialdemokratie: Aufstieg und Fall des SPJ-Sōhyō-Blocks]. Kyōto: Hōritsu bunkasha.

Shinkawa Toshimitsu 2003, „Seitō rōsō kankei no henyō to Nihon Shakaitō no tenraku" 政党労組関係の変容と日本社会党の転落 [Die Veränderungen in den Beziehungen zwischen Parteien und Gewerkschaften und der Niedergang der Sozialistischen Partei Japans]. In: Yamaguchi Jirō und Ishikawa Masumi (Hg.): *Nihonshakaitō – sengo kakushin no shisō to kōdō*. Tokyo: Nihon keizai hyōron-sha, S. 75–95.

Shinkawa Toshimitsu 新川敏光 2007, *Genshi no naka no shakai minshushugi* 幻視のなかの社会民主主義 [Die Illusion einer Sozialdemokratie]. Kyōto: Hōritsu Bunkasha.

Shiota Ushio 塩田潮 1994, *Eda Saburō: Hayasugita kaikakusha* 江田三郎・早すぎた改革者 [Eda Saburō: Der zu frühe Reformer]. Tokyo: Bungeishunjū.

Shiota Ushio 2009, *Minshutō no kenkyū* 民主党の研究 [Forschungen zur Demokratischen Partei]. Tokyo: Heibonsha.

Shiota Ushio 2010, *Minshutō seiken no shinjitsu* 民主党政権の真実 [Die ganze Wahrheit zur Demokratischen Partei]. Tokyo: Mainichi Shinbunsha.

Shiotani Kimio 塩谷公夫 2006, *Ima mo ikiteiru Minshatō: sengo no seiji wo tenkan shita.. yūki.* 今も生きている民社党・戦後の政治を転換した勇気 [Die immer noch lebendige Demokratisch-Sozialistische Partei: Ihr Mut, in der Politik der Nachkriegszeit eine Wende herbeizuführen]. Tokyo: Sankōsha.

Silberman, Bernard S. 1959, „The Political Theory and Programm of Yoshino Sakuzō." In: *The Journal of Modern History*, Bd. 31, S. 310–324.

Smethurst, Richard J. 1974, *A Social Basis for Prewar Japanese Militarism. The Army and the Rural Community*. Berkeley (u. a.): Univ. of California Press.

Smethurst, Richard J. 1986, *Agricultural Development and Tenancy Disputes in Japan, 1870–1940*. Princeton: Univ. Press.

Smith, Kerry 2015, „'History is harsh': Prime Minister Abe, the Joint Session of Congress, and World War II". In: *The Asia-Pacific Journal*, Bd. 13, Ausg. 20, Nr. 3.

Solga, Heike und Dombrowski, Rosine 2009, *Soziale Ungleichheiten in schulischer und außerschulischer Bildung. Stand der Forschung und Forschungsbedarf.* Düsseldorf: Hans-Böckler-Stiftung (=Arbeitspapier der Hans-Böckler-Stiftung 171) (https://www.boeckler.de/pdf/p_arbp_171.pdf).

Spremberg, Felix 2014, „Rechtsruck in Japan? Am Rundfunksender NHK zeigen sich die Konflikte der japanischen Gesellschaft". *ipg-journal*, August 2014 (http://www.ipg-journal.de/kommentar/artikel/rechtsruck-in-japan-533/).

Stockwin, James A. 2012 [1969], „Foreign Policy Perspectives of the Japanese Left: Confrontation or Consensus?" In: ders. 2012, *Japanese Foreign Policy and Understanding Japanese Politics: the Writings of J.A.A. Stockwin*, Bd. 1. Leiden: Global Oriental.

Stockwin, James A. 1987, „Does Japan Have a Special Attitude Towards Peace?" In: ders. 2012, *Japanese Foreign Policy and Understanding Japanese Politics: The Writings of J.A.A. Stockwin*, Bd. 1. Leiden: Global Oriental.

Stockwin, James A. 1991, „From JSP to SDPJ: The New Wave Society and the ‚New' Nihon Shakaitō". In: *Japan Forum*, Bd. 3, Nr. 2 (Oktober 1991), S. 287–300.

Stockwin, James A. 2003, *Dictionary of the Modern Politics of Japan.* London (u. a.): RoutledgeCurzon.

Stockwin, James A. 2008, *Governing Japan. Divided Politics in a Resurgent Economy.* 4. Aufl. Oxford (u. a.): Blackwell Publishers.

Stockwin, James A. 2012, *Japanese Foreign Policy and Understanding Japanese Politics: the Writings of J.A.A. Stockwin*, Bd. 1. Leiden: Global Oriental.

Sumiya Etsuji 住谷悦治 1967, *Shōwa no hantaisei shisō* 昭和の反体制思想 [Das Denken der Systemgegner der Shōwa-Zeit]. Tokyo: Haga Shoten (= Kōza nihon shakai shisō-shi 講座・日本社会思想史, Bd. 3).

Tachibana Tamiyoshi 橘民義 2008, *Minshutō 10-nenshi* 民主党10年史 [Zehnjährige Geschichte der Demokratischen Partei]. Tokyo: Daiichi Shorin.

Tagami Mikio 2014, *Geschichte der Sozialdemokratie in Japan*. Friedrich-Ebert-Stiftung (http://library.fes.de/pdf-files/id/10886.pdf).

Takahashi Hikohiro 高橋彦博 1974, *Minshatōron* 民社党論 [Erörterung der Demokratisch-Sozialistischen Partei]. Tokyo: Shinnihon Shuppansha.

Törkel, Holger 1998, *Japans eisernes Dreieck?: Staat, Kapital und Arbeit im Prozeß der gesellschaftlichen Regulation*. Frankfurt am Main (u. a.): Lang.

Tokoi Kenichi 常井健一 2009, „Hasshūdan no kessoku to zenbō" 8集団の結束と全貌 [Der Zusammenschluss von acht Gruppen und das Gesamtbild]. In: AERA (Hg.), *Minshutō ga wakaru* 民主党がわかる. Sonderausgabe Nr. 49, 25.10.2009, S. 34–36.

Totten, George O. (u. a.) 1966, *The Social Democratic Movement in Prewar Japan*. New York (u. a.): Yale Univ. Press.

Tōyama Shigeki 遠山茂樹 1962, *Meiji Ishin* 明治維新 [Die Meiji-Restauration]. Tokyo: Iwanami Shoten.

Uekami Takayoshi 2010, „Electoral Manifestos of the Democratic Party of Japan". In: *Social Science Japan*, Bd. 42 (März), S. 12–16.

Uekami Takayoshi 上神貴佳 und Tsutsumi Hidenori 堤英敬 (Hg.) 2011a, *Minshutō no soshiki to seisaku. Kettō kara seiken kōtai made*. 民主党の組織と政策・結党から政権交代まで [Politik und Organisation der

Demokratischen Partei: Von der Parteigründung bis zum Regierungswechsel]. Tokyo: Tōyō Keizai Shinpōsha.

Tsutsumi Hidenori 堤英敬 und Uekami Takayoshi 上神貴佳 2011, „Minshutō no seisaku – keizokusei to henka" 民主党の政策継続性と変化 [Die Politik der Demokratischen Partei: Kontinuität und Wandel]. In: dies. (Hg.) *Minshutō no soshiki to seisaku. Kettō kara seiken kōtai made*. Tokyo: Tōyō Keizai Shinpōsha, S. 225–252.

Uekami Takayoshi und Tsutsumi Hidenori 2011b, „Minshutō no keisei katei, soshiki to seisaku 民主党の形成過程、組織と政策 [Formierungsprozess, Organisation und Politik der Demokratischen Partei]." In: dies. (Hg.), *Minshutō no soshiki to seisaku. Kettō kara seiken kōtai made*. Tokyo: Tōyō Keizai Shinpōsha, S. 1–26.

Umezawa, Shōhei 梅澤昇平 2006, „Minshatō no seiji rosen no tokuchō to Shakaitō to no hikaku" 民社党の政治路線の特徴と社会党との比較 [Die Besonderheiten des politischen Kurses der Demokratisch-Sozialistischen Partei und der Vergleich mit der Sozialistischen Partei]. In: *Shōbi gakuen daigaku sōgō seisaku kenkyū kiyō*, Nr. 11 (März), S. 85-100.

Umezawa, Shōhei 2008a, „Eda Saburō to Nishio Suehiro no kyori. Shakaitō to Minshatō no rekishi no genten" 江田三郎と西尾末廣の距離・社会党と民社党の歴史の原点 [Die Distanz zwischen Eda Saburō und Nishio Suehiro. Historischer Ursprung der Sozialistischen Partei und der Demokratisch-Sozialistischen Partei]. In: *Shōbi gakuen daigaku sōgō seisakuronshū*, Nr. 9 (Dezember), S. 1–13.

Umezawa, Shōhei 2008b, „Minshatō no kokkai katsudō" 民社党の国会活動 [Die Aktivitäten der Demokratisch-Sozialistischen Partei im Parlament]. In: Itō Ikuo und Kurosawa Hiromichi 黒沢博道 (Hg.) 2008, *Minshatō no hikari to kage: moto tō honbushoki kyokuin ni yoru minshatō kenkyū ronshū*. Tokyo: Fujishakai kyōiku sentā, S. 75–88.

Vassallo, Francesca und Wilcox, Clyde 2006, „Party as a Carrier of Ideas". In: Katz, Richard S. und Crotty, William (Hg.), *Handbook of Party Politics*. London (u. a.): Sage, S. 413–421.

Vollmer, Klaus 2013, „Self, Society, and Nation in Contemporary Japanese Textbooks on Moral Education." In: Rövekamp, Frank und Bosse, Friederike (Hg.): *Ethics in Science and Society: German and Japanese Views*. München: Iudicium 2013, S. 74–102.

Wakabayashi, Bob T. (Hg.) 1998, *Modern Japanese Thought*. Cambridge: Univ. Press.

Waswo, Ann 1988, „The Transformation of Rural Society, 1900–1950". In: Duus, Peter (Hg.): *The Cambridge History of Japan*. Bd. 6: *The Twentieth Century*. Cambridge: Univ. Press, S. 539–605.

Weiner, Michael 1989, *The Origins of the Korean Community in Japan 1910-1923*. Atlantic Highlands: Humanities Press International.

Weiner, Michael (Hg.) 2009, *Japan's Minorities. The Illusion of Homogeneity*. 2. Aufl. Abingdon: Routledge.

Weiner, Robert J. 2011, „The Evolution of the DPJ: Two Steps Forward, One Step Back". In: Schoppa, Leonard J. 2011, *The Evolution of Japan's Party System: Politics and Policy in an Era of Institutional Change*. Toronto: Univ. of Toronto Press, S. 63–98.

Weiner, Robert J. 2013, „The Remains of the DPJ." In: Pekkanen, Robert und Reed, Steven R. (u. a.) (Hg.) 2013, *Japan Decides 2012. The Japanese General Election*. New York: Palgrave Macmillan, S. 65–71

White, John K. 2006, „What is a Political Party?" In: Katz, Richard S. und Crotty, William (Hg.), *Handbook of Party Politics*. London (u. a.): Sage, S. 5–16.

Wiesenthal, Helmut 2010, Was ist schiefgelaufen auf dem Dritten Weg? Berlin: Heinrich-Böll-Stiftung (https://www.boell.de/de/navigation/akademie-dritte-weg-sozialdemokratie-9474.html).

Wilde, Oscar 1988 [1891], *The Soul of Man Under Socialism*. London (u. a.): Journeyman.

Winkler, Christian G. 2009, „Die Unterhauswahl 2009: Als der Wandel nach Japan kam!?" In: Chiavacci, David und Wieczorek, Iris (Hg.). *Japan 2009: Politik, Wirtschaft, Gesellschaft*, S. 47–62.

Winkler, Christian G. 2015, „Innenpolitik Japans 2014/2015". In: Chiavacci, David und Wieczorek, Iris (Hg.) 2015, *Japan 2015. Politik, Wirtschaft und Gesellschaft*. Berlin: VSJF.

Winkler, Christian G. 2012, „Neue Führer – alte Politik? Die Präsidentenwahlen von DPJ und LDP und ihre Auswirkungen auf Japans Politik". *FES Perspektive*, November 2012, Friedrich-Ebert-Stiftung (http://library.fes.de/pdf-files/id/09428.pdf).

Yamaguchi Jirō 山口二郎 2012, *Seiken kōtai to ha nan datta no ka* 政権交代とはなんだったのか [Was war der Regierungswechsel?]. Tokyo: Iwanami Shoten.

Yamaguchi Jirō und Ishikawa Masumi (Hg.) 2003, *Nihonshakaitō – sengo kakushin noshisō to kōdō* 日本社会党：戦後革新の思想と行動 [Die Sozialistische Partei Japans. Denken und Handeln der Progressiven nach dem Krieg]. Tokyo: Nihon keizai hyōron-sha.

Yomiuri Shimbunsha Seijibu 読売新聞社政治部 2011, *Bōkoku no saishō: kantei kinō teishino 180 nichi* 亡国の宰相 ：官邸機能停止の 180 日 [Premier des nationalen Ruins: 180 Tage Stillstand im Premiersamt]. O.O.: Shinchōsha.

Yonehara Ken 米原謙 2007, *Nihon seiji shisō* 日本政治思想 [Das politische Denken Japans]. Tokyo: Minerva Shobō.

Yonehara Ken 2003, „Nihongata shakaiminshushugi no shisō" 日本型社会民主主義の思想 [Das Denken der Sozialdemokratie japanischen Typs]. In: Yamaguchi Jirō und Ishikawa Masumi und (Hg.), *Nihonshakaitō – sengo kakushin no shisō to kōdō*. Tokyo: Nihon keizai hyōron-sha, S. 1–27.

Zakowski, Karol 2015, *Decision-making reform in Japan: the DPJ's failed attempt at a politician-led government*. London (u. a.): Routledge.

Zöllner, Reinhard 2013, *Geschichte Japans. Von 1800 bis zur Gegenwart*. 3. Aufl. Paderborn: Schönigh.

Zeitungsartikel

Anmerkung: Bei den japanischen Tageszeitungen handelt sich, sofern nicht an anders angegeben, jeweils um die Morgenausgabe.

Asahi Shimbun 28.7.1962 „Seisaku, soshiki no dappi o Shakaitō orugataikai Eda-shokichō kyōchō" 政策、組織の脱皮を社会党オルガ大会江田書記長強調.

Asahi Shimbun 30.11.2001 „Minshutō no naifun ni 'yatōsaihen' no kage Yokomichi-shi 'kainin' de tōnai tairitsu gekika" 民主党の内紛に「野党再編」の影横路氏「解任」で党内対立激化.

Asahi Shimbun 5.12.2001 „Yokomichi fukudaihyō kainin ha 'jijitsujō' tamamushiiro ...kettchaku de tairitsu Minshu zōhan mondai" 横路副代表解任は「事実上」 玉虫色決着で対立民主造反問題.

Asahi Shimbun 11.9.2005 „16 no senkyo-ku de Minshu-Shamin kyōryoku sōsenkyo" １６の選挙区で民主・社民協力　総選挙.

6 Literaturverzeichnis

Asahi Shimbun 16.9.2005 „Maehara Seiji-shi no intabyū kaiken yōshi Minshu daihyō-sen" 前原誠司氏のインタビュー 会見＜要旨＞ 民主党代表選.

Asahi Shimbun 14.11.2007 „Eda Saburō botsugo 30nen ni kangaeru Shakaiminshushugi ‚byōdō e no shisō' ni saihyō-ka" 江田三郎没後30年に考える社会民主主義 「平等への思想」に再評価」.

Asahi Shimbun 26.1.2008 „Eijū gaikokujin chii-kōjō, Minshu ga giren tachiage" 永住外国人地位向上、民主が議連立ち上げ.

Asahi Shimbun 7.9.2010 „Tōnoku shiji ipponka kyū-Minsha, kyū-Shakai, Hatoyama-gurūpu" 遠のく支持一本化 旧民社・旧社会・鳩山グループ.

Asahi Shimbun 25.4.2011 „'Han-Kan' hirogaru Minshu 1ji hosei-go, shōten ni" 「反菅」広がる民主 １次補正後、焦点に.

Asahi Shimbun 17.8.2011 „'A-senhan ha sensōhanzainin de ha nai' Noda zaimushō no kenkai …ni Kankoku hanpatsu" 「A級戦犯は戦争犯罪人でない」 野田財務相の見解に韓国反発「歴史を否定」.

Asahi Shimbun 27.8.2011 „Keizaisangyō-shō, Kaieda Banri-shi fukuramu 'han-Kan', namida de hamon" 経済産業相・海江田万里氏膨らむ「反菅」、涙で波紋.

Asahi Shimbun 3.7.2012 „Minshu-bunretsu, rittō-todoke 50nin" 民主分裂、離党届５０人.

Asahi Shimbun 12.7.2012 „Ozawashintō, namitakashi" 小沢新党、波高し.

Asahi Shimbun 23.11.2012 „Manifesuto zaigen busoku, amakatta mitōshi" マニフェスト財源不足、甘かった見通し.

Asahi Shimbun Miyagi 19.12.2012 „Minshu no zange: naka Okazaki Tomiko sagiin" 民主党の懺悔：中　岡崎トミ子参院議員.

Asahi Shimbun 25.12.2012 „Kaieda daihyō senshutsu e Minshu, kanji-chō ni Hosono-shi" 海江田代表選出へ　民主、幹事長に細野氏.

Asahi Shimbun 25.12.2012 Abendausgabe „Kaieda-shi, atsui saninshiji Mabuchi-shi ha shuryū-ha chūshin Minshu daihyō-sen" 海江田氏、厚い参院支持　馬淵氏は主流派中心民主代表選.

Asahi Shimbun 22.7.2013 „Soshiki-hyō, fukkatsu no kizashi Jimin, fukken kikkake Minshu, rōso ni kiki-kan saninsen" 組織票、復活の兆し自民、復権きっかけ　民主、労組に危機感参院選.

Asahi Shimbun 31.5.2014 „Minshu, bunretsu osore tamamushiiro" 民主、分裂恐れ玉虫色.

Asahi Shimbun 8.4.2014 „Minshu ni ,Hosono-ha'" 民主に「細野派」.

Asahi Shimbun 14.8.2014 „Habatsu ha Minshu o sukū? Geya shite nao naiuchimome" 派閥は民主を救う？下野してなお内輪もめ.

Asahi Shimbun Online 29.9.2014 „'Sōri, gensō no hitori yogari ni utsutsu' Minshu Kawabata-shi" 「総理、幻想の独りよがりにうつつ」民主・川端氏.

Asahi Shimbun 5.10.2014 „Jichirō iinchō ga Min・I renkei ni hantai Hashimoto-shi to tairitsu haikei" 自治労委員長が民・維連携に反対橋下氏との対立背景.

Asahi Shimbun 8.1.2015 „Minshu daihyō-sen 3shi no seisaku to suisenjin" 民主代表選　３氏の政策と推薦人.

Asahi Shimbun 19.1.2015 „Minshu, chūdō ni kaifuku shin-daihyō ni Okada-shi" 民主、中道に回帰　新代表に岡田氏.

6 Literaturverzeichnis

Asahi Shimbun 23.1.2015 „Hosono Gōshi moto-kanjichō ni tachihadakaru mitsu no kabe .Minshu daihyō-sen" 細野豪志元幹事長に立ちはだかる３つの壁　民主党代表選.

Asahi Shimbun 26.3.2016 „Minshu 20nen no rinen, zasetsu no saki ha" 民主２０年の理念、挫折の先は.

Asahi Shimbun Hokkaidō 29.5.2016 „'Minshu to tomo ni yakuwari oeta' Yokomichi-shi, intai wo seishiki hyōmei kōnin ni Michishita dō-gi" 「民主と共に役割終えた」横路氏、引退を正式表明　後継には道下道議.

Asahi Shimbun 10.6.2016 „Minshin, ‚Manifesuto' tsukawanu kōyaku meishō ‚kokumin to no yakusoku' ni saninsen" 民進、「マニフェスト」使わぬ　公約名称「国民との約束」に　参院選.

Asahi Shūkan 12/2012 „Abe ribaibaru seiken no funan" 安倍リバイバル政権の不安.

Blogos 5.3.2013 „'Minzoku「民族排撃デモ」、国会内で抗議集会　政治が動き始めた (http://blogos.com/article/58110/).

Die Tageszeitung (taz) 18.3.2017 „Aus Holland lernen". (http://www.taz.de/!5393185/).

Japan Times Online 10.9.1999 „Analysis: Kan's fading star may reflect DPJ's fate" (http://www.japantimes.co.jp/news/1999/09/10/national/analysis-kans-fading-star-may-reflect-dpjs-fate/).

Japan Times Online 6.9.2000 „DPJ to demand Yamamoto's resignation" (http://www.japantimes.co.jp/news/2000/09/06/national/dpj-to-demand-yamamotos-resignation/).

Japan Times Online 17.12.2000 „Deputy head of DPJ urges chief Hatoyama to quit" (http://www.japantimes.co.jp/news/2000/12/17/national/deputy-head-of-dpj-urges-chief-hatoyama-to-quit/).

Japan Times Online 10.9.2002 „Four DPJ candidates kick off campaigns for party president" (http://www.japantimes.co.jp/news/2002/09/10/news/four-dpj-candidates-kick-off-campaigns-for-party-president/).

Japan Times Online 22.2.2003 „Needy find welfare elusive, demeaning" https://www.japantimes.co.jp/news/2003/02/22/national/needy-find-welfare-elusive-demeaning/).

Japan Times Online 5.3.2004 „DPJ's Sato tenders resignation from Diet" (http://www.japantimes.co.jp/news/2004/03/05/national/dpjs-sato-tenders-resignation-from-diet/).

Japan Times Online 14.12.2005 „DPJ's Goto resigns over campaign scandal" (http://www.japantimes.co.jp/news/2005/12/14/national/dpjs-goto-resigns-over-campaign-scandal/).

Japan Times Online 5.3.2006 „Maehara apologizes to local chapters over e-mail" (https://www.japantimes.co.jp/news/2006/03/05/news/maehara-apologizes-to-local-chapters-over-e-mail/).

Japan Times Online 23.2.2007 „LDP-DPJ group plan to scrutinize ‚Rape of Nanking'" (http://www.japantimes.co.jp/news/2007/02/23/national/ldp-dpj-group-plan-to-scrutinize-rape-of-nanking/).

Japan Times Online 9.10.2009 „Education chief takes liberal path" (http://www.japantimes.co.jp/news/2009/10/09/national/education-chief-takes-liberal-path/).

Japan Times Online 5.8.2010 „Foreigners' kids abroad could get ¥1 billion in child allowances: LDP" (http://www.japantimes.co.jp/news/2010/08/05/national/foreigners-kids-abroad-could-get-1-billion-in-child-allowances-ldp/).

Japan Times Online 29.10.2010 „DPJ's Edano admits financial misreporting, promises correction" (http://www.japantimes.co.jp/news/

2014/10/29/national/politics-diplomacy/dpjs-edano-admits-financial-misreporting-promises-correction/).

Japan Times Online 7.3.2011 „Maehara quits Cabinet over donations" (http://www.japantimes.co.jp/news/2011/03/07/national/maehara-quits-cabinet-over-donations/).

Japan Times Online 25.3.2012 „Noda stakes his administration, political life on hiking sales tax" (http://www.japantimes.co.jp/news/2012/03/25/news/noda-stakes-his-administration-political-life-on-hiking-sales-tax/).

Japan Times Online 4.11.2012 „Angry mobster looms large over politicians" (http://www.japantimes.co.jp/news/2012/11/04/national/media-national/angry-mobster-looms-large-over-politicians/).

Japan Times Online 9.1.2013 „Ishin rules out DPJ cooperation" (https://www.japantimes.co.jp/news/2013/01/09/national/politics-diplomacy/ishin-rules-out-dpj-cooperation/).

Japan Times Online 7.2.2014 „DPJ exec's denial of Nanjing stands" (http://www.japantimes.co.jp/news/2014/02/07/national/politics-diplomacy/dpj-execs-denial-of-nanjing-stands-2/).

Japan Times Online 7.1.2015 „DPJ leadership campaign begins, with three candidates running" (http://www.japantimes.co.jp/news/2015/01/07/national/politics-diplomacy/dpj-leadership-campaign-begins-three-candidates-running/).

Japan Times Online 18.1.2015 „Okada defeats Hosono to win DPJ presidential election" (http://www.japantimes.co.jp/news/2015/01/18/national/politics-diplomacy/okada-defeats-hosono-win-dpj-leadership-election/).

Zeitungsartikel

Japan Times Online 19.5.2016 „Japan's Democratic Party reveals new logo to cries of plagiarism and indecency." (http://www.japantimes.co.jp/news/2016/05/19/national/politics-diplomacy/japans-democratic-party-reveals-new-logo-cries-plagiarism-indecency/).

Nihon Keizai Shimbun 3.11.2010 „Minshu gurūpu kaigō kappatsu, shuryū-ha, kakemochi giin hairyo, Ozawa-kei ha renkei mo shiya" 民主グループ会合活発、主流派、掛け持ち議員配慮、小沢系は連携も視野.

Nihon Keizai Shimbun 31.3.2011 „Kan-gurūpu ga shushō o gekirei" 菅グループが首相を激励.

Nihon Keizai Shimbun Online 29.8.2011 „Minshu shin-daihyō ni Noda-shi kessen tōhyō de Kaieda-shi o gyakuten" 民主新代表に野田氏 決選投票で海江田氏を逆転 (https://www.nikkei.com/article/DGXNASFS2900P_Z20C11A8000000/)

Nihon Keizai Shimbun Online 8.10.2010 „Imasara 'habatsu-ka' suru Kan-gurūpu" 今さら「派閥化」する菅グループ (http://www.nikkei.com/article/DGXNASFS07034_X01C10A0000000/).

Nihon Keizai Shimbun 21.09.2012 „Noda-shushō, Minshu daihyō ni saisen tokuhyō rokuwari-chō" 野田首相、民主代表に再選 得票6割超 (https://www.nikkei.com/article/DGXNASFK2101O_R20C12A9000000/)

Sankei Shimbun 3.9.2007 „Minshu, ianfu mondai – Nanjing-jiken kenshō suru kai ga hassoku" 民主、慰安婦問題・南京事件検証する会を発足.

Sankei Shimbun 14.4.2010 „Zensen Dōmei gaikokujin sansei-ken fuyo hantai e seifu, Minshu no kyōkō kensei" ゼンセン同盟外国人参政権付与反対へ政府・民主の強行牽制.

Sankei Shimbun 18.4.2010 Gaikokujin sanseiken ‚Ichiman-jin Taikai' UI Zensen 外国人参政権「一万人大会」UIゼンセン.

6 Literaturverzeichnis

Sankei Shimbun 23.7.2013 „Sanin-sen eikyōryoku moyasu shoshiki-hyō Minshu ha rōso, Jimin ha gyōkai" 参院選　影響力増す組織票　民主は労組、自民は業界.

Sankei News 21.4.2014 „Bei-daitōryō atesaki ni shūdan jiei-ken kōshi yōnin ‚fushiji' o yōsei Renhō-shira" 米大統領宛に集団自衛権行使容認「不支持」を要請蓮舫氏ら (http://www.sankei.com/politics/news/140421/plt1404210022-n1.html).

Sankei News 29.12.2014 „Nagatsuma-shi ga seishiki shutsuba hyōmei Shinohara-shi ha dannen, riberaru seiryoku kesshū hakaru 長妻氏が正式出馬表明　篠原氏は断念　リベラル勢力結集図る (http://www.sankei.com/politics/news/141229/plt1412290008-n1.html).

Sankei News 27.1.2016 „'Minshutō ha iyada kedo, minshushugi o mamoritai' Minshutō ga saninsen muke shin-posutā shijiritsu temei no genjōfumae「民主党は.嫌いだけど、民主主義は守りたい」…民主党が参院選向け新ポスター支持率低迷の現状踏 (http://www.sankei.com/politics/news/160127/plt1601270015-n1.html).

Sankei News 10.4.2017 „'>Abe-seiji o yurusanai!< to sakebu-koto o motomerareta. Netsugi mo teinan mo nai' to tsūretsu hihan"「『アベ政治を許さない！』と叫ぶことを求められた。熟議も提案もない」と痛烈批判 (http://www.sankei.com/politics/news/170410/plt1704100017-n1.html).

Shimbun Akahata Online 6.1.2013 „'Nihongun ‚ianfu' kyōsei o hiteikyōsei o hitei Abe-sōri ga. sandō beishi ni iken hōkoku 日本軍「慰安婦」強制を否定　安倍首相が賛同米紙に意見広告 (http://www.jcp.or.jp/akahata/aik12/2013-01-06/2013010601_01_0.html).

Süddeutsche Zeitung 29.4.2017 „Gar nicht grün", S. 13–15.

Süddeutsche Zeitung 8./9. Juli 2017 „Gerd Koenen über Kapitel", S. 54.

The Guardian Online 10.12.2014 „Abe defends Japan's secrets law that could jail whistle-blowers for 10 years" (https://www.theguardian.com/world/2014/dec/10/japan-state-secrets-law-security-dissent).

Yomiuri Shimbun 11.1.2015 ‚Minshu daihyō-sen, kokkai giinhyō ha 3shi ni bunsan' 民主代表選、国会議員票は3氏に分散

Yomiuri Online 2.12.2014 „‚Ippyō no kakusa', saidai de 2,1398 bai ni" 「1票の格差」、最大で2・1398倍に」 (http://www.yomiuri.co.jp/election/shugiin/2014/news2/20141202-OYT1T50140.html).

Quellen

Akamatsu Hirotaka o.J., *Watashitachi ga kangaeru „Nihon no minshushugi no tame ni Minshutō ga susumubeki michi"* 私たちが考える「日本の民主主義のために民主党が進むべき道」[Der Weg, den die Demokratische Partei für Japans Demokratie gehen sollte] (http://esakitakashi.net/img/PDF/data120903.pdf).

DPJ 1998, „Watashitachi no kihon rinen, jiyū de anshin na shakai no jitsugen o mezashimasu"..私たちの基本理念・自由で安心な社会の実現をめざします [Unsere Grundideale: Wir streben nach der Realisierung einer freien und sicheren Gesellschaft (http://archive.dpj.or.jp/policy/rinen_seisaku/).

Wahlprogramm der DPJ 1996: http://www.pac.sfc.keio.ac.jp/manifesto/pdf/19960dp.pdf.

Wahlprogramm der DPJ 1998: http://www.pac.sfc.keio.ac.jp/manifesto/pdf/19980dp.pdf.

Wahlprogramm der DPJ 2000: http://www.pac.sfc.keio.ac.jp/manifesto/pdf/20000dp.pdf.

Wahlprogramm der DPJ 2001: http://www.pac.sfc.keio.ac.jp/manifesto/pdf/2001 0dp.pdf.

Manifest der DPJ 2003: http://www.pac.sfc.keio.ac.jp/manifesto/pdf/20030dp.pdf.

Manifest der DPJ 2004: http://archive.dpj.or.jp/policy/manifesto/images/Manifesto_2004.pdf.

Manifest der DPJ 2005: http://archive.dpj.or.jp/policy/manifesto/images/Manifesto_2005.pdf.

Manifest der DPJ 2007: http://archive.dpj.or.jp/policy/manifesto/images/Manifesto_2007.pdf.

Manifest der DPJ 2009: http://archive.dpj.or.jp/special/manifesto2009/pdf/manifesto_2009.pdf.

Manifest der DPJ 2010: http://archive.dpj.or.jp/special/manifesto2010/data/manifesto2010.pdf.

Manifest der DPJ 2012: http://www.dpj.or.jp/global/downloads/manifesto2012.pdf.

Manifest der DPJ 2014: https://www.dpj.or.jp/download/17761.pdf.

Wahlversprechen der DPJ 2016: https://www.minshin.or.jp/election2016/yakusoku.

Wahlprogramm der SDP 2016: http://www5.sdp.or.jp/policy/policy/election/2016/commitment2016_00.pdf

Geschäftsberichte politischer Fonds 政治資金収支報告書 (*seiji shikin shūshi hōkoku-sho*):

(Anmerkung: Die folgenden Berichte werden jeweils im *nächsten* Kalenderjahr in der Zeitschrift Kanpō (官報) veröffentlicht.)

Geschäftsberichte politischer Fonds 2010. In: *Kanpō,* Sonderausgabe 257 vom 30.11.2011 (Heisei 23), S. 227–464, http://www.soumu.go.jp/main_content/000139372.pdf.

Geschäftsberichte politischer Fonds 2011. In: *Kanpō,* Sonderausgabe 260 vom 30.11.2012 (Heisei 24), S. 215–432, http://www.soumu.go.jp/main_content/000192019.pdf.

Geschäftsberichte politischer Fonds 2012. In: *Kanpō,* Sonderausgabe 259 vom 29.11.2013 (Heisei 25), S. 210–440, http://www.soumu.go.jp/main_content/000266791.pdf.

Geschäftsberichte politischer Fonds 2013. In: *Kanpō*, Sonderausgabe 265 vom 28.11.2014 (Heisei 26), S. 214–440, http://www.soumu.go.jp/main_content/000328871.pdf.

Geschäftsberichte politischer Fonds 2014. In: *Kanpō*, Sonderausgabe 268 vom 27.11.2015 (Heisei 27), S. 223–408, http://www.soumu.go.jp/main_content/000392767.pdf.

Geschäftsberichte politischer Fonds 2015. In: *Kanpō*, Sonderausgabe 260 vom 25.11.2016 (Heisei 28), S. 217–400, http://www.soumu.go.jp/main_content/000455750.pdf.

Regierungserklärung Kan Naoto 11.6.2010:

http://www.kantei.go.jp/jp/kan/statement/201006/11syosin.pdf.

7 ANHANG

Anhang 1: „Zur Gründung der Diskussionsgruppe für eine neue politische Situation"

野党共闘に向けて
「新政局懇談会」(横路会長)の発足会・全国交流会を開催

2002年1月17日

新政局懇談会発足にあたって

新政局懇談会
会長 横路 孝弘

　私達は新しい民主党を結党してから今まで、情報交換や勉強会の場としての緩やかな集まりを持っていました。
　それは、衆参で180人も超える議員団になるとどうしても情報過疎になり、また各所属委員会の部門会議以外の分野の勉強などもおろそかになりがちだったからです。
　しかし最近の党内や日本の現状を見るとき、政治家の一人として「今のままで良いのか」と問わざるをえません。
　さわやか財団理事長である堀田力さんが、3年前だと思いますが、ある集会で「自分は治安を担当してきた検事として、こんなことを言うのはおかしいのだが、今日の日本の社会状況の中で、いま学生はいったい何をしているのだと問いたい」と発言され、「社会に不安や不満を持って抗議する学生の姿を街頭で見ることはなくなり、学校では宗教や遊びのサークルに人が集まっている」と発言されたことがあります。その通りだと思います。
　同じように、今まさに野党第一党の民主党は、どこで何をしているのだと問われていると思います。
　日本の今年のキーワードは「危機」であると思います。バブルとリストラの中でモラルが喪失し、競争と効率が強調され、弱いものが淘汰されてきました。
　その結果、家庭の絆も社会の連帯も失われつつあるのです。犯罪も凶悪犯も覚せい剤事件も児童虐待も家庭内暴力も史上最悪で、自殺者もホームレスも史上最高です。倒産や失業も増大する中で、まさに何が起きても不思議でない社会状況になっています。
　失業者350万人、失望者(職を求めることを諦めた人)は内閣府の調査で400万人、総理府の調査で568万人、それにフリーター150万～200万人、さらに今後リストラと不良債権処理で新たに失業する人は日本総研の発表で150万人になるといわれ、これを全て加えれば、アルゼンチンの失業率の18%に近づきます。
　金融検査が徹底し、不良債権処理を行えば、倒産も増加していくのです。しかも小泉構造改革は経済の構造改革はともかく、社会の市場化も進めようとしており、医療、教育、雇用などに幅広く市場原理を貫徹させようとしています。
　小泉政権は構造改革＝市場原理主義の貫徹と同時に国家主義の立場にたっています。その基本は価値観を一人一人の人間から国家へおく転換なのです。
　戦前の日本は天皇制の下で国家が中心でした。国民に政治決定に参加する権利もなく、表現の自由もなく、経済も国家が統制していました。そして国家が戦争へと導いて行ったのです。この国家中心の価値観を個人に変えたのが戦後社会です。ですから今の憲法は国民主権、基本的人権の尊重、平和主義が原則となっているのです。
　中曽根元総理はこのことを「日本のより良き文化や伝統を捨てて、西欧の文明に埋没したところに今日の破壊的状況があり、憲法を変えるべきだ」と主張しています。
　そして同時にテロ事件をきっかけにますます国家主義に拍車がかかっているのです。
　こうした社会経済状況の中で、小泉内閣が倒れる可能性もあると考えています。そして、その時に「危機を乗り切る」という名の下に、挙国一致内閣を創ってやろうという動きが出てくる危険性があるとみています。民主党や連合はその時にどうするのでしょうか。
　こうした内閣がやることは、はっきりしています。人々の権利を制約し、大幅な賃金カットや預貯金の凍結など、国民の犠牲の上に国家を置くことになるのです。こうした状況で民主党を中心に野党の政権をつくることができるのでしょうか。幅広い国民の結集をどう考えたらよいのでしょうか。
　私達はこのことを頭の中にしっかりおきながら、準備を(政策や体制なども)していかなければなりません。
　私たちは、与党をチェックし、もう一つの選択肢をしっかり示しうる政党として民主党をつくってきました。それはもう一つの保守党をつくることではなくて、やはり民主党はきちんと自民党に対抗できる政党でなくてはなりません。
　経済は自由で透明で公正な市場でも、社会は公正な社会でなくてはなりません。政府対市場、官対民という対立軸ではなくて、公的セクターと民間セクター、市民セクターの三つのセクターがネットワークをして役割分担をしていく社会。市民が主役(NPO、NGOを強調すると共に、主権者として、消費者として政府セクター、民間セクターに参加、決定、監視をしていく)の社会をめざしていかなければなりません。
　私たちが創った「新政局懇談会」は、第一に党のあり方を考え(第三の道など)、政策の提起などを進めていき、仲間との連帯と団結を強めていきます。
　第二に地方で苦労している地方の党員や自治体議員の皆さんと連携を強め、情報交換や政策活動を行っていきます。そして来年4月の地方選挙での仲間の支援を行っていきます。
　第三に野党共闘が強まるように、若手議員を中心に連携を強めていきます。
　第四に党外のNPO、NGO、ローカルパーティ、平和フォーラムなどとも協力関係をつくっていき、平和、福祉、人権、環境問題などの運動を中心に連携を行っていきます。

Anhang 2: Dialog Yokomichi Takahiro und Jinno Naohiko

新春対談　横路孝弘　vs　神野直彦
「今こそ、福祉政府への大転換期だ！」

神野直彦（じんの　なおひこ）氏プロフィール
　１９４６年埼玉県生まれ。経済学者。専門は財政学。東京大学経済学部卒業後、日産自動車に入社。東大大学院経済学研究科博士課程修了。　大阪市立大学助教授、東大経済学部助教授を経て、現在、東大大学院経済学研究科教授。著書に『人間回復の経済学』（岩波書店）、『地域再生の経済学』（中央公論新社）、『「福祉政府」への提言－社会保障の新体系を構想する』（金子勝氏と共著：岩波新書）などがある。

民主党得票増やすが議席半減

横路孝弘　九月一一日に行われた今回の総選挙で民主党を二四八〇万人の人が支持してくれたわけです。二年前の選挙から三〇〇万増えている。
　ただ、自民党が六〇〇万以上増やしたので、議席は小選挙区制度ということもあって半減してしまった、という結果になっています。
　今度の選挙は、本当に選挙を闘った身としてみますと、非常に妙な選挙でした。というのは、政策的な課題として外交、国民生活、社会保障制度、税の問題など、ほとんど議論の対象になりませんでした。自民党はともかく改革が必要だ、郵政民営化は改革の第一歩だという話だけでした。
　投票日の直前三日間は、公務員バッシングと労働組合批判をやったことで、自民党への投票者を増やしたわけです。
　いつも世論調査やるときには、政党支持している人、してない人、いろいろ調査しますが、だいたい政党支持層が半分ぐらいです。政党支持なしが五割りぐらいで、選挙になると政党支持層が増えていく。
　政党支持なし層は、意識的な無党派層と、無関心派とにだいたい三対二くらいで分かれているようです。
　今回は、この無関心層が投票所に行ったということで、投票所で投票の仕方がわからなくてウロウロしていた若い人が、どこの投票所にもあふれていたというのですね。
　ですから、意外とフリーターとか、つまり小泉政権のいろんな影響をまともに受けている、そういう人々が小泉さんを支持したという構造になっていると思うのです。
　私ども、民主党を結党してからいつも指摘されるのは、自民党との違いがどこなのだ、いったいどういう社会を目指すんだということです。
　私は、ヨーロッパ的な社会民主主義を目指すという考え方ですが、最近民主党にはいろんな人が入ってきてそこが曖昧になっていている、ということなどで票が伸び悩んだ要素ではないかと思います。
　北海道にある一二選挙区のうち、八つの小選挙区で議席を取れました。全部で二〇ある議席のうち一一が民主党で自民党が七で、公明党が一で、あと鈴木宗男さんが当選しました、というような構造になっています。
　比較的北海道では昔から作られてきた党組織もありますし、スタンスもわりとはっきりしていますので、私はだから勝ったのだと、党内では言っているのです。
　ところで神野先生、今度の選挙をご覧になっておられて、どんな具合に思われますか。

社会不安から自民支持へ

神野直彦　国民の間に深刻な層を含めて、社会的な不安や不満が鬱積している表れだと思います。
　内閣府が昨年行った、安心、安全に関わる特別調査でも、国民が不安である、安心できない、それから安全でないと感じている第一の理由は、子供の非行、それから引きこもり、自殺という現象をあげられて、いわば社会的な病理現象が蔓延している時代だということです。
　第二位は犯罪が多発して、社会的な秩序が、治安が悪化しているというものです。
　それが両方とも六五％前後で並んでいて、その後やや少なくて、社会保障などがたよりにならずに不安だというのが出てくるのです。
　そうすると、国民の意識の中では、社会がおかしくなって経済的な危機が、社会的な危機に飛び火したのではないかという意識を持っている。

1

そういう社会不安や不満が起きたときには、福祉でも同じことですけれども、壊せ、壊そうという主張は受けがいいのですね。
しかも、大きな歴史的な転換期に、国民の家といいますか、国民が住んできた国家が住みづらくなってきたときには、家を壊そうという思想は受けがいい。
具体的に言うと、本来は次の家の設計図を片手に持って壊さないと、危険だということは常識に考えればわかるのですが、次の家の設計図を描くのは難しいのと、さまざまな階層がどういう要求を持っているのかを盛り込んで設計しなければならないので、とりあえず壊そうという思想が、受けがいいことになるという典型だったと思うのです。

郵政民営化議論の内容と意味

横路 選挙中での郵政民営化の議論については、どのように見ていましたでしょうか。
神野 今回の争点になっていた郵政民営化は、社会を城と考えると構造改革の本丸だと主張されました。構造改革が本当に次の社会のビジョンを持って、行われる改革であるとすれば、次の社会の本丸に郵政事業がある、なんという社会は誰が考えても、冷静に考えたらおかしい。それはビジョンになってないと言えるはずなのですね。
しかし、とにかく壊そうという感情的なものが受けた。それも最も今の社会の危機を体現させられている層などに受けた、不満層に受けたと思うんです。
先ほどおっしゃったような、公務員バッシングや労働組合バッシングが、どうして起きるのでしょうか。
日本の場合には公務員の数も少なくなって労働組合の組織率も低いので、たいして選挙には影響がないということと、労働組合に入っていない人々にとって、そこは天国に見えているのかもしれない、ということがあるのだと思います。
労働組合は安定的な雇用を享受できない人々を組織化できてないことを反省しなければいけないと思うのです。
私の教え子がたまたま留学先のスウェーデンから帰ってきて、スウェーデンで珍しく日本の総選挙を報道した。コメンテーターの解説では、九月の選挙で日本では二大政党制を目指しているようだけれども、これはわが国で言うと、右での二大政党を目指しているのだと、こういうコメントを出していると言っていましたね。

小泉政策で社会問題発生続く

横路 本当に今度の選挙は政党間の政策議論になりませんでした。もともと民主主義というのは対抗する勢力があって議論して成り立つわけですが、小泉さんは反対意見を総理就任以来、抵抗勢力という形で切り捨てて、議論なしですすめてきた。作り変えるということはどうしたってお互いに議論しなくてはいけない。日本の民主主義も形骸化したという感じを非常に強くしますね。
小泉さんが誕生してから四年六ヵ月になるんですけれども、いろんな指標を見てみますと非常に所得の格差が拡大をして、貧困層が増えています。
一方で長時間労働があり、一方で低賃金のパート労働がある。ということで、樽のような社会的構造からひょうたん型になって、上の方は一％から本当に数％しかありません。一方、貧困層はどんどん溜まっていて、それが社会的な問題を起こしていると思うのです。
それはやっぱり小泉さん、竹中さんの政策に大きい理由があります。
というのは、竹中さんの発言を聞いていますと、みんなが平等に貧しくなりよりは、アメリカのように一部の力のある人間をぐっと押し上げてやって、そして底上げを図るのだという言い方をします。
あるいは、あまり所得の再配分だとか、累進課税みたいなものを強めていくと、富める者は働く意欲なくなるから、それを止めることで、富める人はますます富むために一所懸命働くということです。
では貧しき者はどうかというと、生活苦にむち打たれて働くのだといったような発言をしている。今日の状況は具体的にやってきた政策の、結果だと思うのですね。
いろんな資料を見ていると、完全にアングロサクソンの仲間に日本は入っています。つまり、アメリカ、イギリス、ニュージーランド、アイルランド、というレベルの中に日本が長時間労働は日本がダントツですし、所得格差もアメリカ、イギリス並みぐらいになっていますし、貧困層もOECDで先進国で言うとアメリカ、アイルランドの次ぐらいですよね。

いずれにしても、これは税金の負担構造とか、労働基準法は、なきが如き状況になっているとかいろんな問題が出てきています。また、企業の賃金や人事管理も成果主義が導入されて変わってきました。
　こんなことになった小泉、竹中さんの政策のどこが、こんな状況を作り上げたのか、どうお考えでしょうか。

人間のコスト下げ国際競争力つける

　神野　国民が幸せになるために経済活動があり、国民の生活の真の豊かさを実現するために、経済的な手段をとして市場などがあるにもかかわらず、それが逆転している。
　私たちは、確かに一九八〇年代ころに一つの歴史的なエポックにさしかかった。このとき、第二次世界大戦後あらゆる先進国が福祉国家を目指していたのですが、私の考え方で整理をすると、二つのグループに分かれ始めた。
　一つは、横路さんがさっきおっしゃったようにアングロアメリカ的なグループです。これは福祉国家をかなぐり捨ててしまって、小さな政府、小さな政府というのは、夜警国家ですよね、そういうような政府にしてしまった方がいいというのが一つの考え方です。
　もう一つは、福祉国家のよいところを生かしながら、もう一度それを修正し直そうという態度を取る国家です。これがヨーロッパの国々だと考えていいのではないかと思います。特に、北欧、北ヨーロッパの国々はそうだと言っていいと思います。
　ヨーロッパの国々は、一応貧困などの問題をマクロ的には解決して、ある一定の幸福を享受したので、より人間的な生活をできるようにするにはどうしたらいいかということを考え始めて、経済社会を改革して始めたわけです。
　日本は、このままいけば経済競争は非常に激化し、強くなるので、経済競争力を強めるために、いかに人間のコストを安くしていくのかということを考えている。

じり貧続ける日本社会

　横路　経済効率だけを優先する政策だと、いろんな問題が生じてくるわけですよね。
　神野　その結果としてどういうことになったのかというと、この間ダボス会議を主催する世界経済フォーラムの作った国際競争力のランキングに表れているわけです。
　一位から一〇位の中に、北欧諸国は五カ国全部入っている。日本は九位から一二位に落ち込んでしまった。
　世界経済フォーラムでは基本的な経済を、客観的に数量的な指標で評価した上で、アンケートを取って修正してランキングを付けた。その国際競争力の五〇％は公的制度がどのくらい機能しているか、公的機関の質ですね。それから残りの二五％がマクロの経済的なパフォーマンスの結果で評価されています。
　アングロアメリカンタイプというのは、技術力は突出しているのですね。アメリカが一番です。
　しかし、公的制度の機能は、アメリカは二〇位ですが低い。それからマクロの経済的なパフォーマンスも悪い、これも二〇位かそこらへんでした。
　このようにアングロアメリカンタイプは、国際競争力を見ると技術力だけは突出するというパターンなのです。
　一方、スウェーデンとか、一位になったフィンランドとか、デンマーク、アイスランド、ノルウェーという国々は、すべてにまんべんなく高得点で、バランスがいいわけです。
　技術力だけいいのだけれども、あとの二つはだめというアングロ、アメリカンタイプで、日本より上にいるのは台湾です。いま急激に追いかけているのが、韓国で、二八位から一七位ぐらいに上げてきています。
　この韓国、台湾、日本、アメリカなどがこのアングロアメリカン型で、技術力だけがよくて、あとの二つはだめ、ということになっています。
　ですが、このパターンでは国際競争力で勝とうとしても難しい。というのは、アメリカのように覇権国で、軍事大国で軍事技術を民需に転換できるというようなことがない国だと、国際競争力はつかないと思います。公的制度も有効に機能し、マクロの経済的な運営も良好だというパターンを目指さないと、国際競争力はつかないですね。
　このままいけば日本は、じり貧に悪化していくことになるのではないかと思います。

3

国際競争力が落ちると、新自由主義的改革を推進する人々は間違えていて、もっと改革を行って、やっていないからこういうことになるのだと言って、悪い方向に悪い方向にと進んでいくのだと思います。

北欧の国際競争力強い原因は

横路 一一月中旬からフィンランドとスウェーデンとデンマークに一週間ほど行ってくるのですが、主なテーマは、北欧諸国の国民負担率は日本の倍もあるのに、どうして国際競争力が強いのかということです。教育の問題、あるいは女性の社会参加、技術革新、産業構造の転換というようなテーマで訪問しようと思っています。

そして、これらの点がこれからの日本の社会で非常に大事な議論のポイントになっていくのではないかと思うのです。ともかく小泉、竹中さんが出てきて、いろんな意味で格差が拡大していって、その結果最初に先生がおっしゃられた自殺が増えるとか、あるいは生活保護が増えるとかいったことが出てきました。

それから子供の学用品とか給食費を負担できない子供に対して支援、補助金を出す仕組みがあるのですが、この制度は三位一体で補助制度から地方に移されたことで、今度文科省は止めたのです。

この子供たちが全国で一一%ぐらいいる。北海道で一五%ぐらい、東京、大阪でいうと二二～二三%ぐらい、小中学生がそういう補助を受けています。つまり貧困層が本当に増えているのです。

あと特に増えているのは、精神障害の手帳を受けている人の数です。この一〇年間で一〇倍以上に急増している。小泉政権になってからでも一九万人が三一万人に増えているのです軽い躁鬱の人が増えてきています。ストレスの多い状況になっているということです。

そして、こうした社会的な状況というのは結局、コストが非常にかかることになってしまいます。生活保護の費用の負担も増えますし、医療費も増えてくる。また、犯罪者が増えてくるから警察官も増やして、刑務所を五〇年ぶりに作るとか、非常に社会的なコストがかかる、悪いサイクルにすでに入っていて、ここから抜け出すというのは大変だと思うのです。

ですから、そこから抜け出す方法としては、先生おっしゃっているように、新しい社会的なインフラと社会的なセーフティネットをどのように張り替えをするかということが非常に大事になります。

そうすると、財政や税制はもとより、われわれの働き方を含めてしっかり総括して変えていかなければならないと思います。

冒頭おっしゃられた確かに国民の中にも非常に不安が広がっているわけですが、ここから抜け出す政策の転換という、先生がおっしゃっている社会的インフラとセーフティネットの張り替えというところをもう少しご説明していただきたいと思います。

小泉政策は発展途上国方式

神野 先ほど、横路さんがおっしゃったように、竹中さんを中心とする政府の考え方が仮に豊かになる人はもっと豊かになりなさいと、その後、富める者が貧しい者を引き上げなさいという考え方であるとすれば、中国に典型的に見られるように、発展途上国のやっている政策なわけです。

まず、中国のやっている政策というのは、まず豊になる〇〇〇。その後、豊かになった者が貧しい地域、ないし貧しい人々を引き上げなさいという戦略になっているわけですよね。

しかし発展途上国でも苦労するのはその後の、富める者がいかに貧しい者を救済していくのかというシステムがなかなか作れないということです。

中国などでも貧富の格差が拡大し始めた不満に、どう対処しなければならないのかということは深刻なことになっている。

ひるがえって日本は、これまで高度成長をしてきて、豊かな者は豊かになったはずです。今は、むしろヨーロッパのような、豊かになった者が貧しいものを救済していくようなシステムを本来作らなければならないときなのですが、それができていないために、社会的な混乱や、逆に経済成長の足を引っぱっているというのが、実態ではないかと思います。

日本は工業化に達成したままで、発展途上国のように工業化を追うのではなく、私の言葉を使えば、知識社会、知識集約型のような産業構造に移っていかざるをえないだろうと思います。

これはものの作り方が変わるという意味ですので、これまでの大量生産、大量消費に変わって、知識でモノを包むように生産するような、高度に人間的な力を必要とする分野に産業を変えていく必要があるだろう。つまり大量生産大量消費のように量を追求する時代から、質を追及する時代に変えて行く。

そうすると、インフラも変わってきますし、社会的な安全のネットも張り替えなければならない。社会的な安全のネットは、これまで重化学工業時代であれば、画一的な単純な作業をする働く者たちが非常に多くいて、それを基盤にお金を配るというシステムでしたが、経済が知識や情報化していくと、なかなかお金による所得再分配というのはうまくいかない。

グローカリゼーション進めるヨーロッパ

横路 では、どうすればいいのでしょうか。
神野 そこでヨーロッパ社会では、グローカリゼーション、つまりグローバル化と同時にローカル化を進める。身近な地方自治体が教育、医療、福祉とこれまで教会がやっていたようなサービスを提供することで、現金給付による社会はセーフティネットをサービス給付による社会的セーフティネットで張り替える。

それと同時に、生産の前提条件としてのインフラは、これからは知識資本となる。人間の能力そのものです。この知識資本というのは普通二つから成っていると言われておりまして、一つは個人の能力であり人的資本である。もう一つはお互いに情報や知識を与え合う、そういう人間の絆であって、これは社会資本、ソーシャルキャピタルと言われる、この二つから成り立っている。この二つを充実させていくことが、インフラになると思われます。

ところが、日本の場合には福祉の統計を見ても、医療と年金というのはまあまあ追いついてきたのですけれども、北欧諸国やヨーロッパでは、医療や年金以外のその他の部分がそれと同じくらい出ている。その他の部分というのは、基本的には養老サービスとか、育児サービス、もちろん児童手当なども含めますが、それから積極的労働市場政策みたいなものが、その他の中に入っていて、そうしたサービィス給付が地方自治体、市町村ないしは道府県の仕事としてあるわけです。

年金とか医療というセーフティネットにプラスするその他というセーフティネットが出ていかないために、日本の社会が最初に申し上げたように荒廃し始めていて、犯罪その他が広がっていることになっているのだと思いますし、他方で新しい産業も生み出されていません。

新しい産業が生み出されないと、新しい仕事も生み出されない。仕事が生み出されないと、やりがいのある仕事はますますなくなってしまう。つまり、これまでの産業で競争、新しい力を高めようとすれば、単純な作業にして、つまりできるだけ人間的な能力を必要としない作業にして、そこに安い賃金の人をへばりつかせることになりますから、やりがいがない。

正規従業員も少なくし、公務員も少なくするということをやり、新しい仕事を作られないと、若い人々はやりがいのある仕事を見つけることはできません。

ニートなどと言われても、やりがいのない仕事である以上、その場限りの金銭さえ稼げればいいという考え方にならない方がおかしいと思います。

決して多くない日本の公務員

横路 よく、新聞記者の人たちから横路さんが目指すのは大きい政府ですか、小さい政府ですかと聞かれます。小さいか大きいかという議論というのはしょっちゅうあります。

ではあなたは、日本政府は今大きい政府だと思うのか小さい政府かと思うのかと聞けば、ほぼ一〇人が一〇人とも日本政府は大きい政府だと言うわけです。

そこで、大きいか小さいかというとき、何が大きいか小さいかのメルクマールになっているのかと聞くと、どうも曖昧になっています。今まで議論するときには高福祉高負担と、それが大きい政府で、低福祉低負担が小さい政府ということでした。

しかし、日本政府は国民負担率の方も税や社会保障の負担も、それから給付の方も非常に小さい政府です。

それから先生の資料を見て改めて確認したのですが、例えば日本の国の国家予算、例えば投資みたいなものがどれだけのウエイトを持っているかという、GDPに対する政府支出割合の国際比較という表を見ますと、本当に支出は少なくてアメリカよりもむしろ低いくらいしかない。

ただ、その支出の中で非常に大きな特徴があるのは、地方の公的資本形成が他のどの国よりも高いということです。つまり公共事業が大きいということが一つあります。

それから雇用に占める公務員の割合を見ると、日本政府は六・九％ぐらいで、これもまたアメリカより少なく、OECDの平均が一八・四で、スウェーデンは三二％になっています。みんなが非常に間違

って思っているわけですね。
　だから日本政府は大きい、大きい、大きすぎるから公務員を減らして人件費も減らせと言っている。人件費も国家予算の中で見ると、自衛隊を含めて五％で、自衛隊除くと三％ぐらいしか予算の中でウエイトがない。というと、本当に間違った議論を我々はしているのではないかと思います。
　民主党の党内も、特に前原代表に代表されるように、ともかく公務員を減らす。それから小さい政府、より小さい政府と、小さいかどうかの競争みたいなことを始めているわけですね。
　そして小さい政府ということに、しかし国民は支持を与えているわけです。
　これをどうふうに一体考えたらいいのか。このへんの議論を本筋に戻していかなければいけないと思っていますが、このへん先生どう思っていますか。

民法的世界から行政的手法へ

神野　まず小さな政府とか大きな政府というのは、機能で判断するというのが財政の上で常識です。小さな政府といえば、暴力の行使が正当化されているのは政府だけですから、政府機能をそれだけに限ると、夜警国家となるわけです。
　ところが、家族の機能や、コミュニティの機能が小さくなってくると、小さな政府では社会の統合、社会の秩序維持という政府の責任が果たせなくなるということで、出て来たのが一九世紀のドイツの財政学です。
　ドイツ財政学は一九世紀のイギリスのような市民社会の時代から、社会国家の時代に移ったのだから、鎮圧主義から予防主義、つまり社会福祉サービスとか、社会政策的な政策を打って秩序の混乱を予防するということをやらないと、秩序の維持ができなくなると主張しました。
　このようにドイツ財政学的政府機能を大きくしようと主張したわけなのですね。
　第二次世界大戦後、世界の先進諸国は、福祉国家を目指します。つまり暴力機能による秩序維持だけではなくて、社会の共同事業として福祉サービスや教育をやっていくことで社会的統合をしようとしたわけです。
　このように第二次世界大戦後、先進諸国は福祉や教育など対人社会サービスをするわけですから、公共サービスに従事する公務員が増えるわけですね。
　第二次世界大戦の前ですと、日本の公務員の比率もOECD平均五％ぐらいでしたが、現在ではOECD平均が一八％なのに六％にとどまっています。
　日本では何度か国会でもそういう言葉が飛び交ったはずですが、土木事業国家と言われているように福祉サービスをしないで、公共事業で統合を図ろうとしたので、公務員の数が少ないのです。
　公共事業の場合は、公務員を必要としません。政府はムダが多いというとき、不必要なダムとか、農道空港とか、その公共事業をあげる。返す刀で、だから公務員はいらないから、公共サービスを、公務員の数を減らせというのですね。
　ムダな公務員を切ってもらってもかまわないのですが、本来福祉のサービス、特に老人のエルダーケアとか、子どもたちのチャイルドケアに従事している公務員は、日本の場合にはヨーロッパに比べたら皆無だと言っていいくらいしかいないのです。
　つまり、福祉サービスの恩恵、教育サービスの恩恵を受けている人々が少ないわけですから、それは有難みがない。そうすると、政府はムダですねと言うのに、イエスと言ってしまいます。

税負担関係ない政府の大小

横路　小さな政府、大きな政府というとき、税金の負担はどうなるのでしょうか。
神野　小さな政府なら税負担が軽く、大きな政府なら税負担が重いというわけでありませんが、例えば第二次世界大戦前の日本を見ていただければわかりますが、小さな政府ですけれども暴力機構だけで国内の統治をしようとすれば、その暴力機構を肥大化しなければならなくなってきますから、結果として重税国家になる。
　しかも、自分たちの生活を支えてくれるところにお金が回っていかないために、負担感が非常に高まるということになります。
　日本では現在、財政に無駄があるといわれていますけれども、何が無駄な公共サービスで、何が必要な公共サービスなのか、明確に切り分けて議論していかなければなりません。
　子供たちの保育も、お年寄りの養老だって、市場に任せればできるのではないかと言う人がいますが、

それできます。しかし市場に任せるということは、市場は購買力に応じて財、サービスを配るということですから、結局お金持ちはそのサービスをたくさん享受することができるけれども、貧しい人々は育児も養老もサービスを享受することはできないことになります。

一方、市場に任せないとすると、そういったサービスは公共部門が必要に応じていますから、貧しかろうか豊かであろうが、無関係なのです。社会の構成員のすべてに必要に応じて配る。どちらを選択するかということだと思うのです。

日本の場合は、中途半端、所得制限を非常に厳しくして、ごく貧しい人々に福祉サービスを当てるようにするだけで、北欧諸国のように福祉がすべての社会の構成員にユニバーサルに配分されていないのですね。

特に中間層には公共サービスが配分されていないので、負担を拒否される。結果として、この中間層は公共サービスで生活が支えられないために、下の方に分解されていく、というような悲劇が日本で生じているのではないでしょうか。

官から民へのゴマカシを明らかに

横路 政府の、小泉さんの言う小さな政府、自己責任というのは、要するに中央政府の負担は軽くして、その代わり地方自治体と個人の負担は増えていくことになります。結局、その負担に耐えられる人、耐えられる自治体はいいけど、耐えられないところは本当にそれでは生きていけないというようなことになるわけです。

官から民へという議論もありましたが、あの場合の民というのは民間企業の意味で、市民の民ではないと思うんです。民間企業がやればさっき先生がおっしゃった通りなんでもやれるわけで、ほとんどやれないことというのはあまりないんだろうと思うのです。

ニュージーランドでは、救急自動車とか消防車とか、消防事業も全部民営化されています。例えば家族で誰かが倒れたから来てくれと言うと、いくらかかりますけどいいですかと開かれるそうです。それにOKを出さないと救急車は来ない。火事の場合はそんなこと聞かないで飛んでくるそうですが、あとで費用請求される。税金を払っていてもなおかつそういう社会になっているわけです。

人というのは、生まれてから生きていく中で、個人でいくら努力してもできないことはあるわけですから、救急車とか消防といった公的なサービスはどうしても必要だと思います。

今、医療制度改革を含めていろんな制度改革が行われています。この間の障害者自立支援法という障害者に関する法律は、ヨーロッパでは全部税金でやっているサービスを、日本ではサービスの一割を自己負担するという法律で障害者の反対を押し切って制定をしてしまった。

どこから小さい、大きい政府なのか。それから官から民への誤魔化をもっとはっきりしなければいけないんだろうと思います。

先生が宮本先生と書かれた『公務労働』という本を読ませていただいたんですが、やっぱり公という概念をどう作るかということですね。本来、公のところを私物化されたのでは、これは本当にそのサービスを受けられない人がたくさん増えてくる。それでは社会を維持できないのではないかと思います。ただその公という概念は、必ずしも日本ではあまりはっきりしていないと思いますが、そのへんはいかがお考えでしょうか。

名前は公用車でも官僚用

神野 公とは、社会の構成員の誰をも排除しないことをいいます。浜下教授の言葉でいうと、中国で公用電話といえば、誰もが使う電話のことを言う。日本で公用車というと、官僚が使う車のことを言う。このように、公が官と一体化されてしまっている。

日本では、公が誰もが排除されない領域だと認識されていない、公が官に支配されるのであれば、民主主義で公に取り戻さなければなりません。

私の財政学の教科書に書いておいたのですが、公園というのはゲーテの思想に基づいている。ゲーテは封建領主や一部の貴族が独占している美しい庭園をすべての社会の構成員に開放しようといって公園というのを主張したわけです。ですから、美術館もすべての社会構成員に美術を開放する。

先日、私のところに日本のスウェーデン大使館から、スウェーデン政府が力を入れている政策のセミナーをやるというので、招待状をいただきました。

そのテーマは、病院とアートです。なぜ病院とアートかと言うと、病院というのは病める者たちがい

るところなのだけれども、その病める者たちはその病院で肉体的な痛みだけではなくて、心の痛み、それから社会の痛みを癒されなければならない。

癒しにどう対応するのか

横路 心の痛み、社会の痛みを癒すということの意味をもう少し説明して下さい。
神野 癒すということに一番効果があるのは芸術である。病院の建設費の一定割合を芸術に使わなければならないと、ハード面で義務付けているし、ソフト面でもアーティストは病院で芸術活動を行わなければならない。それから患者たちに芸術に参加させるということを保障しなければならない、というふうに考えていると言うのです。

現在ではノーマライゼーションやクオリティ・オブ・ライフが進行し、そうした芸術で飾られた病院でも必要なときだけ入るものとされています。一昔前までのスウェーデン人は、病院のベッドの上で息を引き取ったけれども、今のスウェーデン人は自宅のベッドの上で息を引き取る。在宅医療病棟が整備され、生活の場で息が引き取れるようなサービスを提供しているという。

しかし、その前提として病院も完備している。しかも芸術に飾られて、人間らしい生活ができる病院がある。

そういう政策を行っている国に、日本は国際競争力で負けているわけです。世界経済フォーラムの国際競争力ランキングによると、日本は昨年の9位から12位に落ち、スウェーデンの国際競争力は世界3位です。

問われないでいる本質的問題点

横路 すべての問題が財政赤字の話になってしまっています。教育公務員の給料が高いから削るという話になってしまって、日本の教育をどうするのか、そのための教師の質を高めるにはどうするのか、いい人材をどう集めるのかという、視点にならないのです。
神野 本質的な問題点を問わなくなってきているのですね。右肩上がりの成長の時代は終わった。成長を志向する時代は終わったと言うならば、成長志向から使命志向に改めなければならないはずです。しかし、成長の時代は終わったと言いながら、依然として成長志向なのではないかと思います。

例えば病院の本当の使命は何なのだろうか、大学の使命は何だろうかということを考えるのではなくて、ますます成長志向になっているのです。
横路 北欧諸国は国民負担率で言うと日本の倍以上の負担ですよね。それで国際競争力はフィンランドにしてもスウェーデンにしてもデンマークにしても非常に強い。

日本では、いろんな議論の中に必ず出てくるのは、今の国際的な競争力の時代に負担をやっぱり軽くしないと国際競争力に勝てないというものです。だから国民の負担率も抑えていくんだという議論があって、それがまだ大きい力を持っていると思うんです。

現実に差が出てきます。例えば日本は、先ほどの指標で言うと小さな政府となりますが、その代わり財政赤字が巨大です。

スウェーデンは、ある意味では大きい政府ですが、財政は黒字になっている、というような点ですね。

この原因は、社会のいろんな構造にあると思います。日本の場合はサービス経済化に対応するような仕組みにまだ税制などが代わっていませんから、多分国家の財政支出を見ると、北欧諸国と相当違うと思うんです。

その負担が高いのに競争力がなぜ強いのかというところは、いかがでしょうか。

人件費はコストか否か

神野 経済学者の高橋律夫の『虚妄の成果主義』という本の中で、人件費をコストと考えずに、人的な投資だと思えと言っているのです。

日本はこうした人材投資を減らそうと言っているわけですから、新しい仕事とか、新しい工夫が出てこようがないわけですね。

国際競争力をつけるには、機械設備つまり資本と土地ということになるわけですが、資本と土地とい

うのは国際競争力なんか持ちません。常識的に考えても、国際競争力を持つようになるのには土地を耕し、機械を操る人間です。人間いかんが国際競争力を制するということは、常識で考えればわかる。

国際競争力をどう高めるか

横路 北欧諸国では国際競争力が強いのですが、その原因というか、秘密はどこにあるとお考えですか。
神野 北欧諸国が国際競争力に強い秘密は、人間の能力が高いということです。それは特に問題解決能力、単に訓練で身に付くような能力ではなくて、ホワイ（WHY）、どうしてこうなるのということを問うて、問題を解決できるような能力が非常に高いと思います。

日本の場合には読み、書き、そろばん能力はそう落ちてはいないですね。つまり、ハウツウは、非常に日本は得意なのだけれども、ホワイを問うてなかった。

教育もハウツウの教育をやってきたのですが、それは高度成長期、あるいはこれまでの工業化社会というか、一つのレールが敷いてあるときには、ハウツウだけ問うてもよかった。けれども、これから次の新しい社会を作ると言ったときは、何もモデルがないと、なぜこうなるのだろうという、ホワイを問う能力が問われたのです。そこが教育の転換ができていなくて、勉強というのは無理するという意味ですが、学ぶよりも勉強だと思っていた。

それが人的な能力の形成に失敗をした理由です。それは学校教育だけではなくて、企業のあり方にも言えることです。スウェーデンではサイエンスパークとか、政府主導でさまざまな新たな技術開発に政府が取り組んでいるわけですね。

学校教育、成人教育、職業教育、それから企業内で行われているさまざまな教育と、社会全体が人間を再生産し、人間の能力を磨いていくという全ての仕組みで日本は衰え始めたということではないかと思います。

それが国際競争力の劣化に表れたと思います。なぜなら、日本のやっていることは、なるべく人間の能力を発揮しないような仕事を作って、そこに人間的な能力を必要としない人をいかに安く使うかということしか考えていないからです。
横路 OECDの加盟国の中で教育投資というのは、日本は最低ですね。
神野 そうです。北欧の二分の一です。

教育、社会保障をどうするのか

横路 だから問題は、教育と社会保障というところなのですね。

このごろいろんな調査で、例えば厚生労働省のものを見ますと、やっぱり社会保障、社会福祉投資の方が、公共投資よりも産業の波及力や雇用の吸収力も、むしろそっちの方が高いというような数字が出て来ます。
神野 それは産業構造が変わってくると、昔のような重厚長大でなくなれば、ますますそうなりますね。
横路 日本社会は本当にこのままでいったらどうなるのか。やはり経済や社会のあり方とか、人の暮らし方とか、考えていかなければなりません。

例えば、サラリーマンとして働き、就学前の子供がいる家庭の父親が午後の一一時から毎晩朝の三時までに帰っている割合を見てみますと。

関東は二二％でサラリーマンの五人に一人が一一時から午前三時の間に帰ってきている。多分家族と一緒に食事を食べる機会はないでしょう。
神野 ファミリーというのは、食事を同じくする者という意味なのですね。だから、ローマ時代の奴隷にも食事を家族でする権利が認められていたのですが、日本では認められていない。

家に帰って来たお父さんと食事をしても、子供と会話をしておけば子供の非行が防げたのに、そのときでもお父さんは仕事の事を考えているというパターンですよね。
横路 フィンランドだったら、先生も四時には家には帰って来て、毎晩家で食事ももちろん一緒にして、父親は子供に本を読んでやっている。

よく今仕事と生活の両立とか、仕事と家庭の両立とか言いますけれども、そういう政策を日本でも、やればできるわけです。長時間労働を抑えて、不払い企業はどんどん摘発すればいいと思うのです。

このごろ経団連がダメになったと思いますね。今年民主党と話し合いがあったとき厚生労働担当だったのですが、向こうから出て来た要求は何かというと、労使間で話をしているものを、労働基準監督署が入ってきて、不払い残業だと騒ぎ回るのは止めてもらいたいという話が一つでした。

それから障害者の法定雇用率を上げるという話があるが、そういう話はよく経済状況を見極めてからやってもらいたいという話が出て来ました。あまりにも短期的な自分勝手な話ばかりで世の中のこと全然考えてないのではないかと思ってしまいました。

問われる経営者の社会的責任

神野 人間の生活を中心に考えてない。人間の社会で多くの人々が人間的に生活していくために何が必要か。市場もそのためにあるはずなのに。逆になってしまっているわけですよね。

横路 以前でしたら、従業員とその従業員の家族の生活を守るのが経営者の責任であるとか、いかに税金を納めるか、国家のために役に立つということを言う経営者はいました。しかし、今の竹中さんの周りにいる経営者は、税金は払いたくない、社会保障の負担はしたくない、従業員の家族の生活は、そんなことは従業員が考えろ、俺は金を手にするよと、こんな感じですよね。

神野 優秀な経営者というのは、本来その会社の従業員、その会社のために働いている従業員の生活というか、賃金をいかに上げるのかを考えている。大量にものを生産しなければならない、そのために単純労働にして、流れ作業にして、単純労働にするんだけれども、それによって生産が上がって賃金が高くなります。

ところがそれが高くなってみると、そういう単純労働だと嫌気が差して、限界が来たというのが現在の状況なのです。

そこを乗り越えようと言っているときなので、より人間的な労働にするにはどうしたらいいのかということを考えなければいけないときですが、皮肉を言えば、もう一回貧しくしたらいいのではないか。そういうふうになれば単純労働でも我慢して働くようになるでも考えているのでしょうか。

国民の声をどう政治に生かすのか

横路 今度また労働契約法という法律が次の通常国会で出てきますが、年収四〇〇万以上のサラリーマンには労働基準法を適用しないというものです。また、今でさえ長時間労働なのにさらに長時間労働にするということです。何を考えているのでしょうか。

神野 公務員を減らしたり、規制を緩和するということの裏側では、働く者たちが獲得してきた社会保障や労働市場での権利を奪われることが、進行しているという事実を見抜かなければなりません。

横路 そうですね。一八世紀の資本主義が起こった後の状態みたい本当になりかねない。われわれも政治活動を長くやってきて、一体何やってきたのか絶望的になることもあります。日本社会もこうなってしまって、これからの日本の社会というのは、大変です。

一体誰が本当に国民の声を聞いて、それを政治に生かしていくのか、私たちの責任は重大です。

神野 特に、与党でも歯止めをする人がいなくなって、危険ですね。

横路 ほんとそうです。ハーメルンの笛吹きみたいなもので、小泉さんの笛に踊らされて、みんな国民こぞってどこに向かって走っていったらいいのか。

神野 一歩立ち止まって、冷静に考えようと言ったらおこられちゃう。

横路 後藤田さんは、常識的なことを言われていたのですが、それがものすごくいい役目をしていたと思います。ああいう人もいなくなりましたからね。

神野 この間、村山内閣のときに経企庁の長官をやられた宮崎さんの『証言戦後日本経済』を読んでいたのです。小泉政権で改革をやったら良くなりますというだけで、どう良くなるのかわからない。そこで「景気をどうする」と尋ねると、「改革は反対か」と言う。そういう言い方は、おかしですねと書いてありました。

横路 そうですね。民主主義にとって大切なことは、いろんな考え方をぶつけて議論するということです。議論なしの一色の社会は困ります、危険でさえあります。私も多いに議論をしていきたいと思います。今日はありがとうございました。

神野 ありがとうございました。

Anhang 3: Blogeintrag Esaki Takashi

寛容の中道 - TONKA JOHNの議員日記　　　http://esakitakashi.com/2012/12/26/寛容の中道/

TONKA JOHNの議員日記

Home　Profile　Gallery　Contact　The Memories of Tonkajohn

日記

寛容の中道

参議院議員　えさきたかしブログ

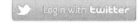

Search

2012年12月

月	火	水	木	金	土	日
					1	2
3	4	5	6	7	8	9
10	11	12	13	14	15	16

« 11月　　　　　　　1月 »

「サンクチュアリ」とは赤松元農林水産大臣を代表とする民主党の政策グループだ。今夏の民主党代表選挙で代表の赤松さんが立候補した頃から、（ほとんど命令で）僕は事務局次長を勤めている。メンバーは、幹事長の輿石さんや今度代表になった海江田さんなど２０人ほど。以前はもっと多かった。逢坂さんや山花さんなど錚々たるメンバーが選挙で敗北、戻ることができなかった。残念でしかたがない。

マスコミはこのグループを「旧社会党グループ」と紹介することが多い。この表現がメンバーにすこぶる評判が悪い。確かに赤松代表等労組系もいるが、そうでない人も多い。実際にメンバーの考え方も政策方針も「リベラル」である。前回の代表選でも、マスコミは４人の候補者の中で赤松さんただ一人をリベラルとして紹介ししていた。事実、演説原稿も「民主リベラルの結集」という表現を使った。

リベラルは「自由主義」とも訳されるが、福祉国家的な新しい自由主義を意味する。しかし日本では、この「リベラル」や「社会民主主義」という言葉が少々矮小化し、少々「左」がかってイメージされている。５５年体制下、野党第一党である社会党は、実現不可能な社会主義革命を掲げ、労働組合から支持を引き受ける「革新政党」として存続価値を見つけ、変えることはなかった。一方で自民党は、保守層だけではなく、社会党では抱えきらない資本主義や自由主義的価値観、ひいてはリベラルをも内包した政党となった。これらのことが日本でのリベラルや社会民主主義のイメージに影響していると思う。本質は何も変わらぬままに、名前だけ社会民主主義的名称に変更した社会党＝社会民主党の存在も大きい。

さて今回の代表選挙。選挙前の集会で海江田さんは、これからの民主

党が進むべき方向性を「寛容な中道」と表現した。同集会に参加した細野さんも表現は違うが「中道」というイメージを強調した。ざっくり言うと、右でも左でもなく、多様な価値観に寛容である政党ということになろう。寄って立つ国民は普通の国民＝生活者や市民ということになる。

保守色を強め右に振れた自民党が圧勝。さらに急進的な維新の会も５０を超える議席を確保した。もっと新自由主義路線をと主張するみんなの党も健在である。奇しくも各政党が右色を強めたことで、日本でも「リベラル」の思想が確立するかもしれない。表現は日本的に「寛容な中道」でもいいではないか。思想的に何でも受け入れる曖昧模糊の民である私たち日本人が、世界では当たり前の「リベラル政党」の必要性を強く感じるであろうこの時こそ、我が民主党がもう一度、今度はしっかりと成熟した政党として成長するチャンスなのだと確信的に強く思う。

代表選挙が終わり会場を出て空を見上げた。様々な青を混ぜ合わせたような清々しい、まさにリベラルブルーが広がっていた。

そう言えばこの代表選からいつまにか事務局長にさせられていた(⁻_。)…

Tweet

7 Anhang

Anhang 4: Homepage Ōsaka Minshakyōkai

Anhang 5: Blogeintrag Eda Satsuki

2014年 江田五月のショートコメント　https://www.eda-jp.com/satsuki/comment/2014.html

　海江田代表の辞任を受けて、民主党は代表選挙を行う。特別国会での首班指名に間に合わせるために、両院議員総会で国会議員のみで選出する案もあったが、民主党の危機的状況を受け、2度の常任幹事会と両院議員総会で、約23万人の党員・サポーターと自治体議員による各郵便投票と国会議員等による直接投票を行うこととなった。1月7日に告示して立候補を受け付け、18日の臨時党大会で新代表を選出する。今回の総選挙で民主党議員は11人増え、女性衆議院議員は3人から9人に3倍増となった。私は中央代表選挙管理委員長を務める。活力ある代表選挙で民主党の信頼回復につながる結果となるよう、全力を傾注したい。

2014/12/15 《たたかいを終えて》

　民主党最高顧問として「今こそ、流れを変える時。」と総選挙に臨んだが、与党の大勝を阻止できず、民主党も11議席増に終わった。地元岡山をはじめ北海道から鹿児島まで、解散から最終日まで12都県に応援に行った。地元の柚木・津村両候補は、再び悔しい比例復活を岡山県で独占し、中国ブロックの民主党の仲間に申し訳ないこととなった。海江田代表落選はショックだが、「国のかたち研究会」などの市民派が多く復帰したことは喜びたい。集団的自衛権行使や特定秘密体制等の憲法秩序改変の現実性が高まる中、平和主義と立憲主義を守る責任を痛感している。

2014/12/11 《今こそ、流れを変えよう!》

　いよいよ衆院選最終盤。岡山2区津村、4区柚木は懸命の追い上げで、後一歩まで迫っている。その最中に発表された本年度7～9月期のGDP2次速報値では、実質成長率は、1次速報値の年率1.6%減から1.9%減に下方修正され、名目GDPも年率3.5%減となり、2年前に安倍首相が公約した名目3%以上の経済成長とは真逆の結果となってきた。更に昨日、政府に不都合な情報を隠ぺいし国民の「知る権利」を侵害する虞のある特定秘密保護法が、解散で国会による監視体制が未整備のまま施行された。安倍内閣には、国会の役割など眼中にないのだ。格差拡大で起きる国民の不満を外に向けて、国際緊張を高める道に進みかねない危険な安倍政権に、信任を与えてはならない。ぜひとも民主候補への一層のご支援を心よりお願いする。危機への流れを変えるため、今こそ投票に行こう。

2014/12/08 《総選挙折り返し》

　衆院選は7日目で、後半戦に入った。自民堅調の報道が続く中、麻生副総理の放言が止まらない。社会保障費の増大に絡み「子どもを産まない方が問題」と述べ、アベノミクスでは「結果を出していないのは、経営者に能力がないから」と責任転化。地元岡山2区津村、4区柚木の昨日の演説会はどこも大盛況。街頭の反応も上々で、猛烈な追い上げムードが出てきた。私も県連選対本部長として本日、連合岡山に「投票率100％運動」のお願いを緊急発出。低投票率で民主主義をミイラ化させてはならない。いよいよ正念場だ。私も全国の激

Anhang 6: Blogeinträge Kan Naoto

二大政党と民主党建て直しの原点｜菅直人公式サイト　　http://n-kan.jp/news/4138.html

菅直人 OFFICIAL WEBSITE

憲法改悪・原発再稼働・格差拡大
安倍政治の暴走

歌舞伎「暫（しばらく）」の
隈取り。詳しくはこちら

MENU

ホーム > 今日の一言

二大政党と民主党建て直しの原点

2012.07.08 更新

いいね！ 0　ツイート

アメリカは新自由主義的共和党とリベラルな民主党、ヨーロッパ諸国は自由主義的保守党と社会民主主義的な政党が二大政党を構成し、政権交代を繰り返している。私も政権交代のある二大政党を目指して長年活動し、2009年実現した。

問題はこれからだ。もともと社会保障とそのための消費税は福祉社会を実現するためで、社会民主主義的な政策だ。これが実現した後、現在の民主党をどう立て直すか、民主党の原点は何か。私は、自民党が新自由主義的保守党であるのに対し、民主党は「最少不幸社会」を目指す社会民主主義的政党としての性格を鮮明にし、自民党との間で二大政党を構成すべきと考えている。

それに加えて、脱原発と分散型エネルギーである再生可能エネルギーを活用した地域分権社会の構築を基本政策に掲げるべきだ。

日本の統治機構についても検討が必要。総選挙で選ばれた総理大臣が少なくとも４年間は安定的に政権運営ができることが、国益にとって必要。イタリアのように上院と下院の選挙を同時にしてねじれの発生を防ぎ、外交日程が制約される現在の国会審議の在り方も改める必要がある。

こうした大きな争点で次期総選挙を戦いたい。

今日の一言 トップに戻る

ヘッドライン

市民政治レポート2017年2月号を発行
2017/02/10

福島「きぼうチャンネル」に、ソーラーシェアリング現地の動画アップ 2017/01/27

菅直人平成29（2017）年新年のご挨拶 2017/01/01

大國魂神社 初太鼓打初式 2017/01/01

映画『太陽の蓋』自主上映のご案内サイトがopen 2016/12/15

原子力問題調査特別委員会で住宅支援打切りと東電の経営について質問 2016/12/09

2016/12/15

映画『太陽の蓋』自主上映のご案内サイトがopen

Anhang 6: Blogeinträge Kan Naoto

民主党の将来｜菅直人オフィシャルブログ「原発ゼロと平和な未来」の実現を目指…

民主党の将来

2013-01-02
テーマ：ブログ

年賀状では民主党の将来を心配してくれる内容が多い。

今回の総選挙で、維新が躍進した。しかし、自民党よりさらに弱肉強食の維新が自民党と政権を争う二大政党になるとはどうしても思えない。民主党は元々、自由主義的自民党に対し、社会民主主義的平等主義を基本とする政党。民主党がその原点を忘れずに、政策を再構築すれば、二大政党に一方の柱として再度認知されるはずだ。

農業政策では民主党政権が導入した個別的所得補償制度をきちんと説明することだ。多くの農家にとって必要な政策だ。民主党が進めた子供政策も多くは若い夫婦から歓迎され、定着してきている。民主党が重視した医療、介護、保育といった分野は雇用を生み出し経済成長を進め、景気対策にも効果的だ。社会保障と税の一体改革は財政破綻を起こさずに、社会保障政策を維持するうえで避けられないことだ。

原発に代わり、再生可能エネルギーの投資する事も雇用を生み出し、経済成長を促す。

自信を持って基本に戻って進めば、民主党は国民の信頼は取り戻せるはずだ。

7 Anhang

Anhang 7: Homepage Rikken Forum
立憲フォーラム

https://www.rikken96.com/about

立憲フォーラムは、2012年末の政権交代以降、「憲法第96条を先行改憲しよう」という主張が急速に広がったことに危機感を持った国会議員が結成した超党派の議員連盟です。13年4月18日に民主党・社民党・未来の12人の議員が呼びかけて、4月25日に結成されました。13年5月末の時点で、民主党・社民党・みどりの風・無所属の46名の衆参議員が参加して、活発な活動を続けています。

立憲フォーラム設立趣旨書

いま、時代は大きな転換期に入っており、新しい世界の協調・共生関係の構築が求められています。そうしたなかで、日本はどういう立ち位置をとるのかが問われています。先の大戦での日本国民の死者は軍人から市民にまで多大な数にのぼり、世界もおびただしい犠牲者を出しました。戦後の日本は、その反省に立ち大日本帝国憲法を改正し、その体制を民主主義へと移行させました。
私たちは「人権の保障を宣言し、権力分立を原理とする統治機構を定めた憲法」を基礎にすえた立憲主義の立場をいま一度堅持すべきだと考えます。
憲法とはそもそもどのようなものであるのか、戦後、現憲法がどのような役割を果たしてきたのか、はたして現憲法に追加されるべきことはあるのか、現在語られている96条を抜き出して憲法を「改正」するということの意味するものは何か、といったことを闊達に論議し、立憲的な構成員たる議員としての責任を果たしたいと、ここに立憲フォーラムを立ちあげるものです。
既に明らかにされた自民党の憲法改正案は天皇を元首とし、自衛隊を国防軍にかえ、基本的人権を制限できるように「公共の福祉」を「公益及び公の秩序」にすりかえるなど、戦後日本社会の規範・枠組みを根本から変えるものとなっています。憲法は政府を縛るものではなく、国民を拘束するものだという考え方は主権在民という立憲主義の原則を根本的に否定するものです。
日本維新の会は綱領で「日本を孤立と軽蔑の対象に貶め、絶対平和という非現実的な共同幻想を押し付けた元凶である占領憲法を大幅に改定」との立場を明らかにしています。
これらの動きは、憲法改正の是非の立場をこえて、立憲主義そのものの危機であると考えます。
私たちはこうしたさまざまな動きに平和・人権・環境を重視する立場から国会や言論の場で検証と同時に提言を行うために、立憲フォーラムに、是非多くの議員の皆さんの参加をお願いいたします。

2013年4月18日

立憲フォーラム呼びかけ人
阿部知子、江崎孝、大河原雅子、近藤昭一、篠原孝、武内則男、
辻元清美、那谷屋正義、松野信夫、水岡俊一、吉川元、吉田忠智

立憲フォーラムの役員体制
立憲フォーラムの活動

© 2013 by Rikken Forum

constitution | 立憲フォーラムとは

Anhang 8: Glossar japanischer Termini

Amakudari 天下り („Herabsteigen aus dem Himmel"). Mit diesem Begriff bezeichnet man den Vorgang, dass ein pensionierter Bürokrat aus einem Ministerium („Himmel") in eine Stellung bei einem Unternehmen wechselt, mit dessen Regulierung er zuvor betraut war.

Chian iji-hō 治安維持法 („Gesetz zur Aufrechterhaltung der öffentlichen Ordnung"). Dieses Gesetz wurde 1925 fast zeitgleich zum Allgemeinen Männerwahlrecht ab 25 Jahren erlassen. Es diente als Grundlage für die polizeiliche Unterdrückung politisch unliebsamer Bewegungen, insbesondere der Sozialisten. Verschärft 1928. Abgeschafft 1945.

Dōmei 同盟 eigentl. Zen-Nihon rōdō sōdōmei 全日本労働総同盟. Dōmei, gegründet 1964 durch Zusammenschluss zweier Vorgängerorganisationen, war der zweite große Gewerkschaftsverband im 1955er-System (→ Gojūgo-nen taisei) neben Sōhyō. In ihm waren die meisten Gewerkschaften des privaten Sektors organisiert. Politisch wurde der Verband von der DSP repräsentiert. 1989 Fusion mit Sōhyō (→ Sōhyō) zu Rengō (→ Rengō).

Fūfu bessei 夫婦別姓 Dieser Begriff bezeichnet die Option für Verheiratete, unterschiedliche Nachnamen zu führen.

Giin renmei 議員連盟 Parlamentariervereinigungen. Themenspezifische meist überparteiliche Gruppen von Abgeordneten.

Gojūgo-nen taisei 五十五年体制 („1955er-System") Dieses auch Eineinhalbparteien-System genannte Parteiensystem bestand aus der dominanten LDP als ‚Dauerregierungspartei' und der SPJ als ‚ewigen Oppositionspartei' (*mannen yatō* 万年野党).

Habatsu 派閥 Faktionen. Diese innerparteilichen Seilschaften spielen in der japanischen Politik seit der Meiji-Zeit eine große Rolle.

Haken mura 派遣村 („Zeitarbeiter-Dorf"). Dieses Zeltlager wurde im Winter 2008/09 im Tokyoter Hibiya-Park von NGOs und Gewerkschaften für Arbeiter eingerichtet, die im Zuge der Finanzkrise entlassen und obdachlos geworden waren. Dort konnten die von sozialer Isolation bedrohten Arbeitslosen den Jahreswechsel gemeinsam verbringen.

Heiritsu-sei 並立制 („Parallel-System"). So wird das Wahlsystem zur Unterhauswahl bezeichnet, bei dem der Wähler zwei Wahlstimmen hat. Mit einer wird ein Kandidat im Wahlkreis nach Mehrheitswahlrecht gewählt; ‚Parallel dazu' wird mit einer zweiten Stimme eine regionale Liste gewählt, wobei das Verhältniswahlrecht Anwendung findet.

Jichirō 自治労. Diese Gewerkschaft organisiert die Angestellten der Kommunen und Präfekturen. Sie gehörte dem Sōhyō-Gewerkschaftsbund an, bevor dieser mit Dōmei (→ Dōmei) zu Rengō (→ Rengō) verschmolz. Die Gewerkschaft unterstützt heute die DPJ-Abgeordneten der Yokomichi-Gruppe. Im Jahr 2013 hatte die Gewerkschaft etwa 850.000 Mitglieder.

Jigyō shiwake 事業分け („Unternehmens-Klassifizierung"). Nach der Regierungsübernahme durch die DPJ bemühte sich die das Kabinett Hatoyama die zahlreichen halb-öffentlichen und öffentlichen Unternehmen in „verschwenderische und „nützliche" einzuteilen und durch die Auflösung oder Privatisierung der ersteren die Staatsausgaben zu senken.

Jimu jikan kaigi 事務次官会議 (Staatsministerkonferenz). Zu dieser regelmäßigen Sitzung kommen die verbeamteten Staatssekretäre der wichtigsten Ministerien sowie weitere führende Beamte auf Einladung des Chefkabinettssekretärs (→ *kanbō chōkan*) zusammen, um gesetzgeberische Maßnahmen zu diskutieren und vorzubereiten. Somit nimmt die demokratisch nicht legitimierte Bürokratie eine große Rolle in der Legislative ein. 2009 vorübergehend abgeschafft.

Kanbō chōkan 官房長官 Meist als „Chefkabinettssekretär" übersetzt. Erfüllt in der japanischen Politik die Arbeit des Regierungssprechers und ist Mitglied des Kabinetts mit Ministerrang.

Kantei shudō 官邸主導 („Politische Führung durch das Premierministeramt"). Unter diesem Begriff versteht man die politische Führung des Landes durch den Premier statt durch die Bürokratie. Erstmals wurde diese Agenda von Premier Hashimoto 2001 verfolgt. Das Konzept seht in erster Linie vor, das Budget unter Führung des Premierministeramts und nicht vom Finanzministerium erstellen zu lassen.

Kaseikai 花斉会. Dies ist der offizielle Name der zur Parteirechten gehörenden Noda-Gruppe innerhalb der DPJ. Der Name ist dem Motto des chinesischen Liberalisierungsprogramms „Lasst hundert Blumen blühen und hundert Vögel singen!" (jap.: 百花斉放 *hyakka seihō*) entnommen.

Kōenkai 後援会 („Unterstützerverein") Diese personenbezogenen Unterstützervereine auf kommunaler Ebene spielen in der japanischen Politik in der Regel eine größere Rolle als die offiziellen Zweigstellen der Parteien.

Kokka senryaku-shitsu 国家戦略室 Von der DPJ 2009 etabliertes Büro für nationale Strategie im Premierministeramt.

Kokumin no seikatsu ga daiichi 国民の生活が第一 („Das Leben der Bürger zuerst!"). Slogan der DPJ von 2007 bis 2009, danach vorübergehend Name der Ozawa-Partei.

Kokutai 国体 Vages Konzept eines „Staatskörpers" aus der Meiji-Zeit, das auf vormodernen Vorstellungen basiert. Schlüsselbegriff des japanischen Nationalismus.

Kuni no katachi kenkyūkai 国のかたち研究会 („Studiengruppe zur Gestalt des Landes"). Offizieller Name der Kan-Gruppe. S. Kapitel 4.4.3.

Minkyō kyōtō 民共共闘 („Gemeinsamer Kampf von Demokraten und Kommunisten"). So wird die 2015 ausgehandelte Wahlkooperation der Oppositionsparteien DPJ, KPJ, SDP und Seikatsu no Tō bezeichnet.

Minshakyōkai 民社協会 (Demokratisch-Sozialistische Gesellschaft). Diese Faktion der DPJ geht auf die Demokratisch-Sozialistische Partei (→ **DSP**) zurück und wurde 1995 innerhalb der Shinshintō (→ Shinshintō) gegründet. Sie weist enge Verbindungen mit den Gewerkschaften des öffentlichen Sektors auf (s. Kapitel 4.4.2).

Mirai no Tō みらいの党 („Zukunftspartei"; 28.11.2012-27.12.2012). Diese äußerst kurzlebige linksökologische Partei wurde vor der Unterhauswahl 2012 gegründet. Sie fusionierte noch vor der Wahl mit einer Gruppe von Politikern um Ozawa Ichirō. Dieser spaltete kurz nach der Wahl seine Gruppe ab, um die Lebenspartei (→ **Seikatsu no Tō**) zu gründen. Dies führte de facto zum Erlöschen der Zukunftspartei.

Nejire kokkai 捻じれ国会 („Verdrehtes Parlament"). Dieser Begriff beschreibt die Situation, in denen in beiden Parlamentskammern unterschiedliche Mehrheitsverhältnisse vorliegen, was die Regierungstätigkeit üblicherweise erheblich erschwert.

Nichirō 日労 (eigentl.: 日本労農党 Nihon Rōnōtō, „Japanische Arbeiterpartei". Marxistische Partei der Taishō-Zeit (1926-1928).

Nihon Shintō 日本新党 (1992-1994). Als Reformpartei von Hosokawa Morihiro (Ex-LDP) gegründet. Löste den „Boom der neuen Parteien" aus, in dessen Zug auch die DPJ gegründet wurde.

Rengō 連合 (eigentl. 日本労働組合総連合会 Nippon Rōdō Kumiai Sōrengōkai) Dieser Gewerkschaftsverband entstand 1989 durch die Fusion von Sōhyō (→ Sōhyō) und Dōmei (→ Dōmei) und ist seitdem der mit Abstand größte Gewerkschaftsbund Japans. Rengō stützt die DPJ, wobei die ehemaligen Dōmei-Gewerkschaften von der Minshakyōkai (→ Minshakyōkai), die ehemaligen Sōhyō-Gewerkschaften von der

Yokomichi-Gruppe (→ Yokomichi-Gruppe) vertreten werden. Einzelne Präfekturverbände unterstützen auch Kandidaten der SDP.

Rōnōtō 労農党 (eigentl.: 労働農民党 Rōdōnōmintō, „Arbeiter- und Bauernpartei"). Diese marxistische Partei wurde 1929 gegründet, nachdem zwei kurzlebige Vorgänger verboten worden waren. 1931 wurde auch sie zwangsaufgelöst.

Ryōunkai 凌雲会 (wörtlich: „Gesellschaft über den Wolken"). Dies ist der offizielle Name der zur Parteirechten gehörenden Maehara-Gruppe.

Sakigake さきがけ (eigentl.: 新党さきがけ „Neue Partei Der Vorbote") Diese Kleinpartei wurde 1993 von liberalen LDP-Politikern, u. a. von Hatoyama Yukio, dem späteren Mitgründer der DPJ, als Reformpartei gegründet. 1994 wechselten Kan Naoto und Eda Satsuki vom Sozialdemokratischen Bund (→ Shaminren) zur Sakigake. Die Partei gehörte Mitte der 1990er-Jahre der Hosokawa-und der Murayama-Regierung an. Nach der Gründung der DPJ durch Hatoyama und Kan wurde die Partei bedeutungslos.

SEALDS シールズ Studentische Protestbewegung gegen die Regierung Abe (Mai 2015 – August 2016).

Seiji shudō 政治主導 (politische Führung). Dieser Begriff bedeutet die Führung des Landes durch demokratisch legitimierte Politiker statt durch die Bürokratie (→ Seimu sanyaku; → Kantei shudō).

Seikatsu no Tō 生活の党 („Lebenspartei"). Diese Partei wurde von Ozawa Ichirō nach der Abspaltung eines Großteils seiner Faktion von der DPJ unter dem Namen „Kokumin no seikatsu ga daiichi!" (国民の生活が第一, Das Leben der Bürger zuerst!) gegründet. Nach einer kurzzeitigen Fusion mit der Mirai no Tō (→ Mirai no Tō) im Dezember 2012 wiedergegründet. Im Oktober 2016 Umbenennung in Jiyūtō (Liberale Partei).

Seimu sanyaku 政務三役 (etwa: „Die drei Posten für Staatsangelegenheiten"). Im weiteren Sinne bezeichnet dieser Begriff die drei höchsten von Politikern besetzten Posten in einem Ministerium (Minister, Vizeminister, parl. Staatssekretär). Im engeren Sinne: Das von der DPJ 2009 vorübergehend eingeführte System, das die Staatsministerkonferenz (→ Jimu jikan kaigi) durch eine Konferenz der seimu sanyaku ablösen sollte.

Seisaku chōsa-kai 政策調査会 (Politikforschungsrat). Hierbei handelt es sich um ein Parteiorgan der DPJ, das den nationalen Abgeordneten zur Diskussion und Anfertigung von Gesetzesentwürfen dient. Von Ozawa 2009 abgeschafft; von Kan 2010 in veränderter Form wiedereingeführt.

Shadaitō 社大党 (eigentl. 沖縄社会大衆党 Okinawa Shakai Taishūtō, „Soziale Massenpartei Okinawas") Linke Kleinpartei in der Präfektur Okinawa.

Shakaitaishūtō 社会大衆党 („Sozialistische Massenpartei", 1932–1940). Nachfolgerin der drei „proletarischen" Parteien (→ Rōnōtō) (→ Nichirō) (→ Shakaiminshūtō) der Taishō-Demokratie. 1940 zwangseingegliedert in die Yokusankai (→ Yokusankai).

Shakaitō 社会党 („Sozialistische Partei Japans", 1945–1996). Größte Oppositionspartei Japans im sog. „1955er-System" (→ Gojûgonen taisei). 1996 Umbenennung in Shakaiminshutō (→ Shakaiminshutō).

Shakaiminshutō 社会民主党 Sozialdemokratische Partei Japans. Dies war der Name der ersten sozialdemokratischen Partei Japans, die 1901 gegründer und umgehend verboten wurde. Seit 1996 firmiert die SPJ (→ Shakaitō unter diesem Parteinamen.

Shakaiminshūtō 社会民衆党. Diese sozialdemokratische Partei war die führende linke Partei der Taishō-Demokratie. Sie wurde 1926 von Abe Isoo, der bereits 1901 die Sozialdemokratische Partei gegründet hatte, etabliert. Sie vereinigte sich 1933 mit der Rōnōtō (→ Rōnōtō) und der Nichirō (→ Nichirō) zur Sozialistischen Massenpartei (→ Shakaitaishūtō).

Shaminren 社民連 (eigentl.: 社会民主連合 Shakai Minshu Rengō). Diese sozialdemokratische Kleinpartei wurde von Eda Saburō 1977 gegründet. Kan Naoto gehörte der Partei bis 1994 an. Die Shaminren blieb erfolglos durch den frühen Tod des Parteigründers und die Konkurrenz mit der SPJ der DSP sowie anderen, auf urbane Wähler zielenden Parteien.

Shinseikyoku kondankai 新政局懇談会 (Diskussionsgruppe für eine neue politische Situation). Offizieller Name der Yokomichi-Gruppe (→ Yokomichi-Gruppe).

Shinshintō 新進党 („Fortschrittspartei") Diese Reformpartei wurde 1994 nach dem Zerfall der Hosokawa-Regierung gegründet und bündelte zahlreiche überwiegend konservative Oppositionskräfte, um mit der LDP konkurrieren zu können. Sie löste sich 1997 auf, nachdem es nicht gelungen war, die Regierung zu übernehmen.

Sōdōmei 総同盟 (bezeichnet zwei Gewerkschaftsverbände: Erstens den größten Gewerkschaftsbund vor dem Zweiten Weltkrieg, der eng mit der SVP kooperierte (日本労働総同盟 Nihon Rōdō Sōdōmei). Nach dem Zweiten Weltkrieg formierte sich ein ebenfalls unter Sōdōmei bekannter Verband (Nihon Rōdō Kumiai Sōdōmei 日本労働組合総同盟), dessen größter Teil 1950 dem von der Besatzungsmacht gefördertem Gewerkschaftsbund Sōhyō (→ Sōhyō) beitrat. Über Umwege trat der verbliebene Teil 1964 Dōmei (→ Domei) bei.

Sōhyō 総評 (eigentl. Nihon Rōdō Kumiai Sōhyōgikai 日本労働組合総評議会). Dieser Gewerkschaftsbund wurde 1950 mit Förderung der US-amerikanischen Besatzungsbehörden gegründet und entwickelte sich zum größten Gewerkschaftsbund Japans. Aufgrund des zunehmenden Linksextremismus der Organisation kam es 1960 zur Abspaltung der meisten Gewerkschaften des privaten Sektors (→ Dōmei). Sōhyō arbeitete eng mit der SPJ zusammen. 1989 Fusion mit Dōmei zu Rengō (→ Rengō).

Tetsu no sankaku 鉄の三角 („Eisernes Dreieck"). Dieser Begriff bezeichnet das Modell einer japanischen Machtstruktur, die aus der Bürokratie, der konservativen Dauerregierungspartei LDP und Teilen der Wirtschaft besteht.

Tomodaore 共倒れ („Gemeinsames Umfallen"). Dieser Ausdruck bezeichnet das Phänomen, dass Kandidaten derselben Partei (altes Wahlsystem) oder sich ideologisch nahestehende Kandidaten verschiedener Parteien im selben Wahlkreis gegeneinander antreten, die Stimmen dieses Lagers aufspalten und dadurch alle Kandidaten die Stimmzahl verfehlen, die für den Einzug in das Parlament erforderlich ist.

Yokomichi-Gruppe 横路グループ Dies ist die von Yokomichi Takahiro und Akamatsu Hirotaka angeführte innerparteiliche Gruppe, die der SPJ entstammt und hauptsächlich die Interessen der Gewerkschaften des öffentlichen Sektors vertritt.

Yokusankai 翼賛会 Japanischen Einheitspartei während des Zweiten Weltkriegs.

Zainichi 在日 Mit diesem Begriff werden Menschen bezeichnet, die in Japan geboren und aufgewachsen sind, aber aufgrund der Herkunft ihrer Vorfahren keine japanische Staatsangehörigkeit besitzen. Sie sind daher rechtlich gesehen „Ausländer". Viele haben koreanische Wurzeln.

Anhang 9: Personenverzeichnis

Abe Isoo 安部 磯雄	1865–1949	Gründer der SDP 1901
Abe Shinzō 安倍晋三	*1954	LDP-Premier (2006–2007; 2012-)
Aihara Kumiko 相原 久美子	*1947	DPJ (Yokomichi-Gruppe)
Akamatsu Hirotaka 赤松 広隆	*1948	DPJ (Yokomichi-Gruppe)
Arahata Kanson 荒畑 寒村	1887–1981	Kommunist. Schriftsteller
Arai Satoshi 荒井 総	*1946	DPJ (Kan-Gruppe)
Asanuma Inejirō 浅沼 稲次郎	1898–1960	Vorsitzender der SPJ
Banno Yutaka 伴野 豊	*1961	DPJ (Minshakyōkai)
Doi Takako 土井 たか子	1928–2014	Ex-Vorsitzende SPJ/SDP 1986–1991 und 1996–2003
Eda Saburō 江田 三郎	1907–1977	SPJ, Gründer Shaminren
Eda Satsuki 江田 五月	*1941	Ehem. DPJ (Kan-Gruppe)
Edano Yukio 枝野幸男	*1964	DPJ (Kan-G./Maehara-G.)
Esaki Takashi 江崎 孝	*1956	DPJ (Yokomichi-Gruppe)
Fujisue Kenzō 藤末 健三	*1964	DPJ (Kan-Gruppe)
Fukushima Mizuho 福島 瑞穂	*1955	Ehem. SDP-Vorsitzende 2003–2013
Fukushima Nobuyki 福島 伸享	*1970	DPJ (Minshakyōkai)
Fukuzawa Yukichi 福沢 諭吉	1835–1901	Philosoph der Meiji-Zeit
Furumoto Shinichirō 古本 伸一郎	*1965	DPJ (Minshakyōkai)
Gunji Akira 郡司 彰	*1949	DPJ (Yokomichi-Gruppe)

Hachiro Yoshio 鉢呂 吉雄	*1948	DPJ (Yokomichi-Gruppe)
Haku Shinkun 白 眞勲	*1958	DPJ (Kan-Gruppe)
Hamaguchi Makoto 濱口 誠	*1965	DPJ (Minshakyōkai)
Hamano Yoshifumi 浜野 喜史	*1960	DPJ (Minshakyōkai)
Haraguchi Kazuhiro 原口 一博	*1959	DPJ (unklar)
Hashimoto Ryūtarō 橋本 龍太郎	1937–2006	LDP-Premier (1996–1998)
Hata Tsutomu 羽田 孜	*1935	LDP-Premier 1994
Hatoyama Kunio 鳩山 邦夫	1948–2016	Ex-LDP, Ex-Shinshintō
Hatoyama Yukio 鳩山 由紀夫	*1947	DPJ-Premier (2009–2010)
Hattori Ryōichi 服部良一	*1950	Ex-SDPE
Hosono Gōshi 細野 豪志	*1971	DPJ (Hosono-Gruppe)
Ichikawa Fusae 市川 房枝	1893–1981	Frauenrechtlerin
Ishibashi Michihiro 石橋 通宏	*1965	DPJ (Kan-Gruppe)
Isozaki Tetsuji 磯崎 哲史	*1969	DPJ (Minshakyōkai)
Itokazu Keiko 糸数 慶子	*1947	Shadaitō
Iwakuni Tetsundo 岩國 哲人	*1936	Ex-DPJ
Jinno Naohiko 神野 直彦	*1946	Wirtschaftswissenschaftler
Kamimoto Mieko 神本 美恵子	*1948	DPJ (Yokomichi-Gruppe)
Kan Naoto 菅 直人	*1946	DPJ (Kan-Gruppe)
Kano Michihiko 鹿野 道彦	*1942	DPJ (Kano-Gruppe)
Katayama Sen 片山 潜	1859–1933	Mitgründer der SDP 1901

Anhang 9: Personenverzeichnis

Katayama Tetsu 片山 哲	1887–1978	SPJ-Premier (1947–1948)
Kawabata Tatsuo 川端 達夫	*1945	DPJ (Minshakyōkai)
Kawai Takanori 川合 孝典	*1964	DPJ (Minshakyōkai)
Kawakami Kiyoshi 河上 清	1873–1949	Mitgründer der SDP 1901
Kawauchi Hiroshi 川内 博史	*1961	DPJ (Hatoyama-Gruppe)
Kinoshita Naoe 木下 尚江	1869–1937	Mitgründer SDP 1901
Kitazawa Toshimi 北澤 俊美	*1938	Ex-DPJ
Kondō Shōichi 近藤 昭一	*1958	DPJ (Yokomichi-Gruppe)
Konishi Hiroyuki 小西 洋之	*1972	DPJ (unklar)
Kōri Kazuko 郡 和子	*1957	DPJ (Yokomichi-/Kan-G.)
Kuroiwa Takahiro 黒岩 宇洋	*1966	DPJ (Kan-Gruppe)
Inamura Junzō 稲村 順三	1900–1955	SPJ
Ishibashi Michihiro 石橋 通宏	*1965	Kan-Gruppe
Koizumi Jun'ichirō 小泉 純一郎	*1942	LDP
Maehara Seiji 前原 誠司	*1962	DPJ (Maehara-Gruppe)
Mataichi Seiji 又市 征治	*1944	SDP
Matsubara Jin 松原 仁	*1956	DPJ (Minshakyōkai)
Matsuno Yorihisa 松野頼久	*1960	DPJ (Matsuno-Gruppe)
Michishita Daiki 道下 大樹	*1975	DPJ (Yokomichi-Gruppe)
Mizuoka Shun'ichi 水岡 俊一	*1956	Ex-DPJ
Mori Yoshirō 森 喜朗	*1937	LDP-Premier 2000–2001
Morito Tatsuo 森戸 辰男	1888–1984	SPJ

Murata Renhō 村田 蓮舫	*1967	DPJ (Ex-Maehara-Gruppe)
Murayama Tomiichi 村山 富市	*1924	SDP
Nagashima Akihisa 長島 昭久	*1962	Ex-DPJ (Noda-Gruppe)
Nagatsuma Akira 長妻 昭	*1960	DPJ (Kan-Gruppe)
Nakano Kansei 中野 寛成	*1940	DPJ (Minshakyōkai)
Nakasone Yasuhiro 中曽根 康弘	*1918	LDP-Premier (1982–1987)
Nanba Shōji 難波 奨二	*1959	DPJ (Yokomichi-Gruppe)
Nataniya Masayoshi 那谷屋 正義	*1957	DPJ (Yokomichi-Gruppe)
Nishikawa Kōjirō 西川光二郎	1876–1940	Mitgründer der SDP 1901
Nishimura Chinami 西村 智奈美	*1967	DPJ (Kan-Gruppe)
Nishio Suehiro 西尾 末広	*1891	Gründer der DSP
Noda Yoshihiko 野田 佳彦	*1957	DPJ (Noda-Gruppe)
Ogawa Toshio 小川 敏夫	*1948	DPJ (Kan-Gruppe)
Okada Katsuya 岡田 克也	*1953	DPJ (unabhängig)
Ōsaka Seiji 逢坂 誠二	*1959	DPJ (Yokomichi-/Kan-Gruppe)
Ōshima Kusuo 大島九 州男	*1961	DPJ (Kan-Gruppe)
Ozawa Ichirō 小沢 一郎	*1942	Ex-LDP, Gründer Shinseitō, Gründer Shinshintō, Gründer LP, Ex-DPJ, Gründer Seikatsu no Tō
Saitō Yoshitaka 斎藤 嘉隆	*1963	DPJ (Yokomichi-Gruppe)
Sakurai Mitsuru 桜井 充	*1956	DPJ (Kan-Gruppe)
Sasaki Takahiro 佐々木 隆博	*1949	DPJ (Yokomichi-Gruppe)

Sengoku Yoshito 仙谷 由人	*1946	DPJ
Shinba Kazuya 榛葉 賀津也	*1967	DPJ (Minshakyōkai)
Shinohara Takashi 篠原 孝	*1948	DPJ (Ōhata-Gruppe)
Tajima Kaname 田嶋 要	*1961	DPJ (Kan-Gruppe)
Takagi Yoshiaki 高木 義明	*1945	DPJ (Minshakyōkai)
Takemura Masayoshi 武村 正義	*1934	Ex-LDP, Gründer Sakigake
Tamaki Yūichirō 玉木 雄一郎	*1969	DPJ
Tashiro Kaoru 田城 郁	*1959	Ex-DPJ (Yokomichi-Gruppe)
Teruya Kantoku 照屋 寛徳	*1945	SDP
Tokunaga Eri 徳永 エリ	*1962	DPJ (Yokomichi-Gruppe)
Tsujimoto Kiyomi 辻元 清美	*1960	DPJ
Tsumura Keisuke 津村 啓介	*1971	DPJ (Kan-Gruppe)
Washio Eiichirō 鷲尾 英一郎	*1977	DPJ (Minshakyōkai)
Yamanoi Kazunori 山井 和則	*1962	DPJ (Kan-Gruppe)
Yokomichi Takahiro 横路 孝弘	*1941	DPJ (Yokomichi-Gruppe)
Yoshida Tadatomo 吉田 忠智	*1956	Vorsitzender SDP
Yoshikawa Hajime 吉川 元	*1966	SDP
Yoshikawa Saori 吉川 沙織	*1976	DPJ (Yokomichi-Gruppe)
Yoshino Sakuzō 吉野 作造	1878–1933	Philosoph, SVP

BUNKA – WENHUA
Tübinger Ostasiatische Forschungen/ Tuebingen East Asian Studies
/edited by Klaus Antoni, Viktoria Eschbach-Szabo, Robert Horres, Achim Mittag, Gunter Schubert und/and Hans Ulrich Vogel (Universität Tübingen)

Katharina Markgraf
Frauenbilder im Werk der taiwanischen Autorin Xiao Sa
Eine postkoloniale Perspektive
In den 1980er Jahren fanden in Taiwan maßgebliche kulturelle, gesellschaftliche und politische Umbrüche statt, mit denen Fragen nach kultureller und personaler Identität einhergingen. Die Autorin Xiao Sa (geboren 1953) beschreibt in ihrem Werk Konzepte von Weiblichkeit aus verschiedenen Perspektiven und greift damalige Diskurse auf. Diese literarischen Entwürfe weiblicher Identität in Taiwan werden in vorliegender Studie mit Konzepten des Postkolonialismus verknüpft. Wie konstituiert sich Weiblichkeit in den Texten Xiao Sas und wie reflektiert diese die Hybridität der taiwanischen Kultur?
Bd. 27, 2018, 294 S., 34,90 €, br., ISBN 978-3-643-14051-7

Martina Ebi; Robert Horres (Hg.)
Linguistik, Informations- und Ressourcenwissenschaften
Referate des 14. Deutschsprachigen Japanologentages
Bd. 26, 2019, 230 S., 29,90 €, br., ISBN 978-3-643-13346-5

Osamu Hattori (Ed.)
The Social History of Manuals for the Body and Environment
Tools for Education or a Means of Social Control?
This compilation seeks to explore the ways in which perceptions of the body within society, culture, and nature changed throughout the period from the end of the 18th century through the 19th century through the examination of concrete historical objects in the form of "manuals". The ultimate goal of this project is to shed light on the nature of the fundamental problems within the social constructs in which our present bodies exist.
Bd. 25, 2017, 276 S., 29,90 €, br., ISBN 978-3-643-90734-9

Birgit Staemmler (Hg.)
Werden und Vergehen
Betrachtungen zu Geburt und Tod in japanischen Religionen
Fragen nach Tod und Geburt, Werden und Vergehen sind universal menschlich, existentiell und oft Thema religiöser Betrachtungen. Die Beiträge dieses Buches analysieren Antworten auf Fragen nach Geburt und Tod aus verschiedenen Zeiten und Perspektiven innerhalb japanischer Religionen. Thematisiert werden seltsame Todesfällen und der Topos Magischer Flucht in alten Mythen, aktuelle Trauergedichte aus dem Mittelalter, literarische und individuelle Verarbeitungsstrategien nach der Katastrophe von 2011, die Geschichte von Buddhas Geburt, kaiserliche Begräbnisse, Opfer, Rituale für ungeboren Verstorbene sowie buddhistische und literarische Ansätze zu Geburt, Tod und Wiedergeburt.
Bd. 24, 2016, 238 S., 29,90 €, br., ISBN 978-3-643-13291-8

Daniel Schley
Herrschersakralität im mittelalterlichen Japan
Eine Untersuchung der politisch-religiösen Vorstellungswelt des 13. – 14. Jahrhunderts
Im mittelalterlichen Japan übten die Monarchen nur in wenigen Fällen politische Macht aus. Meist waren sie auf das komplizierte Hofzeremoniell beschränkt und verfolgten kulturelle Interessen. Zugleich erfüllten sie aber auch wichtige religiöse Funktionen und galten als Nachkommen der Sonnengöttin Amaterasu. Doch selbst ihre sakrale Würde blieb nicht unangefochten. Als 1221 die höfischen Streitkräfte eine vernichtende Niederlage gegen die Krieger Kamakuras erlitten und drei ehemalige Monarchen in die Verbannung gehen mussten, nahmen kritische Stimmen zu, die von den Herrschern konkrete Regierungsqualitäten forderten. Die in dieser Studie untersuchten Quellen aus dem 13. und 14. Jahrhundert zeigen, wie lebendig die Diskussion um die sakrale Dimension von Herrschaft damals geführt wurde.
Bd. 23, 2014, 352 S., 44,90 €, br., ISBN 978-3-643-12206-3

LIT Verlag Berlin – Münster – Wien – Zürich – London
Auslieferung Deutschland / Österreich / Schweiz: siehe Impressumsseite

Nana Miyata
Die Übernahme der chinesischen Kultur in Japans Altertum
Kulturelle Wandel im innen- und außenpolitischen Kontext
Bd. 22, 2012, 368 S., 23,90 €, br., ISBN 978-3-643-11329-0

Yumiko Kato
Cinderellas Standpunkt
Eine Untersuchung zur Darstellung der Perspektive im Rahmen des Japanischen als Fremdsprache
Bd. 21, 2011, 312 S., 29,90 €, br., ISBN 978-3-643-11033-6

Birgit Staemmler; Ulrich Dehn
Establishing the Revolutionary
An Introduction to New Religions in Japan
Bd. 20, 2011, 408 S., 29,90 €, br., ISBN 978-3-643-90152-1

Osamu Hattori; Viktoria Eschbach-Szabo; Martina Ebi (Eds.)
Japan and Japanese People
Views from a Transcultural Perspective. A Joint Project of Doshisha University and Eberhard Karls University Tübingen
Bd. 19, 2010, 168 S., 34,90 €, br., ISBN 978-3-643-10616-2

Olof G. Lidin
Balance and Chance
The True Life
Bd. 18, 2009, 192 S., 29,90 €, br., ISBN 978-3-8258-1902-6

Thomas Hirzel; Nanny Kim (Eds.)
Metals, Monies, and Markets in Early Modern Societies: East Asian and Global Perspectives
Monies, Markets, and Finance in China and East Asia. Volume 1
Bd. 17, 2008, 392 S., 39,90 €, br., ISBN 978-3-8258-0822-8

Kunqin Shan
Das lokale Musiktheater in Anhui (*Luju*)
Historische, literarische und gesellschaftliche Dimensionen
Bd. 16, 2007, 216 S., 24,90 €, br., ISBN 978-3-8258-0442-8

Axel Stefan Beier
Loyalität und Auflehnung in Japan am Vorabend der Moderne
Yamagata Daini (1725 – 1767) im Kontext des Dualismus zwischen Kaiserhof und Shogunat
Bd. 15, 2007, 520 S., 39,90 €, br., ISBN 978-3-8258-0427-5

Klaus Antoni; Elisabeth Scherer (Hg.)
Die subtile Sprache der Kultur
Interkulturelle Kommunikation im Bereich deutsch-japanischer Firmenkooperationen
Bd. 14, 2006, 288 S., 29,90 €, br., ISBN 3-8258-0111-X

Marion Laurinat
Kita Ikki (1883 – 1937) und der Februarputsch 1936
Eine historische Untersuchung japanischer Quellen des Militärgerichtsverfahrens
Bd. 13, 2006, 328 S., 29,90 €, br., ISBN 3-8258-9841-5

Viktoria Eschbach-Szabo
Personen und Namen im Japanischen
Veränderungen in der Modernisierung und in der Globalisierung
Bd. 12, 2009, 344 S., 39,90 €, br., ISBN 3-8258-8758-8

L IT **Verlag Berlin – Münster – Wien – Zürich – London**
Auslieferung Deutschland / Österreich / Schweiz: siehe Impressumsseite

Viktoria Eschbach-Szabo; Yoko Koyama-Siebert; Martina Ebi (Hg.)
Ibunka to no deai. Sekai no naka no Nihon to Doitsu
Sprache und Kultur. Japan und Deutschland vor der interkulturellen Herausforderung
Bd. 11, 2005, 224 S., 29,90 €, br., ISBN 3-8258-8299-3

Yoshihiko Ikegami
Sprachwissenschaft des Tuns und des Werdens
Typologie der japanischen Sprache und Kultur
Bd. 10, 2007, 240 S., 29,90 €, br., ISBN 978-3-8258-8298-3

Martina Ebi
Japanische und deutsche Demonstrativa als Mittel der Textkohäsion
Eine korpuslinguistische Untersuchung anhand von Zeitungstexten
Bd. 9, 2005, 232 S., 29,90 €, br., ISBN 3-8258-8214-4

Barbara Seyock
Auf den Spuren der Ostbarbaren
Zur Archäologie protohistorischer Kulturen in Südkorea und Westjapan
Bd. 8, 2004, 368 S., 39,90 €, br., ISBN 3-8258-7236-x

Birgit Staemmler
Chinkon kishin
Mediated Spirit Possession in Japanese New Religions
Bd. 7, 2009, 496 S., 34,90 €, br., ISBN 3-8258-6899-0

Anne Holzapfel
Evidentialität im Japanischen
Bd. 6, 2006, 224 S., 20,90 €, br., ISBN 3-8258-6550-9

Klaus Antoni; Hiroshi Kubota; Johann Nawrocki; Michael Wachutka (eds.)
Religion and National Identity in the Japanese Context
Bd. 5, 2002, 304 S., 25,90 €, br., ISBN 3-8258-6043-4

Wolfram Schaffar
Fokuskonstruktionen im japanischen Sprachraum
Eine Analyse von Nominalisierungen, Fokuspartikeln und Kakari-Musubi-Konstruktionen im Modernen Japanischen, Klassischen Japanischen und in der Sprache von Ryûkyû
Bd. 4, 2003, 304 S., 25,90 €, br., ISBN 3-8258-5840-5

Peter Kleinen
Im Tode ein Buddha
Buddhistisch-nationale Identitätsbildung in Japan am Beispiel der Traktate Gesshôs
Bd. 3, 2002, 320 S., 25,90 €, br., ISBN 3-8258-5827-8

Inken Prohl; Hartmut Zinser (Hg.)
Zen, Reiki, Karate
Japanische Religiosität in Europa
Bd. 2, 2002, 312 S., 20,90 €, br., ISBN 3-8258-4664-4

Michael Wachutka
Historical Reality or Metaphoric Expression?
Culturally formed contrasts in Karl Florenz' and Iida Takesato's interpretations of Japanese mythology
Bd. 1, 2001, 224 S., 20,90 €, br., ISBN 3-8258-5239-3

Japanologie / Japanese Studies

James Harry Morris
Rethinking Conversion to Christianity in Japan
1549–1644
vol. 7, 2019, ca. 416 pp., ca. 69,90 €, br., ISBN-CH 978-3-643-91104-9

Brigitte Steger; Angelika Koch (Eds.)
Cool Japanese Men
Studying New Masculinities at Cambridge
Japanese men are becoming cool. The suit-and-tie salaryman remodels himself with beauty treatments and 'cool biz' fashion. Loyal company soldiers are reborn as cool, attentive fathers. Hip hop dance is as manly as martial arts. Could it even be cool for middle-aged men to idolise teenage girl popstars?
This collection of studies from the University of Cambridge provides fascinating insights into the contemporary lives of Japanese men and looks behind the image of 'Cool Japan'.
Bd. 6, 2017, 240 S., 29,90 €, br., ISBN 978-3-643-90955-8

Meng Liang
Seasonal Labour Migration of Chinese Agricultural Workers to Kawata Village
Migrant Realities, Negotiations, and a Collaborative Power Network
vol. 5, 2019, ca. 240 pp., ca. 29,90 €, br., ISBN-CH 978-3-643-90769-1

Pia Jolliffe
Gefängnisse und Zwangsarbeit auf der japanischen Nordinsel Hokkaido
Mit einem Vorwort von Sepp Linhart
Diese Studie beleuchtet die Entstehungsgeschichte moderner Gefängnisse auf der japanischen Nordinsel Hokkaido. Anhand japanischer Originalquellen dokumentiert die Autorin die sozialökonomischen Funktionen dieser Gefängnisse im Zuge der Kolonialisierung der japanischen Nordinsel. Dabei wird klar, dass die Sträflinge durch landwirtschaftliche Arbeiten, Handwerk, Kohleabbau und Straßenbau zur lokalen und regionalen Entwicklung und somit auch zum Modernisierungsprozess Japans beigetragen haben.
Bd. 4, 2016, 138 S., 29,90 €, br., ISBN 978-3-643-50723-5

Brigitte Steger; Angelika Koch (Eds.)
Manga Girl Seeks Herbivore Boy
Studying Japanese Gender at Cambridge
Japan's gender roles are in turmoil. Traditional life courses for men and women are still presented as role models, but there is an increasing range of gender choices for those uncomfortable with convention. This collection of studies from the University of Cambridge provides fascinating insights into the diversity of gendered images, identities and life-styles in contemporary Japan – from manga girls to herbivore boys, from absent fathers to transgender people.
Bd. 3, 2013, 240 S., 29,90 €, br., ISBN 978-3-643-90319-8

Richard Dähler
Die japanischen und die deutschen Kriegsgefangenen in der Sowjetunion 1945–1956
Vergleich von Erlebnisberichten
Am 8. August 1945 fiel die Atombombe auf Hiroshima, am gleichen Tag erklärte die Sowjetunion Japan den Krieg. Nach der Potsdamer-Erklärung der Alliierten vom 2. August 1945 sollten alle Japaner, ausgenommen jene, die Kriegsverbrechen verdächtigt wurden, in die Heimat entlassen werden. Die sowjetische Führung befahl aber am 23. August 1945, 500 000 Japaner zur Zwangsarbeit in die Sowjetunion zu überführen. Der Vergleich japanischer und deutscher Erlebnisberichte vermittelt ein packendes Bild von um das Überleben ringenden Soldaten, kulturelle Unterschiede werden sichtbar.
Bd. 2, 2007, 384 S., 29,90 €, br., ISBN 978-3-8258-0542-5

Harald Meyer (Hg.)
Wege der Japanologie
Festschrift für Eduard Klopfenstein
Bd. 1, 2008, 440 S., 15,90 €, br., ISBN 978-3-8258-0541-8

LIT Verlag Berlin – Münster – Wien – Zürich – London
Auslieferung Deutschland / Österreich / Schweiz: siehe Impressumsseite